武汉大学人文社会科学资深教授文丛

韩德培文集 下

武汉大学出版社

图书在版编目(CIP)数据

韩德培文集(上、下)/韩德培著.—武汉:武汉大学出版社,2007.8
武汉大学人文社会科学资深教授文丛
 ISBN 978-7-307-05535-3

 Ⅰ.韩… Ⅱ.韩… Ⅲ.①韩德培—文集 ②国际私法—文集 ③环
境保护法—文集 Ⅳ.D997-53 D912.604-53

 中国版本图书馆 CIP 数据核字(2007)第 053065 号

责任编辑:张 琼 责任校对:刘 欣 版式设计:支 笛

出版发行:**武汉大学出版社** (430072 武昌 珞珈山)
 (电子邮件:wdp4@whu.edu.cn 网址:www.wdp.com.cn)
印刷:武汉中远印务有限公司
开本:720×980 1/16 印张:62.5 字数:957 千字 插页:11
版次:2007 年 8 月第 1 版 2007 年 8 月第 1 次印刷
ISBN 978-7-307-05535-3/D·728 定价:116.00 元(上、下册)

目　录

下　卷

第三编　法学教育与研究篇

Legal Education in China ／ 3

谈合并学科和设立博士点的问题 ／ 59

论国际公法、国际私法与国际经济法的
　　合并问题
　　　　——兼评新颁《授予博士、硕士学位和培养研究
　　　　生的学科、专业目录》中有关法学部分的修
　　　　订问题 ／ 72

我与武大法律学科建设 ／ 79

周鲠生先生生平、贡献和设置"纪念周鲠生法
　　学奖金"的重要意义
　　　　——在武汉大学法律系、国际法研究所、环境法
　　　　研究所研究生、本科生大会上的讲话 ／ 87

要为法学上的"争鸣"创造条件 ／ 94

让法学更进一步繁荣 ／ 98

要创造必要的条件加强法学研究工作 ／ 100

我们的战略应该是：一手抓教育

一手抓法制 / 102

怎样做一个合格的环境法研究生 / 104

编写《国际私法》的体会 / 114

"德、智、体"全面发展　做"一专多能"
　　人才 / 118

第四编　法制建设与政法评论篇

庞德之法学近著三种（书评） / 125

格鲁著：《驻日十年记》（书评）

(Joseph C. Grow, Ten Years in Japan, Newyork.
　　1944, P. 554.) / 131

我们所需要的"法治" / 137

General Theory of Law and State by Hans Kelsen
　　(Tr. by Anders Wedbery) / 141

凯尔生与纯粹法学 / 145

人身自由的保障问题 / 152

评《出版法修正草案》 / 159

我们对学潮的意见 / 167

The Strengthening of Socialist Legal System in the
　　People's Republic of China / 170

关于参加第二届国际法律科学大会的
　　情况报告 / 177

"Legal Personality" in China / 181

关于参加第十三届国际比较法大会的
　　总结报告 / 197

充分发挥新宪法在社会主义现代化建设中的
　　伟大作用 / 201

运用法律手段管理经济 / 204

一位少有的马克思主义法学家——李达 / 219

解放思想和对外开放中的法律环境问题 / 221

扩大对外开放与加强法制建设 / 229

韩
德
培
文
集

评"台湾前途自决"论 / 232

社会科学与精神文明建设 / 236

我国社会主义伟大成就岂容抹煞 / 238

美国资本主义经济发展中的契约自由与

　　合同法 / 241

对外开放法制环境的调查与研究 / 256

中国行政法制建设的新发展 / 270

第五编　序言与讲话

《中国国际私法与比较法年刊》发刊词 / 275

《中华人民共和国国际私法示范法》前言 / 278

《环境法》杂志发刊词 / 282

《法理学大纲》序言 / 284

《国家及其财产豁免问题研究》序 / 286

《中国冲突法研究》前言 / 288

《国际环境法》序 / 292

《国际民事司法协助》序 / 294

中国与关贸总协定 / 296

《国际经济法原理》序 / 301

中国国际私法学术研讨会开幕词 / 303

在湖北省工业产权研究会成立大会上的

　　讲话 / 306

中国国际私法研究会 1992 年年会开幕词 / 309

中国国际私法研究会 1993 年年会闭幕词 / 313

A New Starting Point / 315

在全国环境法体系学术讨论会开幕式上的

　　讲话 / 318

努力学习《环境法》　把环境保护工作提高到

　　一个新的水平

　　　　——1987 年 6 月 3 日在环境法干部培训班开学

　　典礼上的讲话 / 321

在中国社会主义法制建设的理论与实践学术讨
　　论会开幕式上的讲话 / 325
在湖北省法学年会上的讲话 / 329
纪念、回顾与展望
　　——在纪念周鲠生先生诞辰一百周年暨国际法
　　　研究所成立十周年大会上的讲话 / 333
一定要认真执行《档案法》 / 337
实施《行政诉讼法》的重要意义及需要解决
　　的问题 / 341
穿破裤子的慈善家 / 343

第六编　诗与挽联

怀念桂质廷教授 / 357
在武汉大学沙洋农场作 / 357
无题有感 / 357
挽余致宏教授 / 357
挽吴于廑教授 / 357
文革期间名记者邓拓自杀身亡深为惋惜 / 357
逗留多伦多二日有感 / 358
清晨言志 / 358
哀爱妻殷昭逝世 / 358
多伦相聚赠濮璚教授 / 359
哀濮璚教授逝世二首 / 359
自海外归无锡、访老友并游名胜有感二首 / 360
读林语堂《苏东坡传》有感 / 360
在北京领取"地球奖"有感 / 360
梦记 / 360
读《雍正皇帝》有感 / 361
读《乾隆皇帝》有感 / 361
九十有感 / 361

第七编　评论与专访

韩德培教授法学思想研究 / 365

守志善道究学理　鞠躬尽瘁吐幽香
　　——韩德培先生的学术思想和学术精神 / 380

中国环境法学的倡导者和开拓者
　　——韩德培先生开拓环境法学的理念与实践 / 398

太阳还没有落山 / 405

笃信好学　守志善道
　　——访著名法学家韩德培教授 / 421

老牛明知夕阳短，不用扬鞭自奋蹄
　　——记韩德培教授 / 426

多为新中国培育法学人才
　　——访著名法学家韩德培教授 / 433

信仰就是力量
　　——访武汉大学法律系教授韩德培 / 436

春风吹来的时候
　　——访著名法学家韩德培教授 / 439

"一国两制"合国情　顺民意
　　——访武汉大学国际法研究所所长
　　韩德培教授 / 441

国际私法与对外开放
　　——访著名法学家韩德培教授 / 443

著名法学家、教育家韩德培教授 / 446

资产阶级自由化是对社会主义民主的否定
　　——著名法学家韩德培谈两种社会制度下的
　　民主 / 451

两会人物专访：立法须加强　执法要有效
　　——访全国政协委员、国际私法专家韩德培 / 456

进一步改善法制环境　加速发展"三资"企业
　　——访著名法学家韩德培教授札记 / 458

锲而不舍　老当益壮

　　——记韩德培教授　/　461

暴利应有法律来制约

　　——著名法学家韩德培教授谈反暴利　/　464

法苑老人韩德培　/　466

法学研究　贵在务实

　　——著名法学家韩德培访谈　/　468

韩德培先生访谈录　/　471

文章道德两典范

　　——记著名法学家韩德培教授　/　484

守志担大道　风雨伴鸡鸣

　　——记国际私法学泰斗韩德培教授　/　492

飞龙在天

　　——与中国法学界一代宗师韩德培的对话　/　511

当代中国法学名家

　　——韩德培　/　517

下 卷

第 三 编　韩…德…培…文…集

法学教育与研究篇

Legal Education in China *

The People's Republic of China is currently engaged in a remarkably self-conscious development of its legal system, with important implications for underlying jurisprudential theory and values. This article represents the first time that a major Chinese legal educator and scholar has spoken in depth for publication in English in the United States about the cross-currents that will shape the continuing evolution or revolution of Chinese legal education, theory, structure and doctrine.

Thirty-five years ago, Harvard Law School Dean Roscoe Pound wrote:
No doubt it is futile to expect to make a great people over
by law. It is more likely that the people will make over the
law imposed upon it than that the people will be made
over. [1]
China is indeed making over its law. But, as discussed in this article, it is also counting heavily on law and legal education for substantial help in the making over and stabilization of its society. The successes and failures of this recursive process are of obvious import for China, and of increasing interest to the rest of the world. In one sense, the importance of China has become almost cliché: the People's Republic is home to one quarter of the world's people. In a more fundamental sense, the outcome of its "experi-

＊ 本文合作者为美国西北大学法学院院长 S·肯特教授，内容是根据韩德培教授 1982 年在美国讲学时的英文讲稿写成，注释是肯特教授加的，原载《美国比较法季刊》1984 年第 3 期。

mentation " with development, ideology and law is likely to sharply influence much of the developing and socialist world in the coming century. Western legal educators and theorists, comparative scholars, and practitioners have a unique opportunity to dispassionately evaluate the experiment, to learn from it, and to make their own contributions when appropriate. None of these three tasks will prove easy.

The somewhat limited materials on Chinese law currently available in English tend to group themselves into a small number of categories. There are the anecdotal accounts of short, often three-week, visits to China by lawyers and judges groups with arranged itineraries and contacts. [2] These tend naturally to be almost wholly descriptive, repetitive, and lacking in investigation of primary sources. Access to official translations of constitutions, laws and regulations is fortunately increasing. [3] But as important as these documents are, they cannot be expected to provide a comprehensive view of the legal system[4] or legal education. The most important contributions have come from the relatively few attempts at more analytical and creative scholarship. [5] Even these, however impressive under the circumstances, have been somewhat tentative and incomplete due to self-acknowledged difficulties. [6]

Despite the shortcomings of the available material, how-ever, a base for further inquiry has been established. Conditions are ripe for the expansion of the breadth and depth of this inquiry now that China has begun again to reach out more broadly to the world. The purpose of this article is to contribute to the understanding of legal education and the dynamics of legal thought in China. It is to be hoped that it will be followed by increasing communication and inquiry among Chinese and Western legal scholars.

Part I describes legal education in China from the establishment of the People's Republic through 1982. With this background as a frame of reference Part II considers the procedure and content of the present scholarly debate of important legal issues in China. Part III then briefly discusses the prospects and obstacles for legal education and scholarship in the years ahead.

I . LEGAL EDUCATION IN NEW CHINA

Legal education in China has endured many difficulties and setbacks over the past thirty-three years. During this time, valuable experience has been accumulated and profound lessons have been learned. This part of the article presents a chronological account of legal education in New China[7] in four periods. [8]

A. Establishment of Legal Education System (1949—1956)

After the founding of the People's Republic of China in 1949, many urgent tasks were waiting to be accomplished. The State, while setting about the rehabilitation of the national economy, pursuing agrarian reform, suppression of counter-revolutionaries and many other tasks, paid great attention to the construction of the legal system and to legal education. Laws and regulations were successively promulgated during this period, and important reforms in legal education were instituted.

The Central People's Government articulated a guiding principle for the reform of legal education: to learn from the successful experience of Soviet legal education[9] and combine it with the actual conditions of China. Efforts were concentrated on setting up a few new institutes of political science and law, compiling teaching materials, and training new law teachers and cadres[10] already engaged in practice work. At the same time, Institutes of Political Science and Law and Law Departments in some universities from old China were readjusted and remodelled to suit the needs of New China.

The University of Political Science and Law and the New Research Institute of Science of Law were established in 1949. [11] The Law Department of the Chinese People's University, into which the University of Political Science and Law was merged, was created in 1950. The Law Department of the Northeastern People's University was also established in the same year. In 1951, the Central Political and Legal Cadre School, into which the New Research Institute of Science of Law was merged, was set up. Its mission was "to train cadres engaged in county (or city) administrative and judicial work, [and] to train teachers of political science and law so as to gain experience in the content and method of teaching, thereby pushing forward the training of political and legal cadres in all parts of the country." These institutions made important contributions to the training of teachers of law, as well as political and legal cadres.

In 1952 and 1953, the 59 institutes of political science and law and university law departments were reorganized in concert with the readjustment of institutes of higher learning all over the country. Some of them were combined to form, respectively, the East China Institute of Political Science and Law, the Beijing Institute of Political Science and Law, the Central Southern Institute of Political Science and Law, the Southwestern Institute of Political Science and Law, and the Northwestern Institute of Political Science and Law. In addition, law departments were retained at six universities: Chinese People's University, Northeastern People's University, Beijing University, Wuhan University, Fudan University and Northwestern University. Political and legal cadre schools were successively set up in the various provinces, municipalities and autonomous regions, and they took charge of the training of political and legal cadres for their respective regions.

After several years of readjustment and reform, legal education began to take on new aspects in China. The progress of the Law Department at Wuhan University provides a useful example. After the founding of the People's Republic, our Department inaugurated radical reforms in education in accordance with the needs of the country. Courses about Kuomintang laws were abolished. [12] Great attention was paid to the training of teachers and the improvement of their professional abilities. More Soviet teaching materials were used. During the overall readjustment of law institutes and departments in 1952, some twenty teachers of law were transferred to our Department from the Chinese People's University, Zhongshan University, Xiamen (Amoy) University, Hunan University and others, thus greatly expanding the ranks of teachers for our Department. Altogether, there were eighteen professors and associate professors teaching in our Department at that time. (13)

Five teaching and research sections were set up, including the theory of the state and law, (14) law of the state (constitutional law), criminal law, civil law and international law. The curriculum was designed to address the needs of our country for the construction of a legal system. The following courses, among others, were offered: the History of the Chinese State and Law, the State Law of China, the State Laws of the People's Democracies, the Chinese Criminal Law, and the Organization of Chinese Courts. (15) Gradually we reduced the proportion of Soviet teaching materials and combined the study of foreign laws with that of our own laws. (16) Outlines and lecture notes on all specialized courses offered in our Department were prepared for the students' studies, and for exchange with other law institutes and departments.

The National Conference on Political and Legal Education convened in 1954 by the Ministry of Education clearly laid down the policy and tasks of political and legal education and set forth its training objectives. Law departments of universities were to adapt themselves to the needs of the State's political and legal work, and train political and legal workers and law teachers who were loyal to the socialist cause, ardently loved the motherland, were in good health, possessed a firm working class stand and Marxist-Leninist viewpoint, had a good grasp of the advanced science of politics and law, and were familiar with political and legal work. In September of the same year, the Ministry of Education issued a program for the teaching of law, prescribing a four-year period of schooling (17) and a curriculum of twenty-nine courses including theoretical, basic, and specialized courses. It also required concentration in the fourth year in one of four subjects: the theory of state and law, state law, civil law or criminal law, so that the students might make advanced studies of a particular subject on the basis of general professional knowledge. Provisions were also made in the unified teaching program for a balance of classes, scholarly research and writing and practical work, all of which helped accomplish the task of training political and legal workers with a high ideological and theoretical level and great professional skill. In our teaching we persisted in integrating theory with practice and in combining foreign experience with the actual conditions of our own country. Teaching and scientific research were gradually put on the right track, the quality of teaching steadily improved, and the enrollment figures increased year after year. In the eight years from 1949 to 1956 our department recruited a total of 493 students. After graduation, most of them went into judicial work, while others took up the teaching of law and scientific research. They made substantial contributions to the construction of New China's legal system.

According to incomplete national statistics, twelve institutes or departments had been set up in the country by 1956 for higher learning in political science and law, with more than nine hundred teachers specializing in law. 2 824 new law students were enrolled in 1956, ten times the enrollment figurs in 1949. Political and legal cadre schools at various levels and cadre training classes run by local political and judicial organs trained, in rotation, hundreds of thousands of cadres engaged in practical political and legal work. By 1956, then, a legal educational system basically suited to the needs of New China had been established and had achieved initial success.

In reforming the old legal educational system and establishing the new during this period, our guiding ideology was clear, our principles and policies were comparatively correct, the measures adopted were reliable, and consequently the results were satisfactory. The graduates that came out of the institutes and departments of political science and law during this period have become the backbone of our country in politics, law and legal education. It is true that legal education also had its shortcomings and deficiencies, which manifested themselves chiefly in three ways. First, necessary as it was to learn from the Soviet Union at that time, there often existed a dogmatic tendency of copying its experience indiscriminately. Second, a one-sided negative approach was often taken to the problem of dealing with the cultural heritage of law[18] instead of adhering to the policy of "making the past serve the present and foreign things serve China". Third, some young people did not feel enough esteem for old intellectuals; consequently they often did not properly implement the Party's policy towards intellectuals. [19]

B. The Period of Standstill and Retrogression (1957—Spring, 1966)

After 1957, as our country had already entered a period of all-out socialist construction, legal education ought to have undergone a corresponding development. However, owing to the "left" [20] mistakes in the guiding ideology, the Anti-Rightist struggle in 1957 [21] was magnified, which led to the spread of legal nihilism of despising the law, negating the legal system and ignoring legal education. [22] As a result, our legal education started heading downhill and its growth was crippled. These damaging phenomena found expression chiefly in four ways:

(1) Under the guidance of "left" mistakes, political movements came in rapid succession, throwing into confusion the sequence of teaching and studying, disrupting the contents and system of teaching of all subjects of law, seriously dampening the enthusiasm of teachers and students for gaining professional proficiency, and thereby severely hampering the improvement of the quality of teaching and studying. [23]

(2) The number of institutions for legal education was gradually reduced. During this period, some institutes and departments of political science and law were closed down or merged. For example, our department, one of the few law departments retained after liberation, was merged in 1958, together with the Central-Southern Political and Legal Cadre School, into the law department of Hubei University. Most of our teachers were transferred to other posts and some of our books and reference materials were taken away. The enrollment figures of students in law departments registered a sharp decrease throughout the country. Their proportion of the total enrollment of the country as a whole was reduced remarkably, from 1.5% in 1956 to only 0.8% in 1965, nearly a 50% reduction. Students of

political science and law made up only a little less than 1% of the total mumber of college students at the time. Thus it can be seen that political and legal education during this period were seriously weakened.

(3) Wild and destructive criticisms were hurled at the socialist theory of law, and "forbidden zones " in the study of law appeared in great numbers. "Foreign laws" and "ancient laws" were totally excluded, which resulted in the teaching materials becoming poorer and poorer in content. An extremely abnormal atmosphere pervaded the country, in which no law could be studied, existing laws could not be taught, and even the mere mention of law was a violation of taboo. Formerly offered courses for the legal profession were now almost all abolished. Many institutes and departments of political science and law combined their various teaching and research sections into one section, offering only one course — "policies and law". Productive labor was included in the teaching program as a requirement. [24] School records depended to a large extend on how well the students did in physical labor. As a consequence, the quality of teaching and studying declined notably during this period.

Comrade Mao Zedong sensed as early as 1962 that without the necessary legal system, socialist revolution and construction would be unrealizable. He directed that the criminal law and the civil law be enacted. [25] For some time after that the proportion of specialized courses in institutes and departments of political science and law increased to some extent. But in 1964 classroom studies were replaced by participation in the "four clean-ups" movement (a movement to clean things up in the fields of politics, economics, organization and ideology), and law courses were soon abolished. By then it had already been announced that class struggle must be stressed year after year, month after month, and day after day . [26] The "left" deviation was becoming more and more serious with each passing day.

(4) The Party's policy toward intellectuals had not been correctly implemented and the social status of law teachers deteriorated steadily. Most of the professors who had studied old laws were driven down from the rostrum, while newly-trained teachers of law were forced to change their profession.

韩
德
培
文
集

Teachers and students who had been labelled "Rightists" in the Anti-Rightists struggle bore continuous oppression. Law graduates were mostly assigned to post in out-of-the-way places, unable to apply what they had learned. The youth of this period regarded law study as a dangerous road to take and naturally stayed away from it.

C. The Cultural Revolution (Summer, 1966—1976)

The ten years from May 1966 to October 1976 were the period of upheaval of the "Great Cultural Revolution" in which extensive damage was done to our socialist legal system. [27] Lin Biao and the "gang of four" [28] pursued an ultra-left line with frenzy and did everything they could to "smash the public security, procuratorial and judicial organs". [29] They preached "the theory of the dictatorship of the masses".

Many leading cadres of institutes and departments of political science and law were labelled capitalist roaders, [30] renegades, spies or conspirators; some law teachers were branded "reactionary academic authorities" or counterrevolutionaries. They were looked upon as targets of dictatorship, [31] unlawfully detained and relentlessly persecuted. Under the pretense of "examining personal histories" or "tempering through manual labor", a number of law teachers were sent to "cowsheds" (places where the so-called "class enemies" were kept in custody) or "isolation study classes"; they were transferred to do manual labor in May 7 cadre schools, or sent to settle in the countryside as peasants. [32]

The law departments of universities were all closed down with the exception of Beijing University, which was nominally retained. All the institutes of political science and law were also shut down, with the single exception of Southwestern Institute of Political Science and Law, which survived in name only. School buildings were seized and books and reference materials were divided up. [33] Advanced legal education, which had contributed to the training of law experts for our revolution and construction, suffered extremely serious damage. [34] A thousand-strong contingent of law teachers built up painstakingly after liberation was dispersed and only a little over a hundred were left. This was indeed a painful experience. [35]

D. The Period of Rehabilitation and Great Development of Legal Education（1977—1982）

After the smashing of the "gang of four", [36] the people longed for law and order. Legal circles, where there had been a large number of "forbidden zones" of study, began to take a first tentative step forward. At the initial stage, two precious years were nevertheless wasted because people's thoughts were shackled by the "Left" trend of thought and modern superstitions. [37] This changed when the Third Plenary Session of the Eleventh Central Committee of the Communist Party of China put forward in 1978 the policy of promoting socialist democracy and strengthening the socialist legal system. [38] The springtime for legal circles was ushered in. [39]

Like other fields of work, legal education went through a process of bringing order out of chaos. Chaos meant the disorder created in the "Great Cultural Revolution", and "bringing order" was to put on the right track what had been wrong. The Party Central Committee pointed out that it was necessary to have a broad and accurate grasp of Mao Zedong Thought as a system. The Third Plenary Session highly praised discussions on the criterion of truth and criticized the wrong policy of the "two whatevers" (that is, to uphold whatever policy decisions were made by Chairman Mao and to follow whatever instructions were left by him). This declaration pushed forward work in all fields. The Fourth and the Fifth Plenary Sessions were consequently able to continue to show the way forward for us.

The Second Session of the Fifth National People's Congress [40] promulgated seven important laws in 1979, [41] a good beginning in perfecting the socialist legal system. [42] This has created favorable conditions for legal education and research in law, and greater and greater importance is being attached to legal education by the Party and the State. [43]

The Southwest (in Chongqing), Beijing, East China (in Shanghai) and Northwest (in Xi'an) Institutes of political Science and Law had already been restored and started to recruit students in 1978. [44] Soon after

韩德培文集

July 1979, other institutes and departments of law resumed the enrollment of students. Preparations were also being made for the restoration of the Central-South Institute of Political Science and Law (in Wuchang). New law departments were instituted in some universities which previously had none. [45]

Twenty-three universities now have law departments. They include Beijing University, Chinese People's University, Jilin University, Liaoning University, Hubei Finance and Economics Institute, Wuhan University, Anhui University, Xiamen University, Nanjing University, Zhongshan University, Yunnan University, Hangzhou University, Shandong University, Nankai University, Xinjiang University, Guizhou University, Zhengzhou University, Hebei University, Shanxi University, and Northwestern University. [46] Medical jurisprudence specialities have been set up in three key medical colleges. Law specialities also have been set up in the politics departments of the Northeastern Teachers University and Tianjin Teachers College, among others. Altogether there are a total of 30 institutes or departments of political science and law. [47] There are more than twice as many students (numbering about 8 700) [48] now studying in these schools in comparison with 1965, the year before the "Great Cultural Revolution". Plans are for the number of students to continue to increase year after year.

Our Law Department of Wuhan University provides an example of resurgent legal education in China. It was restored in August 1979. Surmounting all kinds of difficulties, we enrolled sixty undergraduates in the summer of 1980 as law majors, another fifty nonresident students in a branch school, as well as two graduate students of international law. In May of the same year, the International Law Research Institute of Wuhan University was founded; soon after that, the Environmental Law Research Institute was set up with the cooperation of the Chinese Academy of Environmental Science. In 1981, we recruited 100 undergraduates as law majors and 32 as international law majors. In addition, thirteen graduate students were enrolled. The Department now has over fifty teachers and scientific research workers[49] in the following teaching and research sections: basic theory of law, constitutional law, international law, civil law and economic laws, criminal law and criminal procedure, legal history, and environmental law. The two majors of our Department— law and international law — both have a four-year period of schooling, while the length of schooling for graduate students is three years. According to the teaching program, the two majors each offer a total of 42 courses including common courses, basic courses and specialized courses. The general law major offers 24 required courses and 18 elective courses, while the international law major offers 20 required courses and 22 elective courses. All of the undergraduate students chiefly study "basic theory of law", "constitutional law", "criminal law", "criminal procedure", "civil law", "civil procedure", "marriage law", "economic law",[50] "environmental law", "criminal investigation" and other courses. The students in the international law majors, in addition, study "public international law", "private intermational law", "international economic law", "China's foreign relations", "international relations", "international institutional law", foreign languages and other courses.

With respect to books and reference materials, our department had collected in the past a large number of valuable Chinese and foreign legal documents and materials, which are rather substantial as compared with those of other law departments of our country.[51] At present, the department and two research institutes are bringing out three magazines: *Legal Studies Materials*, a bi-monthly which primarily carries summary translations and reviews of recent important legal works and materials of foreign countries; *Collection of Legal Treatises*, a nonperiodic magazine which publishes mainly treatises written by teachers and research works of our department and research institutes; *Environmental Law*, a nonperiodical carrying primarily articles on new achievements and new information in the study of environmental law. In the first two and a-half years since the restoration of our department, we received jurists and legal workers coming from the United States, Canada, Japan, the United Kingdom, West Germany, France,

韩
德
培
文
集

Australia, the Netherlands, Singapore and other countries for friendly visits. This has promoted friendship and academic exchange between Chinese and foreign legal workers. (52)

The days of the Cultural Revolution and the "gang of four", in which laws were defied, the legal system negated, legal education strangled and law teachers cruelly persecuted are gone forever. Guided by the correct line of the Communist Party of China, the science of law is thriving and prospering throughout the country. The standing of legal education is notably improving, and the law major, which formerly received very little attention, is becoming an object of enthusiastic interest. According to 1980 statistics of candidates for entrance examinations to institutes of higher learning, (53) those who applied for entrance to the Beijing Institute of Political Science and Law as their first choice numbered 3 000 in Beijing alone, more than thirteen times the number of students actually enrolled. (54) This must be taken as a sign of vigor and prosperity in legal education. It is to be expected that in future entrance examinations for institutes of higher learning, there will be still more young people with high aspirations who are resolved to study law and devote themselves to the cause of construction of New China's legal system.

There are, of course, still some concrete problems and other pertinent questions in our higher and secondary legal education that we have been thinking about and resolving. Some representative examples include the question of majors and specialization; curriculum; the development of teaching materials; the goals of legal education; graduate studies; legal education at the secondary level; in-service legal training for political and legal cadres; and legal publications.

1. Majors and Specialization

Catering to the needs of national construction and making use of existing conditions, (55) the institutes and departments of political science and law have set up the following specialties: law, international law, economic law, criminal investigation, medical jurisprudence, lawyer training, civil law and others. (56) New specialties will be added along with the development of the four modernizations. The period of schooling is four years for each of these specialties. [57]

2. Curriculum

Courses offered in different schools are not uniform owing to the differences in the quantity and quality of teachers[58] and facilities. One consistency is that all schools offer three kinds of courses: common courses (foreign languages, physical education, philosophy, history of the Communist Party of China, political economy, etc), [59] basic courses (basic theory of law, constitutional law, etc) , [60] and specialized courses (civil law, criminal law, economic law, etc.) . [61] There are generally a total of 32 to 42 courses; some are required and others are elective. [62] The proportion of different courses varies with each specialty. [63]

3. Teaching Materials

In addition to outlines, printed or mimeographed legal materials and reference books compiled by the various institutes and departments on their own, [64] the Ministry of Justice and the Ministry of Education began in 1980 to organize the compilation of thirty standardized legal teaching texts. [65] These are now being published in succession. Eleven teachers of our department are taking part in the compilation or examination and approval of twelve of these teaching texts. I myself am the chief editor of "Private International Law", while three other teachers are deputy chief editors of "Criminal Law", "A Course in Civil Procedure", and "Introduction to Law", respectively.

The standardized legal teaching materials that have already been published or will soon come off the press are: "Basic Theory of Law", "A History of the Chinese Legal System", "Criminal Law", "A Course in Criminal Procedure", "International Law", "A History of Chinese Legal Thinking", "A History of Foreign Legal Systems", "Private International Law", "Administrative Law", "Economic Law", "Marriage Law", "Medical Jurisprudence", "A Study of Evidence", "A Study of the Investigation of Crimes", "Labor Law", "Introduction to Law", "Constitutional Law", "Political Science", "Judicial Psychiatry", "Penology", "Civil Law ",

韩
德
培
文
集

───────── **16**

"A Course in Civil Procedure", and "A History of Foreign Legal Think-
ing".

4. The Aim of Legal Training

Generally speaking, our goal is to train students through higher legal
education to become people who possess basic knowledge of the Marxist-
Leninist theory of law; are familiar with the Party's political and legal work,
policies and guiding principles; are endowed with socialist political con-
sciousness; have mastered the professional knowledge of law; and are capa-
ble of undertaking research, teaching and practical legal work. [66]

5. Graduate Students

Beginning in 1978, the system of graduate study in law, which had
been suspended for many years, was restored. Institutes and departments of
political science and law have begun to enroll graduate students for a period
of schooling of sometimes two, but usually three, years. A system of aca-
demic degrees is being implemented in accordance with the decision of the
State. The State attaches great importance to the system of graduate
students, and it is to be expected that more and more will be enrolled in the
future. [67]

6. Legal Education at the Secondary Level

Major efforts have been devoted to training middle-level legal workers
to suit the needs of the four modernizations. Beginning in 1981, some 30
secondary schools of law for the judiciary, police officers, policemen, pub-
lic security, etc, have been set up in Beijing, Tianjin, Shanghai, Guang-
zhou, Wuhan and other big cities. [68] Provinces, municipalities and au-
tonomous regions will follow their example in establishing these sorts of
schools.

"Introduction to Law" has been widely offered in higher teachers train-
ing colleges, with the objective of training the students to become teachers
of an "Elementary Knowledge of the Law" in ordinary middle schools and
secondary teachers training schools. Since the autumn of 1980, ordinary
middle schools and secondary teachers training schools have all been able to
offer the elementary course. [69]

7. In-Service Training of Political and Legal Cadres

In order to rapidly develop the professional skill of political and legal cadres and to suit them to the urgent need of the political and legal work of the new period, [70] the State has set up, in addition to the existing Central Political and Legal Cadre School, the Second Central Political and Legal Cadre School, which has already started to train cadres. As required by the State, the provinces, municipalities, autonomous regions and districts have also restored or set up their own political and legal cadre schools. Moreover, in the last two years political and legal organs at different levels have run various kinds of cadre-training classes many times. [71] The State has set the task of giving in-service training in rotation to all present political and legal cadres within a period of five years (1980—1985) or so, and to raise them to a professional level equivalent to that of college graduates.

In order to consolidate political and legal work , the State has transferred a great number of military cadres to work in departments of practical judicial work and organizations of legal education. This requires that local authorities do a good job of training these transferred cadres so that after being trained for a year or so, they may attain the level of secondary law school graduates. As far as I know, most of the political and legal cadres have in the past two years or more taken part in different forms of short-term training, through which their political quality and professional skill have all been improved in varying degrees . The task of training political and legal cadres confronting us is, however, still arduous. [72]

8. Legal Publications

After liberation there was not a single legal newspaper publicly on sale. Magazines such as *Studies in Law and Politics* and *Science of Law* were started in 1954 and 1956, respectively, but stopped publication several years later. [73] Since 1979, work in this field has been resumed and extended with the gradual strengthening of the socialist legal system. *Chinese Legal System*, a nationwide newspaper propagating the socialist legal system, is now being published and sold publicly. Similar newspapers are brought out in the provinces, municipalities and autonomous regions for in-

韩
德
培
文
集

第三编　法学教育与研究篇

ternal circulation. Periodicals and magazines including *Democracy and Legal System*, *Law Journal*, *Science of Law*, *Studies of Law*, *Law Quarterly*, and more than ten journals are published by institutes and departments of political science and law. [74] There are even more internal periodicals, for which accurate statistics are not available. [75]

The root of ten years' turmoil in our country has been dug up with the fall of the "gang of four". Legal education on the whole is still backward, but it has survived the disaster and has achieved successes after bringing order out of chaos. Legal education is now thriving and flourishing, [76] and has laid an initial foundation for its further development in the rest of this decade.

Ⅱ. **Current Trends in the Scholarly Debate**

Legal science is the discipline which has been undermined most seriously by the ultra-left ideological trend in China. It was adversely affected in 1957 by the Anti-Rightist Movement [77] and since then "legal nihilism" gradually ran rampant. During the ten years of turmoil in the "Cultural Revolution", when Lin Biao and the "gang of four" were in power, legal science suffered an unprecedented catastrophe. [78] That is why legal science is the most strikingly backward among the social sciences in China.

After the smashing of Lin Biao and the "gang of four", and particularly since the Third Plenary Session of the 11th Central Committee of the CPC held in 1978, which called for the emancipation of minds inside and outside the Party, a most lively situation has prevailed in China's legal circles. Many "forbidden zones" in the field of law were broken through one after another. Fresh questions are constantly raised and discussed in depth at forums on law. [79] Although the academic level of legal research at present is still rather low and theoretical problems need to be further explored, the entire prospect in legal circles is gratifying and inspiring. Now I am going to give a brief account of the recent developments in China's study of law. I wish to point out nine problems that are currently of most interest to people in legal circles and to describe the different viewpoints held about each one.

A. The Theory of State and Law

What should be included in the study of jurisprudence? This question invoked a great deal of controversy in the late 1950s. In the Soviet Union political science was not considered as a separate branch of the social sciences, and "The Theory of State and Law" was offered as a basic course in the law faculties. China followed the Soviet lead on curriculum, and also made this theory the major content of research on law. Later, under the influence of the "Left" trend of thought in China, the science of law was completely dominated by doctrines of the state, and the study of law all but eliminated.

At recent discussions on the subject in legal circles, most people have held that the state and the law, though closely interrelated,[80] are different social phenomena, each with a particular realm of its own. Therefore, the study of the science of law should center mainly on the legal system . Of course, it will inevitably touch on questions of the state, but these must be approached from the legal angle. This approach differs both in starting-point and scope from that of political science in dealing with questions of the state. At a symposium held in 1980 in Changchun, Jilin province, on the history of the Chinese legal system and the history of Chinese legal thought, many considered that the study of the history of legal systems should concentrate on the essence, features, main content and laws of development of legal systems of different types, not on the state system. This broke down old conventions in the study of the science of law, marking a big step forward. In my university, the old basic course of "The Theory of State and Law " has consequently been changed into "The Basic Theory of Law" .[81]

B. Is Law the "Instrument of Class Struggle"?

In the past, the law was generally regarded as an instrument of class struggle (or class oppression) .[82] Lately in law circles, different views have been presented on this question.

Quite a few people feel that it is not a comprehensive view to consider the law only as an instrument of class struggle, for in the history of mankind, the law of the exploiting classes, though directed against the laboring people, was also used to readjust the internal relations of the ruling class. In modern times, the law of the capitalist countries, while protecting private ownership (to the best advantage of the capitalist class), is also used to regulate the life of the whole society. The law of the socialist countries, besides suppressing the class enemies' resistance, sabotage and trouble-making activities, is mainly concerned with regulating contradictions among the people[83] and readjusting the relationship between various aspects of national economic construction. If the law in a socialist country is nothing but an instrument of class struggle (or class oppression), how can one explain the laws on traffic and communication, on forestry, on environmental protection? Can it be that they are also instruments for oppressing class enemies?

Whether the law's functions outside the realm of class struggle are of a class nature or social nature is still a hotly debated issue. Some hold that analytically the law should be divided into two categories: one related to class oppression such as is exercised under a dictatorship, the other to ordinary social life, such as traffic regulation, environmental protection, sanitation and health care, and the utilization of outer space. The people of the whole society benefit from the implementation of the laws on social life. This is why, so they say, law has a class as well as a social nature.

Others hold that it is not scientific to divide law up into two parts, one having a class nature and the other not. The laws on social life such as the law on environmental protection are related to physical objects which, it is true, do not have a class nature in themselves. But since the physical objects are linked closely with different systems of ownership, the law governing them still reflect the will of the ruling class and has therefore a class nature.

C. "Rule of Man" or "Rule of Law"

Whether we should have the "rule of man" or the "rule of law" is an important problem both in theory and in practice. For a rather long period of time the view spread that what was wanted was the "rule of man", not the "rule of law". [84] This brought about harmful consequences and completely uprooted China's legality. Rhetoric reflecting the deviations of the left such as "replacing law by words" or "replacing law by man", appeared. During the "Cultural Revolution", Lin Biao and the "gang of four" cooked up modern superstition, deified the revolutionary leader and trampled underfoot the socialist legal system. As a result, a state of chaos and lawlessness emerged. Since the downfall of Lin Biao and the "gang of four", some people in legal circles maintain that, in view of such an historical lesson, the "rule of law" should be practiced under socialism instead of the "rule of man". [85]

Some other people concede that in a socialist country it is not appropriate to have only the "rule of man", but they argue that it is not right either to have only the "rule of law". From an historical point of view, there has never been the pure rule of man, nor the pure rule of law. Every ruling class, to keep its dominant position, must resort to both the rule of man and the rule of law. It is also inadvisable in a socialist country to emphasize only the importance of the rule or law, because this will very likely lead to the negation of the role played by man.

In reply to such an argument, the "rule of law" proponents explained that the point at issue is: when the authority of man is in conflict with the authority of law, which authority should prevail? The rule of law means that in such a case the authority of law, and not the authority of man, should prevail. In other words, every man must abide by the law and no man can place himself above the law. [86] These scholars have no intention of nullifying or belittling the significance of the role played by man, especially the outstanding figures in state affairs. But they do insist that no man can be allowed to act in violation of the law. They consider that the rule of man and the rule of law are two entirely different principles and methods in administering a country, and one should not be confused with the other.

There are also a few other people who are of the opinion that the two terms "rule of man" and "rule of law" are both onesided, unscientific and should be dispensed with. They argue that the new slogan "develop the socialist democracy and strengthen the socialist legal system" is good enough, and to put forward anything more, such as the "rule of law" can only add to confusion in theory and practice.

Although opinions still vary on the subject, [87] there is one point which seems to be agreed upon by all, that is, we must resolutely correct the mistake of replacing the law by words or by man [88] and must earnestly put into effect the following proposition: "Laws must be observed, their enforcement must be strict and law breakers must be dealt with."

D. Inheritability (Continuity) of Law

Is it a characteristic of laws that they can be carried over or inherited? This was heatedly debated in the early 1950s. Later in the 1957 Anti-Rightist Campaign, those who took the affirmative position were criticized together with their viewpoints, and the question was banned as a "forbidden zone".

Of late, the discussion on this question has flared up once again. At present, the general trend is to affirm that according to the nature of the law, it is assimilable or inheritable, though there are still divergent opinions. [89]

Some hold that old laws can only be used for reference and cannot be inherited because, in view of their class nature and practice, they are reactionary and should be abolished. As for the old science of law and legal concepts (legal thought), they are cultural heritages and whether they can be assimilated is open to discussion.

Many others maintain, however, that the law is, by nature, assimilable, arguing that this characteristic refers to the historical relationship between old and new laws. Old laws can be assimilated critically [90] whether they were enacted during the ascendancy of the ruling class or during its decline. The use of old laws for reference is only one particular form of assimilation. Legal norms and legal concepts are interwoven and cannot be split up sharply.

Some scholars put more stress on the significance of critically assimilating the old laws that were enacted during the ascendancy of the ruling class. They point out that the mode of production which the ruling class reflected at that period was in line with the objective laws of social development, and so the laws of that period were to some extent objective and reasonable. Other scholars even hold that at the present time a nation should assimilate critically not only its own cultural heritages in the field of law, but also what is valuable and useful from the industrially advanced countries. [91]

E. Relationship between Policy and Law

The relationship between policy and law is also a problem of great significance both in theory and practice. Under the impact of "legal nihilism", many people in China considered that policy was superior to law, and law should be subordinate to policy. [92] As a result, there has been a tendency to do one's work in accordance with party policy rather than the law. Some leading cadres, while implementing policy, very often substituted their personal opinions for the Party's policy and this led to the occurrence of replacing the law by one's words.

The relationship between policy and law has been discussed earnestly since the downfall of the "gang of four". There is an unanimity of opinion that law is policy which has been patternized and transformed into legal provisions. Although policy is the basis on which the law is formulated, it is relatively general in nature and abstract in content. It is necessary to have those important and long-term policies fixed and made concrete in the shape of law. It is difficult to maintain public security and to avoid deviations in work if there is only policy and no law at all. Furthermore, one of the fundamental methods of the Party's leadership in governing the country is to play the leading role in state affairs through the formulation and implementation of law. It is evident that policy cannot take the place of law. This viewpoint is very important and helpful in assessing correctly the relationship between policy and law and in overcoming "legal nihilism" .

Nevertheless, the problem has not been solved completely. [93] Some people raised the following question: Although policy cannot take the place of law, should we take policy into account while implementing the law ? If there is a contradiction between a policy and a law, should we submit to the policy ? [94] Others have replied by saying that it is not right to think of the law as conflicting with policy. In fact, law is the embodiment and development of policy. In implementing the law we should take policy as our guide and do our work resolutely and strictly according to law.

But doubts are not dispelled. Recently, for example, it was decided by the central authority that in order to curb certain crimes which have become rampant at the present moment and safeguard the interests of the people and the state, those offenders who committed murder, arson, plunder, rape, bombing and other crimes which gravely endanger the society should be given a heavy penalty promptly according to law. [95] Some people think it is quite sufficient to act according to the 1979. Criminal Law[96] and the 1979 Law of Criminal Procedure, [97] which were promulgated not long ago . Why then should the State and the Party bother to make such a pronouncement ? Is it a new policy which we must adhere to ? The reply is that this is not a new policy. It is intended merely to point out what, at the present crucial moment, is the main target to strike at. It is also to be emphasized that the heavy penalty is to be given promptly "according to law" . This is not to cast away the Criminal Law and the Law of Criminal Procedure and make a fresh start. [98]

F. Different Interpretations of Equality before the Law

China's 1954 Constitution and Organic Law of the People's Courts clearly declared that citizens of China were equal before the law. But this proposition was later criticized for lacking a class viewpoint and "allowing counter-revolutionaries[99] to claim equality with revolutionaries". Now it has been again included in the new 1979 Organic Law of the People's Courts and the Organic Law of the People's Procuratorates,[100] and this has the warm support of the masses.

What is the proper interpretation of "all the citizens are equal before the law"? Scholars' understanding differs. Some hold that this principle refers only to the equality of all citizens in the application of the law, because the law itself reflects the will of the people. The law is applicable to all citizens and no one can enjoy any privilege whatsoever before the law. But others hold that equality is not only a judicial but also a legislative principle, because the application of the law must have legislation as its prerequisite. Without affirming the equality of the citizens' rights and obligations in the drawing up of law, there would be no substance to the concept of everyone being equal before the law. [101] Present law, for example, provides that even those who have been deprived of their political rights still have the right to work and to personal security. It is thus unnecessary and harmful to restrict the principle "all citizens are equal before the law" to the judicial realm.

The prevailing view currently, however, seems to treat equality only as a judicial principle.

G. Reconciling the Leadership of the Party with the Independence of the Courts

The Organic Law of the People's Courts of 1954 contained the principle that the People's Courts should administer justice independently, subject only to law. [102] But this principle was later criticized as "claiming independence from the Party". [103] Now it has reappeared in the Organic Law of the People's Courts of 1979. [104]

The Communist Party in China is the nucleus of leadership in state affairs. All the state organs, including the People's Courts, should be placed under the leadership of the Party. When the courts are granted the power to administer justice independently, does this contradict the leadership of the

韩
德
培
文
集

第三编 法学教育与研究篇

Party? Some people thought so in the past. As a result, for a rather long time the People's Courts usually submitted their law cases to the Party committee for examination and approval.

After the downfall of Lin Biao and the "gang of four", the opinion was voiced that this was not the proper way for the Party to exercise its leadership. Such a practice not only mixed up the function of the Party with that of the judicial organs, but very likely gave rise to erroneous decisions and jeopardized judicial work. The abolition of this practice some time ago was warmly welcomed in my country.

But how should the Party exercise its leadership over the judicial organs ? This question is still under discussion. The general trend seems to suggest that the leadership of the Party should concentrate mainly on carrying through the Party's guidelines, principles and policies, instead of interfering with the specific professional work of the courts. The courts should be encouraged and required to act strictly according to law. [105]

H. The "Presumption of Innocence"

The "presumption of innocence" means that anyone is presumed to be innocent unless he is proven guilty. This principle had its origin in Roman law and played a certain progressive role in the struggle against the feudalistic judicial arbitrariness during the bourgeois revolution. It was proclaimed in the French "Declaration of the Rights of Man and of the Citizens" in 1789 and has been adopted by many capitalist countries. Should this principle apply to criminal cases under socialism? This issue was discussed in the early 1950s but its study was later banned owing to interference from the trend of "Leftist" thought.

Two views have been expressed in current discussions of this question. [106] One holds that the bourgeois principle of the "presumption of innocence" and the feudalistic principle of "presumption of guilt" differ only superficially through their choice of the word "innocence" or "guilt", but both are manifestations of the same illusory idealism and metaphysics. [107] What is more, the argument goes, the "presumption of innocence" is incompatible with the principle of seeking truth from facts[108] and with the practice and procedure of investigation, arrest and indictment in China's criminal suits. Therefore, for the proletariat, the principle is rubbish both in content and in form, and should be refuted.

The other viewpoint maintains that the "presumption of innocence" refers to the legal position of the accused prior to the trial and the final judgment. It neither contradicts nor replaces the principle of seeking truth from facts. In view of the bitter lesson we have learned from the numerous cases of false charges, frame-ups and incorrect sentences[109] produced during the "Cultural Revolution", it is necessary to adopt the principle of the "presumption of innocence" in our criminal cases. Some scholars even assert that this principle is not only appropriate at the present time, but should be accepted as one of the guiding principles in our 1979 Law of Criminal Procedure. [110]

I. Civil versus Economic Laws

Both civil and economic law are closely related to socialist economic construction. With the focus of the nation's work shifted to socialist modernization,[111] legal circles in China are unanimous in the view that it is necessary to enact civil law and strengthen economic legislation as soon as possible. But the problem is how to do it. Are they to be drawn up as separate laws or to be combined into one? What should be the particular content and system of each? Discussion has been going on for quite some time.

Traditionally, civil law has been applied mainly to the readjustment of property relations. ("Civil law" is a term used in civil law countries. It includes such subjects as property law, the law of contract and the law of torts, as designated in common law countries.) In capitalist countries, property is privately owned. This is why civil laws are listed under "private law". After World War I, with the increase of state participation in, and regulation of, the economy, a series of economic laws appeared outside the civil law. State regulation of competition, prices and credits by means of law led to the gradual disappearance of the distinction between private and

韩德培文集

28

public laws. But no capitalist country has yet worked out a systematic economic law or code; there exists only a body of separate economic laws. This is the situation not only in civil law countries, but in the common law countries as well. And in the Soviet Union and East European countries, although the relation between civil law and economic law is a subject discussed repeatedly, only Czechoslovakia has enacted an economic code.

In China, there are two different views on how to handle the relationship between civil and economic laws. Some people insist that the two laws can be combined into a unified economic code since both are geared to the readjustment of economic relations. As for laws governing the readjustment of private property relations, they could then be included in the civil rights laws. But most people hold that there are difficulties in enacting such a unified economic law or code. Accordingly, they propose that civil law and economic laws should be enacted separately. [112] This is what has been followed in practice. For instance, the 1981 Law on Economic Contracts has been promulgated[113] and some additional economic laws will be enacted one after another. Separately, a draft civil code is now in rapid preparation.

These are some of the main problems which have been discussed recently in China's legal circles. [114] I hope my brief account of the discussion will help you to understand better how my colleagues in China are pushing forward with their legal studies. In spite of the fact that they have offered different opinions, they are all trying to do their best in improving and strengthening the socialist legal system, thereby facilitating the advance of socialist modernization in China.

III. PROSPECTS

Some achievements have been recorded in legal education over the past 33 years, especially after the downfall of the "gang of four." It is nevertheless backward on the whole. As legal education was not given enough attention in the past, the graduates from higher institutes and departments of political science and law since the founding of the People's Republic total less than 20 000, [115] making up only 0.62% of the combined total of college graduates of the country. Among the cadres now working in the country's courts at different levels, though many have practical experience, graduates of law colleges are few in number, estimated at only about 5%. [116] There are less than 1 000 law teachers teaching in higher institutes and departments of political science and law. These figures demonstrate that our legal education lags way behind the development of the productive forces, and falls short of the needs of the construction of the legal system. This state of affairs is indeed out of keeping with a great nation like ours having a population of one billion.

The task of developing legal education and training, and producing the law experts needed by the four modernizations is now of top priority. [117] The devotion of major efforts towards these ends rests unquestionably on our shoulders. According to a rough estimate by the Supreme People's Court and the Supreme People's Procuratorate, it is necessary to train 186 000 personnel in the legal field by 1990, [118] among whom 133 000 will be graduates from law colleges and 53 000 from secondary law schools. The figure is even higher, possibly running up to several hundred thousand or even as many as a million, if we include the legal cadres and advisors needed to be provided or replenished for judicial administrative organs, lawyers' organizations, public notaries, domestic economic organizations, administrative organs, social institutions, and Chinese organizations in foreign countries, etc. [119] These personnel are without doubt primarily to be trained through legal education, but it would be difficult for the existing institutes and departments of political science and law to accomplish this task alone.

Legal education must be greatly strengthened in accordance with the State's directive for restructuring education, so as to eliminate its imbalance in proportion to other fields. For this reason, the State has decided to concentrate efforts to consolidate and expand the existing 30 institutes and departments (and specialties) of political science and law; to set up the Northeastern Institute of Political Science and Law; and to make prepara-

韩德培文集

tions for the founding of the Law University of China. In the meantime, conditions should be created for the setting up of law departments in universities not yet having law departments, in some liberal arts universities and in higher institutes under the Ministry of Foreign Trade, the Ministry of Railroads, the Ministry of Forestry, the Ministry of Communications, etc. , and for the setting up of medical jurisprudence departments in key medical colleges under the Ministry of Public Health. The State also requires that the provinces, municipalities and autonomous regions create conditions in an active way for setting up law colleges, secondary law schools, TV law schools, correspondence law schools, spare-time law universities, evening law universities and various forms of political and legal cadre schools and rotation cadre-training classes. High and middle-level legal professionals are to be trained in such manifold and varied ways.

The road ahead of us, as we know, is by no means smooth; it is strewn with difficulties and obstacles, yet we are determined to exert ourselves under the leadership of the Communist Party of China, and we have full confidence that we shall surmount all kinds of difficulties, constantly push forward the legal education of New China, and victoriously accomplish the glorious task which the new period has entrusted to us. Legal education in our country is bound to undergo great development through the next five to ten years' efforts, and its prospects are brilliant.

注 释:

(1) Pound, "Comparative Law and History as Bases for Chinese Law", 61 *Harv L. Rev.* 749, 749-50 (1948).

(2) See e. g. , Slaybod, "The Strange World of China's Lawyers". 7 *Barrister* 10 (1980); Ginsburg, "ABA Delegation Visits the PRC". 64 *A. B. A. J.* 1516 (1978); Paragon, "The Administration of Justice and Law in New China". 49 *N. Y. S. B. J.* 577 (1977); Brown, "Present-Day Law in the People's Republic of China". 61 *A. B. A. J.* 474 (1975). A number of others are cited for particular information or impressions at various places throughout the article.

(3) The PRC's four successive constitutions, adopted in 1954, 1975, 1978 and 1982, and a number of the most important laws are discussed in n. 16, 41, 88, 96-

100, 102-105, 109, 112, and 113.

(4) This follows from: (1) the still rather small number of laws that have been dopted or drafted; (2) the limitations of hermeneutics; (3) the reality that even in more mature, highly codified legal systems, written laws only illuminate a single facet of the system.

(5) The most prominent among them include the efforts of Jerome Cohen, Victor Li, Stanley Lubman, and Alice Ehr-Soon Tay. Much of their work, and that of an increasing number of others making valuable contributions, is cited throughout the article.

(6) See, e. g. , Li, supra n. 6 at 11-15 (describing the need for functional and nonprovincial methods for the comparison of Chinese and Western legal systems); Lubman, "New Developments in Law in the People's Republic of China" . 1 *Nw. J. Int'l L. &. Bus.* 122, 122, 133 (1979) (describing foreign legal scholarship about China as "lacking in the development of suitable the-oretical models"); Cohen, "Interviewing Chinese Refugees: Indispensable Aid to Legal Research on China" . 20 *J. Legal Ed* 33 (1967) (Commenting generally on the scarcity of source materials, and discussing the necessary use of the technique of in-depth interviews of emigres, with the intrinsic value and limitations of the information received.)

(7) "New China" refers throughout to the People's Republic of China (PRC), officially established in 1949 with the defeat of Chiang Kai-shek and his Nationalist regime.

(8) Foreign observers have also divided PRC legal history into periods for various analytical purposes. See,e. g. , Foster, "Codification in Post-Mao China", 30 *Am. J. Comp. L.* 395, 398-410 (1982) (dividing the brief time since Mao Zedong's death into seven periods); Hsia, "Modern China and Japan: History, Politics and Law", 66 *L Lib. J.* 429. 435 (1973) (six periods from 1949 through the early 1970s); Tay, "Law in Communist China – Part II", 6 *Sydney L. Rev.* 335, 346-47 (1971) (four periods from 1949-1969) . See also Cohen and Chiu, *People's China and International Law: A Documentary Study.* 2 Vols. , 18-22 (1974) . One should be cautious that that analytic divisions, though of undoubted value, do not obscure important continuities.

(9) Russian legal educators were sent to China in the early 1950s, teaching materials were translated from Russian into Chinese, and former Soviet pedagogical techniques were adopted. MacDonald, "Legal Education in China Today". 6 *Dalhousie L. J.* 313, 322 (1980); Cohen, "Notes on Legal Education in China". 24 *Harv. L. S. Bull.* 18, 21 (1973); Lee, "Chinese Communist Law: Its Background and Development", 60 *Mich L. Rev.* 439, 465 (1962); Marasinghe, "An Empiricist's View

韩
德
培
文
集

of the Chinese Legal System". 15 *Valparaiso U. L. Rev.* 283, 287 (1981).

(10) Cadre is a word of art in the Chinese lexicon. Lubman describes cadres as persons who are paid for their work in carrying out the policies of the Communist Party and the Chinese Government in administrative positions and in nongovernmental positions with mass organizations. Lubman, "Mao and Mediation: Politics and Dispute Resolution in Communist China". 55 *Cal. L. Rev.* 1284, 1304 (1967) [hereinafter cited as Lubman, *Mao and Mediation*]. A "decisive core", though by no means all, of the cadres have been members of the Communist Party. Lubman, "On Understanding Chinese Law and Legal Institutions". 62 *A. B. A. J.* 597, 597 (1976).

(11) At least one commentator found that the legal education function was separated from legal research throughout China during this early period. MacDonald, supra n. 9 at 324.

(12) Not surprisingly, the Communists abolished the laws and legal system of the Kuomintang in a single stroke after their victory in 1949. Gelatt, "The People's Republic of China and the Presumption of Innocence", 72 *J. Crim. L.* 259, 308 (1982); Tay, supra n. 8 at 345-46. For interesting discussions of the Kuomintang laws and legal system, see Pound, supra n. Pound, "Progress of the Law in China". 23 *Wash. L. Rev.* 345 (1948); Pound, "The Chinese Constitution". 22 *N. Y. U. L. Q* 194 (1947); Yang, "Powers of Chinese Courts". 1 *Vand L. Rev.* 16 (1947).

Scholars agree that the experience gained administering red controlled rural areas for two decades before 1949 greatly influenced the Communists conception of the proper legal system and role of law. Id Hoffheimer, "Law and Modernization in China: The Juridical Behavior of the Chinese Communists", 7 *Georgia J. Int'l & Comp. L.* 515 (1977); Lubman, "Form and Function in the Chinese Criminal Process". 69 *Co-lum. L. Rev.* 535, 536-37 n. 2 (1969).

A comparison of the above authorities does reveal a spectrum of opinion on the relative importance of the Communists pre-1949 experience, traditional Chinese history and legal culture, former Soviet influence and Marxist-Leninist-Maoist ideology in shaping the legal system and legal education in China since 1949.

(13) The apparent discrepancy in numbers is explained by the fact that many teachers had not attained the rank of professor or associate professor.

(14) See infra nn. 80 and 81 and accompanying text.

(15) For a description of the curriculum at the Peking (Beijing) Institute of Political Science and Law during the same time, see MacDonald, supra n. 9 at 323. Significant emphasis was placed on Marxist-Leninist ideology, as well as on legal expertise.

(16) A degree of regularization of process and codification of laws occurred, especially from 1954-1957. Kato, " Civil and Economic Law in the People's Republic of China" . 30 *Am. J. Comp. L.* 429, 434-35 (1982); Tao, "Politics and Law Enforcement in China: 1949-1970. " 22 *Am . J. Comp. L.* 713, 725-29 (1974). Translations of a number of important laws, codes and regulations can be found in Cohen, *The Criminal Process in the People's Republic of China* 1949-1963 (1968); Blaustein (ed), *Fundamental Legal Documents of Communist China* (1962); En-pao Wang (ed), *Selected Legal Documents of the People's Republic of China* (1976), Vol. I (1954 Constitution. Electoral Law for the People's Congresses, Agrarian Reform Law, and Model Regulations for Agricultural Producers' Cooperatives) . The important 1954 Constitution is discussed and compared with subsequent constitutions in Cohen, " China's Changing Constitution" . 1 *Nw. J. Int'l L. & Bus.* 57, 62-64 (1979).

(17) The four-year law program was conducted at the undergraduate level.

(18) See infra nn. 89-91 and accompanying text.

(19) This may reflect the inevitable tension that existed after 1949 between law-trained specialists (many of whom were trained in the West) or intellectuals and new cadres who "lacked legal skills and knowledge" , but were ideologically reliable. Li. supra n. 6 at 23-25. The Chinese leaders relied on both of these groups partly out of necessity, but also because of their ambivalence about the proper role of a legal system. Li asserts that although none of the major Communist leaders had been trained in law, they had a "general feeling" that development of China would be promoted by a "modern legal system" . Li, "Reflections on the Current Drive Toward Greater Legalization in China". 10 *Georgia J. Int'l & Comp. L.* 221, 224-226 (1980) [hereinafter cited as *Li, Reflections*] .

In response to the shortcomings pointed out by Dean Han, at least an "open debate [was taking] place on the incompleteness of the legal system, the inheritability of the old concepts, the manipulation of judicial affairs by the Party, and the absence of professional expertise" . MacDonald, supra n. 9 at 325.

(20) The "left" side of the political spectrum in China is associated with the policies of the Gang of Four during the Cultural Revolution. These include closing China off from the outside world and excessive class struggle, collectivism and control to the exclusion of individualism and debate. The "right" side is now associated with more pragmatism, openness and moderation. Butterfield, *China: Alive in the Bitter Sea* 292-93 (1982) . Under prevailing ideology, however, the "correct line" is sought, and mistakes of both the left and the right are still possible and to be avoided.

韩
德
培
文
集

（21）The Anti-Rightist or Rectification Campaign brought an end to the brief "Let a Hundred Flowers Bloom: Let a Hundred Schools Contend" period, when relatively open discussion and criticism were permitted or encouraged. During "Hundred Flowers", Liu Shaoqui, head of state, presented a report from the Party's Central Committee to the Eighth National People's Conference, and stated: "the period of revolutionary storm and stress is past... and a complete legal system becomes an absolute necessity... All State organs must strictly observe the law..." quoted in Tay, supra n. 8 at 363-64.

The Rectification drive was apparently made possible because the new cadres had finally gained dominance over the specialists, and because the legalization drive was perceived to threaten the weakening of Party control. See Hsia, "Sources of Law in the People's Republic of China: Recent Developments". 14 *Int'l Lawyer* 25, 28 (1980). The Party and its policy took full command and "redness", that is ideological purity, became more important than "expertise". Cohen, supra n. 9 at 21. See also Tao, supra n. 16 at 744. Political purity, for example, became more critical as a factor for student admissions to law study. Lee, supra n. 9 at 466. And a number of "leading professors and members of research institutes" were labeled rightists, discredited and "removed from their posts". Tay. supra n. 8 at 368-69.

（22）By the late 1950s, this "law nihilism" was widespread at the same time that Soviet influences were being repudiated. All Soviet advisors had been withdrawn from China by 1960. There was consequently little law to teach and even the Law Department at Peking University was apparently barely operational. MacDonald, supra n. 9 at 326.

The acceptability of legal nihilism was to some extent abetted by cultural and historical traditions in China. Part of an oft-quoted Chinese proverb holds that : "It is better to be vexed to death than to bring a lawsuit." E. g, Cohen, "Chinese Mediation on the Eve of Modernization". 54 *Cal. L. Rev.* 1201, 1201 (1966) [hereinafter cited as Cohen, *Chinese Mediation*]. Less cryptically, "In [traditional] China, law was not regarded as a major social achievement and a symbol of rectitude, but rather as a regrettable necessity, principally an instrument to be used by the state to enforce its will upon subjects who had not submitted to other means of social control." Cohen & Chiu, *People's China and International Law: A Documentary Study* 17 (1974). See also Lee & Lai, "The Chinese Conceptions of Law: Confucian, Legalist, and Buddhist," 29 *Hastings L. J.* 1307, 1308-10 (1978). See generally Bodde & Morris, *Law in Imperial China* (1967).

Courts, the legal system, and lawyers were often perceived to be corrupt, inefficient and incompetent during both Imperial and Kuomintang rule. Tay, supra n. 8 at 160-61, 165, Cohen, *Chinese Mediation* supra at 1210-15. One K'anghsi emperor even candidly encouraged this in order to discourage litigiousness among the people. Id at 1215.

None of this, of course, is to suggest that law nihilism was the inevitable outgrowth of Chinese tradition or to overemphasize the importance of history as a motive force for its ascendance. See, e. g. , Wu Jianfan, "Building New China's Legal System", 22 *Colum. J. Transnat. L.* 1, 22-24 (1983) (quoting the assertion of Dong Biwu, late President of the Supreme People's Court, that general disrespect for law was intensified by the initial needs of the Revolution to smash the pre-existing legal system and to rely on mass movements rather than law) .

(23) Wide and frequent swings in the important "party line" made the educational process risky. Teaching even what was acceptable at one time could subject an individual to a later charge of rightism if the "correct line" shifted far enough. Caution inculcated by this danger is undoutedly still present in an attenuated form today. See Gelatt & Snyder, " Legal Education in China: Training for a New Era," 1 *China L. Rep.* 41, 58 (1980); Li, *Reflections*, supra n. 19 at 226-27 and 232 (1980) .

(24) Law enforcement cadres were also expected to eat, live and produce with the masses. Tao, supra n. 16 at 745. The author describes this period as the "Field Work Model" . Id. at 714 and 741-750.

(25) As one Western observer put it, "the government was once more giving priority to problems of law making, law improvement, and orderly administration" . MacDonald, supra n. 9 at 326. This reemergent concern for legality soon proved to be a weak and temporary lull before the ensuing storm of the Cultural Revolution. See infra n. 27 – 35 and accompanying text. The Chinese consequently had to wait nearly two more decades for the enactment of a Criminal Law Code (see infra n. 96) and still do not have a comprehensive Civil Code, though some individual civil laws have recently been enacted. See infra n. 112 and 113 and accompanying text.

(26) Criminal punishment, for example, was seen as a manifestation of a form of class struggle. Tao, "The Criminal Law of Communist China", 52 *Cornell L. Q.* 43, 43-44 (1966) . Especially during the Cultural Revolution, large numbers of individuals were put through one or more struggle sessions. These sessions often involved intense group verbal criticism, denunciation or interrogation of the individual to be "struggled" . See. e. g. , Bao Ruo-Wang (Pasqualini) & Chelminski, *Prisoner of Mao* (1973); Garbus, "Justice Under China's New Legal System", 50 *N. Y. S. B. J.* 577, 580-81 (1978) .

(27) One commentator estimates that 70% of all of China's lawyers disappeared. Seitz, "Hopes and Dilemmas of an Embryonic Legal System" , 54 *Fla. B. J.* 664, 665

(1980).

(28) Lin Biao was the heir apparent to Mao Zedong. He and the "gang of four", including Mao's wife Jiang Qing, wielded enormous influence and power during the Cultural Revolution.

(29) This deliberate smashing of the formal law enforcement appartus reflected a direct repudiation of law and legalism and therefore, also compelled the stifling of legal education. See Tay, supra n. 8 at 346 – 47; Tao supra n. 16 at 751 – 53; MacDonald supra n. 9 at 326. The theoretical underpinnings of the excesses of the Cultural Revolution appeared earlier during the Anti-Rightist campaign as exemplified in the May 1958 headline: "Smash Permanent Rules..." See generally, Tay, "Smash Permanent Rules: China As A Model For the Future", 7 *Sydney L. Rev.* 400 (1976). The author asserts that there was "no theory of law as such but that law [was]· the theory of the State..." during the Cultural Revolution itself. Id. at 417. This is, while party policy had played in important (sometimes dominant) role in law previously, the assertion is that during the Cultural Revolution law was completely submerged in State policy. But cf. Huang, "Reflections on Law and the Economy in the People's Republic of China", 14 *Harv. Int'l L. J.* 261, 313 (1973) (even during the Cultural Revolution, the law continued to function in relation to "economic operation", though *inter alia*, the criminal law broke down).

(30) Liu Shaoqi, see supra n. 21, was labeled the chief capitalist roader and purged from his position of authority. He died in prison in 1969 of illness, only to be posthumously rehabilitated after the downfall of the gang of four. Butterfield, supra n. 10 at 169, 354, 385.

(31) Mao Zedong had delivered an important speech on 27 February 1957, "On the Correct Handling of Contraditions Among the People", dividing contradictions or disputes into two classes: (1) those among the people which should be handled in a friendly fashion through conciliation, persuasion, education or resort to the law, and (2) those between the people and enemies of the people in which enemies of the people should be repressed and handled by the "dictatorship of the masses", See, e. g. , Garbus, "Justice Under China's New Legal System", 50 *N. Y. S. B. J.* 577, 578-79 (1978); Garbus, "Justice Without Courts: A Report on China Today", 60 *Judicature* 395, 396. 400 (1977); Rhyne, "China and the Law: Internally and Internationally", 44 *N. Y. S. B. J.* 449, 452 (1972); Tay, supra n. 8 at 368; Lubman, *Mao and Mediation*, supra n. 10 at 1301-06. The labeling of academics – and others – as counterrevolutionaries or enemies was a frequently employed tactic during the Cultural Revolution to

justify their persecution without substantive or procedural protections.

(32) A number of law professors spent "ten or more years [working] in the fields of village communes". Murphy, "Legal Education in China: Some Impressions", 2 *China L. Rep.* 50-51 (1982).

(33) Many of them were destroyed. The publication of new legal materials, which were scarce to begin with, also virtually ceased in 1966. Hsia, supra n. 21 at 26. For example, the last remaining law journal stopped publication in that year. Gelatt, supra n. 12 at 281. For a good general discussion and analysis of the legal literature and publications of the People's Republic of China from 1949 through the beginning of the Cultural Revolution, see Cohen (ed.), *Contemporary Chinese Law Research Problems and Perspectives* 20-49 (1970).

(34) In 1973, Cohen wrote: "The first thing to understand about legal education in China today is that there isn't any." Cohen, supra n. 9 at 18.

(35) It is difficult to overstate the enormously negative impact that the Cultural Revolution had no legal education and the development of the Chinese legal system. It destroyed what was left of these institutions from the earlier Anti-Rightist Campaign. Gelhorn, "The Developing Role of Law and Lawyers in China", 46 *Albany L. Rev.* 687, 689 (1982) (Introduction to Symposium); Cohen, supra n. 9 at 21. Increasingly, the 1954 Constitution was ignored. Cohen, "China's Changing Constitution". 1 *Nw. J. Int'l L. & Bus.* 57, 64-66 (1979). "[D] raft laws [were] filed away, law journals ... shut down their presses, and institutions of legal education, already sapped of their former vitality, had begun to breathe their last dying gasps." Gelatt & Suyder, supra n. 23 at 42. Law schools, lawyers and even the Ministry of Justice were labeled taboo and banned. Rood, "China Turns Back", 54 *Fla. B. J.* 662, 662 (1980). Sadly, "China for all practical purposes has lost an entire generation of trained legal workers," theorists, and educators; Snyder, "Shanghai: A Case on Appeal". 66 *A. B. A. J.* 1536, 1539 (1980).

(36) Lin Biao died in an airplane crash in 1972. Allegations have surfaced that he participated in a plot to assassinate Mao Zedong in 1971. See Butterfield, supra n. 20 at 156, 345 and 405.

The members of the "gang of four" were arrested and discredited in October 1976, just one month after the death of Mao Zedong. Long-time Prime Minister Zhou Enlai also died in 1976.

Gradually, many of the leaders and intellectuals who had been labeled "capitalist roaders", "rightists", and "counterrevolutionaries" during the Anti-Rightist Campaign

第三编 法学教育与研究篇

and the Cultural Revolution were rehabilitated. Deng Xiaoping is the most prominent among these.

In November and December 1980, the "gang of four" and six other former military and political leaders were tried and convicted of counterrevolutionary offenses under the glare of internal and international publicity. Various terms of imprisonment were imposed. Jiang Qing, Mao's widow, was sentenced to death under China's unique capital punishment provision that provides a two-year reprieve to allow for the possibility of reform. See Arts. 43-47 of the Code of Criminal Law (1979). Her sentence was eventually commuted, as expected, to life imprisonment. For a fascinating biography of Jiang Qing, see Terrill, *The White Boned Demon* (1984).

(37) There was apparently a transition period at the closing of the Cultural Revolution when the military exercised a high degree of control. Hsia, "Modern China and Japan: History, Politics and Law", 66 *L. Lib . J.* 429, 435 (1973). It is not surprising that the reemergence of legal institutions and legal education was highly tentative during this transition. One author described the 1977 through early 1978 period as the "Sword of Proletarian Dictatorship", and saw the legal system solely as an instrumental law enforcement mechanism to carry out Party policy in a return to the Maoist line, and to obliterate the effects of the "gang of four". Foster, supra n. 8 at 398. It was only after this negative function had been completed that law could again be seen as a positive resource for the future. Cf, Hsia, supra n. 21 at 30 (as early as October 1976, the Chinese initiated a public "propaganda campaign to foster obedience to the law both among the people *and among officials*") (emphasis added).

(38) Kato gives a translation of a policy slogan in sixteen Chinese characters from this Plenum as: "Have laws to be able to rely on; Where there is law, rely on it. In applying the law, be strict; Where there are violations of the law, investigate." Kato, supra n, 16 at 437 n. 3. These policy pronouncements reflected a change of direction toward order, stability and – to some extent – "rule of law", and away from instrumentalism. See also Foster, supra n. 8 at 398-99.

(39) The metaphor of spring following the dark, clearly implied, winter of the Cultural Revolution, has general significance beyond legal education in the so-called "Beijing Spring" that occurred during the period of 1978 – 1979. A relatively high degree of expression, criticism and some dissent was permitted and, as a symbolic analogy to "Hundred Flowers", Democracy Wall in Beijing served as a forum for many "Big Character" posters. See, e. g. Seymour (ed). *The Fifth Modernization: China's Human Rights Movement* 1978-1979 (1980); Comment, "Free Speech in China", 7 *Yale*

J. World Pub. Order 287, 287-88, 296 (1981) (an excellent piece by Ellen Elia-soph).

(40) "The lawmaking process in China is not unlike our own. The Executive Departments concerned pass around drafts for comment to various units. These are then sent to the legal committee under the Central Committee of the Party in Peking. If it receives the legal committee's approval, then it goes to the Codification of the Law Committee of the Standing Committee of the National People's Congress. They have about a week to review the prospective law. When they approve, the law goes to the full Standing Committee of the National People's Congress for broader consideration . " J. A. Cohen (luncheon speaker) Federal Bar Association, U. S. -China Trade Law Conference, April 30 – May 1, 1979, San Francisco, Summary.

The primary difference is the major role played by the Party in China. It is generally the case that significant changes in China's direction that are reflected in actions of the National People's Congress were originally presaged by the Party Central Committee.

Foster, though acknowledging that drafting of laws is more decentralized than formerly, contends that the Congress functions essentially as a rubber stamp, and that nothing could be drafted or approved without Party endorsement. Foster, supra n. 8 at 413-415.

(41) They are the Organic Law of Local People's Congresses and Governments, the Electoral Law, the Organic Law of People's Courts, the Organic Law of Peoples' Procuratorates, the Criminal Law, the Law of Criminal Procedure, the Law of Joint Ventures—all promulgated 1 July 1979. See Li, *Reflections*, supra n. l9 at 222; Foster, supra n. 8 at 402 – 405; Kato, supra, n. 16 at 429 nn. 1 and 2.

(42) Beginning in 1978, China's leaders emphasized the ambitious goal of turning China into a fully modern socialist state by the year 2000. The articulation of this goal as the "four modernizations" (industry, agriculture, the military, and science and technology) replaced the emphasis on class struggle that dominated during the Cultural Revolution. The renewed interest in the development of a more complete legal system stems at least partially from the leaders' perceptions that successful rapid modernization would be impossible without such a system. See Lockett, "Dispute Settlement in the People's Republic of China: The Developing Role of Arbitration in Foreign Trade and Maritime Disputes", 16 *Geo. Wash. J. Int'l L. & Econ.* 239, 266 (1982) (describing the emphasis on development of the legal system as the unlabeled "5th modernization"); Foster, supra n. 8 at 395 ("Law has been assigned a critical role in China) ... —to guarantee the order and stability required for rapid national development"); MacDonald, supra

韩德培文集

n. 9 at 314.

See also Luk, Sawyier & Silkenat, "Legal Institutions in China, 1979: Report of the Delegation to China of the Association of the Bar of the City of New York and the Council of New York Law Associates", 35 *Record Assoc. B. City N. Y.* 106, 106 (1980) (finding broad Chinese acceptance of the necessity for a healthy legal system as an important predicate to modernization) . Hudspeth, "The Nature and Protection of Economic Interests in the People's Republic of China", 46 *Albany L. Rev.* 691, 691 (1982) (China's leaders want to develop a legal system to create a favorable climate for enhanced trade with the West); Rood, supra n. 35 at 662.

Westerners have opined that the renewed emphasis on legality also has strong roots in the reaction against the excesses of the Cultural Revolution. Cohen, "Will China Have a Formal Legal System?" 64 *A. B. A. J.* 1510, 1512 (1978) ("socialist legality" is needed to reduce undesirable instabilities of the past); Hsia, supra n. 21 at 28 (reform of the legal system is needed to gain the support and confidence of China's intellectuals for the regime); Rood, supra n. 42 (to put institutional checks on potential abuses of government power and to provide a measure of protection for individuals). Li, *Reflections*, supra n. 19 at 227 (new laws "stress... protections against arbitrary actions by officials); Seitz, supra, n. 27 at 665 (in short, to ensure that the tragic experience of the Cultural Revolution is not repeated) .

(43) The interesting question of the relation between the Party and the State and Law is discussed infra at n. 80-81, 92-98 and 102-105 and accompanying text. See also supra n. 40.

(44) Victor Li reports that the way was prepared for the reemergence of the legal system and legal education with a public education campaign in the newspapers, on radio, in lectures and through the dissemination of pamphlets; that the Ministry of Justice (abolished during the Cultural Revolution) was reestablished; and that an eight-year plan for legal education, the National Program for the Study of Law, was adopted in 1979, Li *Reflections*, supra n. 19 at 229.

(45) "China is laying the groundwork for the further development of its legal system by restoring legal education and expanding it on a scale unprecedented in the ... history of the People's Republic. " Gelatt & Snyder, supra n. 23 at 43.

(46) By comparison, Gelatt and Snyder noted only "eight to ten university [law] departments ... functioning as of the fall of 1980" . Id. at 48. See also Herman, "The Education of China's Lawyers" . 46 *Albany L. Rev.* 789, 791-792 (1982); Bryant, "China: A Personal Note", 54 *Fla. B. J.* 672, 677 (1980); MacDonald, supra n. 9

at 313.

(47) Twenty-two of them were noted by MacDonald in 1980. MacDonald, supra n. 9 at 327. The Institutes apparently played an important role of complementing the university departments by concentrating somewhat more on practical work and less on theory. Gelatt & Snyder, supra n. 23 at 48-50.

(48) This is a quite small number for a country the size of China (there are more than 125 000 law students in the lawyer dense United States with less than one-fourth the population), but it is impressive considering three facts: (1) there was no legal education at all only a few years ago; (2) estimates, depending when they were made, are that there are only approximately 3 000 to 5 500 lawyers in China. Seitz, supra n. 27 at 665. Tuttle, "Developments in China's Legal System". 2 *China L. Rep.* 36, 40 (1982); Baker, "Chinese Law in the Eighties: The Lawyer and the Criminal Process", 46 *Albany L. Rev.* 751, 757 (1982); Li supra n. 6 at 10; (3) there may be only about 10 000 four-year law graduates through the more than 30-year history of the People's Republic of China. Id; Li, *Reflections*, supra n. 19 at 226.

If most of the 8 700 current students graduate, China will nearly double its output of four-year law trained individuals and triple or quadruple its number of lawyers in just four years.

Roughly 5 500 of the students are enrolled in university departments. Baker, 46 *Albany L. Rev.* 751, 757 (1982). If these figures are accurate and comparable, they indicate that university department students make up approximatley 60% of four-year law students, with most of the rest studying at the institutes of political science and law.

(49) By comparison, the Law Faculty at Beijing University had approximately 70 teachers, including 20 full professors, and 300 students in 1980. Bryant, supra n. 46 at 677.

(50) Because of the theory of state ownership of the means of production, "civil law" and "economic law" are treated as distinct subject areas in communist countries, though the content of each and the line between them is somewhat ambiguous. See generally Kato, supra n. 16. See also infra n. 111-113 and accompanying text.

(51) The law library at Beijing University was described in 1980 as being in the early stage of development with about 8 000 volumes. MacDonald, supra n. 9 at 331; Bryant, supra n. 46 at 677.

(52) Beneficial mutual exchanges are continuing to increase. In addition to Dean Han's noteworthy visit, for example, four law students from Beijing recently studied at Columbia, NYU, and Dalhousie law schools, Tuttle, supra n. 48 at 41, and a number

韩德培文集

of American law professors have taught at Wuhan, Beijing, and Guangzhou under the auspices of the Fulbright Fellowship program.

(53) Standardized, competitive national examinations were instituted in 1978. See generally Barendsen, *The* 1978 *National College Entrance Examination in the People's Republic of China* (1978). The 1978-1979 exam covered 8 subjects: politics, history, Chinese, mathematics, geography, physics, chemistry and English. Law candidates were tested on the first five. Unlike the LSAT, the examination tests for knowledge of general information and ideological proficiency and – at most – only indirectly for analytical aptitude. Sample questions on politics, for example, involved Marxist-Leninist-ist ideology. One on Chinese history was more fact oriented, but still had an ideological flavor. And a Chinese language question involved the application of correct grammar and punctuation. Herman, supra n. 46 at 793-95. Annual quotas for enrollment are set nationally, though there are apparently enrollment (admissions) committees at each university that include academics. Id, MacDonald, supra n. 9 at 328. Overall, students are selected on the basis of academic (including cultural knowledge), moral (including political and ideological correctness), and physical fitness. Party membership certainly gives a boost – on the first examination, 74% of the successful candidates were members of either the Communist Party or the Young Communist League, though this percentage has subsequently declined – but significantly, personal and family background are no longer explicitly considered. Herman supra n. 46 at 793; MacDonald, supra n. 9 at 328; Bryant, supra n. 46 at 677.

The institution of the examination system evidences a salutory, if only partial emphasis on merit, professionalism and expertise.

(54) Rood's anomalous earlier contention that Chinese law schools have several hundred applications for each spot must surely be erroneous. See Rood, supra n. 42 at 663.

(55) With necessarily limited resources, it is fully appropriate that Chinese legal education should build on existing strengths and respond to the most pressing needs of the legal system, rather than trying to emulate the multitude of specialties and sub-specialties that are found in more complete legal systems. "Existing conditions" that limit specialties include the sparseness or non-existence of laws and other legal and related social science materials in many substantive areas, as well as a critical shortage of qualified teachers.

(56) The named specialties obviously respond to a number of China's major objectives, e. g. , promoting foreign trade and investment; increasing China's role in interna-

tional organizations and the world order, promoting economic development at home; creating a larger group of legal educators; see supra n. 55 and infra n. 58, providing a skilled group of professionals to implement the new 1979 Criminal Law and Code of Criminal Procedure; and providing a skilled group to implement the ambitious population control policy that seeks to limit families to one child each, to stop population growth at 1. 2 billion people, and ultimately to reduce the population to 700 million.

(57) MacDonald reports that law students believe they should become highly specialized in their work and that they should remain in the same specialty throughout their careers. MacDonald, supra n. 9 at 331. This runs contrary to the traditional model of American legal education where students in J. D. (formerly LL. B) programs have gene-rally been trained with the object of preparing them for future changes in the law and in their careers. Recent trends, however, are at least temporarily toward greater specialization in both law practice and legal education in the United States, though the issue is subject to serious debate.

China of course cannot afford the long post-graduate practical and specialist training that some law firms and public agencies provide American law graduates.

(58) The low number of law-trained individuals in China means that there is a correspondingly low number of potential qualified legal educators. Even more seriously, the entire generation that matured during the two decades preceding 1978, and that ought now to be in their most productive intellectual prime, was deprived of meaningful legal education by the Anti-Rightist Campaign and the Cultural Revolution. As a result, most highly qualified legal educators are elderly and are presumably nearing the end of their active careers. Dean Han, for example, is currently 73. China is therefore in a race with time to train a new generation of law teachers, researchers and legal workers before the current fragil core of expertise disappears. See Herman. supra n. 46 at 795; Gelatt & Snyder, supra n. 23 at 43-45 and 55-56 (initial plans have been made to establish a Chinese Law University with its major function being to train law teachers) .

(59) Many of these courses are naturally heavy in Marxist-Leninist-Maoist philosophy and ideology; see Seitz, supra n. 27 at 665-666. Herman, supra n. 46 at 796-797, and are required for all law students at Beijing University and undoubtedly everywhere else. See MacDonald, supra n. 9 at 334. Interestingly, English is also often required as the foreign language. Herman, supra n. 46 at 796.

(60) Others may include law and the state; the legal system at large; procedural law; legal history of China and of foreign countries; and structure and organization of the court system. See Herman, supra n. 46 at 796, MacDonald, supra n. 9 at 334. Bryant,

韩
德
培
文
集

supra n. 46 at 677.

(61) Others may include criminal procedure; marriage law; environmental law; comparative law; a range of international law subjects; corporate planning; and Roman law. See supra text accompanying n. 50, Herman supra n. 46 at 796; MacDonald, supra n. 9 at 334, Bryant, supra n. 60 at 677. The one surprising gap in this tripartite listing is that there do not appear to be courses in administrative law or public administration. Herman, supra n. 46 at 796. This gap may now or soon will be filled. See infra text following n. 65.

It should be noted that the Western authorities cited focus their curriculum discussion almost exclusively on Beijing University. See also. Gelatt & Snyder, supra n. 23 at 45 – 46. But see Tuttle, supra n. 48 at 41-42 (reporting that the Nanjing University Law Faculty requires a thesis and ten weeks of clinical work inside the courts for its students). MacDonald provides some interesting comparative material by discussing aspects of the law curriculum at Beijing University during the fourteen years prior to Sun Yat Sen's revolution (1898-1912); prior to World War II (1927-1935); during the Chinese Civil War (1945-1949); and during different periods since 1949. MacDonald. supra n. 9 at 317, 319-324 and 334-336.

(62) The Ministry of Education and the Ministry of Justice play important roles in legal education. Curriculum planning is fairly highly centralized with the Ministry of Justice providing general guidelines and then inspecting and approving the curriculum of each department and institute. Within the boundaries of this structure, however, each school is free to develop its own curriculum and its faculty is involved in this process at least to some extent. MacDonald, supra n. 9 at 333-334; Herman, supra n. 46 at 796; Gelatt & Snyder, supra n. 23 at 48.

(63) See supra n. 55-57 and accompanying text. One aspect of the enormity of the task facing China's legal educators is apparent when one considers that the United States uses seven years for college and law training (which may not include specialization), while the law faculties in China have only four years *including* specialization.

(64) It should come as no surprise that the Cultural Revolution left the country with an acute shortage of adequate teaching materials. See Li, *Reflections*, supra n. 19 at 229; Gelatt & Snyder, supra n. 23 at 46. One practical, if mundane, impediment to the development and dissemination of these materials is China's paper and timber shortage; see Butterfield, supra n. 20, and the scarcity of text composing and copying facilities.

(65) Translation of some foreign materials has also been undertaken. Gelatt & Snyder, supra n. 23 at 46. The ambitious program to preserve and use the collective ex-

pertise of the elderly generation of legal academicians while there is still time apparently grew out of work at a conference on legal education and the legal system held in Beijing in 1979. Many of the plans developed, including what texts should be produced, were then formalized in the eight-year National Program for the Study of Law. MacDonald, supra n. 9 at 313.

(66) According to MacDonald, the government assigns graduates to their first work post, MacDonald, supra n. 9 at 331, though preferences may be taken into account. Herman asserts that the university departments educate students principally for research, teaching and government careers, while the institutes train practitioners to serve in Procuratorates, Public Security Organs (police), in the Ministry of Justice, as advocates and as justices. Herman, supra n. 46 at 792. See also Luk Sawyier & Silkenat, supra n. 42 at 120; Carl, "Contemporary Law in the People's Republic of China", 32 *Sw L. J.* 1255, 1278 (1979) (asserting that 90% of graduates go to judiciary or procurators office; less than 10% teach or do research work). Some law graduates may also be assigned to work at the People's Daily newspaper. Bailey, "A Further Look at Chinese Law and Legal Institutions", 53 *L. Inst. J.* 430, 434 (1979). This is plausible since the People's Daily has served as an important "source" of a species of law in China. Li, supra n. 6 at 15.

(67) Herman noted graduate legal studies programs at Beijing, China People's, Jilan and Nanjing Universities, and at the Institute of Law of China's Academy of Social Sciences. Herman, supra n. 46 at 792. His list was not as complete as Wuhan; see supra, text preceding n. 49, and probably other institutes and departments have also enrolled graduate students.

(68) Gelatt and Snyder noted that two-year junior law colleges were also being set up to train people for legal work at a less sophisticated level compared with four-year graduates. Gelatt & Snyder, supra n. 23 at 50.

(69) Cf. Leng, "Crime and Punishment in Post-Mao China", 2 *China L. Rep.* 5. 32 (1982) ("junior high schools" in China began offering such a course on 'legal knowledge' in the fall of 1981); Gelatt Snyder, supra n. 23 at 57 ("Even primary and middle-school students are receiving a dose of basic legal knowledge in their classrooms...") . The drive to introduce the study of basic legal principles into the general education of China's children is somewhat akin to the "Law Related Education" movement in the United States. The two programs apparently share a number of common motives including the inculcation of "positive ... youth" and the reduction of juvenile delinquency. Id.

韩德培文集

Education of the general population in China about legal matters also occurs through articles in the People's Daily newspaper, pamphlets, radio broadcasts, mass campaigns (e. g. , the current drive to control population), formal and informal legal education exhibits (including a major one in Wuhan), public trials, and during political study group sessions in an individual's place of work, urban neighborhood or agricultural commune. See, e. g. , Gelatt & Snyder, supra n. 23 at 57; Li, supra n. 6 at 10, 15, 42, 43, 65.

This emphasis on the general distribution of legal norms and information serves as a social control mechanism, as an expedient to compensate for the scarcity of trained legal personnel, and as an expression of the theoretical ideal that law should be directly accessible and comprehensible to the masses.

(70) Gelatt & Snyder reported in 1980 that less than 6% of the members of the court system had received formal legal training. Gelatt & Snyder, supra n. 23 at 54.

(71) Short courses for training political and legal cadres often run from three to six months. Li, *Reflections* supra n. 19 at 228. See also Gelatt & Snyder, supra n. 23 at 54-55. By 1982, Herman was able to report the existence of more than 100 schools under the direction of the Ministry of Justice offering part-time law study to prepare judicial cadres and paralegals. Herman, supra n. 46 at 792. In a related development, one author claimed that 3 000 paralegals were trained during a single summer in Shanghai in 1981, though he does not specify the nature of the training or of the paralegals' work. Kessler, "Mediation Works Wonders in China; Will It Work in New York State?," 54 *N, Y. S. B. J.* 475, 475 (1982) .

(72) See, e. g. , supra n. 70. "Learning on the job is and will be for some time an essential part of legal education in China. " Gelatt & Snyder, supra n. 23 at 54. In recognition of this reality, China's recently adopted regulations for lawyers permit an individual to become a lawyer through practical experience combined with basic training as well as through a formal legal education. See id at 55, Tuttle, supra n. 61 at 36, 45-46. For an English translation of the 21 article Lawyer's Law which went into effect on 1 January 1982, see "China Reconstructs Her Legal System", 9 *Int'l Bus. Lawyer* 255 (1980) . Part 2 of the law, containing articles 8-12, covers lawyer qualifications, certification, and discipline. For a brief contextual discussion of the significance of this new law, see Cohen, "China's New Lawyer's Law", 66 *A. B. A. J.* 1533 (1980) .

(73) At a more sophisticated level, the Central Political Legal Gazette was also published during the early period of the People's Republic. It has been described as a "frank [and] informative journal" . Hsia, supra n. 21 at 25, 26.

(74) Note of the return of legal publications was also made in Hsia, id. and Paragon, "Some First-Hand Observations on China's legal System," 63 *Judicature* 476, 479 (1979) . The reincarnation of meaningful legal research and publication has been assisted significantly by the recreation of an Institute of Legal Research under the auspices of the recently established Academy of Social Sciences. See id. Carl, supra n 66 at 1278; Cohen, supra n. 42 at 1513. There are also other major research institutes functioning, including the Beijing and East China Institutes. These institutes organize conferences, engage in research, produce publications, and participate in drafting and *reviewing laws. Luk*, *Sawyier* and Silkenat, supra n. 42 at 1119; Herman, supra n. 46, at 798-799; Gelatt & Snyder, supra n. 23 at 51. The Beijing Institute publishes *Faxue Yicong* (Journal of Translations of Foreign Law Studies) and *Faxue Yanjiu* (Legal Research). *Democracy* and *Legal System* is published at East China. Herman, supra. As an additional stimulus, there is now an expectation for faculty members to participate actively in the law journals. Id. at 797.

(75) China has an elaborate system of providing varying levels of access to information to individuals and organizations, depending on their position in the working and political structure.

This is somewhat analogous to levels of security clearance in the United States, though much material that is "internal" in China would of course be open in the United States. At least during the Cultural Revolution, most important material was withdrawn from general circulation and was available only "internally" to those who were administering the system. Hsia, "Modern China and Japan: History, Politics and Law", 66 *L. Lib. J.* 429, 439 (1973) . See also Butterfield, supra n. 20 at 71 and 389-91; Edwards, "Reflections on Crime and Punishment in China, With Appended Sentencing Documents", 16 *Colum. J. of Transnat. L.* 45, 53 (1977); Comment, "Free Speech in China", supra n. 39 at 316.

(76) Law student spirit and motivation is described as high. MacDonald, supra n. 9 at 330.

There are some additional interesting factors about Chinese legal education in the late 1970s and early 1980s. Teaching ranks are divided into professor, associate professor, lecturer and assistant lecturer. Full professors primarily engage in research and teach graduate students. Teaching of undergraduates is generally left to faculty members of lower rank. Faculty members are apparently chosen by a combination of internal school approval and government approval, and their performance "is evaluated on the basis of ideological level and political behavior, academic knowledge and teaching com-

韩
德
培
文
集

petence, with length of service and work record given some weight". Id. at 332. Many of the younger faculty are members of the Communist Party, though older professors often are not. Id. at 332-34; Herman, supra n. 46 at 795.

The lecture method seems to be the most common pedagogical technique employed, though there is some class discussion and clinical experience. Id. at 797; MacDonald, supra, at 335; Gelatt & Snyder, n 23 at 47. Full professors are among the highest paid professionals in China, receiving about four times the salary of an average worker and up to six times the salary of an entry level teacher. Id. at 53 n. 39 (putting the scale at $ 34 to $ 200/month for the different ranks of law teachers); Herman, supra at 795 (200 yuan/month for full professors).

From Western perspectives, MacDonald suggests that students could use more time for class preparation, and that more attention should be paid to conceptualization and "independent critical analysis", while Herman opines that one weakness of Chinese Legal Education is that it does not promote "healthy skepticism, intellectual curiosity and creativ[ity.]"MacDonald. supra n. 9 at 335; Herman, supra n. 46 at 804. See also Seitz, supra n. 27 at 665.

(77) See supra n. 20-26 and accompanying text.

(78) See supra n. 27-35 and accompanying text.

(79) The reopening of meaningful debate of jurisprudential and practical legal issues followed the official repudiation of legal nihilism. Some members of the judiciary, academics, and other legal specialists have all joined the discussions about the correct meaning of existing laws and the most propitious directions for further development of the legal system. The scope and intensity of the debate are remarkable since many of the topics were within the "forbidden zones" just a few short years ago. See, e. g. , Comment, "Free Speech in China" . supra n. 39 at 318; MacDonald, supar n. 9 at 337; Dodd, "China's Great Leap Outward", 53 *Fla. B. J.* 198, 198 (1979); Gelatt & Snyder, supra n. 23 at 51 n. 36 (written articles have also begun to appear on a number of the debated topics).

(80) Cf. Hoffheimer, supra n. 12 at 516 (there are "intricate and complex relationships between Chinese social and legal processes..."). At least a portion of the relationship is derived from the previous perception of law as politics. It is interesting that Roscoe Pound noted the tendency to treat certain constitutional legal questions as political even in China's pre-Marxist, Kuomintang, period. Pound, supra n. 12 at 352.

(81) See generally Ioffe & Maggs, *Soviet Law in Theory and Practice* (1983); and Szabo, "The Socialist Conception of Law", in *International Encyclopedia of Com-*

parative Law, Vol. Ⅱ, ch. Ⅰ, 87-118 (1970), for material on the relation of state, law, and party policy in the Soviet legal system. Western understanding of Chinese state and law issues would be advanced by further work on analytical comparisons across various socialist legal systems.

(82) This had two separate connotations in China. It justified an almost purely instrumental approach to law for the exercise of repression and punishment of anyone labeled a "class enemy". Application of the enemy label was loose and flexible (see Edwards, supra n. 75 at 49), and consequently subject to frequent abuse. The theory of law as class struggle was also used to explain away the significance of constitutional rights in capitalist states as a mere illusion by which workers were bought off from demanding the more basic right of controlling the means and fruits of production. See Comment, "Free Speech in China", supra n. 39 at 292-93.

(83) For a discussion of the important differences of the "two types of contradictions" – those among the people and those between the people and enemies of the people – in Maoist ideology, see supra n. 31.

(84) Ideologically, this rejection of "rule of law" followed from the limited perception of law solely as an instrument of class oppression. Li has argued persuasively that after 1949, new cadres combined this ideological perspective and their own lack of legal experience and education with traditional Chinese attitudes toward law to articulate a version of "rule of man" under which the masses would control an enlightened corps of officials. Li, supra n. 6 at 25. During the Cultural Revolution, with its "smashing of permanent rules" and omnipresent quotations from Chairman Mao, "rule of man" was personalized to a much greater extent. Law was increasingly replaced by words, jargon and power. One principal weakness of "rule of man", the absence of an external check on the abuse of power, was manifest in greatly exacerbated form during this period.

For an interesting discussion of three interrelated strands of traditional Chinese conceptions of law, see generally Lee and Lai, supra n. 23. The authors analogize Maoism to the essentially Confucian ideal of Li, a pervasive web of social, moral, relational and internal controls. Fa, associated with the Legalist school of the third century B. C. , deals by contrast with formal rules and often operates through retrospective punishments rather than preventive suasion. Where Li and Fa conflict, Li traditionally prevailed. Id. at 1308-10 and 1326-27; Lee, supra n. 9 at 440-41 and 448-49. Similarly, during the Cultural Revolution, Mao's sayings, in a "rule of man" sense, prevailed over "rule of law". See also Tay, supra n. 8 at 370.

(85) As early as 1974, a wall poster appeared in Canton calling for a strong legal

韩德培文集

50

system to curb abuses of power and arbitrary actions by officials. Li, *Reflections*. supra n. 19 at 227. Another motivation for the reemphasis of "rule of law" was the desire to attract increased foreign investment and trade. See, e. g. , Hudspeth, supra n. 42 at 691-92, Rood, supra n. 35.

(86) Compare United States v. Nixon, 418 U. S. 683 (1974) (Holding the special prosecutor's subpoena for "Watergate" tapes constitutional and enforceable against the President); and Nixon v. Fitzgerald, 457 U. S. 731 (1982) . (The majority, in dicta, and the dissent agree that even the President is not "above the law")

(87) Debate will undoubtedly continue on this cluster of important questions into the foreseeable future. Whatever partial accommodations or outcomes of competing views occur, the developing Chinese conception and application of "rule of law" will be far from identical to the comparative Western notion. See Cohen, supra n. 42 at 1515; Rhyne, "China and the Law: Internally and Internationally", 44 *N. Y. S. B. J.* 449, 450 (1972). One author contends:

> To the Chinese ... law is a body or system of rules imposed on the society by the current political leadership regulating how people should conductthemselves in order to achieve modernization of the state in accordance with ... ideology ... [O] bedience ... is equated with the 'rule of law' ... In practical terms, this results in a legal system stressing order rather than individual rights.

Herman, supra n. 46 at 801.

(88) The law codification drive of the last several years has partially responded to these broadly felt needs. See generally Foster, supra n. 8. For example, "the courts now have the [criminal] code to follow in dispensing justice without having to search for guidance in Mao's speeches or People's Daily's editorials. " Leng, supra n. 69 at 32. And sec. 2 of the new Regulations for Lawyers, effective 1 January 1982, provides: "A lawyer shall in all his work propagate the *Socialist rule of law.* " (emphasis added).

(89) The legal system in China has "assimilated or inherited" law from many different sources and periods at various times throughout its long history. Prior to 1949, the example, the courts were patterned after French courts, but with greater separation from the executive. Laws were heavily influenced by Germanic codes as passed on and modified by the Japanese, but also reflected elements of the Code Napoleon and the Swiss Codes. MacDonald, supra n. 9 at 320. Imperial codes and bureaucratic modes of admi nistration also left their footprints. See generally Cohen, Edwards and Chen (eds.), *Es-

says on China's Legal Tradition (1980) . Though all Kuomintang laws were abolished in 1949, Soviet law was quickly assimilated, only to be repudiated itself in the late 1950s. See supra n. 12 and 22.

(90) "Critical assimilation" refers to a process of carefully picking and choosing from old law or foreign law only that which is specially appropriate to the current conditions and future objectives of China. It is to be contrasted with the wholesale importation of large unmodified segments of Soviet law in the 1950s. For a good discussion of the dangers of non-critical transfer of law from one culture to another in the different context of Latin America, see Gardner, *Legal Imperialism, American Lawyers and Foreign Aid in Latin America* (1980) .

(91) Hudspeth argues that some form of a synthesis of Chinese and Western approaches to law is likely to emerge. Hudspeth, supra n. 42 at 738-39. More pessimistically, Foster is skeptical about even the "continuity of Law in China". Foster, supra n. 8 at 428.

(92) A number of commentators noticed the almost complete dominance of policy over law through the 1960s and early 1970s. See, e. g. , Tay, " 'Smash Permanent Rules': China As a Model for the Future", 7 *Sydney L.* Rev. 400, 416 (1976) ("Party policy is the 'soul of the law '") ; Tao, supra n. 16 at 756 ("politics . . . in command") ; Tay, "Law in Communist China – Part Ⅱ ", 6 *Sydney L. Rev.* 335, 346 (1971) ("law is an instrument of politics") ; Lubman, supra n. 12 at 562-63 (criminal justice institutions had little initial continuity; they were "suspended, altered or dismantled as a result of policy changes") ; Stahnke, "The Background and Evolution of Party Policy on the Drafting of Legal Codes in Communist China", 15 *Am. J. Comp. L.* 506, 510 (1967) ("Law is seen as an instrument which can and should be altered when conditions seem appropriate. . . In fact, . . . the Party's pronouncements are to play the role given in most systems to statutory law") ; Tao, "The Criminal Law of Communist China", 52 *Cornell L. Q.* 43, 47-56, 67-68 (1966) (law was subordinate to policy to such an extent that it would have been inaccurate to describe the structure as a legal system at all) . Cf. Hsiung, *Law and Policy in China's Foreign Relations: A Study of Attitudes and Practice* (1972) .

(93) This is not surprising given the longstanding tradition of policy influences on law and the legal system in China. Foster, supra n. 8 at 396, 406; Bailey, supra n. 66 at 435; Crockett, "Criminal Justice in China", 59 *Judicature* 239, 245-46 (1975). Though the most destructive consequences of legal nihilism have been officially repudiated, anti-legalist sentiments still exist in China and it may be particularly difficult in

韩
德
培
文
集

practice to bring matters about which the Party is most sensitive within the "sphere of the law". Hsia, supra n. 21 at 29. See also Kato, supra n. 16 at 431-32, n. 16.

(94) Kato cites several articles concerning these questions that have appeared recently in Chinese publications. Id.

(95) One Western author has expressed concern that this pronouncement reflects a drawing back from legality and a precursor to the imposition of supra-legal (or extra-legal) sanctions. Foster, supra n. 8 at 409 and 424-28 (1982). His conclusion that the legalization or codification drive has failed in Chinese as well as Western terms seems at least premature and lacking in sufficient normative or empirical evidence.

(96) An English translation of the 192. article of Criminal Law (1979) which went into effect 1 January 1980, is printed at 73 *J. Crim. L.* 138-170 (1982).

(97) An English translation of the Law of Criminal Procedure (1979) is printed at 73 *J. Crim. L.* 171-203 (1982).

(98) This interpretation of the government's pronouncement concerning serious criminal acts gives a possible response to Foster's concern; see supra n. 95, but more experience is needed with actual practices under the Criminal Law and Procedure Codes (1979) and with any revisions or amendments. Cf. Leng, supra n. 69 at 32-33.

Policy will certainly continue to play an important role in China's society and legal system. The crucial question is whether its delicate and complex relationship with law can be worked out in a satisfactory manner for the longer term. Or, as Lubman has written: "Time will tell whether these new [post gang of four] policies and lawmaking activities will take hold sufficiently to prevent the repoliticization of administration that overrode legality in 1975. " Lubman, supra n. 6 at 128. See also Brady, *Justice and Politics in People's China: Legal Order or Continuing Revolution* (1982).

(99) More detailed and somewhat less vague boundaries for counterrevolutionary crimes are now provided in comparison with the thirty years prior to the enactment of the Criminal Law Code (1979), see supra n. 96. Arts. 90-104. See also Wu Jianfan, supra n. 22 at 36. There is still room, however, for the potential of fairly broad coverage. See, e. g. , Art. 90 ("Counterrevolutionary crimes are all acts which inflict harm on the People's Republic of China for the purpose of overthrowing the regime of the proletarian dictatorship and the socialist system. "); Art. 99 (making criminal the use of "feudal superstitions" or the organization of "secret societies" for counterrevolutionary purposes); Art. 102 defining inciting the masses or propagandizing with "counterrevolutionary slogans, [or] leaflets" as criminal).

Prior to the enactment of the criminal code, a Western delegation reported that approximately 20% of the inmates at the Shanghai Municipal Prison, which they were allowed to visit, were held for counterrevolutionary crimes. For graphic depictions of the treatment of "counterrevolutionaries" during the Cultural Revolution and before, see Rickett & Rickett, *Prisoners of Liberation* (1973). Bao Ruo-Wang (Pasqualini) & Chelminski, supra n. 26.

(100) The general assertion of equality had been pointedly left out of the 1975 and 1978 Constitutions, though the document (1978) did expressly grant women equality and prohibit discrimination against China's minorities. Cohen, supra n. 16 at 99 (an English translation of the 60-article, 1978 document is appended at 1 *Nw. J. Int'l. L. & Bus.* 57, 112-121).

Luk, Sawyier & Silkenat, supra n. 42 at 110 reported seeing large signs around Shanghai during their three-week visit in 1979 with Chinese characters proclaiming that "all citizens are equal before the law." Bailey reported that the "principle of equality" had again become a legitimate topic of debate in China. Bailey, supra n. 66 at 431.

The Constitution, adopted on 4 December 1982 (after Dean Han's return to China) at the Fifth Session of the Fifth National People's Congress, also contains important provisions on equality. An official English language translation of this highly significant 138-article document can be found at 25 *Beijing Rev.*, No. 52 at 10-29. (27 December 1982) (Beijing Review is a weekly publication of the Chinese government in several languages for foreigners.)

Art. 33, the first article of Chapter Two (the Fundamental Rights and Duties of Citizens) of the Constitution (1982), provides that all persons holding PRC nationality are citizens (see Ginsburgs, "The 1980 Nationality Law of the People's Republic of China", 30 *Am. J. Comp. L.* 459 (1982) for more detailed consideration of who is entitled to citizenship), and that "all citizens of the People's Republic of China are equal before the Law". (The same language that was used in the Constitution (1954))

The Preamble asserts: "The exploiting classes as such have been eliminated in our country. However, class struggle will continue to exist within certain limits for a long time to come." Though unfortunately still somewhat ambiguous, this language should also help to make it more difficult to justify a deprivation of equal rights through the former practice of "class enemy" labeling.

Art. 48 continues the tradition of asserting equal protection for women.

> Women in the People's Republic of China enjoy equal rights with men in all spheres of life, political, economic, cultural and social, including family life.

The state protects the rights and interests of women, applies the principle of equal pay for equal work for men and women alike and trains and selects cadres from among women.

Art. 4 of Chapter One (General Principles) together with the Preamble asserts the equality of the different Nationalities in China, prohibits discrimination against them, and offers some protection for indigenous language and culture.

(101) Difficulty in filling in the content of the legal concept of equality for a particular society is, of course, not limited to China.

(102) Art. 4 of the Organic Law of People's Courts of 1954, Art. 78 of the 1954 Constitution also granted a measure of judicial independence, though the courts at each level were subject to control by the parallel peoples' congress. See generally Cohen "The Chinese Communist Party and Judicial Independence: 1949-1959", 82 *Have. L. Rev.* 967 (1969). Courts in many Western countries are also subject to legislative review, and even in the United States, the National Congress has some power to control the jurisdiction of the federal courts. U. S. Const. Art. Ⅲ. See Ex Parte McCardle, 7 Wall, 506 (1869). But see U. S. v. Klein, 13 Wall 128 (1872).

In China, however, the contours of the grant of judicial independence were more ambiguous and "the subject of some dispute". Tay, supra n. 8 at 358 (for example, evensupporters of judicial independence acknowledged "the overall leading role of the party"). See also Lee, supra n. 9 at 455-457. Cf. Yang, "Powers of Chinese Courts", 1 *Vand. L. Rev.* 16, 16-17 (1947) (briefly discussing judicial independence under the Kuomintang).

(103) The constitutional grant of judicial independence was turned on its head during the height of the Anti-Rightist Movement in 1958 with a specious and syllogistic argument. The argument went that Art. 78 was subordinate to the over-arching leadership of the Party, called for in the preamble and Art. 1 of the Constitution. Because only the Party "knew" the true political situation and fully understood the relationship between "enemies" and the people, it had to exercise its leadership not only through policy and law development, but also through direct supervision and even decision of concrete cases. Tay, supra n. 8 at 369.

As the Cultural Revolution gained momentum, even the need for a transparent constitution-based argument gave way as the Constitution itself was increasingly ignored as a source of law. The 1975 Constitution formally dispensed with the pretense of judicial independence. The 1978 Constitution also provided for the Party's continued exercise of leadership over the judicary and failed to restore independence, though it did reintroduce some restraints on the executive. See Cohen, "China's Changing Constitution", 1 *Nw. J. Int'l L. & Bus.* 57, 64-67 and 75-86 (1979). See also Cohen, supra n. 42 at 1515; Garbus, supra n. 31 at 578 (in the aftermath of the Cultural Revolution, "judges [were] not independent and often not, by standards we value, even competent").

(104) The principle of judicial independence has also been reasserted forcefully in the 1982 Constitution. Art. 126 provides: The people's courts shall, in accordance with the law, exercise judicial power independently and are not subject to interference by administrative organs, public organizations or individuals. The Preamble still contains general references to the leadership of the Party, but it also counts continued improvement of "the socialist legal system" as an important goal.

The final paragraph of the Preamble and Art. 5 of the body make the Constitution the "supreme legal authority", require that all organizations and *political parties* "abide by the Constitution and law", and disclaim the notion that any person or organization could be above the law.

The courts are still subject to legislative supervision. See Arts. 3, 62 (2), (7), and (15), 105 and 128. They are also subject to some executive administrative direction. Art. 89 (8). But see Art. 127.

At least in theory, then, the courts now have the strongest charter of independence since the founding of the People's Republic in 1949. The question for debate is exactly what this independence means and how it will be practiced?

(105) This tentative accommodation between Party leadership and judicial independence is similar to the one proposed in the mid-1950s. Compare, for example, the 1956 statement of Chia Ch'ien, President of the Criminal Division of the Supreme People's Court:

> The Party realizes its leadership in judicial work through the enactment of laws. Since the law represents the will of the people as well as that of the Party, a judge who obeys the law obeys in effect the leadership of the Party. Hence, all a judge needs to do is to obey the law, there is no need for any more guidance from the Party... The Party committees do not know the law or the circumstances of individual cases. Their leadership therefore may not be correct.

Quoted in Tay, supra n. 8 at 364-65. See also Cohen, supra n. 16 at 86.

If this particular accommodation is followed, party committees would stay out of decisions in individual cases, though they would continue to influence policy, legislation and prosecutorial priorities in criminal cases. Cf. Foster, supra n. 8 at 400-01, 403,

404, 409, 417-18 (giving a mixed assessment of the prospects for meaningful judicial independence. The article was written prior to the adoption of the 1982 Constitution).

See also Cohen, "China's New Lawyer's Law", 66 *A. B. A. J.* 1533, 1533-1535 (1980) (discussing briefly the related issue of the prospect for some independence or autonomy for China's lawyers and lawyer organizations); 1982 Constitution, Art. 131 (also granting a measure of independence to the Procuratorates).

State and law, policy and law, Party and law, "rule of law", and judicial independence each present difficult individual issues, but they are also all interrelated in highly complicated ways. Attention will need to be paid to these connections as well as to each issue if the individual questions are to be resolved successfully.

(106) Life often imitates, and follows, art. The reopening of serious discussion aboutthe presumption of innocence followed the popular revival in 1978 of the formerly banned traditional Chinese Opera "Fifteen Strings of Cash", with its story of a court reversing the unjust conviction of innocents obtained through coerced confessions. See Cohen, supra n. 42 at 1512.

(107) In the Marxist view, "idealism", "metaphysics", and "feudal superstition" are perceived to be of a piece and merely illusory. They are to be contrasted with the correct "scientific" approach of "dialetic materialism". See, e. g. , Gelatt, supra n. 12 at 278 n. 116.

(108) The slogan "seek truth from facts" was reintroduced and emphasized in May, 1978 by Deng Xiaoping. See Foster, supra n. 8 at 411-412. It encourages at least some internal debate and rejects ideological dogmatism.

(109) Arts. 145, 146, 148 and 188 of the Criminal Law Code (1979), now define a number of crimes for fabricating facts or intentionally framing another; for a State official bringing false charges to penalize an individual for filing a complaint, and for a judicial official knowingly prosecuting an innocent individual or shielding a guilty one. And the Constitution, returning to the principle of the 1954 document, significantly provides a general right of compensation for the violation of citizens' rights. 1982 Constitution, Art. 41.

(110) See generally Gelatt, "The People's Republic of China and the Presumption of Innocence", 73 *J. Crim. L.* 259 (1982), for an excellent, detailed discussion of the history and current spectrum of opinion on the desirability and practical meaning of the "presumption of innocence" for the Chinese criminal justice system.

(111) This primary objective has found voice in the Preamble to the 1982 Constitution, viz to "improve the socialist legal system and work hard and self-reliantly to mo-

dernize industry, agriculture, national defense and science and technology..."

(112) See Kato, supra n. 16 for an excellent discussion of this legal problem as presented in a socialistic society and for a comparison with capitalistic societies. (An interesting comparative chart appears at 30 *Am. J. Comp. L.* 440.) The author discusses three forms of ownership of property in China: (1) the dominant form of State ownership or ownership by the whole people, (2) the more complicated and shifting Collective Ownership by People's Communes and Urban collectives, and (3) Private Ownership of property that is not part of the means of production. Id. at 443-46. See also Arts. 8, 10, 11, 13, 16 and 17 of the 1982 Constitution.

Kato reported that the work of the Civil Chamber of the Nanking Courts typically involved 60%-70% Family Law, 10%-20% Leases and Inheritance of houses, with the balance spread among a variety of areas. Not surprisingly, there was very little Tort or Contract Law. He also noted that some separate Economic Chambers were being set up in addition to the extant Civil Chambers. Id. at 441-42, n. 59 and 449-52.

(113) An English translation of the text of the Economic Contract Law, which became effective on 1 July 1982, is published at 2 *China L. Rep.* 61 (1982).

(114) Another fascinating issue is the role and scope of free expression in China. See Comment, supra n. 39 at 287. See also 1982 Constitution, Arts. 35, 38, 41, 51 and 54.

(115) This is approximately double the figure previously estimated by Li. See supra n. 48.

(116) See supra n. 70.

(117) See supra n. 42 and accompanying text. It is encouraging that the new Constitution makes several positive references to education of intellectuals, further development of the socialist legal system, and "education ... in the legal system". 1982 Constitution, Preamble, Arts. 23 and 24.

(118) This may correspond to Li's assessment that it would take at least 10 years to provide enough law graduates just to staff the criminal legal system under the recent Criminal Law (1979) and Criminal Procedure Codes. Li, *Reflections*, supra n. 19 at 229.

(119) Gelatt and Snyder report that Deng Xiaoping has estimated a need for "one to two million new legal workers" by the end of the century. Gelatt & Snyder, supra n. 23 at 43. Perhaps, as a small contribution, American law schools will have alumni clubs in China's cities by the year 2000.

谈合并学科和设立博士点的问题*

　　合并学科和设立博士点问题，是教育界和学术界的一件大事，是应该慎重行事的。因此，必须广泛地、公开地征求国内各方面的学者专家意见，才可作出最后的决定；而绝不能只凭少数几个人的意见便匆匆作出决定，更不宜用行政命令的方式强迫下属有关部门来接受。我之所以在本刊发表这篇文稿，其目的和希望就在于此。

　　我作为法学界的一个老兵，又是国务院学位委员会法学评议组的一个现任"特约成员"，对于在法学方面合并学科和设立博士点问题，义不容辞地应该发表自己的一些看法。下面的意见，自然只代表我个人的看法，也不敢自诩为正确，但或许可以引起法学界同仁对有关问题的重视，从而发表各自的看法，以供有关方面参考。

　　不久前，国家"学位办"曾发出一个《通知》和关于《授予博士、硕士学位和培养研究生的学科、专业目录》及新旧专业目录对照表的《征求意见稿》，主要是对学科、专业要进行修订，特别是对二级学科要进行合并。关于学科、专业的修订，据《通知》说，是按照"科学、规范、拓宽"的原则进行的，目标是理顺和规范一级学科，调整和拓宽二级学科。这在原则上，骤然看来，是无可非议的。但如何具体进行，却不是一件简单的事。下面谈谈我的意见和看法。

　　（一）首先，我对"科学门类"有不同看法。原稿共列出下面几大门类：即哲学、经济学、法学、教育学、文学、历史学、管理学、理学、工学、农学、医学，共 11 个门类。我认为前面的 7 个门类，即从"哲学"到"管理学"，显得过于分散，与后面的"理学、工学、农学、医学"很不相称，很不平衡。我建议将这 7 个门类，归并为两

＊ 本文原载《法学评论》1996 年第 6 期。

大门类。请看下表：

1. 人文科学类　一级学科如下：

哲学、文学、历史学、教育学、新闻学、图书馆学、管理学

2. 社会科学类　一级学科如下：

经济学、法学、政治学、社会学、民族学

3. 理学类　一级学科共有 11 个（依原稿，下同）。

4. 工学类　一级学科共有 25 个。

5. 农学类　一级学科共有 9 个。

6. 医学类　一级学科共有 8 个。

这里要说明的是：将"人文科学类"与"社会科学类"明白列出来，与"理学类、工学类、农学类、医学类"并列在一起，就显得很理顺、规范了。

其次要说明的是，原稿中将"法学"作为一大门类，下面又包括4 个一级学科，即"法学"、"政治学"、"社会学"、"民族学"。我认为"法学"就是"法学"，怎么可能将"政治学"、"社会学"、"民族学"都包括在内？这就显得不伦不类，杂乱无章，连一点科学性都没有。因此，我建议将"法学"与这几个学科都平行并列，都作为一级学科。

（二）关于"法学"方面的所谓"学科、专业"，我对原稿中调整的情况，也有不同意见。

（1）经济法学（含：劳动法学、环境法学、社会保障法学）：这里简直是"拉郎配"，很不合理。环境法是一门新兴学科，是从法律上研究如何保护和改善环境，如何防治各种环境污染和如何保护自然资源和生态平衡的。它与"劳动法"有什么关系？它与"经济法"又有什么关系？回答是都没有。它怎么可能与劳动法放在一起？又怎么可能放在经济法之内？如果说要把"经济法""拓宽"的话，"拓宽"确实是"拓宽"了，但"科学性"和"规范性"又在哪里呢？记得《中国大百科全书（法学卷）》编纂时，我虽然是编委之一，但当时在国外，等我回国后，才发现书中将"环境法"放在"经济法"栏内。我认为不妥，曾在编委会上发言表示：应将"环境法"作为一门独立的学科对待，不应放在"经济法"栏内。编委会同意我的意见，只是因为已经付印，只好决定将来再版时予以修改。我曾经兼任

过武大环境法研究所所长，还曾几次出国参加有关环境法的国际会议，并主编过《环境保护法教程》和其他有关著作，或多或少我还懂得一点环境法内容的，我的上述意见起码不是无的放矢，信口胡言吧？

至于讲到经济法学，这在我国也是一门新兴学科。它在我国出现后，由于它的内容相当多又相当新，有些经济法学者甚至认为它比"民法"还要重要，几乎可以取代"民法"。我不同意这种看法，我认为两者都很重要，不管经济法如何重要，它还必须遵守"民法"中的一些基本原则。我在中国民法、经济法研究会一次会议上（我是该会顾问），就曾发表过上述意见。不过，应该认为经济法是一门独立的学科，其内容已经够广泛了，根本没有必要再去"拓宽"，而把其他与其毫无关系的学科硬塞进去。因此，我建议"环境法学"与"经济法学"都应作为独立的二级学科，不需要搞什么"拉郎配"。

（2）国际法学（含：国际公法、国际私法、国际经济法）：去年我就听说学位办曾委托人民大学某教授召开一个小组会议，小组的成员共15人（人大就占了7名），其中没有一位是国际私法专家或国际经济法专家。该小组会议居然形成了一个决议，要将"国际私法"与"国际经济法"合并成一个学科。我知道后曾写了一封信给该教授，明确地表示了不同意见。现在学位办又更进一步在《征求意见稿》中，要把"国际公法"、"国际私法"、"国际经济法"这三个学科合并成一个学科，就是所谓"国际法"了。我当然不会同意这种做法。我因为反对将"国际私法"与"国际经济法"合并为一个学科，已经另外写了一份意见书，这里就不必重复了（请看附件一）。现在再谈谈关于是否应将这三个学科合并成一个学科的意见。

这三个学科都是研究调整从国际生活中产生的社会关系的法律的。从这一点着眼，对这三个学科都冠以"国际"二字，并从最广泛的意义上，把这三个学科合称"国际法"或"跨国法"，是完全可以的。我们武大的"国际法研究所"和"国际法系"，就是涵盖了这三个学科的。"中国国际法学会"的成员，也是涵盖了这三个学科的专家学者的。国际上有名的"海牙国际法研究院"，虽然以"国际法"命名，但每年举办的高级讲习班，仍然是分别为两个，即"国际私法"

班与"国际公法"班，分别请两个学科的著名专家讲课的。这里所谓"国际法"，是相对于那些调整从国内生活中产生的社会关系的法律而言的，后者包括宪法、民法、刑法、经济法等，统而言之，也可将后者统称为"国内法"。能不能因此就将后者包括的各个学科合并成一个学科，称之为"国内法学"呢？（通常有些人说"国际法"是专指"国际公法"而言，与这里的所谓二级学科"国际法"不同）从学科体系上着眼，这三个学科都有各不相同的内容，各有自己的科学体系，绝不能"眉毛胡子一把抓"，把它们混为一谈。尽管它们之间互有联系，甚至还有一些重叠之处，但它们仍然是各自独立的不相隶属的专门学科。这三个学科的内容都很丰富，尤其近几十年来，它们的内容都正在发展和扩大，增加了不少新的东西。例如国际公法除原有的内容外，就有新的"空间法"和"海洋法"等；国际私法除原有的内容外，就有新的"国际统一实体法"和"直接适用的实体法"等；国际经济法是一门新兴学科，它包括了国际贸易法、国际投资法、国际金融法、国际税法、国际经济组织法，还有人主张再增加"国际海事法"、"国际技术转让法"等。世界上至今恐怕还没有哪一位学者能写出一本包括这三个学科的专著，或者哪一位教授能开出一门包括这三个学科的课程！我们的博士研究生可以主攻其中一个学科，并同时在"学位课程"中选修其他两个学科或另外有关学科的课程，以扩大他们的知识面，却无法要求他们同时主攻这三个学科或写出包括这三个学科的论文。要把这三个学科硬拼成一个学科，从科学体系上讲，是绝对不可能的，也是不必要的。这种"拓宽"是毫无意义的。

（3）关于其他二级学科问题：

（a）"法学理论"可改称为"法理学"，即英文 Jurisprudence，它不但包括法学中各种基本概念，还包括各种法律学说即法律思想。原稿中即过去的"法学理论"与过去的"法律思想史"均可取消。

（b）"法律史"应改为"法制史"，包括中国法制史和外国法制史。如果称"法律史"，那就应包括各种法律的历史，这些应放在各门法律学科中去讲述。

（c）"宪法与行政法"，这两个学科各有自己的内容，是分别研究国家政权的组织机构和行使行政权力的行政行为的，二者关系非常密切，如果要合并为一个学科，可否改称为外国所谓"国家法"，即德文所谓（Staatsrecht（也可译为"宪法"）。这一点我不敢自作主张，我建议应请这两个学科的专家多多发表意见。

（d）其他二级学科，即刑法学、民法学、诉讼法学、军事法学，我基本上同意原稿，可以不动。

根据以上意见，我认为法学二级学科应该如下：法理学、法制史、宪法与行政法学（或合称"国家法学"）、刑法学、民法学、经济法学、环境法学、诉讼法学、国际公法学、国际私法学、国际经济法学、军事法学。在调整学科方面，应多从学科本身的科学体系去考虑，而不能为拓宽而拓宽，为合并而合并。

（三）关于博士点问题。《征求意见稿》附件二《说明》中说："自1997年起，申请新增学位授权点以及评估工作将按照新的专业目录进行。"又说，"由于75%二级学科的学科范围已经拓宽，因此实际上对学位授予单位来说，"点数"减少了，但学位授权和培养研究生的学科范围扩大了。"这里发生问题了：有的调整后的二级学科，是由几个彼此毫无关系的学科拼凑起来的，如果其中某一学科完全有条件设立博士点，而其他学科都不够条件。请问这时这个调整后的二级学科，能够允许它设立博士点么？如果允许，那就是对那些不够条件的学科也认为可以设博士点，这岂不是名不符实吗？或是在掩盖这些学科的不足之处吗？这有什么好处呢？如果不允许，那么对那个有条件的学科来说，岂不是太吃亏、太不公平吗？这又有什么好处呢？用具体的例子来说明：新调整的二级学科"经济法学"（含：劳动法学、环境法学、社会保障法学），现在有一个学校，环境法学完全有条件设博士点，可是劳动法学、社会保障法学，甚至原来的经济法学本身，都没有条件设博士点，请问这时能允许新调整的二级学科"经济法学"设博士点么？如果允许，那么就这几个没有条件的学科来说，就完全是在唱"空诚计"。如果不允许，那么就环境法来说，它岂不是"城门失火，殃及池鱼"，太冤枉、太不公平吗？（请看附件二）再就新调整的二级学科"国际法"（含：国际公法、国际私法、国际经济法）来说，现在有一个学校，如果国际公法和国际经济法都已有博士点，但国际私法没有条件设博士点，像这样的二级学科"国际法"能否允许它设博士点呢？在想象中，可能会允许它设博士点，那么就其国际私法来讲，这岂不是又在唱"空城计"，是根本名不符实，是在掩盖它的不足之处吗？这样的拓宽二级学科，虽然表面上看来，是把"培养研究生的范围扩大了"，但实际上怎么可能扩大呢？还有，如果有一个学校，国际公法、国际私法、国际经济法都已有博士点，按照新规定这三个学科既然已合并成一个二级学科，就只能有一个博士点，于是实际上就减少了两个博士点。这样的拓宽二级学科，博士点的"点数"确实减少了，但能说得上把"培养研究生的范围扩大了"吗？所以《说明》中所说"由于二级学科范围已经拓宽，因此实际上对学位授予单位来说，"点数"减少了，但学科授权和培养研究生的学科范围扩大了，"在这里只能是一句空许，一句毫无意义的空话。综上所述，如果不按真正独立的有条件的二级学科来设博士点，而按勉强硬性拼凑起来的所谓拓宽的二级学科来设博士点，是没有任何可取之处的。

关于设立学科博士点问题，我有下面这样的想法：在实行学位制最初一个阶段，对建立学科博士点和设置博士生导师，从上面进行比较严格的审核和控制，即由"法学评议组"来讨论和审定，是完全必要的。因为在当时各高等院校在这方面全无经验，为防止出现偏差，不得不如此。但时至今日，学位制已实行十多年了，不少高等学校已积累了相当多的经验，就应该将上面的权力逐渐下放，不妨先进行试点，让某些有条件的高等院校（例如已通过"211工程"预审的或具备其他条件的），在某些有条件的一级学科方面（包括法学），根据国家的需要和各院校本身的条件，自己决定设立哪些博士点，决定哪些教师为博士生导师。事实上，这也是国外高等院校普遍通行的做法。我国过去实行计划经济，许多事情都要由上面来"统"，来"管"，现在实行市场经济，特别在学术问题上（例如学科分类问题），更无必要处处都要由上面来"统"，来"管"。前年武汉大学获准在已有的博士点上自行确定"增列博士生导师"，就是朝着这个方向走的一个很好的开端。当然，目前进行的专业目录调整，也是准备朝这个方向走的，但在具体做法上，在某些方向似乎还在设置不必要的障碍，不敢大胆在放权上进行试点，希望有关方面予以深思熟虑。

附件一：关于反对将"国际私法"与"国际经济法" 合并为一个学科的意见

去年听说学位办曾委托人民大学某教授召开了一个小组会议（据了解该小组并非学位委员会法学评议组，而是另行组成的，其成员是人大 7 人，政法大 3 人，北大 2 人，法学所 2 人，武大 1 人，而且其中没有一位是国际私法专家或国际经济法专家），在这个小组会议上，有人提议将"国际私法"与"国际经济法"合并成一个学科，而且还形成了一个决议，向学位办提出。我曾写了一封信给该教授，明确地表示了不同意见。这封信的复印件还分送给学位办，以便引起重视。现在再将我的意见比较详细地谈一谈，以供有关方面参考。

首先我想反问一下：如果这两个学科要合并的话，请问将采用什么名称？是不是将采用"国际经济法"一词，而将"国际私法"根本抹掉不提？这就是说，要让"国际经济法"吃掉"国际私法"，或者说把"国际私法"这一学科根本取消？如果是这样的话，请问在学理上有什么根据？在实践上有什么价值？这实在令人莫测高深，我当然是不敢苟同的，而且是坚决反对的。

先谈谈学理。国际私法在法学中是一门比较古老的学科。在西方国家，远在十二三世纪它就开始出现。那时在意大利各城邦间，由于各城邦的法律（当时叫"法则"）不同，凡是涉及两个或两个以上城邦的民商事问题，究竟应该依哪个城邦的法律去解决？国际私法就是要解决这种"法律冲突"问题的。后来在主权国家之间，由于各国的法律不同，凡是涉及两个或两个以上国家的民商事问题，也同样需要解决这种"法律冲突"问题，因而国际私法就逐渐发展起来，很多国家都有自己的国际私法。但由于各国的国际私法又有不同的规定，于是同一案件在不同的国家处理，就会产生不同的结果，这对当事人自然是不利的。因此统一国际私法的运动随之而生，无论在欧洲或在美洲，都曾制定了不少这方面的国际公约。这是值得称许的，但仍不妨碍各国有它自己的国际私法。到了近现代，世界经济逐渐的迅猛发展，由于交通运输的高度发达，国际经贸关系、科学文化交流朝一体化的方向发展，以及人员跨国流动和民事交往的十分频繁，有一部分具有涉外性质或跨国性质的问题，迫切需要而且也已有可能通过制定国际统一的实体法予以解决。这种国际统一的实体法，如果其调整内容是以公民（自然人）或法人为平等主体的财产关系或人身关系，也就应该放在国际私法研究范围之内。与此相关，有些国家由于本身的特殊需要专门为解决涉外性质或跨国性质的财产关系或人身关系制定的直接适用的实体法，也同样可以而且应该列入国际私法研究范围之内。这样，现代国际私法研究的范围，也就不得不随之而扩大了。这正是国际私法发展的一种新的趋向。从历史的发展的眼光来观察，这是毫不足怪的。所以现代的国际私法是一个相当庞大的有机整体。它是调整具有涉外性质或者国际性质的以公民或法人为平等主体的民商事关系的。它有自己的科学体系，有自己的内涵和外延（这时不能详谈，姑且从简）。它是既有悠久历史又在不断发展的一个独立的法律学科，是任何其他法律学科所不能代替的。现在竟有人想用"国际经济法"来取代它或取消它，说得不客气，这简直是荒唐或者说无知。

再就国际经济法来讲，它是二次大战以后才逐渐形成的一个新兴法律学科，是资本主义发展到垄断阶段的产物。资本主义世界高度发展所带来的种种矛盾，已经不能由各国单独地圆满解决，而有必要谋求国际的调整，于是各国尽可能相互间采取一些立法措施，如订立关税特惠协定，改善通商关系协定，放宽或废止出口限制协定等等。特别在二次大战后，第三世界国家纷纷独立，成为国际政治上的新生力量，为了谋求经济上的自主发展，就不遗余力地强烈要求建立国际经济新秩序。在这样的形势下，联合国通过了一系列宣言、决议和协定，主张在国际贸易、国际投资、国际金融信贷等关系中，实行平等互惠的原则，这样就大大促进了国际经济法的发展。国际经济法究竟应该包括哪些内容，在国内外学者中间是有争论的。大致说来，有广义和狭义两种观点。按照广义的观点，国际经济法是关于国际经济关系及经济组织的法律规范的总和，其中包括国际贸易法、国际投资法、国际金融法、国际税法、国际经济组织法等。按照狭义的观点，国际经济法是调整国际公法主体之间，即国家之间、国际组织之间、国家与国际组织之间的经济关系的法律规范，是国际公法的一个分支。我国一些知名的国际经济法学者，据我所知，大都主张采取广义的观点，但还没有人主张应以"国际经济法"取代"国际私法"或者取消"国际私法"。武汉大学已故姚梅镇教授,生前曾担任"中国国际经济法研究会"会长,他是极力主张采取广义的观点的。他很有代表性。他曾写道:"国际经济法同国际私法,既有联系、又有区别。两者所调整的法律行为的主体及其关系,基本相同。但其主要区别是:国际经济法是直接调整国际经济关系中的权利与义务关系的,属于实体法规范。而国际私法则是间接调整涉外民事法律关系,其作用主要是解决法律冲突及法律适用问题,虽然也涉及实体法部分,但主要是从解决法律冲突的角度出发,离开冲突规范,就无所谓国际私法。实质上,国际私法属于冲突法规范。因而,国际经济法同国际私法,各有其学科本身的特点及科学的规定性,两者可以相互为用,但不能相互代替。"我是研究国际私法的,现在还担任"中国国际私法研究会"会长,或许我对国际私法有偏爱或者带有主观的偏见,可是姚梅镇教授作为国际经济法的一位知名学者,总不会对国际私法有什么偏爱或偏见吧?

从实践方面来观察,无论在一国国内或是世界范围内,国际私法至今仍然是公认的一个独立的法律部门和法律学科。从立法方面讲,首先在国内立法方面,许多国家的民法典都含有国际私法的规定。有些国家还有单独的国际私法法典,如 1979 年奥地利制定的《奥地利联邦国际私法》,共有 109 条;1989 年瑞士开始实施的《瑞士联邦国际私法》,共有 200 条。甚至连一些亚、非、拉的发展中国家在国际私法立法方面也开始有所作为。英美国家是采取判例法国家,但它们的学者和学术机构,根据判例也整理出一条一条的规则。如英国 Dicey 和 Morris 在他们的书中(根据第 10 版),整理出的条文就有210 条。美国在美国法律协会的主持下,由 Reese 教授负责编写的《美国冲突法重述(第二次)》,就有 313 条。其次在国际立法方面,许多政府间国际组织和非政府间国际组织,对国际私法的统一都作出了很大贡献。例如海牙国际私法会议先后举行过多次会议,对有关国际私法的问题,共通过了 34 个公约草案,其中 22 个公约已经生效;其涉及的范围很广,已经从传统的亲属法和程序法问题转而趋向于经济问题和社会问题。至于在科研方面,各国历年来出版的专著和发表的论文,真是多到无法估计。说到我们中国自己,尽管中华人民共和国建立以来,在一个长时期内,由于"左"的思想的影响,整个法学包括国际私法在内几乎处于停顿不前的状态。但 1978 年后，随着我国改革开放政策的贯彻执行，我国对外经济贸易、科学文化交流和民事交往都有很快的发展。在这种新形势下，如何妥善处理这些方面以公民或法人为平等主体的涉外关系问题，就成为迫切需要研究和解决的重要理论问题和实际问题了。因此近年来我国的国际私法，无论在立法或科研方面，都有了长足的进展，可以说已进入了一个初步发展和繁荣的时期。在国内立法方面，我们已制定有《涉外经济合同法》、《继承法》、《技术引进合同管理条例》、《民法通则》、《民事诉讼法》、《海商法》、《票据法》等，其中都有国际私法的规定。在有关国际条约方面，我国已先后加入《关于承认和执行外国仲裁裁决公约》、《联合国国际货物销售合同公约》、《关于向国外送达民事或商事司法文书或司法外文书公约》、《保护工业产权巴黎公约》、《保护文学艺术作品伯尔尼公约》、《商标国际注册马德里协定》、《世界版权公约》等，都是与国际私法有密切关系的。不但如此，我国政府先后与许多国家签订了司法协助协定，建立并加强了同世界各国的司法协助关系。至于在科研方面，近年来我国也出现了不少国际私法教材和专著，发表了很多有关国际私法的论文。我们武汉大学还设有国际私法硕士点、博士点和博士后流动站，为国家培养了一批又一批高层次的国际私法人才。这些硕士和博士所写的论文，不少已出版，不但对我国国际私法的发展起了推动作用，而且也大大提高了我国国际私法研究的水平。不过严格说来，我国现行的国际私法还不十分健全和完善，已制定的国际私法规定还比较零星分散，不够系统和全面，而且还有不少缺陷和空白。而参加或缔结的有关国际私法条约，也不能充分满足实际需要。为了解决这些方面的问题，有必要制定一部比较完整的国际私法单行法。因此，我们中国国际私法研究会作为集中了全国国际私法专家学者、实际工作者和一些博士和硕士的学术团体，已着手起草一部《中国国际私法示范法》，已完成第三稿，共有 160条。它的完成和出版（除条文外还将有说明），除可供我国立法、司法和涉外部门以及教学研究单位参考外，还将会对完善我国的国际私法起相当大的促进作用。在我国目前进一步扩大对外开放的形势下，多么需要国际私法发挥它的作用。想不到现在竟有人要把"国际私法"从我国法学中取消掉，实在是太异想天开、幼稚可笑了。在实践上这种想法是没有任何价值可言的。

最后，我恳切地希望学位办对这个问题，一定要慎重行事，多多听取国际私法和国际经济法专家学者的意见，避免仓促做出决定，铸成大错。

附件二：关于建议设立环境法博士点的意见

去年我给人大某教授的信，除谈"国际私法"与"国际经济法"合并问题外，也谈到设立环境法博士点问题。

关于 1996 年设立法学学科博士点问题，学位办事前曾发下文件，说在"广泛征求法学评议组成员的意见"后，确定 1996 年法学方面只限于三个二级学科可以设博士点，即刑法、民法、经济法。我知道该教授是法学评议组的召集人，因此写信给他对这个问题提出了我的看法。

我在信中首先表示：我曾担任过第一届和第二届法学评议组成员，现在还是第三届"特约成员"。学位办也许以为我老了，不中用了；或者以为这所谓"特约成员"只是个名誉称号，所以根本没有征求我的意见（评议组过去几次开会也都没有通知我）。这倒无所谓，我绝不会计较这种事。不过，作为法学方面的一个老兵，对于上面所说的只限于三个二级学科才能设博士点，我是不敢苟同的。

我认为：谈到培养法学方面的高层次人才（指博士），刑法方面已有四个博士点（人大、北大、武大、吉大），民法方面已有三个博士点（人大、政法大、法学所），经济法方面也已有两个博士点（人大、政法大）。如果在这三方面再增设博士点，培养更多的高级人才，我并不反对。我总觉得在我们这样一个大国里，真正的法学高级人才不是太多，而是太少。但是，如果我们把视野放大一些，从我国深化改革、扩大开放、进行社会主义现代化建设的全局着眼，难道其他方面的法学高级人才就已经足够了吗？就不需要培养或再培养吗？听说学位办之所以这样决定，是征求了最高人民法院的意见的，这点确否我还不知道。如果确是如此，我想最高人民法院提出这样的意见，是专从司法审判的角度考虑的，有它一定的根据和理由。但是我们如果从全国各个方面的需要来考虑——不限于司法审判，那应该认为这种想法是片面的。现在别的暂且不讲，单就我比较了解的与保护环境有密切关系的环境法来讲，请问我国这方面的高级人才究竟有多少？已经足够了吗？我曾兼任过武大环境法研究所所长，还曾几次出国参加过有关环境法的国际会议。不必说那些发达国家都有很高明的环境法专家，就连比较小的国家，如菲律宾、印度尼西亚等，也都有很出色的环境法专家。相形之下，我痛切地感到，在我们这样一个大国里，真正的环境法高级人才实在太少，简直少得可怜。我虽然不是环境法专家，但我看过不少这方面的中外资料。环境问题，不仅是一个国家的十分重要的国内问题，而且还是一个全球性的十分重要的国际问题。李鹏总理过去在一次全国环保工作会议上曾说过："西方国家有一条行之有效的经验，就是运用法律手段解决环境问题。"在不久前国务院召开的全国环保会议上，国务委员兼国务院环境保护委员会主任宋健同志作总结发言时，又再次强调，必须严格依法管理环境，才能把环境保护落到实处。目前我国正在加强环保方面的立法与执法，还参加了不少环保方面的国际公约。例如 1992 年联合国在巴西里约热内卢隆重举行"环境与发展"国际会议时，李鹏总理曾亲自率领我国代表团前往参加，并签署参加了两个重要的国际公约，即《气候变化框架公约》与《生物多样性公约》。据我所知，有不少重要的环境法问题还需要我们作深入研究；因此培养这方面的高级人才是刻不容缓的。

但到目前为止，仍只有北大法律系前年才获准设立了一个环境法博士点。这当然是一件好事，是值得庆幸的。不过，坦率说来，据我所知，北大环境法博士导师，实际上只有一位教授，根本谈不上什么梯队，力量毕竟很有限，单靠北大一家来培养环境法博士研究生，是远远不够的。武大环境法研究所是国家环保局与武大合办的，是全国唯一的以环境法为研究对象的科研机构。自 1981 年建立以来，由于它的科研队伍很强，它在科研成果、培养硕士研究生，为国家立法提供咨询意见、协助起草环保法规、培训国家各级环保干部、出版环境法期刊，举办全国性和国际性环保会议等方面，都做出了显著成绩，在国内外都享有很高的声誉。它还与联合国环境规划署和其他国际环保组织，建立和保持着密切联系。一句话，它是完全有条件设立博士点的。过去只是因为武大对提升教授职称，在指标限制上过严过死，未能将有条件的环境法副教授早些晋升为教授，以致延误了申请设立博士点的机会，否则早就可以设立博士点了。现在教授职称问题已经解决，又有较强的学术梯队，如果仍不让它设立博士点，那是既不合理也不明智的。1996年法学评议组开会评审博士点时，在学位办的指导和控制下，仍只通过一个民法博士点和一个经济法博士点。我恳切地希望在下一次法学评议组评审博士点时，在学位办的殷切关怀和大力支持下，武大环境法也能够设立博士点。

论国际公法、国际私法与国际经济法的合并问题*
——兼评新颁《授予博士、硕士学位和培养研究生的学科、专业目录》中有关法学部分的修订问题

　　我国自 1981 年建立学位制度以来，培养了数目相当可观的博士和硕士研究生。目前我国正在进行大规模的现代化建设，需要多层次地培养多方面的人才。我们一方面要把基础教育和中等教育办好，以提高全民族的素质，并培养大量的中级人才，同时另一方面也要把高等教育办好，培养一大批高层次人才，包括自然科学和人文社会科学方面的人才。十几年来我国培养高层次人才是成绩显著、有目共睹的。但时至今日，随着我国改革开放和社会主义现代化建设的进一步深入发展，社会对高层次人才的需要加快了，要求也更高了。因此我国培养高层次人才的学位制度在某些方面也需要进行改革。国务院学位委员会学位办公室（以下简称学位办）对原《学科、专业目录》进行修订，就是这种改革的一种体现，是应该值得欢迎的。

　　据学位办的通知说，修订的主要原则是：科学、规范、拓宽；修订的目标是：逐步规范和理顺一级学科，拓宽和调整二级学科。学位办在将送审稿送审以前又征求一次意见，在征求意见稿中又补充说："学科、专业的设置要从全局考虑，遵循科学、规范、拓宽的原则，坚持以学科体系为主。"这些原则，看来都是无可非议的。但如何具体进行修订，却不是一件简单的事，既要解放思想，又要实事求是，决不能凭主观臆想，武断行事。

　　就法学方面而言，据说此番修订，是"集中了大多数专家学者

韩德培文集

＊ 本文原载《国际经济法论丛》第一卷，法律出版社 1998 年版。

的意见而形成的，在讨论过程中比较充分地听取各方面的意见"。当时，我虽然是学位委员会法学评议组的特约成员，却未受到征询，更谈不上什么"特约"了。但我决不计较这一点，在看到最初的征求意见稿时，由于责任心的驱使，我曾主动地不揣冒昧地对《目录》中有关法学的一些问题，提出了一些不同的意见，以供参考。这些意见除用书面寄送学位办外，还发表在我所写的一篇文章中（《论合并学科和设立博士点问题》，载《法学评论》，1996 年第 6 期，第 1 – 8 页），以期引起有关方面和有关人士的重视。其中有的意见，看来已被采纳（也许还有其他的人提出了同样的意见）。例如原稿本规定："经济法学（含劳动法学、环境法学、社会保障法学）"；我认为这是搞"拉郎配"，很不妥当，在对经济法学和环境法学进行了分析之后，建议将这两门学科都作为独立的二级学科。以后的征求意见稿中就这样修改了，这不能不算是一件幸事。只是在修改时将"环境法学"改称为"环境与资源保护法学"。其实这种改动是不必要的，因为"环境法学"当然也要研究自然资源保护问题，在外文中，环境法英文就是 Environmental Law，德文就是 Umweltrecht。这倒无关紧要，可不置论。

现在《目录》已正式颁发了，其中除上述的修改外，在法学部分有些地方仍存在缺陷，没有认真地修改。我现在再就这些地方，特别就国际公法、国际私法与国际经济法的合并问题，谈谈我的看法，以就教于我国关心法学方面改革问题的同志们。

首先关于"学科门类"问题。原稿共列出 11 个门类，即哲学、经济学、法学、教育学、文学、历史学、管理学、理学、工学、农学、医学。我认为前面 7 个门类，即从哲学到管理学，都可作为一级学科，怎么能和理学、工学、农学、医学相提并论，平行并列在一起呢？这就显得很不平衡，很不相称。因此我认为应将这 7 个学科分别列入两大门类中，即人文科学类与社会科学类。还有，在所谓法学门类中，共列出 4 个一级学科，即法学、政治学、社会学、民族学。我认为法学就是法学，怎么能将政治学、社会学、民族学都包括在内呢？这又显得杂乱无章，不伦不类，连一点科学性、规范性都没有。因此我建议将上述几个所谓门类和有关学科分别列入人文科学类与社会科学类，请看下表：

1. 人文科学类　一级学科如下：

哲学、文学、历史学、教育学、新闻学、图书馆学、管理学。

2. 社会科学类　一级学科如下：

经济学、法学、政治学、社会学、民族学。

3. 理学类　一级学科略。

4. 工学类　一级学科略。

5. 农学类　一级学科略。

6. 医学类　一级学科略。

只有按上表修改，才真正能说得上"规范和理顺一级学科"。

其次关于拓宽二级学科问题。上面讲过，原稿本想拓宽经济法学，内含劳动法学、环境法学、社会保障法学。经过修改，经济法学与环境法学都作为独立的二级学科了，这才真正做到了"坚持以学科体系为主"。这种修改是完全必要的，也是十分合理的。

另外，《目录》中仍有"法律史"这门学科。我曾建议将"法律史"改为"法制史"，因为法律史的内容应该包括各个部门法的历史。根据拓宽的原则，还要将中外法律史都包括在内，其内容是非常庞杂的，最好分别放在各个部门法中去讲授和研究。法制史向来是一个二级学科，有它自己的学科体系，不必将它取消。但新颁《目录》中仍然保持"法律史"，不但未加修改，而且标明将法律思想史与法制史都包括在内。特别令人感到费解的是，某大学一位教授不久前在《学位与研究生教育》（1997 年第 5 期）上发表了一篇题目为《我国法学高层次人才培养规划的必要调整》的文章，论证了法学学科、专业的"必要调整"问题，还特别阐述了为什么要将法律思想史与法制史包括在内。首先我要请教：法律史顾名思义就是法律本身的历史，怎么能将法律思想史与法制史包括在内？这在用语上就很成问题。其次，这位教授也承认"法律思想史和法制史是两个独立的研究领域，分别有各自确定的研究对象"。这样说来，从学科体系上考虑，它们就应该是两个独立的二级学科了，为什么又要将它们合而为一，合并在一起呢？他接着解释说："但由于它们同属法学中的史学，有着相同或类似的研究方法，更为重要的是作为法律文化的两个重要组成部分，法律思想与法律制度是相生相存的，不可以割裂开。"按照这位教授的意思，两个学科同属史学就可以合并在一起，有着相同或类似的研究方法就可以合并在一起，都属于法律文化组成部分，就可以合并在一起，而两个学科的内容和体系却可以置之不理。这是很难令人信服的。因为一个学科能否成为独立的二级学科，主要应该是看它的内容和体系如何。正如学位办所指出的，一个学科的设置，应坚持以学科体系为主，而不是要看它是不是同属什么史学或非史学，或者有没有什么相同或类似的研究方法，或者同属什么法律文化。再其次，单就法律史讲，根据拓宽的要求，它就应包括中外法律史在内，它的内容如上所述就非常庞杂了。法律思想史和法制史也都应包括中外法律思想史和中外法制史，其内容也基本是如此。要把法律史、法律思想史和法制史这三门内容都非常庞大复杂的学科合并成一个学科，这在中外法学界据我所知还没有一个先例。时至今日，恐怕也未必真有哪一位教授具备足够的勇气、胆量和学识，敢于挺身而出，做个榜样，能够开出一门包括这三门学科的课程，或写出一本包括这三门学科的专著，好让大家来学习、领教。

再谈国际公法、国际私法与国际经济法的合并问题。这是本文的重点所在，不妨多谈一些。

首先声明一下：我决不反对拓宽二级学科。从学科体系上考虑，一个学科的内容，如果范围太狭小，口径过窄，不能形成一个比较完整的体系，是应该和必须拓宽的。这就要对每一个学科进行具体的分析。否则为了拓宽，把两个或两个以上在体系上不可能合并的学科硬凑成一个学科，那就会形成一种"拉郎配"，一种"大杂烩"，是没有任何可取之处的，甚至会产生一些负面影响。将国际公法、国际私法与国际经济法三个不同体系的学科合并起来，硬拼凑成一个所谓"国际法"，就属于后一种情况。

对于这种情况，我自然不能同意，曾表示过为什么不能同意的意见。不但我个人不同意，据我所知，我国这三个学科的不少专家学者，曾两次联名写信给学位办，表示不同意这种安排。但学位办在草拟《目录》之前，既没有征求这三个学科的专家学者的意见，在拟定《目录》之后，虽然他们提出了不同意见，又毫不予以重视，仍然在最后颁发的新《目录》中维持原来的安排，也就是仍然将国际公法、国际私法与国际经济法这三个原来独立的二级学科，合并为一个二级学科，即所谓"国际法"。这种做法实在令人吃惊！

为了提高培养研究生的质量，也为了学科本身的建设和发展，对于将国际公法、国际私法与国际经济法三个二级学科合并为一个"国际法"二级学科，我是始终表示反对的。尽管《目录》已正式颁发了，我仍然不得不再就这个问题谈谈自己的看法。

　　在国际上，通常所谓"国际法"是专指"国际公法"而言，不包括"国际私法"，也不包括"国际经济法"。如果要将国际公法、国际私法和国际经济法统称为"国际法"是可以的，因为这是从最广泛的意义上来理解"国际法"的。这个"国际法"是相对于"国内法"而言的。我们不妨将法学的学科归纳为两大类型，即国内法学和国际法学。从总体上讲，国内法学是研究如何调整从国内生活中产生的社会关系的法律的，国际法学是研究如何调整从国际生活中产生的社会关系的法律的。国内法学包括宪法学、民商法学、刑法学、经济法学等；国际法学包括国际公法、国际私法、国际经济法等。打个最粗浅的比方，国际公法学就相当于宪法学，国际私法学就相当于民商法学，国际经济法学就相当于经济法学。既然不能将宪法学、民商法学和经济法学合并为一个二级学科，那么怎么可能将国际公法学、国际私法学与国际经济法学合并为一个二级学科呢？如果说因为它们都有"国际"二字，就非合并不可，这只能说是一种望文生义的皮相之谈，是根本不值得一驳的。

　　国际公法与国际私法，是两门比较古老的学科，早已成为两个独立的二级学科，无论中外各国，直至今日，都仍然是如此。国际经济法是二次大战以后才发展起来的一个新兴学科。这三个学科虽然都冠以"国际"二字，但具体分析起来，它们所调整的社会关系以及这种社会关系的主体都各不相同。国际公法是调整国家与国家之间政治、外交方面的关系的，国际私法是调整具有跨国性或国际性的有关自然人和法人的民商事关系的，国际经济法是调整国家与国家之间以及不同国家之间有关自然人和法人的各种经济关系的。而且这三个学科，随着时代和社会的演进，科学技术和交通运输的迅猛发展，以及人员跨国流动和经济及民商事交往的十分频繁，都在不断地发展和扩大，增加了不少新的内容。例如国际公法除原有的内容外，就有新的"空间法"和"海洋法"以及"国际组织法"、"国际行政法"、"国际发展法"、"国际人权法"等。国际私法除原有的内容外，按照大国际私法的观点，在内涵方面就增加了新的"国际统一实体法"、"直接适用的法律"，在外延方面就有"国际民事诉讼法"和"国际商事仲裁法"。国际经济法虽然是一门新兴学科，但发展很快，它包括的内容就有"国际贸易法"、"国际投资法"、"国际金融法"、"国际税法"、"国际经济组织法"，还有学者主张再增加"国际海事法"、"国际技术转让法"。从学科体系上着眼，这三个学科都各有自己的学科体系，尽管它们之间互有联系，甚至还有少许重叠之处，但它们依然是各自独立的不相隶属的专门学科，怎么能够"眉毛胡子一把抓"，把它们硬拼成一个二级学科呢？这位教授在上面所提到的一篇文章中还为这种合并辩护，说这三个学科虽然合并为一个学科，但仍然有三个各自独立而又互相联系的"研究方向"。好一个"研究方向"！如果这三个学科可以降格为"研究方向"，请问那"国内法学"中的那些学科如宪法学、民商法学、经济法学等等，为什么不可以合并为一个学科即"国内法学"，同时也把它们都降格为"研究方向"呢？总之，要把这三个学科合并成一个学科，从学科体系上讲，是根本不可能的；从内容方面讲，它们已经够宽了，是不需要再拓宽的。

　　要拓宽二级学科，其目的无非是要扩大研究生的知识面。其实，按照现行的制度，为了扩大研究生的知识面，凡是硕士研究生或博士研究生，除主攻的科目外，还必须修读"学位课程"，这是扩大知识面的一个行之有效的办法，根本不需要用"拉郎配"的办法，将不同体系的而且内容已经够宽的一些学科硬拼成一个学科。现在学位办已经坚持将国际公法学、国际私法学与国际经济法学这三个学科合并为一个二级学科了，这不但与世界各国通行的做法背道而驰，还会使我们在教学工作和指导研究生进行研究工作中产生极大的困难，而且对发展这三门学科也是极为不利的。因为世界上还没有哪一位教授能开出一门包括这三个学科的课程，也没有哪一位学者专家能写出一本包括这三个学科的专著或教材。我们的研究生也绝不可能写出一篇包括这三个学科的论文。我们在培养研究生时，就这三个学科而言，也只能要求他们主攻其中一门学科，而不能要求他们同时主攻这三门学科。当然，在他们主攻一门学科时，也要求他们修读其他相关学科的学位课程。这样的培养方法也就不会口径过窄，使培养出来的研究生不能适应未来工作的要求了。不然的话，按照硬拼凑起来的学科来培养研究生，不但不能提高培养研究生的质量，而且会适得其反，降低其质量，因为他们不能专心致志地专攻一门学科，也就不能使他们的研究成果达到一定的专精程度。在这样的情况下，学科的建设和发展也就自然会受到极不利的影响了。我们可以说，坚持将国际公法学、国际私法学与国际经济法学三个二级学科硬拼成所谓"国际法学"一个二级学科，其结果必然是有害无益的。我可以估计，这种做法事实上是行不通的。这三个学科还是要分别开课的，还是要分别写教材或专著或出版学术丛书的。例如厦门大学国际经济法研究所目前正在每年出版两卷《国际经济法论丛》就是一个最好的例证。自从改革开放以来，我国这三个学科的专家学者已经撰写了很多学术论文在国内外法学期刊上发表，还编撰了不少有关教材和专著。这些科研成果，对加强我国法制建设，保证和推动我国的现代化建设和对外开放的顺利进行，已经发挥并将继续发挥重要的积极作用。不难看出，这三个学科是具有强大的生命力的。它们作为独立的二级学科的客观现实，是谁也无法抹煞和否定的。尽管有人想这样做，武断地要将它们降格为"研究方向"，不承认它们是二级学科，其结果必然是徒劳的。我相信，不管人为的阻力多么大，这三个学科还是会按照其自身发展的规律向前发展的，还是会保持其独立的二级学科的地位的。最后，不妨借用辛稼轩（弃疾）"菩萨蛮"一阕中的名句来结尾："青山遮不住，毕竟东流去！"

我与武大法律学科建设[*]

一

我于1945年底从美国回国，1946年应邀来到珞珈山。回想起来，已有五十几个春秋了。早在回国以前，武大就给我寄去了聘书，当时的校长是国际法泰斗周鲠生先生。除了武大，还有浙江大学也邀请我去担任法学院院长。因有约在先，我选择了武大。当时的武大法律系，在国内外都有一定的声望。来武大第二年我就担任了系主任。

中华人民共和国成立以后，几乎所有综合性大学的法律系都被取消了，全国仅有3所大学保留了法律系。武大很幸运地是其中的一家，不但没取消，还有了很大的发展。在这方面，我做了一些力所能及的工作。

早在美国时，我就写信给董必武先生，就中国将来是否要注重法治以及如何进行法律教育等问题请教于董老。很快董老亲笔回信给我，谈了对这些问题的看法，指出中国将来一定要加强法制建设，建立社会主义法制。并且指出进行法学研究一定要理论联系实际。我因此得到了很大的鼓励，促使我在那以后的法学教育改革中，也比较大胆。

中华人民共和国成立以后，法学教育的确面临着变革。我们这些人过去学的都是旧法律，《六法全书》被废除了。法律教育怎么搞，这是一个大问题。我们把过去的课程都停了，从马列主义基本原理学起，学习新的东西。

1952年，全国进行高校院系调整。作为武大的代表，我参加了制订中南地区的高校院系调整规划。另外，我一方面在武大主管全校

＊ 本文原载《法学评论》2000年第3期。

的教务工作，另一方面还要把所掌管的法律系的工作做好。一个首要的任务就是要抓好师资队伍建设，以提高教学质量。我们有选择地从湖南大学、中山大学、厦门大学吸收了一大批教师。另外还从中国人民大学调过来一批刚毕业的研究生，教师阵容相当强大。其次是抓教学质量。那时，老师自己写教材，然后在教研组讨论，提意见，教学工作相当认真。我作为法律系主任，每个教研室主任每个月必须向我汇报一次。我对法律系寄予了很大的希望，希望我们这些人搞出来的成果是中国一流的。

可是，风云突变。1957年反右派，法律系是首当其冲。因为学法律的人脑子里都有一个思想，就是法治。这就是"罪状"。主张法治，就是所谓"反对无产阶级专政，跟无产阶级专政进行对抗"。所以，中国法学界被划成右派的人特别多。我就更是不必说了，解放前我就主张法治，解放后又主张法治。包括马克昌、李双元等都被划成右派。法律系办不下去了，有的人到了其他学校，有的人改行了，我被下放劳动。

劳动回来，法律系没了，我改行教英语，一直教到"文化大革命"。我教英语期间，也是非常认真的。我不仅让学生读中国人写的英语，还让他们读外国的原著，看看人家外国人写的英语，这对学英语帮助很大。

英语教得好好的，"文化大革命"又开始了。英语不但不能教了，又把我作为批斗的对象。原因是我在教英语时"放毒"了。还有其他许多"罪状"都是无中生有，第二次被戴上了右派的帽子。我被下放到武大沙洋农场劳动，一去就是八年。前后两次被戴上右派的帽子，这在全国也是少有的。但我都挺过来了。有人曾问我有什么秘诀，我说没有秘诀，靠的就是四个字：问心无愧。然而，时间白白流逝了20年之久，把我"捆绑"起来，不能从事本职工作。

"文革"之后，百废待兴。党的十一届三中全会提出要加强法制建设，要恢复法律系，学校又把这个担子交给了我。刘道玉校长曾对《中国青年报》发表谈话，说武大的法律系过去曾经是王牌。韩德培没有走，晶核还在，所以才能够恢复。我本想把架子搭起来，让后人好做工作，我就不干了。可是，这一干就是相当长的时间。

这期间，法律系发展的相当快。在很短的时间里，法律学系和国际法系建立起来了，还建立起了全国第一个国际法研究所和全国唯一的环境法研究所。刚一恢复招生，我们就本科生、研究生同时招。我自己带研究生，国际公法、国际私法我都带。以后又增加了一个港台法研究所。这样，武大拥有三个研究所，二个系，几个博士点。这在全国很少见。

说到博士点的审批，这是很严格的。我作为国务院学位委员会法学评审组的第一、第二届成员，知道这个情况。首先要考察学校有没有学术带头人，大家讨论后，无记名投票通过。其次是看你的梯队如何，有没有梯队。其三是学校在这方面的研究水平究竟怎么样。我是第一批博士生导师。以后我又把国际经济法、刑法、宪法等都搞上去了。

当时，法律系恢复时，许多人都被破格提拔。在学校的学位评审委员会上，我表示了我们法律系有特殊的情况，因为许多人，包括我在内，由于历史的原因，无法进行研究。但是，这些人只要给他们机会，他们很快就会有成果出来。我们应该创造条件，鼓励他们，鞭策他们。所以，应把他们先提上来再说。我的意见得到了大家的理解。于是有一批人很快被提拔起来。正因为如此，法学院博士点才能够这么快就建立起来。直到今日第四代年轻的博导，我也是竭力推荐。我年纪大了，年轻人不上来不行啊。

这几十年，总起来看，法学院有了很大的发展，我也多少做了一点工作，当然这并不是我个人的功劳。

二

关于学科建设，我想重点谈一谈国际私法学科。这个学科在解放初期，由于美国封锁，对外关系只限于苏联和少数东欧国家。所以当时国际私法无用武之地。尽管那时也开这个课程，但并未受重视。以后到了"文化大革命"，各个学校的这门课程都停了，所以发展这门学科根本没有条件。

真正能够发展还是在党的十一届三中全会以后。因为扩大对外开放，许多涉外问题怎么解决呢? 很多法律里虽有这方面的规定，但这些规定都很零散，不系统。像《民法通则》第八章，涉外民事法律关系方面的规定，仅仅九条而已。其他一些法律里面也有这方面的规定，比方说《继承法》、《涉外经济合同法》、《票据法》、《海商法》

都有一些零散的规定，很不完整，而且有些规定不一定完全正确，还有很多空白。这在立法方面是个大问题。因此，我们有这个想法，就是搞一部中国国际私法《示范法》出来，作为民间立法。

怎么搞呢？我们有个中国国际私法学会，也是我们这里发起的。很早以前，在贵阳就开了一次全国性的国际私法学术讨论会。经过酝酿，于1987年正式成立了全国性的学术组织——中国国际私法研究会，现改称为中国国际私法学会。

我是第一、第二任会长，现在第三任了，我还是会长。每年都开一次年会，讨论国际私法方面的重大问题。参加的不仅有各大学的老师，还有实际部门的顾问、专家、法官、律师，还有些博士生、硕士生。几乎把全国的国际私法的人才都集中在一起了。所以，我们这样一个学术机构，搞一个国际私法的《示范法》出来，这叫model law，作为范本供国家立法机关参考。如果将来要制定法律，就可以作为参考。如不参考也可以，它可作为学术研究成果。所以，那年在深圳开年会，这个建议一提出来，大家一致赞同。马上就组织起草小组，我作为召集人，开始了起草工作。以后又开了两次专门会议，进行修改。每年的年会也是在会上充分地讨论，直到1998年在井冈山开会，我们已经搞了第五稿了。但是，大家还是有些意见，我们想再搞个第六稿。现在已有160多条了。我想，不但条文要搞出来，每条还要作适当的注解。因为，说实话，我们的一些司法干部水平不是很高，不懂这方面的问题。法律制定出来，怎么运用呀？作一些注解，便于他们了解。另外，条文要翻成英文，在国际上让大家看一看，我们中国人并不是在这方面无所作为。当然，这还要避免误会，恐怕政府有些人会有误会，说怎么搞的，你们怎么替国家来立法呢？我们这里要郑重地声明，这是一部学术研究成果，是model law。打个比方，就相当于时装表演，仅供参考，决不是代替政府立法。除供立法参考外，也要为教学、科研打下基础，进行研究。现在正在对注解进行研究，进一步调整。这样做的目的就是想在立法上，把国际私法进一步推动一下。

有这个东西就比没这个东西好多了。中国这么大的国家，在这方面落伍了。像一些小国家这方面都很有成就，像瑞士200条，罗马尼亚180条，意大利也有新的法典。其他好多国家连第三世界国家都已经立法。我们这么大的国家怎么就只有9条，这像什么东西？所以非搞不可。上次，他们搞《合同法》，有人问我，是否把国际私法在《合同法》里定一定？我说《合同法》里包括不下，非单独规定不行。

在这门学科，有些问题还有争执。我这个人思想比较解放。学科是不断地发展的，不可能一成不变。过去这样，几百年不能变动吗？有些人就是这个思想，结果不能越雷池一步，搞来搞去就是这个东西。我说不行，我认为国际私法应该是发展的，它的范围是不断地拓宽的。社会也是如此，物理学也是这样。原子物理，空间物理，地球物理，发展多快啊，但总的来讲，它们是属于物理。国际公法也是不断地扩大的，《海洋法》、《空间法》等都是新的内容。为什么国际私法就不能扩大呢？应该适当地扩大范围。

第一次统编教材《国际私法》出来不容易，因为大家争议很大。那时由我主编这部教材，怎么办呢？我邀请了许多专家先务虚，讨论一下国际私法包括哪些内容，大家有不同主张，尽量发挥。结果是包罗万象。我说，很好，大家的主张各有千秋，我们在这里不会讨论哪个主张怎么样。但是，这些主张他们在研究中可以尽量发挥。可是在这本统编教材里，不能把所有的主张包容进去，只能有一个主张。于是我提供一个方案，大家看可不可以采用，即便可以采用，还要说明一下，参加编写的人有不同的看法。结果大家一致赞同，才搞出来。

现在，这本书已重印好多次了，根据国家新的法律，社会新的情况，又重新搞了一本《国际私法新论》。根据我们的主张，打破框框，把统一实体法和冲突法并列起来。冲突法是主要的一部分，当然不动，统一实体法也集中在一起，同它并列。这是一个新的体系，但是不妨搞一搞。所以，在学科建设方面，我也多多少少地干了一些工作。

另外，关于这个学科我还要附带讲一个问题，就是国家学位办为搞学科调整，要把三个涉外学科，即国际公法、国际私法、国际经济法并为一个学科。我坚决反对，世界上没有哪个国家这样搞。它们的内容是多么地不一样，怎么能合在一起呢？就因为"国际"两个字就把它们合起来，不但我反对，国内一些有名的专家也多次联名写信，表示反对。我也继续写文章批评，文章已经发表。因为，不仅国内，国际上也没有哪个教授能把这三门课合在一起开的。奇怪的是还要我们武大写教学大纲。我说有两个办法，要么不写，要么分开写，按三门学科不同内容分开写。现在的情况是，课还是分开开，研究生还是分开招。因为把三门学科并在一起实在是无法执行。

三

我还想谈一谈环境法学科的建设情况。

环境法在我国是一个新型学科，是在国务院学位委员会法学评议组第二次讨论法学课程时，由我提出来的，要增加一个环境法。我们国家搞经济建设，同时要解决环保问题。环保问题解决不好，会给经济建设拖后腿，这是非常重大的问题。在西方国家非常重视这个问题。我们搞环保，一定要加强法治。西方有条行之有效的经验就是运用法律手段进行环境保护，严格地执法。中国也应该如此。因此，一定要有"环境法"这个课程。后来，不仅有了"环境法"课程，我还第一次负责主编了《环境保护法教程》，这在过去是没有的，现在已是第三版了。

另外，我们还成立了"环境法研究所"，这是全国乃至全亚洲唯一的。这在过去是没有的，为了培养人才，要有个研究所才行。所以我就向当时的学校领导、当时的高教部、当时的城乡建设部的环境保护局建议，他们都很赞成。结果呢，由武汉大学和环境科学院联合办环境法研究所，主要研究经费他们那里出，人选、教师由武大负责。后经改组，由武汉大学和环境保护总局合办。我担任了第一任所长。

研究所成立以后，做了不少的工作。首先，培养了大批的研究生。其次，还培养了不少环境法的干部。对全国各省做环保工作的干部进行培训，搞了好几期，教给他们这方面的知识。另外，还写了不少的著作、教材、论文等。再次，帮助中央和地方在立法上做了不少工作。第一次，参加修改《环境保护法》，我们这里的教师在北京成立了一个办公室，轮流去办公，帮他们作调查研究，然后提出方案，给立法机关参考。地方上，深圳等一些地方要立法，也要我们提意见。所以在立法方面也做了不少工作。此外，还召开了几次全国性的学术会议，讨论一些问题，还召开过两次国际会议，我还到国外参加了有关环境保护的国际会议。第一次是到南美乌拉圭首都蒙得维的亚参加由联合国召开的国际会议。第二次在日本东京，第三次是在美国参加了这类会议。在会上我介绍了我国在这方面的情况，尤其是环境法研究所。有些外国专家都感到很惊讶，说你们很有见解，有这样的研究所更是不简单。我们同联合国的环境规划署有密切联系。后来在北京和外交部联合发起召开了第三世界国家的环保会议，影响非常大。前不久，在北京颁发了 1999 年的"地球奖"，奖励那些在环保方面做出贡献的人，全国有 20 多人，我是其中之一。这次我得奖，恐怕就是这个缘故。

环境法这个学科曾一度要被并入经济法，我写信提出批评。这是一门新型学科，怎么能取消呢？现在，环境法不但没有取消，我们环境法研究所还建立了博士点。如果不力争，这门学科就没有了。说实话，在这方面，如果我不讲话，便没有人讲，马马虎虎也就完了。

四

江泽民同志提出"依法治国"，建设社会主义的法治国家。这是新中国的一个重要的建国方略，我认为这个提法是了不起的。在过去几十年，从来没有哪个领导人这么提。讲科教兴国，是对的，但是还不够。现在一方面要讲科教兴国，同时还要讲依法治国，缺一不可。提出"依法治国"在我们党的领导人思想上是一个重大的突破，一个飞跃。我常跟学生们讲，这给我们很大的鼓舞。原来讲学了法律有什么用呢？现在大有用处。

现在的问题在于，总的来讲，我国国民的法律意识太差，法治观念不强，从上到下，法治观念都太淡薄。所以，存在着严重的有法不依，执法不严问题。小平同志提出的"有法可依，有法必依，执法必严，违法必究"非常好。现在的问题是执法非常困难，这个问题很普遍，非解决不可。我们现在知道了法治的重要，加强立法是很对的，但是法律都立了，如不执行，有法等于无法，一纸空文而已。如何解决这个问题呢？首先，要提高大家的法治观念。普及法律知识非常重要，不仅老百姓，干部中也要普及法律知识。现在还有很多法盲。就是全国人大常委会的人，在很多方面，他们都很了不起，可是他们懂法的也不多。要靠他们制定法律，可他们不懂法律怎么行呢？我曾有个想法，在全国政协会议上提过，希望每个委员配一个法律秘书，帮他研究法律。在美国，无论是参议院，还是众议院，每个议员都有一大批秘书，而且这些人都是专职。不仅很多议员本身是懂法律的，还有很多人帮他们研究法律。我参观了美国的国会图书馆，它最初就是为议员设的，每个议员在那里都有一个研究室，专门研究法律。现在的一些法律往往一搞就通过，有的相互冲突，没有很好地研究。法律要认真地学，不懂不行啊。

其次，要提高干部的执法水平。要切实提高他们的水平。现在从事法律工作的一些人，很多是从部队转业的，政治素质很好，但还有一个业务能力问题，靠几个月的培训怎么行？应该轮流地培训，不合格的就淘汰。司法体制也存在问题，应该独立审判，不受干扰。这也是个大问题，我们政法院校培养了很多人，可有几个去法院工作？行政执法也是大问题，很多人也是不懂法律。应该加强法律的学习、培训。

最后，要加强监督，不仅要加强内部监督，还要加强外部的监督。外部的监督包括这样几个方面：一是人大常委会，人大常委会有权监督，当然不是随便干涉，但是重大的问题发现了以后要提意见。二是全国政协加强监督，各地都有政协，发现问题可以提出建议，各地问题很多，腐败得不得了。还有其他的组织，如妇联、工会等这些团体都可以提意见。还有一个更重要的部门可以监督，那就是舆论、新闻媒介如报纸、广播、电视等，一遇到重大的问题就给它曝光。西方国家就是这样，利用新闻媒体，什么事情都瞒不了，你不登我登，一有问题马上曝光。现在我们中央电视台的"焦点访谈"节目很好，有时发现问题一曝光，问题马上就解决了，我认为，这个"焦点访谈"办得很不错，敢于把这些事情讲出来。但是，这类方式也太少了。中国的报刊要敢于讲，好的讲，不好的也要把它们揭露出来。这样，加强监督，无论哪一方面，如果马上给它曝光，那它就会有顾虑了，不敢乱来了。所以，监督方面一定要加强。这样通过多方面的努力，依法治国才真正能够实现。否则，搞来搞去，还是一句空话。

周鲠生先生生平、贡献和设置
"纪念周鲠生法学奖金"的重要意义*
——在武汉大学法律系、国际法研究所、环境法研究所
研究生、本科生大会上的讲话

同学们：

现在武大设置纪念周鲠生法学奖金，是一件很有意义、很值得重视的事。用设置法学奖金的方式来纪念一位法学家，不但在武大是一件创举，就在全国范围内也是一件创举。在现代中国，出现了像周先生这样一位在国内外久负盛名、在法学方面有卓越贡献的国际法学家、教育家，不仅是我们武大的光荣，也是我们整个国家的光荣。武大设置奖金来纪念他，是完全做得对的，是完全必要的。

以下我想讲三点：一是介绍周先生的生平，二是讲周先生一生的贡献，三是略谈设置奖金的主要意义，也就是讲向周先生学习什么。

一、生　平

关于周先生生平，我国《法学词典》和《中国大百科全书法学卷》中都有简要的记载，现在我稍加补充。可分两小点来讲：一是出身和所受的教育，二是工作经历。

1. 出身和教育：周先生是湖南长沙人，原名周览。1889 年出生于一个贫寒的教书先生的家庭。四岁丧母，十岁丧父，自幼即是孤儿。他父亲的朋友———一位长沙知府知道他很聪明，就把他收留在家

＊ 本文原载《法学评论》1986 年第 1 期及《环境法》1986 年第 1 期。

里，在他家私塾里读书。他很小就参加过科举时代的考试，考取了秀才。不久，废除科举，兴办学校，当时叫"学堂"，他又靠公费进了"学堂"，并且在十七岁时还靠公费到日本去留学，他在日本进早稻田大学，学的是政法经济科。辛亥革命前，他就回国了。回国后，他和几个朋友在汉口办《民国日报》，提倡和宣传民主革命的思想。袁世凯想当皇帝，查封了他们的报纸，并下令通缉他们。他们逃到上海。在民主革命倡导者和领导人之一黄克强（黄兴）的支持和协助下，周先生又获得湖南省官费赴英国留学。到英国后，才改名为周鲠生。他在英国进爱丁堡大学，攻读政法。以后又转往法国巴黎大学，进一步深造，获得了法国国家法学博士学位。当时第一次世界大战正告结束，在凡尔赛举行和会，一些帝国主义强国强迫中国接受日本想强加于中国的二十一条丧权辱国的条约，激起海外中国留学生的强烈反对。周先生就联合留英、留法的中国留学生，在巴黎包围中国出席和会的代表顾维钧，不准他在和约上签字。同时在国内则引起了声势浩大轰轰烈烈的五四运动。周先生在海外参加的这种活动，正和国内的五四运动遥相呼应。

2. 工作经历：周先生是1921年底从欧洲回国的。回国后先在上海商务印书馆任法制经济部主任。第二年应蔡元培先生的邀请，到北京大学任教授，兼政治系主任。1926年后，他又到南京东南大学任教授，兼政治系主任。1928年，他和李四光、王星拱等发起筹建国立武汉大学。1930年，他到武大任教授，兼政治系主任，后来又兼任教务长。1939年赴美讲学，并先后担任出席太平洋学会年会中国代表和旧金山联合国组织会议中国代表团顾问。1945年回国，担任武大校长。我就是这时应周先生之聘来武大教书的。

解放后，他继续担任武大校长，并任中南军政委员会委员兼文教委员会副主任。1950年调任外交部顾问，以后兼任外交学会副会长。他曾任第一至第三届全国人大代表和第三届全国人大法案委员会副主任委员。1956年加入中国共产党。1971年他在北京因病去世，享年八十二岁。

周先生不喜欢做官。解放前，南京政府成立立法院，任命他为立法委员，他没有接受。1949年初，国民党派人到珞珈山来请他去做教育部长，他也拒绝了，没有去做。

他一生中最感兴趣的，就是读书、教书和从事学术研究。他懂得几种外语——日、英、法、德、俄语（六十多岁才学俄语）。他藏书很多，尤其外文书，是一位真正的学者。他为人正直、正派，平易近人，毫无架子。我有时去看他，他有时也到我家里来看我。所有接近过他的人，都非常敬重他，爱戴他。

二、贡献可分三方面来讲

1. 他在国际法方面的贡献　大家都知道，他是一位著名的国际法学家。实在地，应该说他是我国现代国际法方面的一位祖师和泰斗。我这样讲，并没有夸大或夸张。他 1922 年就开始在北大教国际法。从那时起，在中国凡是有些成就的国际法学者，就我所知，几乎很少不是在他的直接或间接影响下成长起来的。他在解放以前，就写过很多书，如《国际法大纲》（这是当时各大学普遍采用的国际法课本）、《现代国际法问题》，《国际法新趋势》、《近代欧洲外交史》、《不平等条约十讲》等等。解放以后，他又写了两本：一本是《现代英美国际法的思想动向》，另一本是《国际法》，上下二册，1975 年出第一版，1982 年出第二版。这后一部书，可以说是周先生的代表作。这本巨著，共有 60 万字。你们当中，大概很多人都已经读过。这是我国第一部最有系统、最有权威的国际法著作，在我国简直可以说是一部"前无古人"的著作。这部书内容丰富，结构严谨，层次分明，对每个专题都旁征博引，作了较有系统的阐述，对正确的观点加以肯定，对错误的看法则加以批判，用词造句，都很有分寸，评价力求公允。全书除了理论的阐述外，还重视成案的研究，书中引用了较多的成案，一一加以分析。这可说是我国国际法著作中理论联系实际的一个典型和榜样。这部著作，不仅在国内对政法院系及外事部门非常有用，非常有价值，受到普遍的推崇，而且在国际上也受到重视和赞赏。第一版发表后，有些外国国际法学者曾考虑将它译成外文，在国外出版发行。但由于第一版是内部发行，翻译计划只好打消了。这部书出版时，周先生已经去世，没有能亲自看到，十分可惜！但他在国际法方面的贡献，是永远也不会磨灭的。

2. 他在教育事业方面的贡献　周先生对高等教育事业，也有很大的贡献，他长期担任教授，培养了很多法学人才，尤其是国际法方面的人才。他非常喜欢教书，他的知识面很广。他在北京大学、东南大学和武汉大学任教时，前后开出的课，不只是一两门，而是多至五六门。即使在他任武大教务长和校长期间，他也没有完全脱离教学工作。他上堂讲课，不说一句空话、废话或闲话；他讲课时，措词简洁中肯，条理分明，笔记下来就是一篇好文章。他上课时，同学们都争着坐前排，全神贯注，屏息倾听。他在北大教书时，北大当时有一种好办法，好传统，即让校外的人随意旁听。因此，周先生上课时，教室的窗台上都坐满了旁听的人。他在武大任校长后，有一次上课时，我曾去听他的课，我真佩服他的讲课艺术。平常和他谈话，也许因为他年纪大了，他总是轻轻地慢慢地讲，看来似乎他讲话没有什么气力。可是我听他讲课时，他却精神抖擞，口若悬河，滔滔不绝，声音清脆有力，讲得有声有色。我听了以后，不禁暗暗赞叹。我心里想：这正是表现他对教书的热爱和重视。

　　他任武大校长时，还表现出他不但是一位非常出色的教授，而且又是一位非常出色的校长。他本来是武大创办人之一，对武大有着特别深厚的感情。他做校长后，除原有的四个学院，即文、法、理、工外，又恢复了合并出去的农学院，还增设了医学院，使武汉大学成为一个包括六大学院的真正多学科的综合性大学。为了办好武大，他在就任武大校长以前，就在美国亲自到许多大学去物色教授。那时，他请来了一批年轻教授，各学院都有。我就是那时由他亲自邀请来的。那时我在美国哈佛大学，他到了哈佛，最先就邀请了三个人，除我以外，还有现在历史系的吴于廑教授和现在华中工学院的张培刚教授。我们在哈佛的一些中国同学，给我们三个人取了一个绰号，叫做"Three Musketeers"翻译成中文就是"三骑士"或"三剑客"。这是根据法国一位著名小说家大仲马的一篇小说的名字取的。我们这"三骑士"请来后，周先生还陆续请了一些人，包括现在武大经济系的刘涤源教授，谭崇台教授等。周先生不像过去解放前有些大学校长那样，门户之见很深，不大愿意聘请和他们无某种关系的人，如同乡关系，同学关系，亲戚关系等等。周先生却不是这样，他胸襟开阔，气度很大，只要他知道某人是真有学问或者某方面的专长，他就亲自去把他请来。记得有一次，北大校长胡适来武大讲学，他请胡适吃饭，也请了我们几位年轻教授去作陪。我亲自听到胡适当面夸奖周先生说："周先生！你真配当大学校长，你看你身边有这么多年轻教授。你很爱人才。"我曾经和周先生谈起过怎样办大学的问题。他对我说，他很佩服当年蔡元培先生的气度和精神，就是在用人方面，谁有才能谁有学问就请谁。蔡先生气度很大，能兼容并包，兼收并蓄，所以不管是保皇党辜鸿铭，还是共产党陈独秀、李大钊，他都请到北大去了。是的，蔡元培先生是我国近代史上一位非常开明的伟大的教育家。周先生以他为榜样来办武大，在当时门阀之见，宗派之见还很深的旧社会，确是不容易做到的。他从各方面罗致人才，建立起一支很强的教师队伍，所以武大能够在国内外享有较高的声誉和地位，并不是偶然的。

周先生很爱护学生。1947 年 6 月 1 日清晨，国民党派了大批军警特务，包围武大学生宿舍，搜捕进步学生和教师，当场枪杀了三名学生，逮捕了多名学生和教师，造成震惊全国的"六一惨案"。周先生当时在南京，闻讯后立刻飞回武汉，到国民党武汉行辕找程潜交涉，营救被捕师生和办理蒙难同学善后事宜。经过武大师生和周先生一道共同进行斗争，终于迫使国民党撤销了武汉警备司令彭善的职务，释放了被捕的师生，从优抚恤了蒙难同学亲属，并保证以后不再发生类似事件。1948 年武汉特刑庭又传讯武大进步学生，意图对他们进行迫害。周先生又在学生会、教授会等的配合下，进行合法斗争，才使被传讯的学生获得释放，未遭毒手。

解放前夕，白崇禧曾命令武大迁校，周先生当面予以拒绝。当时外面盛传白崇禧将派军队来武大进行破坏，屠杀师生，弄得人心惶惶不安。这时，除地下党暗中积极进行保校保产活动外，周先生也一再对师生明确表示，他一定不走，他一定要坚守在学校里，保护好学校，等待移交给新来接管的人——即指共产党，这样才把人心安定下来。所以，在那紧急关头，武大能够完好无损地保存下来，周先生也是有很大的功劳的。这也是他对我国高等教育事业的重大贡献。

3. 他在外交和立法方面的贡献　第二次世界大战结束后，国民党在外交上一味依赖美国，周先生从整个中华民族的利益考虑，认为不应该完全投靠美国，而应该根据我国自身的利益权衡得失，执行独立自主的外交政策。这一主张，遭到他原来的好朋友胡适的反对，于是二人在报纸上展开了公开的论战，引起国内外的密切注视。在当时的情况下，他的这种主张很容易引起国民党的反感，甚至会遭到不测之祸。然而周先生为了整个国家和民族的利益，却敢于公开发表这种主张，并和胡适进行论战，真是十分难得。所以，当时郭沫若同志在香港写文章，对周先生的这种勇敢无畏的精神，大加称赞。

周先生到外交部任顾问后，毛主席和周总理都很重视他的意见。有些重要的外交文件，都要经周先生提意见之后，才批发出去。联合国前秘书长哈马舍尔德，有一年和英国一位国际法专家沃尔多克有事来中国商谈，周总理特请周先生参加会见和谈判。1958年9月4日我国政府发表声明，宣布我国领海的宽度为十二海里，这一原则同样适用于台湾和澎湖列岛等岛屿。关于将我国领海宽度定为十二海里的决定，毛主席也是邀请周先生到北戴河商量后才作出的。此外，针对我国的一些重要国际问题，周先生也随时写文章公开发表，以影响国际舆论。例如关于恢复我国在联合国合法席位问题，周先生就根据国际法原则发表了很有分量的文章。在周先生兼任外交学会副会长期间，凡是在国际关系问题上有重要影响的外宾来中国访问时，总是往往由周先生代表外交学会出面接待。这些都是他在外交方面的贡献。

至于在立法方面，上面曾提到，他曾担任过全国人大法案委员会副主任委员，这是与国家立法工作有密切关系的。这里我只想举一个例子，说明他在立法方面的贡献。1954年我国第一部社会主义宪法颁布以前，党中央曾聘请周先生为宪法起草工作的顾问，他提供了十分中肯的意见，深为中央领导同志所赞赏。我曾亲自听到董必武同志的秘书沈德纯同志告诉我说："董老曾说：'周老对这次宪法的制定，作出了很大的贡献'。"

从以上这几方面看来，周先生作为一位著名的国际法学家和教育家，在学术研究上，在高等教育事业上，在外交与立法工作上，都是做出了卓越的贡献的。

三、设置这个法学奖金的意义

这就是说我们通过这种奖金的设置，应该向周先生学习什么呢?

他有什么值得我们继承和发扬光大呢？

依我看来，第一，我们应该学习周先生勤奋不懈，专心治学，数十年如一日的精神，要在法学研究方面，勇于探索，刻苦钻研，以争取攀登法学的高峰。他常对毕业生讲，毕业以后，无论工作有多忙，最好每天能抽出二小时来看看新书或刊物，要不断地丰富和充实自己的知识。这一点，他是能做到"身体力行"的，这种"学而不厌"的精神值得学习。

第二，我们应该学习周先生勤勤恳恳，兢兢业业，忠诚于教育事业的精神，要为发展我国高等教育事业，培养国家所需要的优秀人才而共同努力。现在正进行教育体制改革，高等教育也同样需要改革。我们也要像周先生那样，为高等教育事业的发展，尽心尽力，做出自己的贡献。听说有些同学毕业以后，不愿留在大学里教书。其实，我国各方面都大有用武之地，都需要年轻人去开拓，去创造，去作出贡献。周先生为高等教育事业鞠躬尽瘁，诲人不倦的这种献身精神，也是值得我们学习的。

第三，我们应该学习周先生用他自己的专长知识，在外交和立法方面，理论联系实际地献计献策的精神，要运用我们自己的研究成果，解决重大的理论和实际问题，为加强和健全社会主义法制，为推动和保证社会主义现代化建设的顺利进行，作出自己的贡献。比方说，同学们在法学方面，可以选择一些专题，进行研究，写成论文，对我国目前的经济改革和对外开放，从法律的角度提出自己的见解和建议，供党和政府在决策时的参考。周先生所能做到的，我们也应该能够做到。我们应该有这种抱负，有这种雄心壮志。

以上这些都是周先生留给我们的最可宝贵的精神遗产，值得我们加以珍惜，并继承下来，进一步发扬光大，为我们的四化建设服务。我想，这就是我们武大设置纪念周鲠生法学奖金的主要意义和目的所在。古语说："青出于蓝而胜于蓝，冰成于水而寒于水。"如果我们在前辈已取得的成绩的基础上，奋发努力，取得更好的成绩，作出更大的贡献，那就是再好不过的了。

我想讲的，就是这些，谢谢大家！

1985 年 10 月 17 日

要为法学上的"争鸣"创造条件[*]

从党中央提出"百花齐放，百家争鸣"的方针以来，一向沉寂的法学界，也像受到了一次"冲击"，开始活跃起来，开始对某些问题"争鸣"起来了。应该肯定，这是好现象，不管鸣得怎么样，争得好不好。但是如果"百花齐放、百家争鸣"的方针是一个永久性的方针，不是一阵风过去就算完了的话，那么，在法学方面，要能认真贯彻这一方针，除了法学界本身要解除顾虑，加强学习，大胆争鸣以外，我看还有一些问题值得有关方面加以注意，并大力协助予以解决。这里我只想提出两个问题来谈谈。

一是对法学研究的重视问题。这几年来，我感觉法学研究工作并未得到应有的重视，这倒不是搞法学工作的人不愿作出一点成绩来，而是笼罩在法学界的气氛不大对头，也就是说我们不少人对于这一方面的工作，似乎觉得可有可无，不大予以重视。譬如说科学院，已经成立了很多的各种各样的研究所，然而直到今天，传闻中的法学研究所，还是"只听楼梯响，不见人下楼。"如果我们真正对法学予以应有的重视的话，只要稍稍努一把力，也并不难把这样的机构成立起来。这种机构成立以后，不但可以领导全国的法学研究工作，而且单就它对法学研究的号召和鼓舞来说，就一定能发生很大的影响。在法学研究不被重视的今天，这确是非同小可的一件事，不能漠然置之。当然不是说没有法学研究所，我们就完全不能进行法学研究工作。这里是说这种情况的长期存在，对开展法学研究工作是不利的。再拿今天大学里的法律系来说，在不少人的心目中，它在大学里要算是最不受重视的一个系了。有的大学的某些领导同志，往往有意无意地流露

韩德培文集

＊ 原载《光明日报》1957 年 6 月 12 日第 3 版。

着一种"重理轻文"的看法，而在"轻文"之中，对文史还好一点，对政法专业似乎根本就不大放在眼里。不久以前，有的学校在评薪的时候，对政法、财经专业的教师，并未认真调查了解他们每个人的学术水平和教学情况，实事求是地给他们一个恰当的评价，而是十分主观地几乎普遍地压低他们的工资，比起其他系科的教师来，被群众公认为是受到了等于"降级"的处分。这种现象使得某些受了委屈的教师愤慨地说道："专业分贵贱，学术也有行市了！"在这样的气氛下，法学研究工作能够很好地开展吗？能够使大家鼓起劲头来争鸣吗？这也不是说工资偏低的人就可以不积极进行法学研究工作，这里是指出这种情况也正反映着不利于开展法学研究工作的一种气氛。作为社会科学部门之一的法学，所需要研究的问题不知道有多少，其中有国内的问题，也有国际的问题；有当前的问题，也有过去的问题；有理论的问题，也有实际工作中的问题。从学术研究的角度来说，法学研究的内容，是社会制度的一个重要方面，是思想意识的一个重要方面，是社会现象和人类历史的一个重要方面。从法律的实际效能来说，我们的法律，除了是阶级专政的一个重要武器而外，也还是调整人民内部矛盾的一个重要工具。我看没有什么理由轻视法学研究工作，把它打入冷宫，特别以白眼相加，而不给它以应有的重视。

二是资料问题。在法学研究中，目前最令人感到头痛的，是资料问题。就国内的资料来说，譬如从民刑法课程的教学情况来讲，目前我们固然还没有颁布民刑法典，就是将来颁布了民刑法典以后，如果教民刑法的教师，只是根据几个政策性的文件和有关法律的条文一条一条地十足"教条主义式"地来讲课，那一定是空洞洞干巴巴的，令人感觉枯燥无味，听而生厌。但是如果能够将这些文件和法律条文与法院的审判实践很好地结合起来讲，我相信讲课的内容，就一定会有血有肉，显得丰富多彩，活泼生动了。可是我们各地各级法院有关审判实践的资料，在目前的情况下，却很难为我们搞法学教育工作的人所"占有"，因而也就很难充分地加以利用。其结果，在教学上就往往不免理论脱离实际，在科学研究上，亦复是如此。我想这一方面的极为丰富的资料，如能善于利用，不但可大大地充实法学课程的内容，而且对开展法学研究工作，推动法学领域的"争鸣"，也一定会有极大的帮助。因此我觉得：可不可以请中央司法部和最高人民法院考虑一下，除中央一级现有的刊物外，由各省高级法院出版一种"判例简报"性质的刊物，每一月或两月出版一期，其内容主要是选择本省范围内各级法院的重要的或具有代表意义的判例，按一定的分类，大致依原有形式刊印出来（有机密性的除外），此外也可刊载法院的重要工作总结和法院干部根据实际工作经验对某些法律问题的意见和讨论。这种刊物有以下几种好处：第一，便于法院本身严格检查自己的工作，便于法院彼此间交流经验，也便于上级法院进行监督。第二，可格外提高并鼓励法院工作干部对处理问题的责任感。第三，可作为对群众进行法制宣传教育的一种重要资料。第四，可作为立法工作或修改法律时的重要参考。第五，可作为法学教学上的重要参考资料。第六，可帮助和推动法学教育工作者和政法工作干部从理论上和实践上对法律问题进行研究和展开争鸣。这样的刊物，每期印刷的份数不必太多，每省高级法院只须有一文化水平较高的专职干部，就可胜任其事。无论就财力、物力和人力来说，所费都很有限，而好处却很多。从解决资料问题来说，这种做法可以使我们对全国范围内审判实践和具体资料，能够经常地而不是间断地，有系统地而不是零零碎碎地，广泛地而不是只限于某省或某地来加以"占有"，那就将为我们法学上的研究和"争鸣"，开辟极为丰富的资源，增添无比新鲜而生动的内容，不致徒然在几个名词或概念里，几句教条或公式里，绕来绕去，兜着圈子。

再就国外的资料来说。过去几年，社会科学包括法学在内的国外资料，除苏联和人民民主国家的出版物尚容易看到外，资本主义国家出版的刊物，一般是比较难于得到的。目前情况虽然有些改变，但要及时得到一些必要的具有参考价值的刊物，有时仍然感到很不方便。我们不是要争取恢复中华人民共和国在联合国的合法地位吗？然而我们在学校里连联合国出版的刊物，往往都无法看到。我们不是天天都在谈要批判资产阶级的思想吗？然而我们对不少资产阶级学者最近发表的社会科学包括法学在内的著作，却不容易有看到的机会。如果我们对近年以来资本主义国家的社会实际情况以及社会科学方面的著作都茫然无知，而仍然是抱残守缺地只有若干年以前甚至是几十年以前的那么一点知识，那我们对某种资产阶级思想或社会制度所进行的批判，就可能完全是隔靴搔痒，或者就可能是脱离实际，没有什么重大的现实意义。譬如关于资本主义国家的国会制度，如果我们不知道和研究它近年来在若干国家内的变化和发展情况究竟如何，说来说去还是老一套地把它们的国会一概说成是"清谈馆"，那就未免有点像堂吉诃德向风车作战一样，把风车当作巨人，自我陶醉以为在向巨人作战，其实是向风车猛冲猛扑，岂非白费了自己的气力？如果我们写出的这一类批判性的文章，不能针对着批判的对象，真刀真枪地打个交锋，想法子击中它的要害，而竟是那样没有说服力，甚至乱说一通，我看没有什么多大的意思。因此，我希望有关的文教部门和负责订购外文图书的机构，多给我们一些方便，让我们能及时看到一些必要的资本主义国家出版的社会科学包括法学在内的刊物。不要怕它们是毒草，真要是毒草的话，要相信我们是一定能够学会和掌握鉴别和降服毒草的本领的。

让法学更进一步繁荣*

　　法学战线是我国社会科学中一条重要的战线。从党的十一届三中全会以来，在正确方针的指引下，我国法学研究工作已出现了欣欣向荣的景象，并已取得了相当可观的成果。但总的说来，我们的法学研究工作还远远不能满足我国社会主义现代化建设的要求，还需要我们奋发图强，急起直追，认真刻苦地进行钻研，才能在建设物质文明和精神文明的宏伟事业中，有效地发挥它的作用。

　　我国法学研究的主要任务，就是在坚持四项基本原则的前提下，从我国社会主义现代化建设的实际情况出发，努力探索社会主义法制的特点及其发展的客观规律，为发展社会主义民主、健全社会主义法制作出贡献。举例来说，我们应该特别着重研究以下一些方面的问题：

　　（一）我们要系统地研究马克思主义法学理论。我们不但要研究马克思主义经典作家的法律思想，还要着重研究我国伟大的马克思主义者毛泽东同志及其他老一辈无产阶级革命家的法律学说和主张，用它们来指导我们的法学研究工作，并批判各种违反马克思主义法学的错误观点，抵制和清除精神污染。

　　（二）我们要着重研究当前经济建设中出现的新情况、新问题，使法学研究工作更好地为经济建设服务。例如，我国现在允许个体经济发展，同时又实行对外开放政策。这样做的结果，虽然促进和繁荣了社会主义经济，但同时也带来了一些新的问题。这就需要我们理论联系实际地进行研究，为我国的经济立法和经济建设服务。

　　（三）我们要着重研究综合治理问题。党中央提出的"综合治理"方针，是同一切危害社会治安的行为作斗争的根本方针。我们

＊　本文原载《学习与实践》1984 年第 1 期。

实行这一方针已经取得了不少经验，但还不完备，已有的经验也缺乏系统的总结。对于综合治理的方针及其在实践中的经验和问题，就需要进行全面的、深刻的、系统的研究，才能取得质量较高的研究成果，有助于确保社会的安定和四化建设的顺利进行。

（四）我们要重视总结我国社会主义法制建设的历史经验和新的经验。中华人民共和国建立以来，我国法制建设既有成功的经验，也有失败的教训。党的十一届三中全会以来，我们又取得了很多新的经验。无论在立法方面还是在司法方面，我们都有不少独创之处。我们应该珍惜法学方面的这笔"财富"，下功夫把它加以条理化、系统化，作出理论的概括和阐述。这种研究的成果，必将对社会主义法制建设发挥极其重要的作用，加速建立具有我国特色的社会主义法学的进程，丰富和发展马克思主义法学。

（五）我们还应积极编写法学通俗读物，做好法制宣传教育工作。编写这种通俗读物，决不是一件轻而易举的事。如果没有相当好的理论素养，没有相当丰富的法律专业知识，没有相当熟练的文字运用本领，要真正做好这项工作是不可能的。做好这项工作，就会有助于在广大人民群众和干部中间，普及法制教育，增强法制观念，从而使得人人懂得法律，人人遵守法律。这也是为社会主义现代化建设服务的一个重要方面。

为了加强我国的法学研究工作，使其更好地为社会主义现代化建设服务，我们还必须注意解决以下的困难和问题：

（一）我们要加紧培养年轻一代的法学研究工作者。现有法学研究的骨干力量，大都是50年代到60年代初期培养出来的，大都已年过半百，而且数量也太少。因此，培养新的年轻一代的法学研究人才，是十分迫切的任务，是关系到能否开创法学研究新局面的大问题。

（二）为了实行理论与实践相结合，我们还应提倡和实行法学理论工作者与政法财经实际工作者相结合，创造必要的条件，充分发挥他们两方面的作用，让他们彼此密切合作，共同努力，为全面开创法学研究新局面作出贡献。

（三）目前法学界普遍感到，图书资料不够，是开展法学研究工作的一大困难。这个问题，应该引起有关方面的重视，尽力设法加以解决。

要创造必要的条件加强法学研究工作[*]

    过去有一个时期，人们对社会科学不大重视。现在，人们已认识到，科学不只限于自然科学，社会科学也包括在内；认识到马列主义虽是我们认识事物的指导思想和理论基础，但却不能代替社会科学；认识到社会科学在社会主义现代化建设中的重要作用，是决不能忽视或轻视的。

    法学在社会科学领域中，虽是一门重要的学科，但过去在相当长的时期内，却是最不受重视，甚至是最被轻视的。现在，人们从沉痛的教训中，已认识到它的必要性和重要性了。当前，社会主义经济建设，是我们各项工作的中心。法学研究工作，正同其他各项工作一样，也必须紧紧围绕现代化经济建设这个中心，发挥它的重要作用，作出它应有的贡献。随着对内搞活经济和对外实行开放政策的贯彻执行，我国的政治、经济、文化以及对外关系等各方面，对法学研究工作提出了一系列新的课题和要求。因此，加强法学研究工作，也就更加显得十分必要和迫切了。

    党的十一届三中全会以来，我国的法学研究工作，虽然取得了可观的成绩，但从现代化经济建设的需要来看，无论在研究人员的数量上或在研究工作的水平上，都还远远不能适应当前形势和今后发展的要求；尤其不能适应我国执行对外开放政策后，国际交往越来越广泛、越来越频繁的要求。从研究人员的数量讲，我们目前正处于一个青黄不接的阶段，必须加紧培养年轻一代的法学人才。除高等院校应多多招收法学方面的本科生和研究生外，也可适当选派一些合格的人到国外去进修，使法律专门人才较快地成长起来。从研究工作的水平

韩德培文集

---

    [*] 本文原载《湖北日报》1985 年 3 月 22 日第 3 版。

来讲，我们目前的水平还不是怎么高，还有待积极提高，才能适应工作的需要。为了提高我们的法学研究水平，除坚持理论联系实际，重视实际调查工作外，也要提供相当充分的图书资料，包括必要的外文图书资料，让人阅读和钻研。目前我国有关法学方面的图书资料，尤其是必要的外文图书资料，都很缺乏。这对开展和加强法学研究工作，是非常不利的。我希望有关部门尽力设法加以解决。在购买社会科学研究所需要的外文图书资料方面，也要像购买自然科学研究所需外文图书资料那样，舍得投一点资，花一点外汇。总之，我们必须创造一些必要的条件，加强法学研究工作，使我们的法学研究开创出一个新的局面，更好地为社会主义现代化建设服务。

我们的战略应该是：
一手抓教育　一手抓法制*

邓小平同志指出："所谓精神文明，不但是指教育、科学、文化（这是完全必要的），而且是指共产主义的思想、理想、信念、道德、纪律，革命的立场和原则，人与人的同志关系，等等。"

我们如果不在努力进行社会主义物质文明建设的同时，大力加强社会主义精神文明建设，就会严重地干扰我们的物质文明建设。所以精神文明的建设不是一件轻而易举的小事，必须当成一个战略任务来抓。我们必须为精神文明的建设制定出长远的、详尽的、行之有效的战略。

邓小平同志所提出的"四有"，"有理想、有道德、有文化、有纪律"，就已概括了精神文明的内容。我国宪法第二十四条规定："国家通过普及理想教育、道德教育、文化教育、纪律和法制教育，通过在城乡不同范围的群众中制定和执行多种守则公约，加强社会主义精神文明的建设。"这样，就在我们的根本大法里，明确具体地指出了社会主义精神文明建设的四个主要方面和内容了。我们应该尽一切努力，把我们新中国的公民培养成为"有理想、有道德、有文化、有纪律"的公民。

当前我国的形势确实很好，政治上安定团结，经济上已经进入一个持续稳定协调发展的时期，人民生活有了不同程度的改善。目前正在进行的各项改革，情况也是好的：农村改革已取得显著的成效，城市改革也迈出了重要的步伐。但也不可否认，在某些单位和社会上某些角落里，各种不正之风还时有发生，有的还相当严重。所以，我们

＊ 本文原载《学习与实践》1986年第2期。

韩德培文集

的战略应该包含这么两面：一手抓教育，一手抓法律！这两面是相辅相成的，这两面合成的战略才是强有力的。

首先当然是靠教育。要从社会各方面、各条战线、有目的有针对性地开展有关理想、道德、文化和纪律的教育。除党政有关部门外，各民主党派、人民团体、思想政治工作者、理论宣传工作者、自然科学和社会科学工作者以及退休、离休的老干部等等，都应以对人民和国家高度负责的精神，在力所能及的范围内，主动积极地进行教育工作。其次，除运用教育手段外，还要运用法律手段，这就是一手抓教育，一手抓法制。譬如就当前一些相当严重的不正之风而言，要认真解决这个问题，不但要加强政治思想教育，提高人们的觉悟和认识，而且还要根据具体情况，稳妥而坚决地运用法律手段，按照法律严肃处理；不管是谁，只要违犯了法律，该惩罚的就予以惩罚，决不宽容。这样才能使党风和社会风气逐步好转以至根本好转。只要我们善于运用教育和法律两种手段，我相信我们一定能在努力建设物质文明的同时，进一步推动社会主义精神文明建设向前发展。

怎样做一个合格的
环境法研究生*

同学们：

你们都是研究环境法的。大家都知道，环境法是一门新兴的学科，这不仅在国际上是这样，在我们中国尤其是这样。环境法学是怎样产生的呢？现代工业的发展所引起的环境污染和破坏，对整个社会的发展产生了很大的影响。西方国家过去在这方面吃了很大的亏，所以以后非常注意环境保护问题。这样，环境法以及环境法学便应运而生了。我国现阶段正进行大规模的经济建设，在我们搞经济建设的同时，如果不注意抓好环境保护这个环节，搞好环境保护，将来可能会给子孙后代造成不堪设想的后果。所以，党和政府一再明确宣布，环境保护是我国的一项基本国策，并且强调环境保护要与经济建设同步发展，协调进行，二者不能偏废。如果把环境保护搁置一边，经济建设也不可能持续地稳定地向前发展，所以两者要兼顾，这一点在国务院召开的全国环境保护工作会议上，李鹏副总理说得非常清楚。

我们要搞好环境保护，当然要依靠自然科学：环境监测、环境影响评价、各种环境标准等，当然要以自然科学的研究为基础，但同时社会科学、环境法学也是非常重要的。不管自然科学搞得如何好，如果没有法律来保障，结果还是要落空的。在西方国家，有一条行之有

韩
德
培
文
集

＊ 1986 年 9 月 15 日，武汉大学法学院召开环境法研究所研究生会议，名誉院长兼环境法研究所所长韩德培教授发表了讲话。本文为讲话记录，原载《环境法》1986 年第 4 期。

効的经验，即用法律手段来管理环境。过去我们在这方面做得不够，因为从整个国家来讲，对法制建设根本不重视，对环境法更是如此。但是要搞好环境保护和环境管理，非学会运用法律手段不可。现在我们国家已经注意到了这一点。所以近几年来，我们的环境法制建设进展是比较快的，制定了不少法律、法规，环境保护机构纷纷建立，还训练了一些环境保护方面的干部，培养了环境保护方面的人才。

关于人才，我们国家还是很缺的。从整体上讲，法学方面的人才，由于过去不重视，中间断了气，所以目前出现了青黄不接的局面。我们这个超过十亿人口的大国，进行这样大规模的经济建设，法律方面的人才远远不能适应需要。环境法的人才更是如此。我在国外参加几次国际会议，看到有些国家有不少环境法方面的知名学者，他们的著作很多。甚至在有些比较小的国家，诸如印度尼西亚、菲律宾等，也有相当出色的环境法学者。可是我们中国这么大的国家，环境法方面的人才，特别是比较高级的人才屈指可数。要搞好环境保护，必须很好地解决这个问题。要研究环境法，要培养环境法方面的人才，包括比较高级的人才。环境法研究所成立后，我们就把培养研究生作为主要的工作之一。截至目前，我们这个所在全国还是唯一的一家环境法研究机构，同时也是唯一有权授予环境法硕士学位的单位。希望不久的将来，能有更多的单位能授予这种学位。我们所招收的环境法研究生已毕业两届了，他们的学习成绩相当好，毕业论文的水平也是比较高的。在座的都是环境法专业的研究生，我希望同学们将来不但不比他们差，而且要胜过他们。

前几天，我和八六级的研究生谈了一下，内容主要是怎样把自己培养成为合格的环境法研究生。今天我再和大家谈谈，应该怎样严格要求自己，把自己培养成为一名合格的环境法研究生。特别是对八四级硕士生和八五级研究生来说，明年就要毕业了，在武大学习研究只剩一年时间了，更要抓紧时间学习，这样才能保证将来成为一名合格的比较高级的环境法的专门人才。对怎样做一名合格的研究生的问题，我想提几点意见，供同学们参考。

一、我认为，首先要弄清学习环境法的目的

为什么要学习环境法？简单地说，就是为我国的社会主义建设服务。这个目的我们要牢牢记住，不能忘记。正是要适应我们社会主义建设的需要，所以我们对自己要提出一些要求。我想无论是环境法的研究生，还是其他专业的研究生，都应该有理想、有道德、有文化、有纪律。这"四有"看起来很普通，对一般人都可以讲，为什么对我们所的同学还要讲呢？我想这"四有"对我们所的同学是有其特定含义的。

有理想。过去有一个时期，这个问题在我们的青年学生中讨论得很热烈。究竟什么是理想？一个人应该有什么样的理想？概括起来讲，我们是在社会主义国家，我们生活、工作、学习的总的目的是为了实现共产主义。这是我们最终的、最远大的理想。这一点我们应该是很清楚的。但是有的时候我们往往把它忘记了。谈到理想，我们的青年有各种各样的想法。有的人希望将来有一份好工作；未婚的希望找到一个比较满意的对象，成立一个美满的家庭；还有的希望将来分配的房子宽敞一些，最好还有比较漂亮的家具；还有的希望工资提得比较高一点，地位高一点。这些能否说是理想呢？从某种意义上说，这也是一种理想，而且这种理想不是完全不应该有的。但是我们讲到理想，往往要加上几个形容词，诸如远大的理想，高尚的理想。这些只能说是最初步的最基本的要求，当然谈不上"高尚"、"远大"。从远大的角度出发，我们的工作、学习、生活是为了实现共产主义。要实现这样的理想，需要我们许多代人持续不断地奋斗。唯其如此，我们要把实现这种理想同我们当前的工作、学习、生活联系起来。如果只是在口头上嚷嚷："我们要实现共产主义！"其结果就会成为一种不切实际的空想、幻想、玄想。所以我们的理想一定要同我们当前的工作、同国家的总任务结合起来考虑。我们现在进行社会主义建设，目标是实现共产主义。但是不经过今天的努力，共产主义哪一天能实现呢？所以我们要服从国家当前的总任务，即建设社会主义。今后我们不管是从事环境法的教学工作、科研工作、还是从事实际工作，总

的目的都是要为建设有中国特色的社会主义，把我国建设成为高度文明、高度民主的社会主义现代化国家服务。

有没有这样的理想有什么区别呢？有人说我没有这样的理想不是照样生活工作吗？我看未必。古人有诗曰："不畏浮云遮望眼，只缘身在最高层。"一个人有了高尚的理想，就像站在最高的地方，眼界就开阔了，就可以看得远，想得深，精神境界就大不一样，他的思想就不像没有理想的人那么猥琐，那么有局限性。这是抽象地讲。具体地讲，有理想的人，承受力比较强。人在生活中，难免遇到一些困难，遭受一些挫折，有时甚至是很严重的挫折。但是有理想的人就能够顶得住。纵观中国革命史，我们有很多的同志，仁人志士，即使身陷囹圄，仍然能够咬紧牙关，承受下来。有理想的人免疫力也比较强。社会是很复杂的，有来自各方面的诱惑，稍有不慎，就可能误入歧途，甚至堕落下去。而有崇高理想的人，能够拒腐蚀，永不沾。所以一个人有没有理想，对他的事业、工作、生活影响非常大。因此有理想这一点非常重要，尤其是青年，应该有崇高的理想，远大的理想，这样我们就有了正确的方向，知道怎样安排自己的工作、学习、生活。所以有没有理想是大不相同的。

有道德。这似乎是老生常谈。但我觉得这个问题还是值得我们注意的。我们究竟需要什么样的道德，才能在目前做一名合格的研究生，在将来做一名合格的环境法专业人才？道德的含义是很丰富的，其中有一条非常重要，即在社会主义社会，首先要认清个人、集体、国家的关系，要正确对待处理好这些关系。我不是禁欲主义者，我不认为一切个人的要求都是不正确的。问题是当个人的利益与集体的利益或国家的利益发生冲突的时候，如何正确对待和处理？我以为，必要的时候，应该牺牲个人的利益，服从国家和集体的利益。我们应该有这样的道德观念。如果在这个问题上处理不当，后果是相当严重的。最近同志们大概在报纸上都看到了党内外有不少人，甚至是地位较高的人，由于贪污、受贿、以权谋私等而锒铛入狱，受到法律制裁。之所以发生这样的情况，主要是在这个问题上没有处理好。目前，国家实行对外开放，对内搞活经济的政策。在这种情况下，我们要在公有制的基础上，实行有计划的商品经济，实行市场调节。为此，要实行等价、有偿、平等、竞争。为了发展商品经济，这是必须的。可是有一些人，利用搞活、开放、竞争，到处钻空子。为了捞钱，无所不为。目前，我们要特别注意这个问题，稍有不慎，就会坠入万丈深渊，那时可就悔之晚矣。因此对这个问题同学们要时刻提醒自己。

有文化。同学们可能会说，我们都是研究生了，文化方面难道还有什么问题吗？对这个问题，我们应该有正确的认识。我觉得正因为我们是研究生，要求就应该更高一些，要有广阔的社会科学知识和必要的自然科学知识。除此以外，还要有深厚的专门业务知识。现在有些人，一被录取为研究生，就认为万事大吉了。以为自己是硕士生，学位不成问题。我看不见得，还是应该继续努力。如果不好好学习，是会出问题的。这是有先例的。据我所知，过去有个别硕士生就是因为平常马马虎虎，不好好学习，写的论文水平不高，学校里最后审查通不过，不授予学位。他在学校里读了三年，也还是花了不少时间和精力的，怎么结果只得了个结业证书呢？所以我们作为研究生不能马虎，还要继续努力。

环境法是一门新兴学科，需要研究的问题非常多。我们要舍得花气力，主动地去进行探索。举一个具体的例子，最近国外有一位朋友寄给我一本环境法方面的书，书名是《International Wildlife Law》，即《国际野生动物法》。为什么会有这个名称呢？现在国际上十分注意保护野生动物，因为任意消灭这些野生动物，将对生态平衡产生严重影响，所以各国对这个问题很重视。国际上还专门制定了一些公约（International Convention），来保护这些野生动物。它们成为国际法方面的一个部门，即国际野生动物法。这么一个问题，就写成一大本书，翻开看看，内容很丰富，所以搞环境法的人，有很多问题值得研究，要肯下功夫，绝对不要自满。中国有句古话："人生也有涯，而知也无涯。"其意思是说，一个人的生命是有止境的，但知识是无止境的。一个人学到老都学不了。我今年七十多岁了，还感觉到有很多的东西需要继续学习。你们还很年轻，虽然具备了一些知识，但以较高的标准来衡量，还相距甚远。所以绝对不要满足，要继续探讨，继续追求。中国有句古话："学然后知不足"。你真正学习研究了，就会明白，自己的知识是非常有限的。所以越有学问的人越谦虚，越觉得知识不够。只有那些一知半解的人，才会骄傲自满，自以为是。古人曰："愚而好自用"。这句话说得非常妙，希望大家好好体会。总之，在"有文化"这个问题上，我们环境法专业的同学们要继续努力，绝对不能自满。

有纪律。现在报上常有文章讨论社会主义民主问题。我觉得这很好，很有必要。因为在过去相当长的时间里，我们国家的社会主义民主发扬得不够，有时简直没有，这是个很大的缺陷，给我们国家带来了很大损害。但是我们必须弄清楚，我们讲民主同资本主义国家是不同的。社会主义国家讲民主，主要是为了保护我们的社会主义制度，发展社会主义建设事业。如果我们讲的民主，不利于社会主义制度，不利于社会主义建设，这种民主就要受到限制。所以我们应该在法律所许可的范围内讲民主，民主与法制二者必须密切结合，不可偏废。民主要制度化、法律化。我们讲有纪律，不是指一般的纪律，同时也指遵守法律。这一点对我们学法律的人来说是非常重要的。特别是现在，这个问题很突出。因为我们国家过去长时期不重视法制，讲"人治"，不讲"法治"。中华人民共和国成立初期，情况稍好些，以后就放松了，以言代法，以权乱法。现在我们深深地觉悟过来了，因为吃了亏。"文化大革命"，简直无法无天，连人的生命都没有保障。现在我们要搞社会主义现代化建设，非加强社会主义法制建设不可，这一点党中央非常强调。小平同志说，我们现在单搞建设还不行，要一手抓建设，一手抓法制。这是总结了我们长期沉痛的教训后得出的结论。因此，我们学法学的人，不管是哪个专业的，都应成为遵纪守法的模范。

以上讲的"四有"看起来似乎很平淡，但认真研究起来，内容是很深刻、很丰富的。所以我们现在要做一名合格的研究生，将来当一名合格的环境法专门人才，在"四有"方面绝对不能放松。希望同学们认真地检查一下，在这四个方面自己究竟做得怎样，还有哪些地方做得很不够。这是我想提出来的第一点。

二、在你们的研究工作中要经常
地注意理论联系实际的问题

各门科学包括法学都有自己的理论，理论一定要研究。但是仅仅研究理论还不够，还要用理论来指导实践，为实践服务。理论与实践一定要紧密地联系起来。我们在从事法学研究工作时，要特别注意这个问题。法学固然有理论的一面，例如法哲学、法律思想史，但是它基本上是 Practical Science（实用科学），讲究实用，解决社会上大量的各方面的实际问题。研究环境法亦复如此。那么怎样把理论与实践结合起来呢？

首先要进行一些必要的社会调查。不久以前，有些同学到广州、深圳、珠海等地进行调查，听说进行得不错，收集到很多的资料，写出了调查报告，这是很好的。写出的调查报告可以作为我们国家决策的参考。这项工作应该是在教师的指导下，有目的有计划地进行，并且一定要认真去调查去考察。不要以为借此机会可以去游山玩水，到处跑一跑看一看就完事了。材料收集来以后，要精心整理，认真分析，写出像样的调查报告。这样的报告写出来以后，我们是非常重视的，将来也是同学们研究成绩的一部分。你们读过马克思的《资本论》。从前英国议会里有些人写的当时英国工厂的报告，马克思给予很高的评价。他写《资本论》时，很多地方都参考引用了这些调查报告。我也希望同学们写出很有价值的调查报告。这对我们国家将来制定法规在决策方面能起很好的作用。希望大家重视这个问题。

其次要参加有关环境法的学术会议。不管是国内还是国外召开的有关环境法方面的学术会议，我们都应该去参加。当然，国外召开的我们目前还不能参加很多。在这些学术会议中，可听到许多很好的报告，可以开阔眼界，增长知识。以后国内凡是有这方面的会议，不论在武汉举行，还是在外地举行，不论是官方召开的，还是民间召开的，都要尽可能地让我们的研究生参加。这是一个方面。另外有重要的学术报告，希望研究生去参加听讲。我们法学院现在有一种不大好的现象，我们花了很大的气力请了外国专家来讲学、做报告，可是我们的同学对此很不积极，很不热心，有时听讲的人寥寥无几。大家都想出国留学，我们把专家请来了，这是多好的机会啊！可是一些同学很冷淡，出布告通知了，到开会时看不见几个人，这是很不好的。为什么不去参加呢？听一听多有好处啊！这种情况希望以后能避免。外文有时听不懂，这不要紧，多听听就听懂了。以后有这样的机会希望尽量去听。

再次，从中央到地方起草有关环境方面的法律法规，希望我们环境法所帮助他们起草、修改。起草修改前，需要进行一些必要的调查。这项工作非常重要。凡是有这类工作，我们环境法所总是积极地承担下来，尽管任务很重。例如现在我们中国环境保护法要修改，在北京成立了一个办公室。这个办公室的主要成员就是我们所的教师。我们曾在城乡建设环保部的招待所里租了一个房间，有几位同志轮换着常驻在那里，做了大量的工作。这个法律现在已经基本上修改完了，不久将提交人大常委会讨论。在这方面，我们环境法研究所做了很多工作，我们有些同学也参加了。这是中央的。地方也有些条例要我们帮他们去研究起草。不仅是环保部门，国务院其他部门有些关于环境保护的法规也要我们提供意见，参加起草。这些都是很有价值的实际工作。目前，我们环境法所承担的研究课题是很多的。有很多渠道，比如湖北省、国家教委等都给我们研究课题，"七·五"规划里也可能有环境法方面的课题，也可能要我们来参加或承担。这些课题很多是当前环境法方面的重大问题。我们的教师人数很有限，希望把研究生组织起来参加、进行研究。师生联合攻关，来做这方面的工作。这对我们的研究生有好处，对国家也有好处。这些研究成果出来以后，都会起相当大的作用的。

上述几个方面主要解决理论联系实际的问题。这几个方面做好了，分析问题、解决问题的能力提高了，将来才能成为一个合格的高级的环境法方面的人才。

三、要抓好基本功

这个问题虽然经常讲，有些同学还是注意得不够。所谓基本功，根据你们的实际情况，首先要掌握好法律的基本知识、比较系统的环境法方面的知识和一定的环境科学知识。有些同学原来不是学法律的，要特别注意这个问题。法律的基础知识，我们在第一学年就安排了补课，这是很有必要的。除了安排补的课程以外，自己还要主动地多看这方面的书，单靠补的那几门课，解决不了问题。你们是研究环境法的，是搞法学的，法学方面的基础知识都很差，那怎么行呢？原来注意不够的同学，尤其是原来读外文专业的同学，要注意掌握好法律的基础知识。其次是外文。我早就给你们谈过，作为研究生，每个人至少要掌握一门外语，要能很熟练地运用外语阅读专业书籍。如果这个目的达不到，我认为是个很大的缺陷。我常对同学们讲，一个人懂一门外语，等于在面孔上多长了一只眼睛。如果连一门外语都不懂，那么知识的领域或范围就会受到很大的局限。有很多资料放在那里你就是看不懂，多可惜啊！所以我常讲，我们所有的研究生，不管是二年制的，还是三年制的，至少应该很好地掌握一门外语，要能用外语阅读专业书籍。这一方面，外文系专业的同学入校前有较好的基础，不过不要自满，还要好好努力，达到熟练的水平。外文差的，特别是过去读法律或其他系科的，不大注意外文。现在抓紧为时还不太晚，要赶快抓紧时间，一定要把它掌握好。你们三年制的同学，将来要做论文，如果懂得一种外文，那就方便得多了，有很多的材料可以参考。如果只靠中文，那么写论文时就会感觉束手无策，感到材料不够。你们是研究生，写论文既要有广度又要有深度，外文看不懂怎么行呢？所以这个问题我还要提一提。如果过去注意不够的，现在还来得及，还有一年时间，自己下功夫，看书、训练，提高掌握外文资料的能力。有了外文、法律基础知识和环境法方面的系统知识，在此基础上，再对环境法的某一方面作一些专门研究，只有这样做出了成绩，才能称得上是环境法方面的高级人才或专门人才。过去有人讲，做学问就像金字塔一样，基础要扎实。如果基础很差，连基本的东西都不了解，到了一定的程度，要提高就很困难，所以基础一定要打好。我所要讲的就是这三点。

最后附带说一点。今年学校将要对八四级研究生进行教学质量检查。不仅检查业务，可能还要检查政治、道德品质的质量。所以以上讲的"四有"很值得注意。希望同学们在检查中都能过硬。如果在某一方面感到不足的，自己要赶快主动地设法弥补。

以后对研究生的要求更严。三年制的研究生，到第二年结束时，

就要进行一次考核。特别好的，可以直接考博士生，甚至免考。比较好的，继续念第三年，可以得硕士学位。如果很糟，就分配工作，不继续念。你们中间三年制的同学还要做论文，得学位。二年制的同学将来到了工作岗位后，对某个问题愿意研究，可以下功夫，写出像样的论文，把论文提出来。那时我们要求上级批准，进行答辩。答辩通过了，同三年制的一样，授予硕士学位。我们想将来这样试试。

编写《国际私法》的体会*

早在 1919 年，北洋政府就颁布了我国第一部专门调整涉外民事法律关系的国际私法法规——《法律适用条例》。1927 年国民政府暂准援用。一些国际私法著作也先后问世。到新中国成立为止，我国关于国际私法的书籍已不算少。作为初期的作品，这些著作无疑具有开拓性意义。但由于当时中国在帝国主义的侵略下，仍处于半封建、半殖民地地位，不能独立行使自己的法权，虽有国际私法法规，仍无用武之地，这些国际私法著作也就不能发挥其应有的作用，而且现在看来，其内容也已是很陈旧了。中华人民共和国成立以后，取消了帝国主义国家在中国的一切特权，因而适用国际私法的机会才来到了。尽管由于当时敌视中国的美国对我国实行封锁，我国的对外交往受到了很大的限制，但我国并没有忽视国际私法在国际交往中的重要性及学习和研究它的必要性。在学习苏联的号召下，一些苏联出版的国际私法著作和论文，被翻译出版了。后来受"左"的错误思想的影响，我国法制建设和法学研究都受到严重的挫折，对国际私法的研究便处于几乎停顿的状态。直到 1978 年党的十一届三中全会在指导思想上进行了拨乱反正，提出了发展社会主义民主和健全社会主义法制的重大任务，国际私法的研究才又有了发展的可能和条件。随着我国对内搞活、对外开放政策的贯彻执行，我国的对外经济贸易和民事交往都有了很快的发展。在这种形势下，如何运用国际私法来调整国际经济贸易和民事交往关系，如何解决这些方面发生的争端，就不仅是一个理论上应该探讨的问题，而且也是客观上迫切需要解决的实际问题。

* 本文原载国家教委编《高等学校优秀教材评介文集》，高等教育出版社 1989 年版。

韩德培文集

114

正是在这样的情况下，法学教材编辑部于 1981 年约请我们编写国际私法这本教材。

我们当时面临着这样一个局面：首先，经济建设和对外开放的基本国情急需我们编写出一部能适应我国各高等院校国际私法教学需要的教材，这本教材在内容上应能完备地简述国际私法的基本原理，又能充分体现当今国际私法理论和实践的新发展；其次，由于长期的闭关锁国和法律虚无主义的影响，当时我国国际私法的立法很少、司法实践也不丰富，因此，要从理论到实践对我国国际私法作出论述是有一定困难的；而且由于国际私法教学和科研在我国长期停顿，使我国国际私法的水平处于十分落后的状态，要在较短时间内编写出一部比较成熟的教材来，的确是一项相当艰巨的任务。为了保证教材的质量，根据法学教材编辑部的意见，由我们编写组推举我国国际私法学者韩德培教授担任主编，并由具有比较丰富的教学经验的任继圣研究员和刘丁教授担任副主编，另有参加编写的同志 9 人。随后的一些工作在程序上与其他教材的编写大体相同，即：先拟定大纲，然后编写人员进行分工、写出初稿。在对初稿进行反复的集体讨论的基础上，再由正副主编进行统稿，最后形成定稿，于 1983 年出版发行。

综观本教材的编写过程，我们感到有这样一些体会：

第一，本教材较好地解决了国际私法的体系问题。一本教材能否达到较高的水平，首先取决于它有没有一个科学的体系。我们在编写过程中注意到了这个问题，力求采用科学的体系。关于国际私法的体系问题，在国内外理论和实践上都有很大的分歧。有的国家把国际私法限定在三段论式的范围内，认为国际私法只解决管辖权、法律冲突和外国判决的承认和执行这三个问题，这种体系在英美法系国家颇为流行。有的国家认为国际私法除上述内容外还应包括外国人的法律地位、国籍等问题，如法国学者就是这样认为的。此外，苏联东欧国家大多数学者认为国际私法的内容应包括消除和避免法律冲突的规范，因此，国际私法既有冲突法，又有统一实体法。这些分歧，固然与各国的历史传统、实际需要和法学研究等多方面的因素有关而难以避免，但是，如何看待这些分歧还牵涉到对国际私法这一门法律的发展的认识问题。基于这种分析，本书编写组的同志经过反复讨论认为，应从发展的角度来看待国际私法的体系问题，这样，本书就提出了一个新的体系。我们认为，国际私法除应包括外国人的民事法律地位和国际民事诉讼程序及仲裁外，在重视对冲突法的研究的同时，还应当加强对统一实体法的研究。这一体系不仅反映了国际私法的新发展，更重要的是它比较符合我们国家涉外民事关系的特点。我国涉外民事关系与西方国家的涉外民事关系在发生的领域及立法和司法的侧重点方面差别较大。西方国家的涉外民事关系中，普通涉外民事关系占据十分重要的位置，而在我国，除了普通涉外民事关系外，更常见的是涉外经济贸易方面的广义上的涉外民事关系。这就决定了我国国际私法体系应有的特点，而对于这一特点的把握，本教材是比较成功的。

第二，我们在编写本书时，采用了比较法的方法。比较法是现代法学中的一个重要学科，又是进行各部门法研究的重要方法。这一方法对国际私法更是必不可少的。因为国际私法所处理的是国际交往中发生的民事关系，这些关系的解决涉及到不同国家的法律，影响到不同国家以及不同国家的公民或居民的权利义务。国际私法的这一性质决定了它的研究不能只囿于本国法，而必须放眼于世界各国的法律。本书所涉及到的国家不仅有欧美发达国家，而且还包括一些有比较成熟和独立的国际私法体系的发展中国家。这样的编写，不仅可以提高本书的科学性，而且也增加了本书的知识性。当然，比较法的最终目的还是要用来为各国的立法和司法实践服务的。比如，在编写本书时，我国尚未与外国签订司法协助条约，对此，本书从比较法的角度提出了若干意见。我们认为，由于国际私法是一门应用性很强的学科，这样的编写也有助于提高本书的实用价值。

第三，本书比较妥善地解决了理论联系实际的问题。由于国际私法是在西方形成的学科，又是各法律中理论较多的学科，加上有许多艰深的名词术语，因此，许多学生会感到这一学科比较难学，许多问题，甚至一些基本的概念都不易准确地加以掌握。面对这种状况，我们在编写时一是突出对原理的论述，二是在论述上力求深入浅出，简明易懂。同时，当时我国国际私法立法和司法的资料较少，为了联系实际，除了引用我国的法律和案例外，不得不尽可能引用外国的立法和司法资料以及有关的国际条约与国际惯例，以资借鉴。将来一俟我国的国际私法法律和案例逐渐增多，我们将于修订本书时再补充进去。这样做，不但使各法律院校讲授国际私法时有了比较丰富的教学内容，而且对推动和促进我国国际私法在立法和司法方面的发展，以及供从事涉外关系法律工作者的参考也会有一定的帮助。

　　总之，我们感到，为了完成这部中华人民共和国成立以来第一本国际私法教材，我们作出了一定的努力。总的说来，这本书是比较成熟的，到目前为止，本书已印刷了四次。从本书问世至今，我国的国际私法，无论在立法、司法、宣传、教学及科研等方面，均有了很大的变化。这就使得对本书的自身更新成为必需。国外的同类作品，大多每隔五年修订一次，出版新版。我们认为这种做法对提高教材的水平、增强教材的适应能力，都有着十分明显的益处。为此，我们正在对本教材进行修订，希望不久的将来即可付印问世。

"德、智、体"全面发展
做"一专多能"人才*

各位领导、各位老师、各位同学：

今天晚上主要和2004级本科生见面。有机会参加今天晚上这个会议，感到非常高兴。近几年来青年报考大学的人数，是逐年增加，竞争非常激烈，你们通过这样激烈的斗争，居然能够被录取到武汉大学来，这是非常不容易的，可以说是难能可贵呀！因此我首先向大家表示衷心的祝贺和热烈的欢迎！

我来以前，没有准备讲话，到这里看到议程的安排，也让我讲话，这给我出了一个难题啊！怎么办呢？这是学院的安排，我想我只有服从这个安排！所以我临时就想讲几句话。老年人讲话都有一个通病，就是讲话太啰嗦，叫人听得费力，这一点我有自知之明，因此我讲话尽量简化一点。

我想讲两个问题。第一个问题就是希望我们同学们要爱惜时间。为什么？因为时间过起来真快啊，你们本科生在大学里面学习就是四年，看起来好像很长，实际上一晃就过去了。拿我本人来讲，我今年94岁啦，当年我到武汉大学来当教授才三十几岁，是最年轻的教授，现在一下子，变成了武汉大学最年老的教授！所以时间过起来真是太快了！将来四年以后，你们毕业时回过头来看，这个时间真是太快了，真是弹指一挥间啊！有人说："时间就是金钱"，其实时间比金钱还宝贵，因为时间是拿任何金钱都买不来的。所以另外有人说："时间就是生命！"我同意这个说法，时间和生命一样宝贵，所以你

　　＊ 本文系根据作者在2004年9月武汉大学法学院新生入学典礼上的讲话录音整理而成。

们四年的时间一定要非常的珍惜！绝对不能浪费时间，一定要利用四年的时间，很好地学习本领，为将来在社会上自立打好基础，千万不能把四年的时间浪费掉，把这四年虚度过去。我希望将来四年以后你们回过头来想，会说："好，我这四年学习得很不错"，这是可以引以自慰的事情，所以时间非常宝贵，大家一定要珍惜。这是第一点要讲的。

第二个问题，就是你们在大学里面学习要全面发展，要"德、智、体"全面发展，缺一不可。先讲"德"，刚才曾院长也提到了，这是非常重要的。现在我们国家提倡素质教育，素质教育不仅是小学要讲，中学要讲，大学同样要讲！如果素质不好，那将来什么事情都干不好，所以德育我们要非常重视。在德育方面我想讲一个问题，就是怎么样处理公私关系。这个问题有几种处理方式：第一种就是"大公无私"。这说起来很容易，可做起来很不容易，像过去的焦裕禄，以及最近的吴天祥，他们不惜牺牲自己的事情为国家、为公家谋利益，这就是真正的大公无私，所以有人说大公无私是圣人，我觉得这个评价是对的。第二种方式是"先公后私"，这也很不错，把公家的利益放在第一位，私人的利益放在次要的地位，这也不容易，所以有人说先公后私是贤人，我觉得这个评价也是不错的。还有第三种方式就是"公私兼顾"，这个说起来好像也还不错，但是有风险，公私兼顾一定要在许可的范围内才行，如果马虎一点就会出问题了，所以有人说公私兼顾是常人，就是平平常常的人，这样的评价也是可以的，这是第三种方式。第四种方式就很糟糕了，叫做"损公肥私"，这是最糟糕的。牺牲公家的利益，牟取个人的利益，这是犯罪行为，所以有人说损公肥私是罪人！我不敢希望大家都是圣人，这个是不容易做到的，但是如果有人做到，那也是非常好的一件事，但是希望个个都是圣人是不太现实的。所以我希望你们无论如何要做贤人才好，就是先公后私，这点我想你们能够做到。你们能不能做到呢？德育这个问题上我就简单的讲这一点。

其次讲"智"育，刚才曾院长讲得很好，我们培养的人才应该是"宽口径、厚基础、强能力"，那么这个目的怎样才能达到呢？那就是要求大家视野要开阔，具体地讲，就是知识面尽可能扩大，你们这里主要是学法学的，还有社会学的，当然自己本专业知识一定要学好，但是不能就满足于这些知识。应该把视野扩大，多看些其他方面的书：哲学方面的书、经济学方面的书、政治学方面的书，还有文学方面的书，多翻翻，多看看。古人说博览群书，就是要多看书，知识面尽可能扩大，这是非常重要的。我们将来培养的人才是什么样的人才呢？就是"一专多能"，能够做到这个地步，将来在工作上适应能力就比较强。如果你的知识面比较广，不仅在工作方面适应能力比较强，而且你的精神生活也比较丰富多彩，不会感觉学习太单调，太没有情趣了。所以你们知识面要尽可能地扩大，这是非常重要的。为了扩大知识面，有一个问题我在这里也提一下，就是你们要学好外语。过去每年我同新生讲话这一点我都提出来，你们不要以为学外语没有用，其实用处很大。我曾经对同学讲，我说你能够学会一门外语等于多长一只眼睛，别人看不见的东西你能够看见！学好外语，扩大知识面就更方便了。学好外语，不一定是学习涉外学科的如国际公法、国际私法、国际经济法的同学要把它学好，学习其他学科的同学统统都要把它学好，这是最基本的功夫，所以你们在学习外语方面——当然你们在中学就有很好的基础了——要进一步的下力气，最起码的要能够读、能够看，更进一步最好能够写，也能够讲，那就更好了。从前法学院没有了，我就在外语系教英语，我教的成绩还不错的，以后外语系的教授、系主任、院长，我都曾经教过他们英语。所以掌握一门外语非常之好，那样可以更好地扩大你的知识面，这是讲智育方面的问题。

最后讲"体育"。刚才曾院长也讲了，希望大家锻炼身体，的确身体非常重要，可以说身体是做好一切事情的本钱，也是最重要的一个因素。身体不好，其他无从谈起，我现在这么大年纪了还能和大家讲话，没有像里根总统——他同我是同年同月同日生的——他很早就老年痴呆症了，我没有。为什么？我很注意锻炼身体，我小学时候就喜欢打乒乓球，这是在我们中国乒乓球称霸世界几十年之前就很喜欢打乒乓了！这是一种本领了。到了中学里我又踢足球，我是后卫，就是"back"，我这个back，还踢得不错啊！可是有一次，一球打来，把我的近视眼镜打掉下来，我吓坏了，眼镜是玻璃的，如果玻璃碎了打进我的眼睛，要把我的眼睛打瞎的啊！从此以后就不敢再踢足球了。到了大学时候，我又学会了网球。所以我一直很注意锻炼身体！

现在这么大年纪了，什么球都打不动了，但是我还是注意锻炼，每天早晨我都做健身气功。我从前很容易感冒，一感冒马上引起其他的毛病，有的时候病得很长久，不容易恢复。医生就对我说，感冒不能常常有，特别是年纪大了，如果你感冒，很容易引起其他的毛病，比方说急性肺炎，那个时候抢救都来不及，所以必须要注意，不能常感冒。自从我做健生气功以后，至今已经十几年，好了，不感冒了。所以我奉劝大家在学习期间，一定要每天抽点时间，锻炼身体，不管怎么样的体育活动，坚持每天都要锻炼。这是非常要紧的，只有这样，才能保持健康。只是在学习期间有的同学觉得麻烦，这个事情一定要坚持下去，能坚持下去！我现在这么大年纪了，每天上午一定要做，风雨无阻，在家里如此，出差照样做，毫不马虎，所以这点希望同学们一定要记住，身体要锻炼好。这样子"德、智、体"全面发展，希望四年以后，我们在座的同学一个个都能成为"德、智、体"全面发展，对国家真正有用的，"一专多能"的人才。我讲完了，谢谢。

第 四 编　韩…德…培…文…集

法制建设与政法评论篇

庞德之法学近著三种（书评）*

《现代法律学说》 （Contemporary Juristic Theory，Ward Ritchie Press，1940，p. 83）

《法律之社会控制论》（Social Control Through Law，Yale University Press，1942，p. 138）

《行政法》（Administrative Law：Its Growth，Procedure and Significance，University of Pittsburg Press，1942，p. 138）

庞德教授（Roscoe Pound）是提倡所谓"社会法理学"（Sociological Jurisprudence）的一位大师，是当代美国法学界硕果仅存的一位法学耆宿。他今年已 73 岁了，他虽已不复担任哈佛大学法学院院长一职，但仍以"全校教授"（University Professor）的名义，继续在哈佛法学院及文理学院讲课。这位老教授，精力还依然很饱满，每天除讲课以外，差不多从早到晚都还是坐在图书馆里，致力于研究和著述。他的著作，极为宏富，已发表者，多至不可胜数。前年有人把他历年发表的著作的题目，编排付印，结果竟成就了两百页左右的一本大书。其著作之多，可以想见。这里所举的三本书，乃是他最近三四年内发表的作品。

《现代法律学说》一书，是对当代流行的一派法律学说，作一严密的分析与批评。著者以为自 20 世纪初叶以还，世界上的政法思想，都已发生一重大的变化。在政治思想上，最明显的一种倾向，便是相信行政首领的万能，主张行政机关权力的扩大。著者称此为"政治上之专断主义"（Political Absolution）或"行政上之专断主义"（Administrative Absolution）。在法律思想上最风靡一时的一种学说，便是

＊ 本文原载《思想与时代》第 31 期，1944 年 2 月。

以为法律并不是什么"理性"或"正义"的产物，而是统治者"权力"（force）的表现，所以法律并不能控制官吏的行为，反之，官吏的所行所为便是法律（Law is whatever is done officially）。这种学说不但是在欧洲大陆有许多知名之士倡导鼓吹，就在以"法律至上"（Supremacy of law）为天经地义的英美国家，也有不少学者热烈附和。著者称此为"法律上之专断主义"（Juristic Absolution）。

这种法律学说是如何产生出来的？它产生的背景是怎样？据著者解释，这种学说除受第一次世界大战后独裁政治之影响外，尚受有以下几种主要的思想之推动：第一是马克斯的经济史观。马克思以为法律是阶级统治的工具，在未来的理想社会中，阶级的统治既不存在，法律自将随之而消灭，那时将只有管理事的行政命令，而无统治人的法律。根据此种观点，法律只不过是社会上统治阶级的自我利益或阶级利益的一种表现而已。第二是弗洛德（Sigmund Freud）的心理学。弗罗德以为从心理学上来观察，人是不能作客观的判断的。因为他的判断必然受他的癖性、偏见以及嗜欲等所左右，而这些因素又系由他的教育训练及社会环境所决定。但人有一种希冀，就是要表现他的行为是合理的，所以他便借助于学说、原理、法律等来做一种护符。实际上官吏适用法律时，都系受此种希冀所驱使，法律不过是一种门面而已。第三是爱因斯坦的相对论。从前物理学家都说自然界的现象，都具有一定的规律，一定的因果法则。但自爱因斯坦发表它的相对论以后，科学家都开始承认自然现象尚有所谓的偶然率（law of contingency），往往可以有果而无因，人类以往对整个宇宙的认识，都开始发生动摇了，因此人类对于社会组织及人类自身之行为，也发生一种不可琢磨之感。依弗洛德的学说，人类要作客观而公平的判断，原是一件不可能的事；而爱因斯坦的理论，则更予此种观点以有力之映证。第四是新康德派（Neo-Kantian）的社会哲学。第一次大战以后，有一种新康德派的哲学产生，说我们对于外物的了解，都只是我们个人精神的产物，是根据我们个人的识觉和经验而来的。各个人的视觉经验互不相同，故无共同的"应该"（ought-to-be）可以成立。我们的所谓"应该"，都只是我们个人纯粹主观的概念，是无从证明其正确与否的。所以当我们讨论政法问题时，我们可不必谈什么"道德"或"正义，"而只需承认法律不过是掌握政治社会的权力的人之一种权力的恫吓（threats of exercise of the force）而已。在这几种思想的同流并进相激相荡之下，于是在法学界便产生一种"怀疑的现实主义"（Skeptical Realism），就是对于一切都表示怀疑，不承认有所谓基本信条或基本原则，而以为凡法官之所行所为便是法律；不承认法律的观念是根据什么正义或理性而生，而以为他们都不过是权力的恫吓之结果而已；不承认司法或行政裁判的背后，还有任何理想的因素（ideal elements），而以为一切法律的规定、原则及概念，都只是一些自欺欺人的幻觉而已；不承认司法或行政程序有所谓合法或违法问题，而以为每一程序的每一节目，以其有权力作根据，便都是法律，总而言之，这种学说只承认法律是一种权力的恫吓，而不谈正义，不谈理性，简言之，即不谈理想。所以，著者称此种学说为"放弃哲学"（give-it-up philosophy）。

著者以为这种学说绝不能成为法学或其他社会科学之根据。他以为社会科学与自然科学不同，自然科学才只研究"是什么"（what is）的问题，而不必研究"应该是什么"（what ought-to-be）的问题。社会科学则不然，它所最需要研究的便是"应该是什么"的问题。自然界的现象，如地球绕日，或月绕地球，我们自不必加以批评，说它们是非善恶，但在社会科学上我们对于社会制度及自身的行为，却必须加以批评，因为我们的批评便足以直接或间接对它们发生重大的影响。这种批评是绝不可少的。所以在社会科学上，我们必须谈"应该"，谈"目的"，谈"理想"。著者以为，法理学的最后问题，便是一个"应该"的问题，所以，决不能放弃这一方面的研究。

然而，什么是法律的目的或理想呢？著者在《法律之社会控制论》一书内，对于这个问题便有非常详尽的解答。它以为这种理想是随社会的变迁而不同的。大体说来，西洋中世纪时代是注重维持当时社会的现状（status quo）。自16世纪向后，便偏重自由竞争的个人主义，19世纪乃是个人主义登峰造极的极盛时代。从20世纪开始法律的理想应该是什么？著者虽声明说他对今日之社会，尚未十分观察清楚，但他却明显地说，今日之社会是朝着一个所谓"文明的理想"（Ideal of Civilization）而前进，所以20世纪的法律也应该朝着这个方向而前进。什么叫做"文明"？"文明"应怎样解释？依著者的意思，文明便是"尽量提高人类的能力，使其能对自然界及人类之自身，具有充分之控制"。他认为要实现这个理想，必须注意两个要素：一是个人自动的创造，二是团体有秩序有组织的协作。换言之，就是合作与竞争。两者缺一不可，既不因团体而牺牲个人，也不因个人而牺牲团体。

著者认为，法律原系调整人类相互间的种种要求或利益（interests）之冲突。它将人类的种种利益分为以下三大类：（1）个人的利益（Individual Interests），其中包括身体的利益，家庭关系的利益以及物质的利益；（2）公共的利益（Public Interests），是指政治社会即国家的种种利益而言；（3）社会的利益（Social Interests），如保持公共的安全，维持社会一般的道德及促进社会文化、经济、政治的进步等，都在其内。这种种利益常常彼此发生冲突，所以法律需根据上述的理想而予以适当的调整。在著者的目光中，法律虽不能离开权力，但其更重要的一个因素，却是某种一定的理想。他说权力只是法律的一种工具，理想才是法律的真正目的。

著者虽认为法律是政治社会所绝不可少的一种社会控制工具，一种高度专门化的社会控制工具，但并不视之为唯一的社会控制工具，因为除法律以外，如道德、宗教、教育等，也都是社会控制工具。不过，在近代社会，因为法律具有政治组织的力量为其后盾，它已成为最重要的一种社会控制工具。然而法律仍绝非万能，它的效能常受到下列种种限制：第一，法律是假定某种事实发生，始赋予某种法律的效果，可是事实的审查，往往困难甚多，不易获得真相。第二，有许多道德上的责任问题，往往不能用法律的力量来强制解决。第三，有些侵害他人重要利益的方法，过于微妙，不易用法律对被害者实施充分的保护。假设有甲男喜欢和乙男的太太调戏，这虽然是妨害乙男的利益，但法律能否加以有效的禁止，而予乙男以充分的保护，却是一大疑问。第四，人类有些行为和关系，是不能以法律相绳的，譬如夫妇虽可说有同居的义务，但是这种义务在实际上却非法律所能强迫履行。第五，法律的实施往往需赖个人自行发动，倘若个人不愿向法律求援，法律自身是很少自动地来加以救助的。因为法律有着种种限制，所以在近代社会法律虽为最重要的一种社会控制工具，仍需以宗教、道德、教育等来从旁协助，始能充分发挥其社会法制之最大效能。

以上两本书是偏重理论方面的探讨，而《行政法》一书，却是注重实际问题的研究。自 19 世纪末叶以来，英美国家因行政事务日渐繁复，行政机关即随之增多，而其所行使之权力亦随之扩大。上面所提及的"行政上之专断主义"，就是在这种情形下产生出来的。著者承认行政在现代工业社会之重要地位，但不承认行政机关的权力可不受任何之限制。照他的意见，行政机关的行为是否与法规相合，其解释或适用法律是否正确无误，其行政程序是否合乎法规之所规定，皆应受司法机关即普通法院之审查。换言之，就是他主张行政机关的权力应受普通法院之控制。他一再声明他不是反对行政，也不是反对行政法之为法律，但他不同意行政机关因为要顾全行政上的效率，便可轻易牺牲个人的权利。他以为二者之间应保持一种适当的平衡。

行政机关最主要的权能，是所谓"指导的权能（guiding or directing function）"，而司法机关最主要的权能，则为所谓"裁判的权能（determining function）"，一为争议发生前之指导，一为争议发生后之裁判。著者主张凡关于行政之争议，皆宜由法院来裁判，而不宜由行政机关或特设之行政法院来裁判。其所以如此主张之理由，是由于法院本身受有种种钳制，而行政机关则否。法院所受的钳制有下列几种：第一，法官本身的专业训练，已使其养成一种根深蒂固的守法习惯；第二，法官的判决，照例应接受法界人士的严格批评，所以法官于裁判时不得不审慎将事；第三，法院的判决，都有记录可以查考，法官系如何审查事实、适用法律，都昭昭在人耳目，毫无掩藏的余地；第四，当事人如不服法院的判决，可以提起上诉，所以法院的判决，有被上级法院再度审查的机会。这种种钳制，依著者的意见，都不是行政机关或行政法院所能具备的。行政机关不但不具备这种种钳制，而且在英美国家往往反具有以下种种的不良现象：第一，不听取双方当事人的意见；第二，不允许当事人有充分解释或辩白的机会；第三，不根据合理的证据而为裁判；第四，不严守立法机关所授予的权限，而易为政策所左右。所以著者不赞成由行政机关或行政法院来行使裁判的权能。

我们要注意著者的这种议论，是专就英美国家而言。英美国家本有它们特殊的历史传统：英国于 16 ~ 17 世纪，曾经出现过图都（Tudors），司脱（Stuarts）两朝的王权独霸，以后并曾发生过法院与国王的正面冲突；美国于 17 ~ 18 世纪的殖民地时代，也曾受过大权独揽的枢密院（Privy Council）和作威作福的皇家总督（Royal Governor）之无理压迫，所以，英美人从此以后，对于行政机关便抱有一种防范惟恐不及的心理。及至 19 世纪英美的司法完全独立以后，它们便以"法治"或"法律至上"等口号相号召，不承认行政官吏可不受普通法律的支配，或不受普通法院的审判。因此，普通法院在英美国家，便占有很高的地位。现在行政机关的权力逐渐扩大，行政又有抬头的趋势了，于是有些学者便主张用司法来控制行政。著者之所以如此主张，恐不免也多少受有这种历史传统的影响。至就欧陆法系的国家而论，行政的地位一向便在司法之上，司法虽号称独立，然而归根结底仍还可视为行政的一部分。关于行政事件的争议，通例都由行政机关本身或特设之行政法院处理，要想以司法控制行政，在事实上必不易实现。其实如果行政法院组织完善，人选适当，程序谨严，也未尝不能具有如普通法院那样的守法习惯与精神。所以著者的主张，未必对英美以外的国家也能一律适用。何况即以英美而论，现在普通法院鉴于行政问题之过于专门而复杂，也渐有不加干涉或减少干涉的趋势；纵然司法仍能对行政实行控制，这种控制未必即能长久保持。对于行政机关的权力要加以适当的控制，是没有问题的。但是这种控制，似不必如著者所主张非由普通法院来实施不可。

著者在以上三本书内所发表的见解，虽尚有可以商榷之处，但从这三本著作的本身观察，著者有三大特点，实在值得特别指出：第一，他对于英美过去的法制史和法律实施，都极熟悉，所以他对于讨论纯理论的问题时，常能举出许多具体的事例来作映证。第二，他于英美法外，对于欧洲大陆国家的法制及法律学说也具有极广博而深刻的认识，所以他讨论每一个问题，常能详征博引，互资比较。第三，他能不断地指出哲学在日常法律问题中的实际应用，因此，他能使哲学通俗化，不使哲学与实际问题分离。这三种特点，固然充分表现于这三本著作之中，其实也往往表现于他的其他许多著作中。

1943 年 11 月 29 日　哈佛大学

格鲁著:《驻日十年记》（书评）*
（Joseph C. Grow, Ten Years in Japan, Newyork. 1944, P. 554.）

　　四年以前，英国前驻德大使韩德森（Novile Henderson）氏，曾做过一本《出使无成记》（Failure of a Mission）；两年半前美国前驻俄大使戴维斯（Joseph E. Davis）氏，也曾做过一本《奉使莫斯科记》（Mission to Moscow），这两本书都可视为有关这次世界大战的重要文献。现在我们对于格鲁氏所著的这本《驻日十年记》，也可作如是观。实实在在自美日开战以后这次战争才真正成为名实相符的"世界大战"；我想他日历史家著第二次大战史的时候，对于这一本书也断不会轻轻放过的。

　　作者是美国的一位老外交家，在外交界服务已达40年之久。他曾参加过上次大战的和平会议，担任过美国国务部副国务卿，及驻土耳其大使。1932 年他奉派为驻日大使，直至 1941 年美日开战时为止，他继续担任该职，前后整整十年。这十年驻日的长期经验，使他成为当今美国外交界对敌国日本了解最深的权威之一。他返美以后，曾任国务部特别顾问，最近又改任远东司司长。他的见解今后会受美当局的特别重视，当为意料中事。

　　此书系作者从他这十年内的日记，公私函牍，和他致美国国务部的报告文件中，选择有关的重要记载，按年月次序辑合而成。作者对于他这十年内在日本的所见所闻和他折冲樽俎的经过，虽未能如历史家或传记作家一样，作系统分明脉络连贯的描述，但我们如耐心阅读，至少从那一大堆的材料中可以得到以下几点清楚的认识：

---

　　* 本文原载《思想与时代》第 39 期，1945 年 1 月。

第一，日本对美国的反感，可谓由来已久，并非至珍珠港事变前才突然发生的。远者不必说，单从这十年内的美日外交关系着眼，第一件使日本对美国大为不满的事，便是美国对所谓"满洲国"所表示的"不承认"主义。"满洲"事变发生后不久，日本有一位要员曾赴美国察访。他告诉作者说，在他赴美以前，日本的天皇和人民都以为史汀生的"不承认"通牒，只是根据他个人的意见，自动拟成的。等他从美国回去以后，他才恍然明白实际情形是适得其反。那个通牒并非仅仅根据史汀生个人的意见，而是代表美国全国人民的意见，也非由史汀生自动拟成，而是受舆论的压迫，特别是教会、教育机关和妇女团体的压迫而不得不拟发的。这个发现对日方的打击之深，自不难想象而知。"满洲"事变发生后第二年（1932年）8月7日，史汀生在美国外交协会发表演说，并未明指日本为侵略者，而只说对于远东局势应适用凯洛格公约。但这个表示却使日本人受不住了，于是日本的报纸都对史汀生大加攻击，说他的言论是"恶意宣传"，是"不慎之言"，是"卑劣之挑衅"。接连两天，日本的报纸上都是充满了这些批评。所以作者曾报告国务部说，日本人认美国是"他们最大的阻碍"（their greatest stumbling block）；他又在日记中写道："在这样一个国家居住，就个人讲，人人都很友善；但就团体讲，却处处遭受仇视，真令人有一种离奇悯恍之感。"

　　1936年1月罗斯福总统在国会演说，暗示世界和平为德意日之侵略野心所破坏，美国人民必须加以严重之注意。这个演说的主要目的，本在鼓励国会通过中立法及扩充军备之预算，但在日本方面，却立刻引起了重大的反响。广田外相不久在议会演说，便说"外国政治家"不明事实，却想强迫别的国家受命于他。如果他不明了别人家的民族理想和责任，不了解并同情别人家的观点，他就不配谈世界和平。这是何等针锋相对的驳复！1937年10月比利时政府拟召开九国公约会议于布鲁塞，邀请日本参加，日本拒绝参加；广田向作者表示说，据他从"某国"得来的消息，这个会议是美国在背后活动并主持的，后来美舰巴纳号被炸及受伤人员，被日机用机枪扫射，日机故意在重庆美大使馆，及美舰停泊地之上空投弹轰炸等，实在都不是偶然的事。而1940年松冈于新就外相职后第一次接见作者时，也无怪他对作者便谈起美日战争问题。不久日本与德意成立三国同盟，美

韩
德
培
文
集

国又对日本实行禁运铜铁，日本对美国的恶感自然一天深似一天。1941 年 1 月，东京便已有许多人传说，谓一旦美日决裂日本将以迅雷不及掩耳的手段，向珍珠港作大规模的袭击。关于这一点，作者对美国国务部曾有所报告。

第二，日本外交家所说的话，常常与事实不符，不足使人深信。所谓"满洲"事变，明明是由日本人所一手造成的。李顿调查团的全体委员，在日本与日本人交谈后，便一致这样认定。他们曾向日本的一位伯爵对此作明白的表示。然而日本的外交当局以及一般报纸，却腆然宣称是出于所谓"自卫"与"自决"。1937 年 12 月 3 日作者在他致日本友人的一封信中，曾这样写道："日本宣传家在美国所惯用的"自卫"这个名词，实在非常不幸。美国人个个都会恭敬的听你这样讲，但他却要请问你："喂！你们是在中国的地上作战，是不是？"

日本的外交人员，要算是世界上稀有的说谎大家。日本军人在南京大肆奸淫，很多外国人可以作证，然而照他们外交人员的解释，却是因为有数百个娼妓从他们的娼馆逃了出去，日本兵不过把她们追回，要她们照旧营业罢了。日本空军轰炸美舰巴纳号，并用机枪扫射受伤的人员，也有确凿的证据可作充分的证明，且日本外相与海相都已亲向作者表示歉意，然而那外务省的发言人，却依然对外说并无用机枪扫射之事。日本在"满洲"华北华中，对于贸易金融及交通运输先后实施种种严格的统制，然而作者每次根据"门户开放"、"机会均等"等原则，向日本外交当局表示抗议时，他每次所得到的答复几乎都是：日本决仍尊重这些原则，并无侵害美国人的合法权益之意，而在事实上这些诺言却从未兑现，1941 年日本提议由首相近卫与美总统罗斯福直接会谈，解决远东问题，有一天近卫请作者吃饭，和作者谈了三个小时，近卫表示唯有他一人能改善美日外交关系，这个机会不应错过。作者向他说日本政府屡次违背约言，美国政府今后所要求的，将不是日本的允诺，而是行动和事实。近卫对于违背约言这一点，并未否认，却只回答说：他今后一定遵守约言，他的允诺将非往日那些不负责任的允诺可比了。然而又有谁肯完全相信？

第三，日本军人野心极大，气焰极盛，是代表日本政治上最强大的一股势力。日本军人是策动所谓"大陆政策"的主脑者，"满洲"事变就是由他们干出来的。在"满洲国"的那批军人，实际上都是自作主张，不受东京政府的指挥。1934 年 11 月 2 日，作者在日记中记道：据他所得到的可靠消息，日本少年在乡军人协会在神户开会时，有一军官发表演说，大意谓美国在屡次海军会议中都欺负日本，这种侮辱一定要报复。要使日本成为全世界的统治者，非击败美国不可。日本可于任何时间击败美国，甚至击败任何国家或联合作战的许多国家，1936 年"二二六"事变，是野心军人气焰高张的十足表现。齐藤遇刺之前夕，应作者之邀，在美大使馆吃晚饭，看有声电影，至夜深方始归寓，而不料于数小时后，即被刺殒命。事变发生之时，他的夫人挺身站在他前面，对行刺的人说："请你们杀我，不要杀他。"她还用手遮住枪口，直等她自己受了伤支持不住了，才把手放开。渡边的夫人为掩护她的丈夫，也有同样可歌可泣的英勇表现。高桥被刺时，行刺的那个军官，对他开了枪犹不满足，还抽出刺刀来在他身上乱斩了一阵。

1941 年 4 月松冈与史大林签订日苏互不侵犯协定后，得意洋洋的回到日本。但是他事前未得政府的同意，一批反共的军人都很不以他为然。"黑龙会"立刻派代表去见他问他和苏联所签订的协定，内容究竟是什么。他一再表示该协定中并无任何秘密条款，他和苏联政府也没有讨论到减少西伯利亚和"满洲"的驻军问题。"黑龙会"的主要支柱，不消说得便是日本的那批野心军人。

1941 年 10 月近卫内阁倒台以前，近卫和美国进行谈判，一无所成，有些激进的军人，以为近卫和美国谈判，是向美国表示屈服，所以对他极为不满。9 月 18 日那一天，近卫从他的私邸上汽车时，突然有四个武装刺客，手执短刀，一拥而前，可巧汽车门已经关了，刺客未及下手，便被他私邸的便衣卫队压服住了。从这一点上，也可看出日本军人的凶横跋扈。假如近卫和美国总统谈判成功，连他自己生命的安全还无法保护，谁敢相信他所允诺的种种能见诸事实？

作者初至日本时，虽知日本军人不足与有为，但仍主张美国政府不必过分激动他们的反感，好等比较开明的文人逐渐得势，出头当政，所以作者最初还不赞成美国政府对承认"满洲国"一点采取反对之态度。但从事实的教训中，他渐渐知道日本军人的地位已非常巩固，开明份子的抬头实在无望。他归国后曾告诉美国人说，将来非将日本彻底击败，将这批军人的势力完全铲除，决不能希望有一个清明正常的日本出现，也决不能希望太平洋有平安宁静的一日。

第四，关于美日谈判的经过，大体是这样：1941 年 7 月，日本向法国维琪政府要求驻兵越南，理由是"保障越南之安全"和应付他国对日本之"包围"。7 月 25 日美政府即下令冻结日本在美之资金。8 月 18 日日外相丰田召见作者，作两小时之长谈。丰田说日本在越南驻兵为临时性质，俟"中国事件"解决后即行撤退；同时他建议由日首相近卫与美总统罗斯福在火奴鲁鲁（Honolulu）会晤，解决关于远东的和平问题。8 月 29 日丰田向作者提议三点：（1）美日两国领袖早日会晤开始谈判；（2）在会谈期间，美国须暂不将汽油运往苏俄；（3）美国须停止冻结日本在美之资金。一方面作者在东京和日本当局不断会谈，他方面日本驻美大使野村同时在华盛顿和美当局，也迭有接洽。野村办事不甚灵敏，东京给他的训令，往往被他搁置下来。有一次近卫发给他一份文件，要他转送给美国政府，其中表示日本愿意美总统调停中日争端，以开中日直接谈判之门。讵知野村以为当时近卫内阁发生动摇，竟另行擅拟一稿，将调停中日争端这一点略去不提。因此美政府大为失望，美日谈判遂受一大挫折；所以后来日政府特派来栖赴华盛顿协助谈判。美日谈判的中心问题，实在还是"中国问题"。美国表示要日本明白提出和中国谈和的具体条件，在美国明了此种具体条件以前，美国不便作任何决定。9 月 22 日丰田交给作者日本所提出和中国谈和的"基本条件"九条：（1）中日亲善；（2）主权与领土完整之尊重；（3）中日之协力国防（co-operative defense）；（4）撤退日本之军队；（5）经济合作；（6）蒋汪政权之合并；（7）无土地之割让；（8）无赔款；（9）承认"满洲国"。在第（3）、（4）、（5）三条之下，还附有较详之说明。最值得注目的是关于第（3）条之说明，其文意如下："中日之协力国防，系为防止共产主义者及其他足以威胁中国之安全及中国秩序之维持之一切不正当活动。在中国境内之某数区域须驻扎日本之陆海军。其驻扎期限视上述目的之必要而定，并依照现有之协定与惯例，（existing agreements and usages）。作者曾问丰田所谓"现有之协定及惯例"，究何所指？丰田答复说：当指有书面者而言（笔者按此一语，仅可适用于协定，而不适用于惯例，故此种答复极为含混），并举当时美国驻在中国的水兵，以为例证。

　　当美日谈判正在进行之际，日本又继续派兵前往越南。同时日本国内的报纸，又纷纷对美大加攻击，而尤以外务省英文机关报《日本时报》之言论为最激烈。美国坚持日本必须立刻撤退在中国及越南之军队，才能谈及其他。这似乎便是美日谈判终无圆满结果的症结所在。11 月 26 日美总统向日本提出十点建议，作者认为此项建议实为眼光远大，公正无私而具有一政治家风度的一大杰作，然而日本方面却说这是美国对日本所致送的一道"哀的美敦书"。

除以上所述几点而外，我们还可从此书中找到不少有趣的记载。比如松冈到莫斯科第一次和史大林晤谈时，在 65 分钟的谈话时间内，松冈自己便足足讲了 58 分钟。他大讲日本人的思想意识问题，他告诉史大林说：日本的家族制度和苏俄的共产制度正属相同。他从柏林回去再经莫斯科时，他本未料到能和史大林签订互不侵犯协定，因为史大林原不愿意，而苏联向日本提出的一些要求，日本方面也难以答应。但史大林后来忽然变计，突然向他提议签订，并不向日本提出什么特殊要求，于是匆匆的在数分钟之内便签订成功。对这个协定的签订最感觉惊讶的，不是别人，而是松冈本人。这不过是一例而已，其余有趣的记载，还有许多。

作者于书末附有 1942 年他对美国人民发表的广播演讲词一篇。他举出日本人对待外人的种种蛮横无礼、残忍刻薄的事例。他在结论中警告美国人，说他们不能仍过平常那样的生活，不能让美日战争陷于长期僵持的状态，使他们流血的时期不必要的延长下去。他说根据他驻日十年的经验，他知道日本海陆军的实力仍很雄厚，他们作战的精神也很旺盛，日本人民都肯牺牲吃苦，不致因经济上的困难而轻易灰心丧气而"唯有完全彻底军事上的失败"，可以使他们屈服就范。他相信在太平洋上，一个爱好和平的美国或其他联盟国家，与一个狂妄凶暴的日本，是不能并存的。这些话真可谓语重心长，警辟无比。

笔者以为此书不但可使一般美国人对日本有比较深切的了解，也同样可增加我们中国人对日本不少的认识。我常觉得日本和我国虽为近邻，但我们对他的认识，却仍嫌不足。中日开战以后，常听不少人说，日本的经济在两年内一定崩溃。现在看来，这实在是认识不足的表现。"知己知彼，百战百胜"，我们对于当前的敌国日本，固应有充分的认识，就是对于其他的国家，无论友敌，又何尝不应该如此？这是笔者读过此书后连带发生的一点感想。

1944 年 7 月 28 日　美国康桥

韩德培文集

我们所需要的 "法治"*

　　二千多年来的中国思想界，可说是被儒家的思想所笼罩、统治和支配的。儒家重视德治、礼治，而不重视法治，甚至可说蔑视法治，鄙薄法治。儒家的老祖宗孔子便曾说过："道之以政，齐之以刑，民免而无耻；道之以德，齐之以礼，有耻且格。"孔子以后，儒家里面出现了两位大师，一为孟子，一为荀子；可是一则说"徒法不足以自行"，一则说"有治人，无治法。"孟荀以后，历代儒家对法治的见解，除极少的例外可以不论，大体都逃不出这一类思想的窠臼。清初纪昀编纂四库全书，在其所收集的古今著作目录之中，关于法律著作的目录，仅仅收集了十之二三。他解释道："刑为盛世所不能废，亦为盛世所不尚，所收略存梗概而已。"这寥寥数语，就足以充分表现近代儒家对法治所抱的一种冷淡态度了。毋怪在过去中国社会，法治始终不能生根，不能发达。

　　近几年来，国人提倡法治的呼声，洋洋盈耳，几乎随处可以听到。不但舆论界和学术界的人士，在提倡法治，就是政府里面的重要人员，也往往在高唱法治。这固然表现今日我国社会对法治需要之十分迫切，但也可表现我国思想界已不复坚信儒家轻视法治的那种传统主张，而有另开新径另寻新路的倾向和决心了。在一个近代的国家，道德的感化作用，固仍有其重大价值，但是法律的控制作用，尤为不可缺少。诚如当代美国法学大家庞德（Roscoe Pound）所云，在今日之社会，法律已成为一种最重要的"社会控制"（Social Control），其重要远在道德与宗教之上。儒家企图以道德来改造人心，希望"人人有士君子之行"，从教育的立场来说，自未可加以厚非，但从实际

---

　　* 本文原载《观察》第 1 卷第 10 期，1946 年 10 月。

政治的立场来说，却未免失之迂阔而不合时宜了。近年国人之提倡法治，不能不说是一个可喜的现象。

但是所谓法治，究指什么而言？它具有如何的意义？我们所需要的法治，又是怎样的法治？假如对这些看似平淡而实关重大的问题，无正确而深刻的认识，我怕法治二字又将流为一个空洞的口号，而不久便会为人所弃置遗忘。本文即拟对这些问题，略加申说。

所谓法治，可有两种意义。若从形式方面来说，法治就是在一个国家里面，由一个具有最高权威的机构，利用法律的强制力（Coercive Power），来实行统治，以维持安宁秩序。所谓"万事皆归于一，百度皆准于法"，就可拿来做它的注脚。若从实质方面亦即政治意识方面来说，法治却是藉法律的强制力来推行或实现政治上的一定主张的一种制度。因之政治上的主张不同者，其所谓法治，就具有不同的内容。时贤讨论法治的时候，往往仅着重于法治之形式的意义，而对于法治之实质的意义，似不甚措意。著者以为我们不谈法治则已，如谈法治，则不特要注重法治之形式的意义，而尤须注重法治之实质的意义。

若专从形式方面来谈法治，则古今中外的一切国家，多多少少都可说是实行法治的国家。往日君主专制的国家，和晚近法西斯蒂的独裁国家，皆未尝不可目为法治国家。这些国家，决非不利用法律的强制力来实行统治。其利用法律的强制力来实行统治这一点，与近代的民主国家相较，大体上并无二致。不过它们的法律，乃系出于君主或独裁者一己之好恶，被统治的人民无权加以过问而已。我国先秦时代的诸大法家，如管仲、商鞅、韩非所主张的法治，不能不说是一种法治，他们对于法治的剖解说明，且颇多精湛独到之处；然而他们所主张的法治，却都是君主专政下的法治，是仅仅帮助君主统驭万民的法治。德国国社党上台以后，德国的法学者，如尼可来（Nicoali），米息里司（Michaelis），西米特（C. Schmit），郎盖（Lange）诸人，依然在大谈法治。他们所谈的法治，也不能不说是一种法治。然而他们所谈的法治，乃是认为领袖即法律，领袖与法律混而为一的法治，所以他们所称的法治国家，实际就是"领袖国家"（Fuehrerstaat）。可见假如单从形式方面来主张法治，这种法治可能为君主专政的法治，也可能为法西斯蒂独裁政治的法治。所以我们今日提倡法治，不可不于形式意义的法治之外，特别重视实质意义的法治。

　　说到实质意义的法治，居今日之中国而言法治，当不能不以各方面所急切期待的民主政治为其精髓，为其灵魂。我们诚然需要一个"万事皆归于一，百度皆准于法"的法治国家，但我们更需要一个以实行民主政治为主要目的的法治国家。民主政治的真谛，简单说，就是人民能控制政府，尤其不让政府违法侵害人民的利益。假如政府违法侵害人民的利益，人民就能执法相绳，使政府赔偿损害，或使政府的负责者不得不挂冠下台。法治如不建筑于民主政治之上，则所谓法治云云，定不免成为少数人弄权营私欺世盗名的工具。唯有在民主政治的保证之下，法治才能成为真正于人民有利的一种制度。也唯有在民主政治的保证之下，法治才更易求其充分彻底的实施。

　　在欧美国家，法治这个名词之所以为人津津乐道，就因为它具有限制政府滥用权力，保护人民正当利益的意义在内。19世纪（约当1825年至1875年之间）德国的一些开明人士，为防止国王及其助纣为虐的官僚阶层滥用权力起见，就曾主张凡国王及官僚阶层施令时有越轨之处，当悉受法院之审核。他们所特别标明的"法治国家"（Rechtsstaat）这个名称，其意义即不外此。英国人所谓"法治"（Rule of Law）这个名词，系由公法学者戴赛（A. V. Dicey）所倡用。他于1885年出版《英宪精义》一书，谓法治含有三个观念：第一，人人非经法院依正常程序确定为违法者，不得加以处分；第二，无论何人，包括统治者与被统治者在内，皆应受制于同一通常之法律与法院；第三，个人所享有之权利，乃系宪法之源泉，而非宪法所赐予。晚近论者对此三点，虽稍有修正，但对其所代表的根本精神，则尚未能动摇分毫。其所代表的根本精神，即在保护人民的正当利益，以免为行政官吏所任意侵害。而尤其值得注意者，戴氏所说的这种法治，乃建立于"国会至上"（Supremacy of Parliement）的民主政治之上，有代表人民的国会为其实施的最后保障。他在书中除讨论法治外，对"国会至上"这一点，曾作详尽之剖析，决非把法治的基础即民主政治置诸度外。美国人所谓法治，又比英国人更进一步。在理论上，英国国会如欲剥夺人民的某种权利，尽可为所欲为，不受限制。美国则不然，美国有一个成文宪法，根本禁止国会制订任何侵害人民某种权利的法律。万一国会制订此种法律，则联邦最高法院就可判为违宪，使其不生效力。所以法治这个名词，在美国更具有限制政府滥用权力保护人民正当利益的意味在内。

"法之不行，自上犯之"。我们今日提倡法治，如果不能使政府官吏尤其行政和军事方面上下各阶层的当权者，认真守法，则所谓法治云云，充其极也不过是"只准州官放火，不许百姓点灯"的法治，是"礼不下庶人，刑不上大夫"的封建意味的法治。而要达到使政府官吏认真守法的目的，唯有把法治建筑于民主政治的基础之上。民主政治固需要法治，因为没有法治，民主政治就不能巩固，而将成为群魔乱舞的混乱局面。但法治更需要民主政治，因为没有民主政治，法治便要落空，而人民之利益，便无真正有效之保障。我们今日所需要的法治，不但在形式上要做到"齐天下之动"，而在实质上尤其要做到使政府官吏尊重人民之正当利益，不得任意加以侵害，不能"高下其手，予夺由心"。所以我们今日所需要的法治，乃是民主政治的法治，是建立于民主政治之上的法治。

General Theory of Law
and State by Hans Kelsen
（Tr. by Anders Wedbery）＊

三十多年以前，美国法律学院协会（Association of American Law Schools）曾经印行过一种"近代法律哲学丛书"（Modern Legal Philosophy Series），就是将 19 世纪欧洲若干知名的法学家如 Jhering，Stammler，del Vecchio，Korkunov，Kohler 等人关于法律思想的主要著作，译成英文，刊印问世。这是对于世界学术文化的一大贡献。时间匆匆地过去了，到了还不满 50 年的 20 世纪内，又已有不少思想卓越的法学家崭然露头角，并逐渐博得举世法学界的承认与推崇。因此美国法律学院协会又于 1939 年发动筹备印行另一种丛书，叫做"20 世纪法律哲学丛书"（20th Century Legal Philosophy Series）。在这一次丛书里面，预定选择的著作，包括有 Hans Kelsen，MaxWeber，Petrazychi，Radbruch，Hanriou，Renard，Heck 等人的重要作品。这里所提出介绍的 Hans Kelsen 的这本"General Theory of Law and State"就是这一次丛书中与世相见的第一部著作。

Hans Kelsen 无疑是 20 世纪最杰出的法律思想家之一。他所倡导的"纯粹法说"（Pure Theory of Law），在国际学术界已发生不可轻视的影响。他早期的著作，大都是用德文或法文发表的；其中不少且已译为西、葡、意、捷、波兰、希腊、瑞典、日本等国文字。但英译本尚不多见。自从希特勒称霸欧陆，著者由于种族关系（著者为犹太人）不能见容于国社党人，悄然离欧，而迁避于新大陆后，他才用

＊ 本文原载《国立武汉大学学报（社会科学季刊）》1948 年第 9 卷第 1 号。

英文陆续发表了不少论文，阐述他的纯粹法学的理论。不过这些论文所阐述的仍仅限于其理论之一部分，或仅限于提示一粗浅的轮廓，尚不足使人对于他的全部学说获得一比较透澈的认识。现在这本书的出现，才可说弥补了这个缺陷；此后凡是不谙德法文的法学研究者，只要能读此书，便不难藉此认识著者的全部法律思想了。这部书将为法学人士所热烈欢迎，自为意料中事。毋怪此书于 1945 年出版后未及一年，就已销售一空，而不得不于次年再度付印了。

Kelsen 的这本书，并非仅将他以往所发表过的理论，复述一遍，而是给了它一番新的安排的。他以往仅系着眼于大陆法系国家的法律制度，而现在却将英美法系国家的法律也包括在内；如此兼容并蓄，无所偏倚，实可谓一大进步。本书共分两大部分：前一部分系讨论法律，后一部分系讨论国家。但著者关于法律的理论之重点所在，仍为前一部分。此外附有《自然法说与法律实证主义》论文一篇，和著者的著作目录，他国文字的翻译目录，以及各国学者讨论纯粹法学的主要论著目录。

著者的纯粹法说是专以"实在法"（positive law）为对象的一种法律通论，可称为"实在法通论"（a general theory of positive law）。它系以实在法为分析的根据而提供出法律中一些最基本的概念，以作人们说明并了解实在法之用。它决不涉及实在法的具体内容，而仅系从事于实在法的构造的分析（structural analysis）。唯其如此，它既不对法律的目的有所评论，也不对法律的实际效能有所剖述。著者认为评论法律的目的，应属于公道哲学（philosophy of justice）的范围，而剖述法律的实际效能，应属于法律社会学（sociology of law）的范围，两者都不应放在法律科学（science of law）之内。必须从法律理论中把公道哲学和法律社会学划分出去，然后真正的法律科学始能建立起来。他以为这样的法律科学，才是纯粹的法律科学。所以他称他的法律学说为纯粹法说。

著者分析实在法，是从两方面去着手：他先从法律的静态方面去剖析法律中若干最基本的概念，然后再从法律的动态方面去说明整个法律秩序各部分的相互关系及其统一性。他剖析的基本概念有法律规则（legal rule）、制裁（sanction）、不法行为（delict）、法律义务（legal duty）、法律责任（legal responsibility）、法律权利（legal

right)、法律能力（legal capacity）、责任关系或责任能力（imputa-
tion, imputability）、法人（legal person），等等。

著者对于这些概念的剖析，都表现出无比的细密与谨严，在此可
毋庸多说。这里值得注意的，是他和英国分析法学派的创始人 John
Austin 有什么不同之处。虽然 Kelsen 早年对 Austin 的学说并无所闻，
但他的纯粹法说，在原则上，与 Austin 的主张实属一致。他们两人都
认为法律科学应建筑于实在法之上，应专以实在法为分析的对象；因
此他们两人都可说属于同一分析法学派。不过就方法的运用上说，
Kelsen 比 Austin 似乎来得格外彻底，使人感觉他的见解通体一贯，
很不容易找到可以攻击的漏洞。这从他对法律规则、法律权利、法律
责任等概念的分析上，特别可以看得出来。如果说著者和 Austin 有不
同之处，那就只能说他是更纯粹的分析法学者了。

著者所说的法律（law）不是指一条一条孤立的法律规则而言，
而是指由许多规则聚合而成的一种"法律秩序"（legal order）而言。
法律秩序为社会秩序（social order）之一种。它和其他社会秩序如道
德、宗教不同的地方，就在它具有一种有社会组织的强制性的制裁，
予违法者以惩处，例如对其生命、健康、自由或财产有所妨害或剥夺
是。所以法律是一特种的社会技术（a special social technique），是一
种所谓"强制秩序"（coercive order）。这种法律秩序既系由许多规则
聚合而成，然则这许多规则究系如何才能形成这法律秩序？每一规则
在如何情形之下才能算属于某一法律秩序？要解答这一点，就必须追
究每一规则的拘束性（validity）之来源了。根据著者的分析，每一
规则的创设（creation），不但它的创设程序，其至往往它的内容，都
系由另一规则所决定；因之每一规则的拘束性必系恒以另一规则为根
据。例如就司法判决而言，它的创设程序即系由民事诉讼法或刑事诉
讼法所决定，而它的内容则系由民法或刑法所决定；因之司法判决的
拘束性，即系以此类制定法（或习惯法）为根据。再就此类制定法
而言，它们的创设程序以至内容，又系由宪法所决定；因之它们的拘
束性即系以宪法为根据。若问宪法的拘束性究系从何而来，也许我们
就要推求到最初的一部宪法了。而这最初的一部宪法的拘束性，则系
来自一最后的假定（last presupposition, final postulate），就是假定人
的行为应该依从这最初一部宪法的规定。这最后的假定，著者称之为

"根本规则"（basic norm）。

由此可见法律秩序所包含的许多规则，彼此并非立于同一平面，为一种平行的关系，而系立于高低不同的阶层，彼此保持一种上下隶属的关系。而这些规则就都以此"根本规则"为根据才获得其拘束性，也就凭藉此"根本规则"才能结为一体，形成一法律秩序。如此全部法律规则，便好像是一个层层相叠上下相连的金字塔，可称为"法律规则之叠层构造"（hierarchy of norms）。这是著者从法律的动态方面对法律的分析与说明。

以上是讨论法律的部分。至于讨论国家的部分，著者的见解最值得注意的有两点：一是说明国家和法律是一件东西，不是两件东西，因为著者认为国家不是别物，乃是指人类行为的一种秩序，就是一种法律秩序；二是主张国内法与国际法的一元论，谓二者属于同一法律体系，并且主张国际法立于国内法之上，国内法系从属于国际法。

著者的纯粹法说，早已引起法学思想界的热烈争辩。平情而论，法律这个东西，原非不可从不同的角度去研究。我们的研究，可以侧重于一国现行法或其一部分规定之意义的阐释，也可以侧重于一国法律之历史起源及演变的考察，也可以侧重于若干国家法律内容之比较的分析。我们的研究，可以侧重于法律在人类社会所具有的实际效能，也可以侧重于法律在某时某地所应该企求的理想或目的，当然也可以侧重于实在法之一般的构造。著者所倡导的纯粹法说在研究的方法上，乃是侧重于最后一点，亦即侧重于法律之一般的（general）、实证的（positivistic）、形式的（formal）方面。著者的学说看来似觉空泛，但与实际法律问题却处处有密切关系。法学中的许多重要问题在他的学说之下，几莫不遭受无情的批判，或取得新的说明或解释。著者根据他的学说，根本否定了公法与私法的区别、行政与司法的对立，并且重新厘定了法律与国家的关系，国内法与国际法的关系。他的精密的分析与独到的见地，极足发人深思，使人对于若干相沿已久的法律概念，不得不重新考虑，重新检讨。只要我们能认清著者所采取的研究方法，仍不过是许多可能的方法之一，而不把它看做研究法律唯一可以采取或应该采取的方法，我们应该说著者此书实在具有它不可磨灭的价值，为当代关于法律思想的著作中之一杰作。

凯尔生与纯粹法学[*]

　　凯尔生（Hans kelsen）为当代著名的奥国法学家，任维也纳法学教授有年。当希特勒称霸欧陆之时，凯尔生因系犹太人，不容于国社党之压迫，遂迁避于新大陆，先后讲学于美国哈佛大学与加利福尼亚大学。三十多年以前，他便倡导"纯粹法学"（Pure Science of Law）之说。维也纳的一些法学者崇奉其说者，颇不乏人。所以他所倡导的这派学说，一时曾有"维也纳法学派"之称。他的著作甚富，其中不少且已被译为法、西、葡、意、捷克斯洛伐克、波兰、希腊、瑞典、日本等国文字。中译本尚不多见。（最近中国文化服务社始出版有他的"纯粹法学"之中译本一种，系从日译本译出）他对"纯粹法学"所发表的理论，现已成为 20 世纪法学思想界之一重要流派。其声势之大，影响之巨，颇不可小视。本文拟对他的学说内容，略作介绍，并就管见所及，一加评论。

　　凯尔生以为法学所研究的对象应仅限于实际存在的法律，即"实在法"（Positive Law），而不涉及任何政治或道德上的理想，即所谓"意识形态"（ideology），因为后者属于价值判断问题，非科学所能解答。凯尔生的"纯粹法学"所最着重之一点，便可说是要将政治或道德上的理想，完全排除于法学范围之外。他认为唯有这样的"纯粹法学"，才真正是一种科学。

　　通常研究法律的学者，往往必谈"正义"（Justice）问题，一若法律的概念之中，非具备正义这个因素不可。但依凯尔生的看法，法律与正义，乃为截然不同的两个概念，不应混为一谈。其将法律与正义混为一谈者，无非欲为某种社会秩序（Social Order）有所辩护，

　　＊ 本文原载于《思想与时代》第 47 期，1947 年 9 月。

于法律本质之理解，并无裨补。譬如有些人认为一国之法律，必须承认某种最低限度的个人自由及私产制度，始能谓为合乎正义，而成其为法律。假如我们采取这种观点，那我们便不能不说像实行社会主义的苏联和往日实行法西斯主义的德意便都无法律之可言了。然而这种观点，实仅代表一部分人的政治偏见，具体言之，即代表那些赞成资本主义的民主政治者之一种偏见而已。从科学的立场说，资本主义的民主政治，不过是可能的社会组织方式之一，其与社会主义、法西斯主义之为可能的社会组织方式，正无不同。在客观的认识上，我们没有任何理由说采取前一种组织方式的国家之法律方为法律，而采取后两种组织方式的国家之法律即非法律。所以凯尔生坚持法律的概念之中，决不应含有政治或道德上的价值判断在内；法学的研究仅应认定实在法为对象而加以理解，而不应加以批评——既不必加以赞扬，也无须加以诅咒。易言之，纯粹法学所研究的法律，乃是"实际上系如此的法律"（What the law actually is），是"现实的法律"（real law），而不是"理想中所应有的法律"（What the law should be）、不是"正当的法律"（Just law）。

　　但此所谓现实，与自然科学中之所谓现实，在性质上仍属有别。自然科学中的现实——即自然的现实（natural reality），是藉因果的关系（causal relation，causality）而表现，而法学中的现实——即法律的现实（Legal reality），却是藉规范的关系（Normative relation，normativity）而表现。假如甲现象发生时，乙现象亦将或亦必随之发生，这是因果的关系；假如甲现象发生时，乙现象亦应随之发生，这便是规范的关系。因果的关系是"实在"（is，Sein）的关系；规范的关系是"应为"（Ought，Sollen）的关系。法学中的现实，即指规范的关系而言，所以凯尔生特称法学为"规范科学"（Normative Science，Normwissenschaft）。

　　法律的现实既与自然的现实有如此之区别，故法律之所规定，纵在实际上不完全为人所遵守，仍无碍于法律之为法律。假设法律中有一规定禁止人为偷窃行为，而凡为偷窃行为者，应予惩罚。假设实际上竟有某甲为偷窃行为，或乙为偷窃行为而并未受罚，该法律之规定究仍不失其为具有拘束性（Validity）之法律。我们甚且可以说：唯其因为在实际上人的行为可能不遵守法律之所规定，法律始有其存在之必要。否则法律之所规定，倘与实际上人所表现或将表现之行为完全相符，毫无冲突，法律之规定倒无意义之可言了。譬如人是天天都要吃饭的，假如法律规定说人应天天吃饭，那还有什么意义可言？这种实际行为与法律规定之冲突，不但是可能的，而且就法律之存在言，还是必需的。不过，法律如真要实施无阻，大体上仍须与其所要控制的行为，彼此呼应，互相协调。假如法律之所规定，完全不为人所遵守，其能否长久存在，也就大成问题了。由此可知法律的现实与社会现实之间，也就是"应为"与"实在"之间，既不可距离太远，也不可距离太近，而应在不即不离之间。然依凯尔生的见解，法律之须在大体上为人所遵守，乃属于法律之"实效性"（efficacy）问题，应属社会学之研究范围，非法学所应过问。法学所应过问者，为法律之"拘束性"问题，即法律之所以能成为法律之问题。凯尔生以为法律之实效性，虽为其拘束性所必具之一条件，但并非其发生之真正原因。法律之拘束性不能于其实效性中寻求之，而只能就法律之自身寻求之。

然则法律之拘束性究系从何而来？在解答此点以前，宜先对凯尔生之所谓法律，略予说明。凯尔生以为法律是一种"强制秩序"（Coercive order）。"秩序"系指由许多规则或规范（norm）聚合而成的一种制度而言。法律秩序有别于社会上他种社会秩序如宗教、道德者，即在法律秩序系规定有一定强制性的制裁（Sanction），予违法者以惩处，例如对其生命、身体、财产等用强制手段有所妨害或剥夺是，这是法律所必具的一基本因素；法律之所以成为一特种的社会技术（Social technique）者以此，其有异于其他社会秩序者亦以此。古今各国的法律，虽其实质内容彼此不同，但其具备此种强力的制裁，却无不一致。所以法律也正可说是一种强力的组织（an organization of force）。不过这种强力仅限于特定之人，在特定情形之下，始有权使用而已。可见法律并未绝于排除强力之行使，只系使强力成为社会或其代表机构之一种独占品罢了。

法律既是一种强制秩序，是由许多规则集合而成的一种制度，那么这种制度系如何形成？其中的每一规则系如何而获得其拘束性？上面曾经说过，法律规则之所以有拘束性，并非由于其有实效性。这也就是说法律之所以应为人所遵守，并非由于它在实际上系为人所遵守。某一事实之何以发生，绝不能用某一事实之确系发生来解答。在日常用语中，我们往往用某种事实的发生来解释某种规则的由来。譬如说："你不应杀人，因为上帝在十诫里曾禁止杀人"，"你应该上学，因为你的父亲曾吩咐你上学"。但上帝的禁止和父亲的吩咐这两件事实，都仅仅在表面上可算是"你不应杀人"，"你应该上学"这两条规则的拘束性之来源所在；其实这两条规则的拘束性之真正来源，乃在对另两条规则之默认。"你不应杀人"这条规则的拘束性之真正来源，乃来自另一条规则"你应该依从上帝的禁止"；"你应该上学"这条规则的拘束性，乃来自另一条规则"你应该依从父亲的吩咐"。假如这另两条规则未经默认，则上面所举的"上帝禁止杀人"、"父亲吩咐上学"那两件事实，便都不能成为"你不应杀人"、"你应该上学"两条规则的真正理由。由此可以证明：某一规则之所以具有拘束性，必系恒以另一规则为根据，而非以任一事实为根据。我们如对一条条的法律规则之拘束性，追本穷源地推求下去，必可推求到最后的一条规则也就是最高的一条规则。而在此最高的规则之上，将无从推求任何更高的规则。这一条最后最高的规则，凯尔生特名之曰"根本规则"（Basic Norm, Grundnorm）。所有其他的法律规则，都系以此"根本规则"为根据而获得其拘束性；而这些法律规则，也就凭借此"根本规则"而构成一个体系，一种制度，这就是所谓法律秩序。

依上所述，"根本规则"乃是全部法律规则的拘束性之最后源泉。试更就具体之法制言之：假设我们要追问国家的某一机关——如检察官——之某种强制行为——如将某人拘禁狱中，何以能成为一种合法行为，其答复当为该强制行为系以法院之某一判决为根据。假设再问该法院之某一判决何以能具有拘束性，其答复当为该判决系以刑法之规定为根据。假使再问该刑法之规定何以能具有拘束性，其答复当为该刑法之规定系以宪法为根据，假设再问宪法之拘束性又从何而来，我们也许便要推求到最初的一部宪法了。而这第一部宪法之所以具有拘束性，便出于一个"最后的假定"（Last Presumption），即假定人的行为，应该依从该第一部宪法之所规定。这"最后的假定"便是前面所说的"基本规则"，既云假定，自无从为之证明。但必有此假定，然后我们对法律之拘束性，始能有所解释；也就凭藉着此一

韩德培文集

148

假定，实在法才能成为我们理解的对象。凯尔生说在法学家的意识里面，这种假定都是于不知不觉中存在着的，他不过道出人心之所同具，而使其更为明显化而已。由此观之，可知法律秩序，尤其一个国家的法律秩序，其所包含的许许多多法律规则，彼此并非立于同一平面，为一种平行的关系，而系立于高低不同的阶层，彼此保持一种上下隶属的关系。而这些法律规则，便藉那最高最后的"根本规则"来予以统一，结为一体。如此全部法律规则，便像是一个层层相叠上下相连的金字塔，可称为"法律规则之叠层构造"（hierarchy of the Norms, Stufnehau des rechts）。

以上系简略说明凯尔生的学说内容。我们还须注意：凯尔生之所谓"纯粹法学"，一方面固系将法学所研究的对象，专限于实在法，而不含有任何政治或道德上的理想成分，但他方面却也系专就实在法之形式上的构造，加以分析，并不涉及实在法之具体内容。因此纯粹法学可说是研究法律现象的一种几何学，也可说是一种"形式的法律哲学"（a formal philosophy of law）。

上述凯尔生的学说，看似相当空泛，与实际法律问题，却处处有密切关系。近代法学中的许多重要问题，在纯粹法学的学说之下，几莫不遭受无情的批判，或取得新的说明或解释。凯尔生根据他的学说，重新厘定了法律与国家的关系，国内法与国际法的关系，并且根本否定了公法与私法的区别，行政与司法的对立。他对于这些问题，在在均发抒其独到之见解，极足发人之深思。关于这些，兹姑略而不论。笔者现仅拟就凯尔生学说，提出两点，稍加论列：第一，假定我们认定凯尔生所说的前提正确，即法学的研究对象，应限于实在法，不应涉及政治或道德上的理想问题，他的法学理论之内容，是否能自圆其说，而无可訾议？第二，凯尔生为法学所划定的任务，是否从事法学研究者即应认为已足，而不必更事他求？

关于第一点，论者或谓凯尔生之所谓"根本规则"在事实上并无根据，殊难使人置信。例如英国法学者爱伦（C. K. Allen）即持此种见解。他说凯尔生之所谓"根本规则"，实即奥斯丁（John Austin）之所谓"主权者"（Sovereign）之变相。奥斯丁曾将一切法律之最后源泉，归诸主权者，意即指英国之国会而言；凯尔生则将一切法律之最后源泉，归诸所谓"根本规则"，意殆指一国之成文宪法而言。但在有些国家，根本即无明确之成文宪法，其根本规则究在何处？

即以有成文宪法的国家而言，其成文宪法本身又系根据何种"根本规则"而来？然而这种论调，在笔者看来，恐不足使凯尔生中心折服。因为任何法律秩序，终必有一最后的来源，为其拘束力之所自出。这个来源或寄托于一单纯的国会，或寄托于比较复杂的政治机构，或表现于一国的成文宪法，或表现于无成文规定的习惯或惯例，然其必然存在，却为无可置疑之事实。凯尔生之所谓"根本规则"，不啻为此种事实之一简括的说明。假如不承认此种事实，则诚如凯尔生所云，法律之所以成其为法律，便将无从解释了。从法律的认识上说，确认这种事实的存在——也就是确认这"根本规则"的存在，不但不足诟病，而且实属必要。凯尔生的学说之最大贡献，毋宁说就在其对"根本规则"与其他法律规则间之关系之阐明。凯尔生——特别是他的同道麦克尔（Merkl）——都强调指出在那法律规则之叠层构造中，自"根本规则"而下，每一个阶层的法律规则，其本身之创设（Creation），同时即为较高阶层的法律规则之适用（Application）；而其本身的适用，同时又即为较低阶层的法律规则之创设。例如就法院之判决言，其本身之创设，乃系适用"制订法"之结果，而其本身之适用，又创设了为诉讼当事人所遵行之法律规则。再就制订法而言，其本身之创设，乃系适用"宪法"之结果，而其本身之适用，又创设了法院判决所代表之法则。从最高的根本规则到最低的私人行为规则，法律规则是一步一步的趋向"具体化"（Concretization），特殊化（Specialization）。所以从动的观点看，全部法律秩序正可说是法律之适用与法律之创设互相交替、连绵不断的一个过程。而法律之为物，决非如通常人所想像，仅限于制订法而已；他若法院之判决以及行政之规章，也都为法律中之有机部分。此与晚近美国的一些唯实主义者以及欧洲大陆社会法学派的那些学者所抱的主张，正是殊途同归，不谋而合。要之，如果我们接受凯尔生所说的前提，他的学说至少就大体而言可谓能自圆其说，无可訾议。

关于第二点，凯尔生坚决主张将法学与政治道德上的理想亦即意识形态能严格划分，原与分析学派的奥斯丁无大差异，不过凯尔生的主张更为彻底而已。纯粹法学之所以命名"纯粹"，正由于此。这种主张是否妥当，可从两方面论之：

第一，凯尔生之所谓"根本规则"与其他一切法律规则相同，倘不能在实际上于相当程度内为人所遵守，即难有拘束性之可言。换言之，此种"根本规则"，亦必须具有最低限度的实效性，始有继续存在之可能。这最低限度的实效性，究将如何决定？系决诸大多数人之遵守？抑决诸少数人之意志？或决诸单纯之武力？此即一含有政治性之问题。无论答案如何，均将涉及现实政治问题，而无真正"纯粹"之足云。就连凯尔生本人，也不否认他所谓"根本规则"，本有将权力化为法律之嫌。可见纯粹法学之所谓纯粹，亦非绝对的纯粹，而不能不涉及纯法律以外的政治现实，也就无从与意识形态问题完全脱离关系。

第二，法律是最实际的，处处触及人类的实际生活。如认法律仅为逻辑中的一些概念，与人类的实际生活渺不相关，而研究法学者仅须理解这些概念，即为已足，无须他求，则此种法学势将难逃于"概念法学"（Begriffsjurispradenz）之讥，于人类社会究鲜裨益。法学研究者，除须对法律中之基本概念力求理解之外，必须更进一步研讨法律与社会现实之关系为何如，方克尽其研究之能事。论者谓法学研究者，不但应研究"书本上之法律"（Law in books），且应研究"行动中之法律"（Law in action），实不能谓无理由。故凯尔生之所谓纯粹法学，仅可作为初步研究法学者之一种引导或津梁，而不能谓法学研究者对象，即尽在于斯。不然，法学将不免徒为一种"逻辑的游戏"、无血肉、无生命、仅足供文人之玩赏而已，当为治法学者所不取。一位近代的法学者白朗（W. J. Brown）曾云："法律除凭赖其目的而外，即一无所有"此言实在值得过分重视法律之形式构造者之深省。

1947 年 3 月 24 日　珞珈山

人身自由的保障问题[*]

　　谈到自由问题，就会令人想起西洋 17～18 世纪以来个人主义的思想。因为在政法思想上，拥护个人自由的主张，是从近代个人主义的思想中孕育而出的。这种主张的最辉煌的结晶，便是法国的人权宣言和美国的独立宣言及其宪法。自 19 世纪末叶以后，由于社会主义思想的逐渐抬头，个人主义的思想已受到很严重的打击，于是人们对于所谓个人自由，也便不像往日那样崇拜若狂，以为神圣不可侵犯了。今天我们虽无须完全恪守传统的拥护个人自由的主张，但是鉴于当前我国政治社会的阴霾重重，人民权利的横受摧残，我们对于凡与人民的身体安全及正当生活有密切关系的种种自由，究不容不予以重视。而在这种种自由中，首先值得予以注意的便是所谓人身自由或说身体自由。

　　人身自由可说是人民所应享受的"基本权利"中最基本的一种权利。人身自由如无保障，则其他种种自由如居住、迁徙、言论、出版、集会、结社、工作等自由，便都无由行使，无从享受。所以人身自由也可说是上述种种自由中最可宝贵、最应予以保障的一种自由。近年国人"保障人权"的呼吁，往往便是因要求保障人身自由而发，或甚至是专指保障人身自由而言。

　　人身自由之应予保障，近年在一般国民方面，固早已成为一个共同迫切的要求，就在政府方面，也曾三令五申地予以明白确定的承认。可是不幸在事实上，人身自由之被非法侵害，仍是层见迭出，屡见不鲜；从种种迹象上看，使人深感这种自由至今仍未能获得充分有效的保障。只要翻开报纸看，就可随时找到不少的例证。至于未经报

　　[*] 本文原载于《观察》第 3 卷第 11 期，1947 年 11 月。

韩德培文集

纸刊载非法侵害人身自由的事件，想来还更不知有多少。当今朝野人士，常在讨论"法治"、"宪政"问题。但是假如连这种人身自由——最基本也可说是最起码的一种自由，都还无保障可言，则所谓"法治"、"宪政"云云，恐怕都将不免成为空谈或废话。

人身自由之有无保障，首先须视法律上之规定为何如。人身自由之被非法侵害，最显明而常见的，便是非法的逮捕拘禁。中华民国训政时期约法第 8 条第 1 项曾规定： "人民非依法律不得逮捕拘禁……"本年元旦公布并于 12 月 25 日即将实行的中华民国宪法第 8 条第 1 项也规定："人民身体之自由，应予保障。除现行犯之逮捕由法律另定外，非经司法或警察机关依法定程序不得逮捕拘禁……"人民之逮捕拘禁，本非绝对予以禁止，也没有理由应该绝对予以禁止。但如要逮捕拘禁，就非"依法律"去做不可；否则便是非法的逮捕拘禁，是非法侵害人身自由。所谓"依法律"云者，分析起来，系含有以下三点的意义：第一须有法定的原因做根据；第二须由法定的机关去执行；第三须依法定的程序和方式去执行。关于这三点，在我国现行的刑事诉讼法上，都有很清楚而细密的规定。其中第二和第三两点，与人身自由的关系尤为密切，现在就让我引用一些法律条文的规定，略予说明，藉使与法律条文不常接触的人知道一个大概。

关于法定的机关一点，照我国（中华民国——编者注）刑诉法的规定，无论逮捕或拘禁，通常都必须由法院（指广义的法院而言，包括检察官在内）签发拘票或押票，然后才可执行。详细一点说，就逮捕言：虽然现行犯人人得予以逮捕（刑诉法第 88 条第 1 项），但一般犯罪嫌疑人，如要予以逮捕（即刑诉法上之所谓拘提），在侦查中必须由检察官签发拘票，在审判中必须由审判长或受命推事签发拘票，然后始交由司法警察（指警察、宪兵等，见刑诉法第 210 条第 1 项）或司法警察官（指县长、市长、警察厅长、宪兵队长官等，见刑诉法第 208 条第 1 项，第 209 条第 1 项）去执行（刑诉法第 77 条第 3 项，第 78 条第 1 项）。就拘禁言，情形亦复相似，即对刑事被告经讯问后如认有拘禁（即刑诉法上之所谓羁押）之必要时，也必须在侦查中由检察官，在审判中由审判长或受命推事签发押票，然后始交由司法警察去执行（刑诉法第 102 条，第 103 条第 1 项）。可见就逮捕拘禁而言，司法警察或司法警察官，仅有奉命执行或协助执行之权，而并无独自决定执行之权。前面所举的中华民国宪法第8条第1项，虽系将司法机关与警察机关相提并列，但二者之权限实非完全相同。我们不妨说只有法院或司法机关始有逮捕拘禁的权限。

其次关于法定的程序和方式。就逮捕言：（一）对于现行犯，虽人人可予逮捕，但无侦查犯罪权限之人（即检察官、司法警察官及司法警察以外之人），逮捕现行犯时，于逮捕后，应即送交检察官、司法警察官或司法警察；而接受或逮捕现行犯的司法警察官或司法警察，于接受或逮捕后，也应即解送检察官（刑诉法第92条第1第2两项）。（二）司法警察官或司法警察拘提刑事被告，应用拘票；拘票之内，应记载案由、拘提之理由、应解送之处所等事项；执行拘提时，应以拘票示被告，并应注意被告之身体及名誉（刑诉法第77条、第79条、第89条）。（三）拘提之后，应即将被告解送指定之处所。被告因拘提或逮捕到场者，应即时讯问，至迟不得过24小时。除认其有应羁押之情形外，于讯问毕后，应即释放（刑诉法第91条，第93条）。就拘禁言：（一）羁押刑事被告应用押票；押票之内应记载案由、羁押之理由、应羁押之处所等事项；执行羁押时，也应以押票示被告，并应注意被告之身体及名誉（刑诉法第102条第2项，第103条第1第2项）。（二）管束羁押之被告，应以维持羁押之目的及押所之秩序所必要者为限；被告得自备饮食及日用必需物品，并得与外人接见，通信、受授书籍及其他物件，但押所得监视或检阅之；如有足致其脱逃或湮灭、伪造、变造凭据或勾串共凶或证人之虞者，得禁止或扣押之。被告非有暴行或逃亡自杀之虞者，不得束缚其身体（刑诉法第105条）。（三）羁押于其原因消灭时，应即撤销，将被告释放（刑诉法第107条）。

以上所述逮捕拘禁之法定的程序和方式，大都是为着防止司法机关于逮捕拘禁时侵害人民的人身自由而设，可说是为着司法阶段下的人身自由所设的一些保障。司法阶段下的人身自由事实上固不因有上述的种种规定便已获得绝对的保障，此点暂且不论。但近年人民的人身自由之被非法侵害，最使人感觉不满者，往往并非由于司法机关所为之逮捕拘禁，未尽依上述法定的程序和方式，而是由于司法机关以外的一些无逮捕拘禁的权限的机关，任意非法地逮捕人民，拘禁人民。关于此点，中华民国训政时期约法，中华民国宪法以及提审法中，也都设有种种保障的规定。这些规定，在用语上虽彼此尚略有出入，但其要点可综合述之如下：

（一）告知原因——逮捕拘禁之机关，应将逮捕拘禁之原因，以书面告知本人及其最近亲属，至迟不得逾 24 小时；本人或其亲属亦得请求为前述之告知（提审法第 2 条，宪法第 8 条第 2 项。）

（二）移送法院——执行逮捕拘禁之机关，至迟应于 24 小时内，将被逮捕拘禁人移送法院审问（约法第 8 条第 2 项，宪法第 8 条第 2 项）。

（三）申请提审——本人或他人得以书面向逮捕拘禁地之地方法院或其所隶属之高等法院申请提审。法院对提审之申请认为有理由者，应于 24 小时内，向逮捕拘禁之机关发提审票。逮捕拘禁之机关，接到提审票后，应于 24 小时内，将被逮捕拘禁人解送法院。法院讯问被逮捕拘禁人后，认为不应逮捕拘禁者，应即释放。认为有犯罪嫌疑者，应移送检察官侦查（约法第 8 条第 2 项，宪法第 8 条第 2 项，提审法第 1 条第 1 项，第 3 条，第 6 条第 1 项，第 8 条第 1 项，第 9 条。）

（四）惩罚及赔偿——逮捕拘禁机关之公务人员，不于 24 小时内，将上述（一）项所述逮捕拘禁之原因，以书面告知本人或其亲属，或于接到提审票后，不于 24 小时内，将被逮捕拘禁人解送法院者，处 2 年以下有期徒刑，劳役或 1000 元以下罚金（提审法第 10 条），又依中华民国宪法之规定，违法侵害人民之自由之公务员，除依法律受惩戒外，应负刑事及民事责任。被害人就其所受损害，并得依法律向国家请求赔偿（宪法第 24 条）。

这些规定，虽然不能谓尽善尽美，但如能顺利严格地施行起来，其对人身自由所给予之保障，总不能不算差强人意了。诚然在特殊情形之下，例如政府依法施行戒严后，在戒严时期的戒严地域内，军事机关的权限可以侵入司法机关的权限范围之内。但是依戒严法的规定，也应视情形而分别论之。遇有战争时，戒严之宣告，如系经戒严法所定之立法程序，即经立法院之议决者（戒严法第 1 条），在戒严时期的所谓"接战地域"内，即"作战时攻守之地域"内，地方司法事务因须移归该地最高司令长官掌管（戒严法第8条），但在所谓"警戒地域"内，即"战争时受战事影响应警戒之地域"内，则司法官仅于处理"有关军事之事务"时，始应受该地最高司令官之指挥（戒严法第7条）。至因国内遇有非常事变，政府不经立法院之议决而对于某一地域施行戒严时，该地域内司法机关之职权，却不得因之而受侵害。惟关于刑事案件，如认为与军事有关应施行侦查者，该地军事机关始得会同司法机关办理之；但侦查后仍应交由司法机关依法办理（戒严法第14条第1项）。所以我们决不能说一旦宣告戒严，在戒严时期的戒严地域内，司法机关的职权，即全部当然由军事机关来行使。即以最近行政院于9月2日通过并经国府于9月16日公布施行的"后方共产党处置办法"而论，虽规定共产党员或为共产党工作人员潜伏后方，如不为登记之申请，即应由"当地治安机关一律予以逮捕"，但仍规定"于法定时间内，移送有审判权机关"，依法惩处。此所谓"法定时间"，当不外上述之"二十四小时内"。可见就是对于共产党员，法律上也未允许治安机关可作无限期的拘禁。由此可知人身自由在法律上的保障，大体上总可算相当周密了。

不幸的是，这种法律上的保障，就近年发生的许多事件看来，在实施时却困难重重，不一而足。本来照法律的规定，对于非法之逮捕拘禁，本人或他人原可实行正当防卫，加以拒绝（民法第149条，刑法第23条，中华民国宪法第8条第1项）。但是那些非法执行逮捕拘禁的人，若非"彪形大汉"，便系"有枪之人"；在这种场合之下，试问如何能希望无拳无勇手无寸铁的老百姓实行防卫，加以拒绝？而另一个最大的困难，便是近年那些非法逮捕拘禁人民的事件，常常是以所谓"失踪"的神秘姿态而出现，当事人一经"失踪"，便往往杳如黄鹤，不知去向。究竟哪一个机关将那"失踪"之人逮捕拘禁，根本就无从知道。纵然知道是哪一个机关所为，但它也可以矢口否认，诿称不知。报上载过上海某法院，有一次曾以提审票向某军事机关提审一被捕之人，该机关竟将提审票原璧奉还，"顶"回去了。下文如何，也就不得而知了。像这样遭逮捕拘禁之机关究竟是哪一个机关，都无从而知，如何还谈得上以上所说的那些告知原因、移送法院、申请提审以及惩罚赔偿等呢？直截了当地说，今天人身自由的保障问题，并非一个单纯的法律问题，因为就法律的规定言，法律对于保障人身自由，可谓已尽其能事。今天的真正问题，是如何能使法律上那些保障人身自由的规定，被认真遵守，严格施行；是如何能使那些白纸上的黑字，在实际上发生充分保障人身自由的效果。简单说一句，就是如何能使法律上的保障，变成事实上的保障。

这个问题，涉及政治上、教育上以及社会风气上的种种问题，非此地所能详细讨论。不过有一点可以提出的，就是人身自由（以及其他的种种自由）如要获得充分有效的保障，除靠有法律上的规定而外，最低限度总须政府官吏能了解自己负有一个守法的责任。这个起码的了解，是非有不可的。本来谈到所谓"法治"问题，最须着眼者就是政府官吏守法与否的问题，而并非人民守法与否的问题。在任何一个政治社会里面，当然需要有大多数的人民愿意守法（无论是自愿的或是被迫的），然后才谈得上法治。但如大多数的人民对于统治者所公布的法律，虽间有违法行为，但并非不愿遵守，而于违法时一经政府"执法以绳"，便倚首听命，翕然就范，这种情形对于法治之实行，实在并无妨碍。不但无妨，还可说这正是实行法治之所企求的一大目的。假如要人民个个都不违法，都不做违法行为，这只能求诸理想的大同世界，而不能求诸法治的政治社会。法治这个名词，就隐隐含有人民可能违法的一个前提在内；唯其如此，统治者才有利用法律的强制力予以制裁以实行其统治的必要。所以法治云云，决非含有希望所有的人民个个都不违法之意，而是至少从统治者的眼光来看，应指统治者于人民违法时便藉法律的强制力予以制裁以实行其统治而言。但如仅仅这样课人民以守法之责任，而不课统治者以守法之责任，这种法治，从人民的眼光来看，仍是不平等的，非民主的法治。一个国家的统治者，本是掌握武力或权力（指军队、警察、监狱等等所代表者而言）的唯一合法者。但正如孟德斯鸠所云："凡是有权力的人便易于滥用其权力"（tout homme qui a du pouvoir est porte a en abuser）。因此，要讲求法治，就更须讲求对统治者的权力如何用法律加以限制，使其仅能在法律的范围内行使其权力。近代西洋人所讲的法治，当初无不从限制皇室或行政机关的权力一点着眼立论，也就是这个道理。上面所说的课统治者以守法之责任，也并非希望他们绝对不做违法行为，而是要他们于愿意守法之外，如有违法行为，一定也让自己接受法律的严格制裁而不由自己任意把法律摔在一边，倘若我们的政府官吏能有这样的了解，了解他们并非超乎法律之上，而是和人民一样，也都负有一个守法的责任，那么我们谈人身自由的保障或"法治"、"宪政"等问题，庶几可不致完全落空，完全无望。

10 月 22 日

评《出版法修正草案》[*]

在国民政府的统治之下，正式颁行的出版法，先后有过两种：一是民国19年12月16日国府公布的出版法，一是民国26年7月8日国府修正公布的出版法。前者姑名之曰旧出版法，后者即现行出版法。已往在国民党党训政府期之内，为了要取缔一切不利于国民党以至国民党所组织的政府的言论与思想，上述两种出版法对出版品及出版事业的限制，都是异常严酷的。这次10月24日行政院通过的出版法修正草案，把"党"的气息摆脱了，诚然是一大进步；但是此外，除了在细微末节上做了一些修正工作以外，在若干重要关键上，却仍沿袭着过去的精神，并未作值得使人赞美的重大改动。甚至在有些地方，还可说这个草案所规定的限制，比现行出版法还来得更严厉、更苛刻、更琐细。从这些地方看去，外面传说修正草案"已将尺度放宽"云云，只可以认为将原有限制的范围扩大加宽了，而不是把原有的限制放松放宽了。

以上是我看过草案全文后的一个笼统的感觉。以下再分三点作一个分析：

一、从出版的手续方面说：过去两种出版法，对于出版的手续，都系采取一种特许制（旧出版法对新闻纸，杂志及书籍，皆然；现行出版法则限于新闻纸，与杂志），就是出版品特许在出版以后如属违法需受法律上的制裁，并且在出版以前，就须向行政官署"申请登记"，必须经行政官署"核准"以后，始得发行（如有关于党籍或党务事项之记载，在旧出版法，且须另得中央宣传部之核准。在现行出版法，则需另由内政部转得中央宣传部之同意）。这种特许制，颇

---

[*] 本文原载于《观察》第3卷第15期，1947年12月。

易流为行政官署束缚出版自由的一种危险的武器；因为在这种制度之下，谁能保证行政官署不滥用其职权，而不予"核准"？虽然在法律上发行人尚可有提起诉愿甚至行政诉讼之权，但在中国的政治现状之下，这些谈何容易？在西洋，当印刷技术刚始发明之时，一般人认为从事出版事业乃是一种特权（Privilege），所以非得皇帝的特许，不得享受。但是这种制度，在今日号称民主自由的国家，都早已不复存在了。即在我国往日君主专制时代，虽间有因出版品中的文字问题而大兴所谓"文字之狱"者，但对于出版品仍只是实行事后的惩罚，而非实行事前的干涉，到了今日——尤其即将实行宪政的我国今日，如果真正尊重出版自由，这种事前干涉的特许制，就必须废除才是。然而修正草案中对于新闻纸及杂志的出版，却仍系采取这种特许制，实在令人惶惑不解（可参阅草案第2章第9条至第14条）。鄙意倘若政府今后仍不愿对出版事业在事前实行完全放任，而须预先知道有些什么刊物行将出现，以便随时加以注意，似不妨另采一种备案式的报告制：就是由发行人于出版品首次发行以前，负责报告主管行政官署一次，但不须得其特许，便可径行出版。这样发行人虽有报告之义务，而行政官署却无拒绝准许出版之权力，对于人民的出版自由当可不致有多大的妨害。

二、就记载事项的限制说：旧出版法与现行出版法，对于这一方面的限制，实在严厉得怕人。至于修正草案中的规定，对此虽略有删削，但其限制之严，仍未见减轻多少。而且草案中，还另行增加了一些新的限制，为已往所未有者。这些规定，可算是草案的精髓所在，值得特别予以注意。现在让我将这三种法律的规定分别一一列举出来，以资比较：

A. 旧出版法规定

（一）出版品不得为下列之记载：

1. 意图破坏中国国民党或三民主义者；

2. 意图颠覆国民政府或损害中华民国利益者；

3. 意图破坏公共秩序者；

4. 妨害善良风俗者（第19条）。

（二）出版品不得登载禁止公开诉讼事件之辩论（第20条）。

（三）战时或遇有变乱及其他特殊必要时，得依国民政府命令之

韩德培文集

所定，禁止或限制出版品关于军事或外交事项之登载（第21条）。

（四）有关党义党务之出版品，不得违反中央关于出版品之各项决议（旧出版法施行细则第21条）。

B. 现行出版法规定：

（一）出版品不得为下列各款言论或宣传之记载：

1. 意图破坏中国国民党或违反三民主义者；

2. 意图颠覆国民政府或损害中华民国利益者；

3. 意图破坏公共秩序者（第21条）。

（二）出版品不得为妨害善良风俗之记载（第22条）。

（三）出版品不得登载禁止公开诉讼事件之辩论（第33条）。

（四）战时或遇有变乱及其他特殊必要时，得依国民政府命令之所定，禁止或限制出版品关于政治、军事、外交或地方治安事项之登载（第24条）。

（五）以广告，启事等方式登载于出版品者，应受前四条所规定之限制（第25条）。

（六）出版品审核标准，除依出版法第四章各条（即以上五条）规定者外，并适用中央关于出版品之各项决议（现行出版法施行细则第3条）。

C. 出版法修正草案规定：

（一）出版品不得为下列各款言论或宣传之记载：

1. 意图颠覆政府或危害中华民国者；

2. 妨害邦交者；

3. 意图损害公共利益或破坏社会秩序者（第21条）。

（二）出版品不得为妨害本国或友邦元首名誉之记载（第22条）。

（三）出版品不得为妨害善良风俗之记载（第23条）。

（四）出版品不得为妨害他人名誉及信用之记载（第24条）。

（五）出版品不得登载禁止公开诉讼事件之辩论，出版品对正在诉讼秩序中之事件，不得加以批评（第25条）。

（六）战时或遇有变乱及其他特殊必要时，得依中央政府命令之所定，禁止或限制出版品关于政治、军事、外交或地方治安事项之记载（第26条）。

（七）以广告启事等方式登载于出版品者，应受第21条至26条所规定之限制（第27条）。

综观这些规定，有三点最值得注意：第一，旧出版法与现行出版法都承认有所谓"意见罚"（Delits d'opinion），而修正草案亦复如此。按思想和意见之自由表达，乃促进人类文明提高人类文化的必备条件之一。假如思想和意见无自由表达充分交换之机会，则不但今日世界上的种种科学文明将无从产生，即今日国人所热烈企求的民主政治，亦必无由实现。所以在一个民主政权的国家或想要实行民主政治的国家，对于意见和思想的表达自由，都必须切实尊重，乃属当然之事，无待烦言。我国新宪法中规定"人民有言论、讲学、著作及出版之自由"（第11条），其着眼点当不外此。而且从法律的观点讲，单单表达了一种思想或意见，通常并不认为就构成一种犯罪行为。照我们现行刑法的规定，假如有人"意图以非法之方法变更国宪，颠覆政府"必须还要"着手实行"，或至少要达到"预备"或"阴谋"着手实行的程度，始足以构成所谓"内乱罪"，否则便不成为"内乱罪"（参阅刑法第100条）。一种思想或意见的表达，至少总要像美国已故的联邦最高法院推事贺摩士（O. W. Holmes, Jr.）所云，"如果足以使国会有权防止的实在祸患，有显然即将发生之虞"（"such... as to create a clear and present danger that they（the words）will bring about the substantial evils that Congress has a right to prevent. 见 Shenck V. United States, 249 U. S. 47（1919）一案"），然后始应该认为非法而予以取缔。修正草案中，虽不复有"意图破坏中国国民党或违反三民主义"一类字样，但是第21条第1款与第3款，却仍系承认有所谓"意见罪"，仍是对于出版自由的一大箝制。

第二，旧出版法与现行出版法所用的若干字眼，都非常广泛而笼统。例如所谓"颠覆国民政府"、"损害中华民国利益"、"破坏公共秩序"等，便都极宽阔而无边际，极易入人于罪。加以如后所述，这些名词还可由行政官署的行政人员去自作解释，于是人民不用文字发表言论则已，一用文字发表言论，便难免不"动辄得咎"了，尚何言论自由之足云？我们将来实行民主宪政，当然是要实行多党政治的。哪有一个在野党对执政党不常常以文字作严峻的批评，甚至率直表示希望它早些下野，好让自己上台？这类表示算不算是意图颠覆政府，或损害民国利益？一个国民对于本国的社会政治问题，不批评则已，一批评自难免不对现存的社会政治秩序有多少的不利。这类批评算不算是"破坏公共秩序"？修正草案对于这些广泛而笼统的名词，都继续采用，未予删除。（附后字面略有变动外，如改"损害"为"危害"，改"公共秩序"为"公共利益"与"社会秩序"。）它不但继续采用了这些名词，并且还增添了一些簇新的名目，其中最刺眼的，一个是所谓"妨害邦交"，另一个是所谓"妨害本国或友邦元首之名誉"。究竟这些用语应如何解释才对？假设现任美国总统杜鲁门实行了某种于中国不利的外交政策，中国国民站在维护本国的利益的立场而加以批评，这算不算是"妨害邦交"，算不算是"妨害友邦元首之名誉"？假如答案是肯定的，那么今后国人对于一切有关外交的问题，恐怕最好就只有一言不发了。照新宪法的规定，我们将来的元首，既不像战前日本的天皇那样神圣不可侵犯，又不像英国国王那样统而不治，仅和国旗一样代表一个国家，而是掌握国家政治大权的一个首领，他在政治上的一切措施，在民主宪政的大原则之下，就不能禁止人民指责批评。这种指责批评，算不算是"妨害友邦元首之名誉"？假如答案是肯定的，那么他就不成其为一个民主国家的元首，而已成为昔日专制时代的一个皇帝了。而且在我们的刑法上，对于妨害国交罪，妨害名誉罪，都已有非常合理而明确的规定，对于维护邦交及本国与友邦元首的名誉，都已充分顾到（参阅刑法第 3 章与第 27 章各条），我不懂何以又要在出版法中叠床架屋地重加规定，反显得画蛇添足。

第三，旧出版法与现行出版法中，最值得注意的有这样一条："战时或遇有变乱及其他特殊必要时，得依国民政府命令之所定，禁止或限制出版品关于政治、军事、外交或地方治安事项之登载。"本来旧出版法中规定只限于"禁止或限制出版品关于军事、外交事项之登载"，而现行出版法中则扩大为"禁止或限制关于政治、军事、外交或地方治安事项之登载"。修正草案对于这一点，是完全采取了现行出版法的规定，只把"得依国民政府命令之所定"，改为"得依中央政府命令之所定"而已。这一条规定，关系极大。有了这条规定，宪法中所承认的言论、著作、出版诸种自由，都可随时用命令一笔勾销；连出版法中其他关于记载事项的限制的规定，都大可说是装潢的门面，成为不必需了。所谓"特殊必要"，所谓依"命令之所定"，所谓"禁止或限制"，所谓"关于政治、军事、外交或地方治安事项之登载"，等等，这些简直就是说在任何时候，只要政府认为有特殊必要，就可立时以一纸命令，禁止任何出版品关于任何事项的记载。这也就是说，政府如要使某种刊物停止发行，就可随时下令予以停止。这种规定，在过去国家对外作战时期，尚可说是出于事实上不得已，但如在实行宪政以后，还要保存这样一条规定，用意何在，殊难索解。我们知道依戒严法的规定，国家遇有"战争"或"非常事变"时，政府本可对全国或某一地域，依法宣告戒严，而在戒严地域以内，最高司令长官就有权随时取缔报纸、杂志、图画、告白、标语等认为与军事有妨害者（参阅戒严法第12条）。可见在这种紧急时机，政府并非无临时应急的办法可以采取。上述出版法的规定，不但在理论上讲不通，即在事实上亦属不必要。这一条规定，一天不取消，出版自由便一天无保障。

　　修正草案中，还有一点是新增加的，是特别为保护个人的利益打算的。依其规定，出版虽不得为妨害他人名誉及信用之记载，一个人的名誉和信用，法律自当予以保护。但出版法中的这种规定，却是不必要、不合理而且有危险的。第一说不必要。照我国民刑法的规定。如有人以文字图画妨害他人之名誉或信用，他不但应负刑事责任（参阅刑法第310条第2项，第313条），还应负民事上的赔偿及回复名誉之责任（参阅民法第195条第1项）。而且据出版法修正草案的规定，新闻纸或杂志所登载关于个人之事项，本人或直接关系人如认为不确，尚有请求更正之权利（第19条）。这种种规定，对个人的名誉及信用的保护，不能不说已非常周到了，何必在出版法中再作规定？第二说不合理。照刑法的规定，如有人诽谤他人，而对于所诽谤之事，能证明其为真实，且非涉于私德而与公共利益无关者，不罚。又以善意发表言论，而有下列情形之一者，亦不罚：（1）因自卫、自辩或保护合法之利益者；（2）公务员因职务而报告者；（3）对于可受公评之事而为适当之评论者；（4）对于中央及地方之会议或法院或公众集会之记事，而为适当之载述者（参阅刑法第310条第3项，第311条）。这些规定，对于发表言论的人，也有适当的保护，实极合理。而修正草案却把这些完全抹杀不顾，所以不能认为合理。

第三说有危险。出版品中关于个人之记载，是否确系妨害他人之名誉或信用，应由法官去作公平适应的解释。而修正草案却将此种解释之权，授与行政官署的行政人员，而这些行政人员根据他们自己的解释，便可有权对出版品禁止其出售、散布，并得于必要时加以扣押，甚至对于新闻纸及杂志，且得定期停止其发行，或永久停止其发行（第36条）。这样使行政人员兼有解释法律与执行法律之权，是多么危险的一件事！

从以上这些地方看来，谁能不认修正草案对出版自由所加的限制，较诸现行出版法还来得更严厉，更苛刻，更琐细？

三、从违法出版品的处分说：在旧出版法与现行出版法中，对于违反出版法规定的发行人、编辑人、印刷人尚有处以罚锾及罚金的种种规定。这些规定，在修正草案中，大部分都已删除，不能不说是一种改进。不过，就违法出版品的处分问题说，仍有一点值得注意的，就是处分的机关问题。修正草案对于此点，仍像沿袭过去的办法，即任由行政官署来实施停止发行，禁止出售或散布，扣押出版品或扣押其底版等处分。这个问题，与前面所讲的特许制及关于记载事项之限制两个问题，本有非常密切的联带关系。如该两问题有比较妥善的修正办法，则此一问题，便可随之而减轻其重要性。不过，无论如何，停止发行与扣押出版品或其底版，对出版事业影响极大，如任由行政官署随意实施，终属不妥。这种比较严重的处分，应属诸司法机关的职权范围，以由司法机关去执行为较当。

我现在作一简单结论如下：

1. 出版的手续方面，应取消特许制，改采备案式的报告制。

2. 记载事项的限制方面：

a. "意见罪"应取消，至少应有更确定而具体的规定。

b. 妨害邦交，妨害本国或友邦元首之名誉，妨害他人名誉及信用等规定，皆应删除。

c. 第26条应完全删除。

3. 违法出版品之处分方面，停止发行（无论定期或永久），扣押出版品或扣押其底版，不得任行政官署随意实施，而应归司法机关执行。

4. 此外政府如真正想予出版自由以保障，应针对当前摧残出版事业之种种不法行为，作严厉制止之规定。例如规定凡聚众捣毁出版机关或殴伤从事出版事业之人员者，应比照刑法之规定加重处罚。

5. 为奖励出版事业亦即文化事业计，应规定每年年终由教育部、新闻局或其他著有声誉之民间学术团体，聘请学术文化界学识品德俱负重望之人士，组织一评议会，选出一年内最有成绩之新闻纸、杂志或其他出版品，最有成绩之编辑人、社评撰搞人、著作人、新闻报导员（分国内的及国际的）等，分别予以奖金或奖状以资奖励。

11 月 8 日

我们对学潮的意见*

　　在学潮如火如荼蔓延全国的今天，我们这些从事教育工作的人，鉴于局势的异常严重，已不容安于沉默，无所表示了。我们现以国民的身份，一述我们对当前全国学潮的意见。

　　自 5 月 20 日京沪苏杭等地专科以上学校的学生，在首都举行"挽救教育大危机"的游行，并与军警发生冲突以来，全国各地的大学生便纷纷响应，先后都罢课、请愿、游行。这个学潮，现在已是一个全国性的学潮了。学生们除请求政府改进教育设施，增加副食费以外，另一个最明确、响亮而普遍的要求，便是停止内战，实现和平。经过八年的艰苦抗战，我们国民莫不盼望有一个长久的苏息安定的机会，好让国家走上建设复兴之路。然而，抗战结束，不到两年，大规模的内战，竟以凶猛无比的姿态，在全国过半数的省份，广泛残酷地进行起来。请闭目想想：在今天，每一小时每一分钟之内，有多少善良无辜的男女同胞，在漫天炮火之下，白白的死于非命！因为内战，通货膨胀，物价飞涨；因为内战，交通阻塞，工商凋敝；因为内战，征兵征粮，农田荒芜；因为内战，除了少数特权人物以外，生活的压迫使得每个国民都喘不过气来，于是教师"罢教"，工人"罢工"，军人"哭陵"，穷人"抢米"；因为内战，我们的国际地位已一落千丈，不必说什么"四强""五强"，我们早已无分，就说对日本反动势力的潜滋暗长，意图卷土重来，我们虽以战胜国的一员，虽以利害关系最为深切的一个邻邦，也只有坐视我们的盟国任意安排，而不敢出一声怨言，提半句抗议。像这样的内战，若继续进行下去，除了杀

---

　　*　本文原载于《观察》第 2 卷第 15 期，1947 年 6 月。为韩德培教授执笔，其他五位教授签名。

戮无辜同胞，断送国家前途，把全国国民一起拖到死亡的边缘以外，还有什么？我们扪心自问——也请有良心的人们扪心自问——我们对于这些学生深恶战争、渴望和平的心情，有什么充分理由能说他们不是？老实说，在今天，反对内战，祈求和平，已不仅仅是他们大学生的要求，而实已成为关心国家前途的国民的共同要求。我们站在教育工作者的立场，当然不愿意看见学生们浪费他们求学的宝贵光阴，去罢课、请愿、游行。我们应该劝导他们赶快复课，并力戒他们感情用事，做任何无谓的举动。然而我们对于他们反对内战祈求和平的呼声，却不能不寄以无限深切的同情。

这次学潮发动以后，政府唯一的对策，似乎就是颁发一个"维持社会秩序临时办法"，要以武力加以镇压。我们替政府着想，本深切了解政府不得已的苦衷。但我们从彻底有效的平息学潮方面着眼，却不得不指出：用武力镇压学潮，决不是一个最妥当的办法。学生们的动机如属纯洁，目的如属正当，而他们的行为，又仅限于罢课、请愿、游行，并未毁坏公私财物，伤害他人身体，或对行政长官实施强暴胁迫，实在是说不上"行为越轨"或"扰乱社会秩序"，也就用不着"采取紧急措施"，调动大批军警，以如临大敌的阵势，横加干涉，更用不着以木棍、铁棒、皮鞭、水龙或其他武器，对手无寸铁的学生包围痛击。纵然学生们的行动，间有失检之处，政府如要执法以绳，也尽可由各地负责治安的当局，依照违警罚法办处理，何须特别颁发一个"临时办法"，在"紧急措施"的名义之下，授各地军警当局以生杀予夺之权？青年的感情，是最容易激动的。各地军警当局，措施稍一不慎，便易激起学生的反抗情绪，酿成轻则伤身，重则丧命的流血惨案。5 月 20 日首都的一幕悲剧，就可说是这样演出的。日前政府假如不愿取消这个临时办法，确应令饬各地军警当局，对学生的罢课、请愿、游行，必须以极审慎的态度处理，万不可动辄用武力干涉，庶可避免发生意外。我们切盼任意伤害青年逮捕青年的种种措施，不致发生于今日国民政府的统治之下。

说到彻底有效的平息学潮一点，我们觉得政府方面对这次学潮发生的根本原因，应该很虚心地作一番深切的考虑。学潮发生以后，政府高级负责人员往往表示说，这些学生是被"奸人"所"利用"，被"少数野心分子"所"鼓动"。姑不问这次学潮是否由"利用"、"鼓动"而起，假定"奸人"或"少数野心分子"，居然在数日之内，便能"利用"、"鼓动"一个这样汹涌澎湃的学潮，那就是证明"利用"和"鼓动"的背后，必有一些实实在在可供"利用"可供"鼓动"的重大事故，值得当权在位者的深切考虑。我们认为这次学潮发生的根本原因，还是在于青年对国事的极度忧闷，对现状的极端不满，尤其是对目前在剧烈进行的内战的深恶痛绝。当权在位者如果真想彻底有效的平息学潮，断不宜对这个根本的原因漠视不顾，断不宜专从消极的武力镇压上下功夫，而宜从积极方面，对解救当前国家的危机，认真努力，使得全国学生以至全国国民，都对国家前途尚有一线光明，而不致被内战的魔掌推入黑暗无底的深渊。倘能如此，不但像这样全国性的学潮，不平息而自平息，就是全国国民对政府当局的信任，也必可因此而加强。我们现愿乘此机会，一方面恳切地希望全国各地的大学生，必须珍惜自己的学业，赶快复课，不可长久罢课下去，浪费自身求学最可宝贵的光阴，更不可让感情支配理智，做出任何轻率的举动，致受不必要的重大牺牲；另一方面热切地希望政府负责当局，于慎重处理学潮之外，目前对于以下几点，必须迅速作最真实的努力：

一、以和平求统一，而不以武力求统一。

二、政府应邀同第三方面，力谋与共产党恢复和谈，停止内战，并以最大的忍让，以政协决议，成立联合政府，而共图宪政之实施。

三、切实保障人民的身体、居住、言论、出版、集会、结社种种自由，尤须严禁非法的逮捕和干涉。

四、一切经济措施，必须以人民的福利为前提。必须切实平抑物价，安定民生。必须彻底清除豪门资本，官僚资本，使其不能危害于国家健全的经济生活。必须改组各项国营事业的上层机构，使其政策的决定，业务上的经营，能真正以大多数人民的福利为目标。

五、教育经费应确定为不得低于国家总支出百分之十五。政府应指拨充足数量的外汇，以供购买图书仪器之用。一切党团机关，必须退出学校。学校应有讲学和研究的绝对自由。

（5 月 28 日）

武汉大学教授：金克木　张培刚　曾炳钧
邓启东　韩德培　萧文灿

The Strengthening of Socialist Legal System in the People's Republic of China*

In the initial period after the founding of the People's Republic of China, that is, from 1949 to 1956, great attention was paid to the reorganization of our legal system and the rejuvenation of our legal studies. Under the State Council the Commission for Legal Affairs was set up and engaged in the preparation and drafting of new laws. In addition to the Law Departments in all the comprehensive universities, new Colleges of Political Science and Law were established one after another. To meet the urgent need for judicial personnel, alongside the Central Cadres' Training School in Political Science and Law in Beijing, many short-term training courses for judicial personnel were conducted in various provinces. Legal periodicals, such as *Studies in Political Science and Law* and *Series of Translated Legal Essays* among others, were published with a nationwide circulation. In 1950, our first "Marriage Law" was completed and put into effect. In 1954, the first Socialist Constitution of the People's Republic of China was adopted by the National People's Congress, which is China's highest organ of state power. Many other laws and decrees were also enacted, which played a big role in maintaining social order and ensuring the development of socialist revolution and construction. All this shows that a new period of

韩
德
培
文
集

　　＊ 本文曾于 1980 年 9 月在荷兰第二届国际法律科学大会上宣读，并在大会会刊中发表。

legal development in Chinese history was ushered in.

Unfortunately in 1957 the so-called "Anti-Rightist Movement" was started and many intellectuals were wrongly labelled as "Rightist Elements". A large number of law teachers, many of whom were noted professors of law, were stigmatized as "Rightists" and subsequently some of the law Departments in the best universities were suspended. This caused much confusion in law circles and seriously hampered the healthy development of legal education and legal studies in China. The worst came during the Cultural Revolution from 1966 to 1976. Pushing ahead with their ultra-left political line the notorious clique of Lin Biao and the Gang of Four practised feudalistic fascist dictatorship. In their eyes, when you have political power, you can do whatever you like and need follow no law. They went so far as to even raise a hue and cry for "smashing the public security organs, the procuratorates and the courts". As a result these judicial organs were paralyzed and could no longer function regularly. Almost all the Law Departments in the universities and the colleges of Political Science and Law were dissolved, and legal education and legal research were thus discontinued. The overwhelming majority of law teachers, together with many other intellectuals, were sent down to the countryside to do farm work. The whole decade of Cultural Revolution may be named the "Catastrophic Decade" for China's law circles.

After the downfall of Lin Biao and the Gang of Four in October, 1976, things have been improving rapidly. In the past three years or so fundamental changes have taken place in our country. A series of major political issues which arose during the Cultural Revolution have in the main been clarified. The government has taken measures to carry out one after another correct policies which were either seriously distorted or utterly disregarded by Lin Biao and the Gang of Four, policies concerning the intellectuals, the cadres, the nationalities, religion, the former industralists and businessmen, etc. The work of removing the Rightist label from those designated as such has been completed, and all those who were wrongly labelled have been rehabilitated. Unity among the people has been enhanced and broadened. Thus a lively political situation of stability and unity long yearned for by the people prevails throughout the country. Since the beginning of 1979, the focus of the nation's work has been shifted to socialist modernization. In order to ensure the smooth progress of socialist modernization, it is all the more necessary to strengthen socialist democracy and the socialist legal system. And after the painful experience in the Cultural Revolution the Chinese people feel strongly that without a sound socialist legal system a sound socialist democracy can hardly be realized. Therefore, since the overthrow of Lin Biao and the Gang of Four, the government has made great efforts to strengthen the socialist legal system. Let me now mention briefly some of the important measures taken so far in improving and perfecting our socialist legal system:

1. The new Commission for Legal Affairs was set up under the Standing Committee of the National People's Congress to help draft and enact new laws. Seven important laws were examined and adopted by the National People's Congress in June, 1979. They are: (1) the Organic Law of the Local People's Congresses and the Local People's Governments; (2) the Electoral Law for the National People's Congress and the Local People's Congresses; (3) the Criminal Law; (4) the Law of Criminal Procedure; (5) the Organic Law of the People's Courts; (6) the Organic Law of the People's Procuratorates; (7) the Law on Joint Ventures with Chinese and Foreign Investment. The last law went into effect on the day of promulgation, namely July 1, 1979, while the others came into force on January 1, 1980. The adoption and enforcement of these laws is a big step in the strengthening of our socialist legal system. Moreover, in a resolution adopted on November 29, 1979 by the Standing Committee of the National People's Congress, it was decided that all laws and decrees enacted since the founding of New China shall remain effective if they do not contravene the present Constitution and other laws and decrees. After a decade of turmoil caused by Lin Biao and the Gang of Four, the Chinese people are now able to use the laws to exercise supervision over the state organs and individuals and see to it that things are done according to law.

第
四
编

法
制
建
设
与
政
法
评
论
篇

2. The People's Courts, the People's Procuratorates and the Public Security Organs were put back into working order and the ranks of their personnel were reinforced. As of July 31 this year (1980) there are altogether more than 3 100 People's Courts in the whole country. Most of the intermediate courts and those at higher levels have set up special economic divisions to handle economic disputes. The People's Courts have done a tremendous amount of work in reviewing and redressing cases of false charges, frameups and wrong sentences. According to the latest report, about 65 per cent of the decisions condemning people as counter-revolutionaries during the Cultural Revolution have been proved to be unfounded. The reviewing and redressing of these and other wrong cases is warmly welcomed by the people and has helped to arouse the people's enthusiasm for socialist modernization. In recent years, lawyer's practice has gradually been restored and many veteran lawyers have resumed their former work. In line with the new conditions "Provisional Regulations Governing the Work of Lawyers" was adopted on August 26 this year (1980) by the Standing Committee of the NPC. Furthermore, the Ministry of Justice which had been abolished in the late fifties was re-established. As the highest judicial administrative organ under the State Council, it will surely play an important role in strengthening and perfecting our socialist legal system.

3. Progress is also being made in legal education and legal studies. To meet the needs for judicial personnel and various legal experts the government has laid strong emphasis on legal education. Law Departments in the universities and the Colleges of Political Science and Law which had been suspended or dissolved have been restored. Besides, quite a few new Law Departments are being set up in universities which did not formerly have such a department. These Law Departments and Colleges will, according to plan, enroll a large number of students this year. To encourage studies in legal science, the Chinese Academy of Social Sciences has founded the Research Institute of Legal Science in Beijing and similar Institutes in some provinces. Apart from the law periodicals published by the Research Institute of Legal Science, the Law Departments in the universities have

begun to publish their own law journals. Under the auspicies of the Chinese Academy of Social Sciences, a Law Dictionary in Chinese was compiled and appeared this year for the first time since the birth of New China. Another important work, the Section on Law of the Great Encyclopedia of China in Chinese, is in the process of compilation and will come out sometime next year. It is evident that people's interest in law as well as their respect for law is mounting steadily.

4. The last, but not the least, important measure taken in strengthening our socialist legal system is resolutely and strictly enforcing the law. As mentioned above, the political situation in China today is one of stability and unity. Social order as a whole is good and it is even better in the countryside than in the cities. However, in some places, especially in the big and medium-sized cities, criminal offences have for some time increased. The criminals, though few in number, have done great harm to society. The causes of criminal activities are many, the chief being the pernicious influence of the ultra-left line which was rife for many years in the past and which has not yet been completely eliminated. Some of the criminals were so-called "rebels against capitalist-roaders" in the Cultural Revolution. Now they are creating disturbances in a vain attempt to seize political power in a state of chaos. Also, a few persons take advantage of the present policy of giving scope to democracy to promote anarchism and extreme individualism. These erroneous ideas have in a way spawned crimes. Special conferences on public security were convened in Beijing and many provinces and concrete measures were taken to deal with this problem. Consequently, criminals guilty of serious offences, such as murder, looting, rape, arson have been tried and punished promptly according to law. Since March this year, the number of criminal cases has dropped month by month. This has been widely acclaimed by the public and has contributed immensely to the implementing and strengthening of our socialist legal system.

But what we have done in strengthening the socialist legal system are far from enough. Important and arduous tasks lie ahead.

For one thing, the strengthening of the socialist legal system inevitably

involves sharp and complicated struggles to break down all kinds of resistence and obstruction. In order to ensure the strict enforcement of law, not only the pernicious influence of Lin Biao and the Gang of Four must be completely eliminated, the deep-rooted feudalistic ideas and tradition which constitute a stumbling block to carrying out "rule by law" instead of "rule by man" must also be given a clean sweep. China has a long feudal history of more than two thousand years. Although the feudal class was eradicated long ago, malpractices left over from the feudal order, such as autocracy, bureaucratism, the pursuit of special privilege and suppression of democratic rights, still remain to a considerable extent to this day. The overwhelming majority of our government personnel are good or relatively good. But there are some who still think that obligations and discipline are laid down merely for the common people, while cadres, and highranking cadres in particular, have only rights and privileges but no obligations and need not observe discipline. This, of course, is entirely wrong. This would mean a feudal, and not a socialist, order. Before getting rid of such feudalistic ideas and malpractices, a sound socialist democracy and a sound socialist legal system can never be put into effect. To wipe out all the survivals of feudalism will remain a serious task of ours in the days to come.

Moreover, in order to strengthen and perfect our socialist legal system we need to speed up the work of drafting more laws, such as civil law, the law of civil procedure, factory law, labor law, corporation law, law of contract, law for the People's Commune, patent law, energy law, and various economic and other laws. We must exert ourselves to do systematic investigation and study. When Lin Biao and the Gang of Four were rampant, there were many subjects—the so-called "forbidden zones" —which were not allowed to be touched upon. Today, however, people are encouraged to emancipate their minds and to break through all the unwarranted restrictions. In the field of law, as in other fields of studies, a lively and vigorous free exchange and discussion of views is being carried on throughout the country. Nevertheless, during the Cultural Revolution we were forced to live in isolation. We were cut off from the outside world. This situation has indeed created a great handicap for us to broaden our outlook and to learn from others. With respect to foreign things, our repeatedly affirmed policy is "making foreign things serve China". We now know that we should try our best to assimilate whatever is good and useful from other countries. Keeping foreign things at arm's length as we did in the Cultural Revolution won't do anyway. In our endeavor to strengthen and perfect our socialist legal system there is so much for us to study and learn from others that we must make a determined effort to guard against the self-imposed isolation in our thinking and studies. For this purpose I think it advisable for us to have constant contact with jurists, lawyers, law faculties and law societies of other countries. Among those present here are so many distinguished jurists from different parts of the world that I would like to avail myself of this opportunity to say that your generous response and kind cooperation will be highly appreciated.

In conclusion I would like to say that so long as we persist in our efforts we shall certainly be able to perfect our socialist legal system step by step and thereby promote and ensure the success of our socialist modernization.

关于参加第二届国际法律科学
大会的情况报告

　　国际法律科学中心（又译国际法学中心）是一个与联合国有联系的非政府性的国际组织，其宗旨在于增强各国法律工作者的联系，交流学术观点，促进世界法律科学和法律教育的发展。该中心建立于1972年，会址设于荷兰海牙，秘书长是著名法学家Ｍ·Ａ·马穆博士。据说目前有63个国家与该中心有联系。该中心每年召开一届国际法律科学大会。第一届国际法律科学大会于1977年召开，有41个国家的代表参加；第二届国际法律科学大会于今年9月7日至12日在荷兰阿姆斯特丹举行，共有59个国家的百余名代表参加。大会成员除该中心的正式成员、学生成员外，还邀请有政府代表、国际组织代表、法律院校的学者代表参加。我国出席这届大会代表三人即：武汉大学法律系韩德培教授兼系主任、北大法律系龚祥瑞教授和罗豪才讲师。三人都是以所在大学的代表名义出席的，韩教授为团长。我国代表受到大会的热烈欢迎。大会秘书长马穆博士在大会上郑重地说："中华人民共和国是一个伟大国家，在维持世界和平和推动世界进步事业中曾做出伟大贡献，本届大会有来自中华人民共和国的代表参加，我们深感荣幸。"大会名誉成员、阿姆斯特丹市副市长在接见我们的时候特别热情地说道："我特别热烈地欢迎来自伟大的中华人民共和国的代表。"韩德培教授应邀参加大会指导委员会相当于大会主席团，参加会议的领导工作。龚教授也应邀在开幕式上致词。

　　这届大会的召开受到各有关方面的重视与支持，联合国副秘书长、法律顾问伊里克·萨伊教授出任大会名誉主席，因其夫人忽然患病不能到会，因而给大会发来一份很长的贺电。荷兰女王、一些政府和国际组织也给大会发来贺电贺信。许多国家驻荷兰的使节出席了大会的开幕式。荷兰自由大学法律系代主任代表校方到会讲话并设酒会招待与会代表。在会议期间与会代表还应阿姆斯特丹副市长的邀请出席在斯特迪利克文化宫举办的招待会，会后还观看了该市民族乐队化装表演的民族迎宾传统节目"祝君愉快"。

这届大会的中心议题是讨论法律科学的一些基本问题，大会议事规则把讨论实际问题视为会议的主要原则，认为来自实践的经验是法律科学的本质组成部分，是科学规范的根据，强调要研究和讨论现实问题。大会安排讨论了许多专题，例如法律的形成；各种利益与法律制定；政府执行机关；政策与法律规则；公私行政；司法机关；法律职业；法律变化过程——执行与不执行；辩护；法律援助；通过法律作用的人文交往；社会的法律工作与社会基础结构的相互关系；以及其他一般性问题等。代表向大会提交的论文和报告有 60 余篇，涉及的范围十分广泛，但基本上都属于上述专题范围。在每个专题讨论中，一般是先宣读或介绍论文提要，后进行大会评论。各个代表可以提出问题，由宣读者作答。各种不同学术观点，会上都可以摆出来讨论。有的代表是向大会作关于本国的法律制度或法律教育或其它问题的报告。这类报告，一般不进行大会评论。除了在会上讨论以外，在会下还可以就感兴趣的问题，找有关报告人进行交谈和交换资料。我国学者韩教授在会上作了题为《中华人民共和国在加强社会主义法制》的报告，对我国建国后 30 多年来建设社会主义法制的经过情况，特别是林彪和"四人帮"垮台后我国为加强社会主义法制所采取的种种措施，作了比较全面的和实事求是的介绍。龚教授在会上作了题为《新中国的最新立法》的报告，对我国新制定的几种法律的主要精神和特点，作了扼要的介绍。对我国学者的发言，与会代表反映很好，有不少代表同我国学者握手，表示赞赏，并向我们索取讲稿、资料。

由于大会是在荷兰自由大学礼堂举行的，因而使我们有机会接触大学的师生，观看他们的一些教学活动，参观他们的图书资料室和某些设备。在大会结束后，韩教授赴海牙参观海牙国际法学院，而龚教授与罗豪才同志则应邀赴瑞典考察他们的议会司法专员制度，从事学术交流。我们三人先后于 9 月 17 日、22 日回到北京。

收获与体会。由于教育部事先的正确指示和我驻荷兰使馆同志的关怀与支持，使我们在会议活动中能够顺利进行，从而取得了许多收获，也有一些体会。

一、我们感到资本主义国家有数百年的统治与管理经验，法制比较完备，法学也比较发达，而且这些年来国外的法律科学、法律制度与法律教育有许多新的发展和变化，值得我们重视。我们注意到许多学者在法学的研究中，思路比较广阔；他们对新出现的法律现象、法律制度比较敏感，敢于标新立异；我们也注意到许多学者很重视积累资料；用比较的方法进行研究等。在接触中，我们还感到国外大学法律系的课程设置、教学内容、教学方法、教学手段、图书设备等方面，也都有许多不同的特点，其中有些可供我们借鉴。鉴于时间关系，我们对上述问题均未作深入的考察。因此，我们建议今后应争取多参加法学方面的国际会议。参加的人数可适当多一些。这次会议，美国派了 8 位，印度派了 11 位，印尼派了 6 位。尼伯尔这样的小国还派了 4 位，而且他们老中青都有。我们特别建议教育部明年能派法律教育考察团，赴欧美进行考察。我国驻荷兰、瑞典使馆的一些同志，也有这方面的意见，认为我们应加强对国外法律的考察与研究，这有助于改变我们法学的落后面貌。

二、我们感到国外法学界普遍对我国的法学、法律教育和法律制度很不了解。有的人认为我们是一个没有或很少有成文法的习惯法国家。由于我们过去法制不健全，对外宣传介绍的工作做得很少，国外学者能得到的有关我国法学法制的资料极为有限。有的学者反映，中国是一个大国，缺乏中国的情况，进行比较法学的研究是一个缺陷。有的说中国文化悠久，在法学上一定有许多值得学习的东西，只是得不到，很遗憾。特别是一些第三世界国家的学者，这种渴望的心情尤其迫切。确实，尽管在法学、法制上我们还有其落后的一面，但仍然有很多可贵的经验。过去我们一度闭关自锁、拒不与人往来的局面应该彻底地打破。这种局面如不打破，结果可能会让一些不一定很了解中国法律的人四处大讲所谓中国现在的法律。为此，我们建议，今后在法律方面，应加强对外宣传和介绍。在可能的情况下，还可派一些有条件的学者到国外去讲学，多做一些学术交流工作。

三、本着多听、多看、多交朋友的原则，在这次国际会议中，我们结识了许多学者，其中有些学者热切地希望中国学者能参加他们所在的有关政治法律的国际组织的活动。如拉丁美洲宪法协会主席 S·M·罗查达博士就希望我国学者能参加明年将在南斯拉夫召开的国际宪法学术会议。国际政治学会、议会司法专员制度协会等也都希望能有中国代表参加。

1980 年 10 月 5 日

第
四
编

法
制
建
设
与
政
法
评
论
篇

"Legal Personality" in China [*]

"Legal personality" is a product of a commodity economy. Taking its embryonic form in Roman Law, legal personality, in its modern sense, originated in the developing stage of capitalist economy. Since the nature of legal personality is to equip entities and associations, under some conditions, with the statue of independent subjects in civil cases and capacity to bear civil liabilities, a "legal persons system" can be established in socialist systems also. Socialist countries such as former U. S. S. R. , Hungary, former Czechoslovakia, Poland, Bulgaria and former Yugoslavia have adopted the concept of legal personality in their laws. China used the concept in the early years after the founding of the People's Republic in 1949, but the system was not established in the old economic system. In October, 1984, the CCCP issued "Decisions Concerning Reforms of the Economic Structure" which defined that the socialist economy is a planned commodity economy based on public ownership, and clearly pointed out that enterprises should become economic entities with comparatively independent rights and legal persons with full capacities. The General principles of the Civil Law of the People's Republic of China (hereinafter referred to as the Civil Law), promulgated on April 12, 1986, comprehensively and uniformly laid down the rules for legal persons in a special chapter and thus estab-

---

[*] 本文系作者参加 1990 年在加拿大举行的第十三届国际比较法大会所提交的论文，并发表于该会英文专刊。

lished the legal persons system in China ever since. ①

This article discusses some basic contents and important issues concerning the Chinese legal persons system in accordance with the Civil Law and other regulations.

I . The Characteristics of Legal Personality in China

A legal person is an organization that has both capacity for civil rights and capacity for civil conduct and independently enjoys civil rights and assumes civil obligations in accordance with the law. The estalishment of a legal person should meet the following qualifications which are also the characteristics of the Chinese legal persons.

---

① In the second half of nineteenth century modern industry began to emerge in China. In addition to the state-run enterprises and the joint state-private enterprises there appeared also private capitalist enterprises. In 1903 the government of the Qing Dynasty (1644—1911) sent envoys to western countries to investigate their industry and commerce and set up the Ministry of Commerce and the Bureau of Registration. In August, 1911, the draft "Civil Code of the Great Qing Dynasty " was completed and its first part was "General Principles", in the third chapter of which were provisions for "Legal Persons". But the draft civil code had hardly turned into law when the Qing Dynasty was overthrown. When the Northern Warlords were in power, some civil law drafts were worked out, but none of them became law and put into effect. But in judicial practice there was a trend to recognize and implement the system of legal persons. In 1913 the Supreme Court put down these words in one of its judgments: "The existence of the legal person is a fact which occurs as a matter of course in society and a particular phenomenon which is brought about by different sorts of necessities. The state cannot but lay down rules to make it fall into line and has no reason whatsoever to reject it." From 1927 to 1930 the Kuomintang government promulgated successively five parts of the Civil Code. In part one, " General Principles", there were provisions of 41 articles for "Legal Persons". This was the first formal establishment of legal persons system in old China.

1. Establishment in Accordance with the Law

"Establishment in accordance with the law" means that a legal person must be formed in compliance with the stipulations of the existing laws in China. The connotation of the concept falls into two aspects. In procedure, a legal person should be established according to the legal proceedings. In substance, the objectives, nature and contents of the established legal person should involve nothing violating the relevant regulations.

The procedure to establish a legal person can be followed in two different ways. One is to set up a legal person directly based on the laws enacted by the National People's Congress and its standing committee, or the administrative law, decisions and orders issued by the State Council, and local regulations adopted by municipal legislatures or provincial governments. The legal persons thus established are mostly official organs, institutions and some social organizations . They are qualified as legal persons on the day they are established without the necessity to go through registration procedures. The other category of legal persons are formed by enterprises and some social organizations through approval and registration procedures which require the approval and affirmation by the relevant government department and registration with the competent authority which issues business licences.

2. Possession of the Necessary Property and Funds

"Necessary property and funds" are the material basis for a legal person to bear civil liability independently. This includes four requirements. First, a legal person must possess certain property at its disposal without loans. Secondly, the quantity of its property should match the business range and contents of its operations. Thirdly, the actual funds it possesses in hand should equal the amount of its registered capital. Fourthly, the necessary property means its independent property which may be either the property it owns or the property the state authorized it to manage or use. The former is the property of enterprises as legal persons (such as enterprise under collective ownership, private enterprise, Chinese-foreign equity joint venture, Chinese-foreign contractural joint venture, foreign-capital enterprise) and the property of legal persons formed by some social organizations. The latter means particularly the property of the enterprises owned by the whole people, official organs, institutions and some social organizations.

3. Possession of Its Name, Organization and Premises

Name is a special mark to distinguish a legal person from the others. The name of a legal person can not be given at random. It should indicate clearly the nature, character and category of the entity, the range of its business and profession as well as the contents of its operation. Although the name is always selected by the entity itself, it should seek approval from the competent authority. A legal person enjoys exclusive right to the registered name with the protection of law.

A legal person is a body with organs to perform management of business and to represent the entity in conducting its civil activities. Primarily it must have the decision-making organ, the decision-executing organ and its legal representative. It may also set up necessary working units to perform various functions.

Premises are a prerequisite for a legal person to conduct its business. " Premises of a legal person" means the domicile where its principal office is located and other places for production and business, which are different from the residence or home of its individual employees.

4. Ability to Independently Bear Civil Liability

The ability to bear civil liability independently means that a legal person can carry out its civil obligations and bear property responsibility independently under its name, and can be a civil subject in civil cases at the people's court. This qualification is the most essential characteristic of Chinese legal persons. The establishment of a system of legal personality, particulary the establishment of legal persons in the enterprises owned by the

韩
德
培
文
集

whole people, provides the enerprises with autonomy to manage their operations independently, to assume the sole responsibility for their own profits and losses and to pay off their debts without state grants. Ability to independently bear civil liability implies the following meanings: (1) the state waives property responsibility, which is charged on enterprises as legal persons, particularly those under ownership by the whole people; (2) the competent authority in charge of legal persons and their branches share no property liability with the enterprises as legal persons; (3) the members of the entity shall not bear any property liability with their private assets.

The preceeding characteristics of Chinese legal persons are the four qualifications for their establishment (in addition, enterprises as legal persons should have articles of association). These characteristics share similarities with systems of legal personality in foreign countries. Above all, they are the summary experience from China's practice in protecting regular economic order in our society and encouraging the smooth movement of civil transaction. As for those entities that have neither property, nor factory and equipment, nor permanent organization and premises, and have never been approved by the competent authority—the so-called "briefcase corporation" or "signboard corporation" — they are not qualified as legal persons, and these should be either restructured so that they confirm with Chinese legal personality law, or be abolished.

II. Classification and Function of Chinese Legal Persons

There are several ways to classify legal persons in theory. The Civil Law divides them into two categories: enterprises as legal persons; and official organs, institutions and social organizations as legal persons.

In the Civil Law, enterprises as legal persons are subdivided into four kinds: enterprise owned by the whole people; enterprise under collective ownership; enterprise in association; and Chinese-foreign equity joint venture, Chinese-foreign contractual joint venture and foreign-capital enterprise established within the People's Republic of China. In addition, "Regulations of the People's Republic of China Relating to Registration of Enterprises as Legal Persons" issued by the State Council on June 3, 1988, stipulated provisions for private enterprises. "Interim Provisions of the People's Republic of China Concerning Private Enterprises", issued on June 25 of the same year, manifestly prescribed that a private enterprise in the form of a corporation with limited liability can "acquire the status of legal person according to law".

The basis for our socialist economic system is the socialist public ownership of means of production, i. e. , ownership by the whole people and collective ownership by the working masses. The enterprises under these two kinds of ownership constitute the main economic forms in China. Thus Chinese enterprises as legal persons are generally composed of enterprises under ownership by the whole people and collective ownership by the working people so as to consolidate, develop and enlarge our economy under public ownership, and to ensure the orientation of socialism and meet the requirements for smooth development of the national economy. Meanwhile, such a system may also provide a legal guarantee for the lawful rights and interests of the enterprises under ownership by the whole people so that they may become practical manufacturers and managers for socialist production of commodities with autonomy in management and responsibility for their own profits and losses.

With the further reforms of the economic structure, horizontal economic association among various economic organizations in multiple forms at various levels will achieve greater development. The Civil Law reaffirmed the result of the reforms by stipulating a special section on economic association in the chapter on "Legal Persons". It provided specific regulations for association between enterprises and between enterprises and institutions. If the association leads to the formation of a new economic entity with capacity to bear civil liability independently, the new entity shall be qualified as a legal person after being registered with the competent authority. The registration of associations of enterprises as legal persons by law can protect their lawful rights and interests, promote the development of horizontal economic association, overthrow the extremely diversified old system, and set up a new system full of vitality and vigour.

The open policy, the policy of opening-up to the outside world, is our permanent national policy. In order to expand economic cooperation and technological exchange with foreign countries, we have to attract more foreign capital and foreign businessmen to establish Chinese-foreign equity joint ventures, Chinese-foreign contractual joint ventures and wholly foreign-owned enterprises in China as the necessary and useful complement to our socialist public economy. For the foregoing reason, the Civil Law, the Law of the People's Republic of China on Chinese-Foreign Equity Joint Ventures (1990), the Law of the People's Republic of China on Chinese-Foreign Contractual Joint Ventures (1988), the Law of the People's Republic of China on Foreign-Capital Enterprises (1986), all provide that the three kinds of enterprises may gain positions as Chinese legal persons if they are qualified in accordance with the Chinese laws.

In China, the private economy is also a complement to the socialist public economy. The state permits its existence and development within the limits prescribed by law. In April, 1988, the First Session of the Seventh National People's Congress passed a constitutional amendment to add several provisions concerning the private economy, which clarified its nature and status. As a result the private enterprises will be qualified as legal persons if they meet the requirements according to law.

Official organs, institutions and social organizations which are defined as non-enterprise legal persons are legal persons conducting or nearly conducting non-productive or non-business activities without the purpose of making profits. Official organs as legal persons include three kinds of units: (1) state departments such as congressional organs, governmental units, courts and procuratorates; (2) army units; (3) party organs. All ranks of party, state and army units function under double status. On the one hand, they are the representatives of the Party and State as the competent authorities for political leadership and government management. They are entrusted by the Party and State to undertake activities under the name of the Party and State. Under such circumstances, they are not functioning as legal persons and their relations with other social organs or citizens are not on an equal footing. On the other hand, when they join in civil and economic activities such as purchasing stationary or daily consumer products and signing contracts, they are required to pay off the debts thus incurred with their independent fees granted by the government according to the budget. In these cases, they function as legal persons and share equal positions with other civil subjects. The difference between enterprises and official organs as legal persons is that the latter cannot engage in business activities on their own.

"Institutions" means the institutional units set up in compliance with law to conduct various social affairs with independent property and fees. They include such institutions as colleges and universities, hospitals, museums, public libraries and the like. "Social organizations" means the associations organized by individuals at their own will to undertake various kinds of legitimate activities with independent property and fees. They include such organizations as the Labour Union, the Women's Federation, the Literature and Art Association, the Democratic Parties and the like. Both institutions and social organizations share similarities in nature; the mere difference is that the former may engage in some business activities within the limits prescribed by law and relevant regulations while the latter lacks this ability.

III. Some Problems with Chinese Legal Personality

1. Separation of Right to Possession and Right to Management in Enterprises Owned by the Whole People

According to the traditional theories of legal personality, the independent property of a legal person is the property it possesses. Chinese legal persons, such as the enterprises under collective ownership, Chinese-foreign equity joint ventures, Chinese-foreign contractural joint ventures, foreign-capital enterprises and private enterprises are legitimately acknowledged to have the right to possession of their property. But the only exception is the enterprises owned by the whole people which do not enjoy such a right to property. Theoretically the property belongs to the whole people with the state being their representative. Practically their property is separated from the state property with a legally independent nature, and authorized by the state for the enterprise to manage. As for the nature of rights to the property of the enterprise owned by the whole people, they are divided into right to possession and right to management. The former belongs to the state while the latter belongs to the enterprise. According to the provisions of the "Law on Industrial Enterprises with Ownership by the Whole People" enacted on April 13, 1988, the right to management means that the enterprises have the right of occupancy, use and disposition of the property granted to it by the state. In this case, the right to management is interpreted as a property right with high autonomy which is almost like a right to possession of the property. This interpretation is in keeping with the qualifications for the establishment of legal persons required by the Civil Law. It is a distinguishing feature of Chinese legal personality that the enterprises owned by the whole people, as legal persons, enjoy the right to management of their property while the state keeps the right to possession.

The separation of right to possession and right to management of the property in the enterprises owned by the whole people is the result of two sorts of demands. On the one hand, the central task for our present economic reforms is to invigorate enterprises so as to overcome the shortcomings caused under the old economic structure, which over-centralized powers and smothered the vitality of enterprises. One of the major issues in the central task is to adjust the relationship between the state and enterprises owned by the whole people, to grant more autonomy in their management and to establish them as legal persons with independent property, bearing the sole responsibility for their own profits and losses. On the other hand, our economic reforms are dedicated to the reformation of the economic structure rather than changing the fundamental system, and therefore the reforms must be carried out on the basis of socialist public ownership of the means of production. In keeping with the same type of ownership, the status of state ownership should be always ensured. We should not strengthen the vigour and vitality of the enterprises at the cost of the essential nature of state ownership of its property, nor change the state enterprises into private ones. Thus, it is easy to understand that the separation of right to possession and right to management in enterprises owned by the whole people is a compromise outcome of two different demands of reforms, one of which is to expand the enterprises' autonomy in management, the other to ensure the state ownership of the property.

There are no convincing theoretical explanations, up to now, on a series of issues such as how to separate the two rights, to what extent it is proper for such a separation to go, what are the dividing lines for the separation, and what are the rights and obligations that the two sides should have after separation. The discussion on these issues are still continuing among legal scholars. In practice, there have appeared several kinds of separation of rights in the concrete forms of lease and contracting for management which regulate by means of a contract the relationship between the state and managers of the enterprises regarding their responsibility, rights and interests. In addition, enterprises owned by the whole people, as legal persons, have already come into existence in the form of stock companies, in which there are state-controlled stocks, stocks shared among the enterprises, departments and regions, as well as stocks held by individuals in some places on a trial basis.

The theory and practice of "separation of rights" is very important for the promotion of structural reform and development of our socialist planned commodity economy. Nearly all the reforms being carried out with respect to enterprises, particularly those enterprises of large or medium size, involve this question. However, this theory is also facing lots of difficulties in the course of present reforms. First of all, the theory is still in its primary stage of development, thus a comprehensive theoretical system is lacking, and it

is no easy job to create one while human knowledge and practice in reforms are kept in a limited scope. Secondly, the principle of separation of rights needs stronger guidance in theory and closer coordination with reform measures so as to embody their real effect. The enterprises need better protection from administrative interference by government departments, which rely on the marriage of the right to possession with their administrative powers. Thirdly, the fact that enterprises as legal persons enjoy the right to management of the property without the right to possession theoretically confuses the nature of enterprises' property in transaction. For instance, it is not clear, in the sale of products, whether the enterprise passes the right to possession or the right to management. As for the property in horizontal association of enterprises, especially those among enterprises under different ownerships, it is hard to tell whether it is an association of right to possession or an association of right to management of the property. These difficulties won't stop puzzling us in the short time to come, and continuous and perhaps tedious research on them is urgently necessary.

2. Whether a Legal Person Can Become a Subject of Crime

It is an old issue among our criminal law scholars whether a legal person can become a subject in crimes. The traditional theory in criminal law sticks to the principle that a legal person has no capacity to commit crimes, and so it cannot become a subject of crimes. However, with the daily increase of economic crimes committed by official organs, institutions and social organizations, the old issue attracts new attention among law scholars. A unanimous agreement about this issue, up to now, has not been achieved, but two sorts of opinions in sharp contradiction are taking shape among them, i. e., "positive" theory and "negative" theory.

The advocates for the "negative" theory believe that a legal person is established for certain purposes and to conduct operations within limits range. Any operation against these purposes or out of the legally defined range is not the result of the legal person's conduct, but the personal acts of the decision-makers or managers who should bear the criminal responsibility personally. The advocates of the "positive" theory argue that the conduct of a legal person is decided by its interests and independent economic status, and it is possible for a legal person to do something detrimental to the rights and interests of the state and society, or rather commit crimes.

The "negativists" respond that a legal person is not like a natural person with the capacity to have the subjective intention to commit crimes, thus rebutting the "positivist" view by denying that it is possible for a legal person to satisfy all factors required to be established to constitute a crime under 1979 Chinese Criminal Law, one of which is the presence of an intention to commit a crime. The "positivists" in turn argue that a legal person can have a "constructive intention" imputed to it where one of its organs or some of its personnel have had the requisite "guilty" intention. Crimes committed by a legal person might result in serious damages to the society through the intention or negligence of its constitutent parts.

The "negativists" argue that since any criminal activities are decided by some responsible persons of the enterprise, it is these persons who should bear the criminal responsibility personally instead of the entity. Otherwise it will violate the principle that only the guilty be punished. In response it is said that the finding that a legal person has committed a crime does not mean all the members in the entity are criminals. This case is different from joint crimes. The mere punishment of the personnel responsible for the entity would indulge similar crimes since these personnel might not be those directly responsible for the crime. Only if the legal person itself is made a defendant can the principle that one is exclusively responsible for his offence be positively affirmed.

Further defence taken by the "negative" theorists is that a legal person has no capacity to bear criminal responsibility even if it commits a crime. None of the five sorts of principal punishments stipulated in our Criminal Law (the death penalty, life imprisonment, fixed-term imprisonment, criminal detention and public surveillance) is suitable for a legal person, and it is difficult to imagine that there exists a criminal who should not be sentenced with principal punishment. Among the three sorts of supplementary punishments, deprivation of political rights is not an effective or appropriate way of punishing a legal person. Fines are imposed only for minor crimes or misdemeanours. Confiscation of property applies to private property from criminals and is not a proper punishment for a legal person with property under state ownership. Moreover, fine and confiscation of property may rouse the suspicion of atonement for crimes with money, which is against the principle of criminal penalty in this country. Since legal person lacks the capacity for bearing existing criminal penalties, it is impossible to find a subjective position for it in criminal cases.

Further arguments for "positive" theorists suggest that there should be two methods to punish a legal person in criminal cases, i. e. , principle of representative punishment and principle of separate punishment. The former means to punish the representatives and the persons directly responsible for the crime in substitution of the entity. The latter means that both the enterprise as a whole and the legal representatives or the persons directly responsible for the crime should bear the criminal liability. Instead of blind application of the traditional way of penalty, the punishment on legal person should develop a new method by adopting similar provisions from foreign laws, such as stopping their business activity, disbanding the enterprises and declaring its bankruptcy.

The theoretical arguments have been reflected in legislation. The Civil Law, promulgated in 1986, adopted in article 110 the positive view by stipulating that " Citizens or legal persons who bear civil liability shall also be held for administrative responsibility if necessary. If the acts committed by citizens and legal persons constitute crimes, criminal responsibility of their legal representatives shall be investigated in accordance with law. " Nevertheless, our Criminal Law upholds the negative view and remains in contradiction with the Civil Law without any amendment. However, judicial interpretation carries the trend of the "positive" position. For instance, " Answers to Some Issues Concerning the Actual Application of Law to Present Cases of Economic Crimes" jointly issued by the Supreme People's Court and Supreme People's Procuratorate regulates: "For those official organs that engage in smuggling, illicit speculation, seeking illegal profits and bribing in huge amount, if the circumstances are serious, the criminal responsibility of bribery shall be investigated on the persons in charge beside confiscation of all the property involved in bribery. " The said crimes committed by "official organs" should include, in large percentage, the crimes committed by legal persons.

3. Bankruptcy of Legal Persons

It is the rule of survival for the fittest in commodity economy to declare an enterprise as a legal person bankrupt. This is popular in western countries. It seems contradictory with the public ownership of the socialist system to declare an enterprise as a legal person bankrupt under socialist conditions. It is said that an enterprise owned by the whole people has no property under its possession, therefore its bankruptcy means that of the state, thus making the issue ridiculous and the argument unnecessary. However, just as an enterprise under the ownership by the whole people can be established as a legal person, such an enterprise can also be declared bankrupt because of the independent nature of its property for which the enterprise bears the civil responsibility of management and operation as reaffirmed by the state law.

It is entirely necessary for the development and structural reforms in our socialist planned commodity economy to implement the bankruptcy system on the enterprises owned by the whole people as legal persons. These enterprises play the principal role in the socialist construction for modernization. But it is no secret that some enterprises under state ownership are up to their necks in debt because of poor management. They depend on compensation of the state budget as a grant from the state "big pot". Some of them have become heavy burdens on the state and laid obstacles to the development of the socialist economy. The implementation of the bankruptcy law may resolve these problems, encourage enterprises to work according to the rule of commodity economy, put enterprises into competition and try to make up dificits and increase surpluses. At the same time, after implementation of the bankruptcy law, the enterprises have to bear the consequences of bankruptcy economically and legally. In this case, they would

韩德培文集

demand as much autonomy as possible from the government departments in charge, so as to create better conditions for the enterprises' self-reform, self-development and self-reliance. Furthermore, the enterprises are required to use their autonomy in business management in compliance with the law, to dare to say no to improper interference from the administration, to reinforce economic contractual liability and democratic management, improve operational conditions, raise economic efficiency, pay greater attention to active performance of economic contracts, attempt to settle disputes on debts in time and protect the lawful rights and interests of the enterprises. In sum, it is urgently important and highly useful to adopt the bankruptcy system in enterprises owned by the whole people as legal persons. Just for the foregoing reasons, the Law of the People's Republic of China on Enterprise Bankruptcy was promulgated on December 2, 1986. The Law is to be implemented on a trial basis three full months after the Law on Industrial Enterprises with Ownership by the Whole People comes into effect. The latter has been in effect since August 1, 1988. So the Law on Enterprise Bankruptcy has taken effect already.

Although we have implemented, on trial basis, the Law of Enterprise Bankruptcy (1986) for almost one year, there is no real case about declaration of bankruptcy of enterprise under any kind of ownership in accordance with such a law. Some difficulties occurred in practice in implementing the law. The main problems are as follows: (1) the implementation of the Law on Industrial Enterprises with Ownership by the Whole People provides no means to solve the problem of confusing the governmental liability with the enterprise responsibility. The administrative intervention often occurs, thus limiting enterprise autonomy in management. The conflict of responsibility, rights and interests within the enterprise supplies an excuse for it to shift the consequences of bankruptcy; (2) with the price system remaining in disorder, the "double track" system of price and differences in proportion of supply of raw materials and planned control on producing price of products, all these factors make it impossible for the profitable conditions to reflect the real effect of management in enterprises; (3) large scale unployment as the result of bankruptcy may put a heavy burden on the society under present economic conditions. It may also change into a threat to the social order and security. Moreover, the Law of Enterprise Bankruptcy is running into a problem of keeping in coordination with other necessary laws; the lack of corporation law and other important laws will inevitably cut down the effectiveness of the Bankruptcy Law. It is easy to understand from the preceding reasons that the actual effect of the Law of Enterprise Bankruptcy can be fully realized only under the circumstances that all the relevant problems and difficulties are thoroughly resolved so that the Law can be implemented smoothly in a better objective condition.

关于参加第十三届国际
比较法大会的总结报告*

今年八月我曾去加拿大蒙特利尔市参加第十三届国际比较法大会（ⅩⅢth International Congress of Comparative Law）。本届会议是在国际比较法研究院（International Academy of Comparative Law）的领导下，由加拿大魁北克比较法协会（Association Québecoire de Droit Comparé）具体负责主办的。

国际比较法研究院是一个国际民间学术组织。它成立于 1924 年 9 月 13 日，地点在荷兰海牙。它的目的主要是从历史的角度研究比较法，以期改进各国的法律特别是私法，从而减少和协调各国法律之间的差异。该院的成员分两种：一为五十名有选举权的正式成员，一为一百多名无选举权的联系成员。这些成员大都是各国的法学专家学者和教授，也有一些是某些国家最高法院法官或国际性法院的法官。该院的主要任务是从事法学方面的科学研究，而不带任何民族的或政治的色彩。该院每 4 年召开一次国际比较法大会，费用除由具体主办的单位资助外，就靠参加会议者所交纳的注册费。首次大会是 1932 年在海牙举行。第二次世界大战后，曾先后在伦敦（1950）、巴黎（1954）、布鲁塞尔（1958）、汉堡（1962）、乌普萨拉（瑞典，1966）、佩斯卡拉（意大利，1970）、德黑兰（1974）、布达佩斯（1978）、加拉加斯（委内瑞拉，1982）、悉尼（1986）等地举行。1986 年在悉尼举行大会时，我曾被邀请参加，但临时因事未能前去。

本届大会是由加拿大魁北克比较法协会具体主办的，地点在蒙特

＊ 这个报告是作者 1990 年在加拿大参加第十三届国际比较法大会回国后向国家教委提出的。

利尔市（Montreal）麦吉尔大学（McGill University），会期是从8月19日至24日，除在该市参观法院、学校和博物馆外，还到外地渥太华和多伦多参观访问。本届会议出席者有700多人，是一次规模很大的会议。会议讨论的课题共有34个，是按课题分组进行讨论的。我是参加"法人"（Legals Person, Juridical Person）组，正式参加者有22人，另有旁听者多人。正式参加者的国别，除我国外，还有美、英、法、加拿大、澳大利亚、联邦德国、意大利、瑞士、捷克、匈牙利、荷兰、以色列、墨西哥、阿根廷、韩国等。我除参加"法人"组外，还尽可能利用时间，参加过国际私法方面的"国际收养"组、国际公法方面的"国际法院内部分庭"组、知识产权法方面的"新技术版权"组、商法方面的"不同经济和政治制度国家间的合资企业"组以及计算机方面的"计算机对司法判决的帮助"组等。

我向大会提出的英文论文"中国的法人制度"（Legal Personality in China），早在大会开会前就寄给"法人"组的主持人和报告员、澳大利亚悉尼大学法学系主任泰教授（Professor Alice E. S. Tay）。小组开会时，由她先将有关"法人"的各篇论文的要点，概括地加以介绍。她介绍以后，再由论文作者分别作些补充或解释，然后由与会者提问，作者解答，并展开认真热烈的讨论。我的论文内容，主要是论述中国法人制度的特征、中国法人的分类和职能以及有关中国法人的一些问题。我在作补充发言时，特别就全民所有制企业中的两权分离问题（指所有权与经营权分离问题），作了一些说明，主要是指出这样做的目的，是为了更好地发扬企业的主动性和积极性，进一步提高企业的活力和效益。我讲过以后，就有人提问，问我中国这样做的效果究竟如何？我回答说：总的讲来，效果是比较好的，但还有些问题须在实践中进一步加以研究和解决，这些都是新问题，我相信在我国今后的经济改革中会逐步加以解决的。看来与会者对我的发言很感兴趣。不过，从他们的发言中也可看出，他们大都倾向于认为只有实行私有化，才能提高企业的活力和效益。关于这一点，我最后表示说，这个问题将来可以由事实来回答。

这次会议讨论的问题很多，而且比较专门，我又不可能分身参加所有各组的讨论，因此很难作一全面的综合性的报道。不过，就我参加过的一些课题的讨论看来，我感到参加这次会议，至少有两点是值得提出的，也可说是收获吧：第一，随着世界各国社会和技术的发展，在法学领域中所要研究的问题正在不断地扩大和增加。例如就法人问题而言，过去就从来没有发生过在全民所有制企业中有必要将所有权与经营权分开的问题。只有在社会主义制度下，通过多年的实践，才发现有研究和解决这个问题的必要。再就计算机而言，近年由于计算机技术的迅猛发展，利用计算机来帮助作出司法判决，已经被认为有可能了。这就是说，计算机可以根据一定的事实和相应的法律规定，作出恰如其分的司法判决。这是过去不能想象的事，现在却有可能变为现实了。有些国家的法学专家已经在这方面取得初步的成果。这都说明随着社会和技术的发展，在法学领域中需要研究的问题正在扩大和增加了。第二，这次会议的进行方式比较灵活，不但有报告员对论文要点的概括介绍和作者本人的补充发言，更重要的是还有与会者的提问及论文作者的解答以及随之而来的热烈的讨论。这样才说得上是真正的学术交流。通过这样的学术交流，就可以使人扩大眼界，增长不少新的知识。例如就不同经济和政治制度国家间的合资企业而言，有些人的发言介绍了他们国家所取得的经验，或者提出了他们国家所碰到的困难和问题，这就给人以很大的启发和教益。再就新技术的版权而言，这也是当代新发生的问题。在科技发达的国家，已经发生不少这方面的纠纷，需要用法律来解决。我国也同样会发生这方面的纠纷，也同样需要用法律来解决。它们解决这类纠纷的经验，自然很值得我们参考。因此，我认为参加这样的学术会议，通过学术交流，对于我们进一步从事法学研究，更好地进行本国的法制建设，以及从别国的有益经验中认识到如何更有效地处理类似的问题，特别是处理涉外法律问题，都是大有裨益的。

　　我参加这次会议后，感到我们有两点不足之处需要尽可能加以克服：第一，我国参加的人太少了。这样大型的国际会议，许多国家派去的人总不止一人，例如以日本而言，就我所知，这次参加会议的人就有 21 名，其中除 1 人为最高法院法官外，其余全是大学教授。而我国却仅有我一人参加会议，相形之下，实在相去太远了。我希望我国也应尽可能多派一些人去参加这类有价值的大型国际学术会议。第二，我国对参加国际学术会议的人，在经费方面，限制过严，使人感受到很大的不便和困难。举例来说，按照政府现在的规定，在国外住旅馆的房金，每日只能按美金 30 元换取外汇。请问在西方国家，特别在较大的城市，到哪里去找每日房金为 30 美元的旅馆去住？这完全是一种闭门造车、不切实际的规定。我希望尽快修改这种规定。政府要么不派人出去参加国际学术会议，要么既派人出去就应承担出国人员所必需的费用，不能盲目地加以限制。至于像目前武汉大学的做法，只承担出国人员往返国际旅费，其他费用一概不管，要出国人员自己设法凑足人民币，再按政府现在的规定去换取外汇，这就使出国人员更加为难了，更非改变不可。以上两点，仅供有关方面参考。

1990 年 10 月

充分发挥新宪法在社会主义现代化建设中的伟大作用*

　　新宪法①的通过，是我国人民政治生活中的一件大事。建国以来，连这部宪法在内，我们先后制定了四部宪法。在四部宪法中，这部新宪法是最完善的一部宪法，它是一部划时代的光辉文献。

　　通过学习，我觉得新宪法有三大特点。第一，它是经过两年多的准备和全民的讨论，又经过全国人民代表大会的审议与修改，最后才通过、公布和实施的，因此，它是全国人民集体智慧的结晶，是充分发扬社会主义民主的产物；第二，它是在贯彻十一届三中全会路线之后，经过拨乱反正，在正确地总结建国三十多年社会主义革命和建设正反两方面的经验的基础上制订的，它以根本大法的形式，把四项基本原则肯定下来，这就对于我国正确的政治路线的长期稳定，安定团结政治局面的进一步巩固，起到宪法保证的巨大作用；第三，它是从实际出发，为适应我国社会主义现代化建设的实际需要而制订的，它既考虑到了我国当前的现实，又照顾到了我国发展的前景，它是一部合乎我国国情，具有中国特色的社会主义宪法。

　　新宪法的诞生之所以具有划时代的伟大意义，可从两个方面进行说明。

　　第一，新宪法为我国实现社会主义现代化提供了可靠的保障。今后我国的根本任务，是集中精力进行社会主义现代化建设，逐步实现工业、农业、国防和科学技术的现代化，把我国建设成为高度文明、高度民主的社会主义国家。这个伟大的任务，现在已用法律的形式，

---

　*　本文原载《法学评论》1983 年第 1 期。
　①　指 1982 年五届人大五次会议通过的宪法。

在这部根本大法中肯定下来了（见宪法序言）。这就给全国各族人民更加明确地提出了努力的方向和奋斗的目标。为了保证这一根本任务的胜利完成，新宪法中对于我们国家的政治制度、经济制度、国家机构的设置与职权范围，一一作了明确的规定。不仅如此，新宪法中还十分重视发展教育、科学、卫生、体育等事业，特别是提出了精神文明的建设。这些，对于社会主义现代化的胜利实现，都是至关重要的条件。

第二，新宪法的制定，标志着我国的社会主义民主与法制进入了一个新的发展时期。发展社会主义民主和健全社会主义法制，是实现四化的必不可少的条件。如果缺乏社会主义民主和社会主义法制，四化大业就无法完成，这个道理是很明白的。如果没有社会主义民主，人民的积极性就无法调动起来；如果没有社会主义法制，无法可依或者有法不依，那只会使得坏人得意而好人吃苦，过去十年内乱中"无法无天"的沉痛历史教训，是永远也不应该忘记的。令人感到无比振奋的是，新宪法中对于发展社会主义民主和健全社会主义法制，作出了全面的规定。例如，新宪法明确规定，中华人民共和国的一切权力属于人民，并对公民各种合法的自由和权利，作出了一系列明确、具体而切实的规定；新宪法扩大了全国人民代表大会的职权，用以充分发挥人民当家作主的作用；新宪法规定国家领导人的任期不得超过两届，即十年，这样就可以避免权力过分集中于少数人之手；新宪法不仅恢复了五四年宪法关于公民在法律面前一律平等的规定，而且进一步明确规定："一切国家机关和武装力量、各政党和社会团体、各企业事业组织，都必须遵守宪法和法律。一切违反宪法和法律的行为，必须予以追究。""任何组织或者个人都不得有超越宪法和法律的特权"。这就更加明确而具体地体现了社会主义民主的原则，维护了社会主义法制的统一和尊严。

上述各项规定，都是关系极其重大而意义极其深远的规定。随着新宪法的公布实施，我国的社会主义民主必将得到长足发展，我国的社会主义法制必将日益趋于完善，我国的社会主义现代化事业必能得到更加有力的保障。

新宪法通过公布以后，必须坚决贯彻施行，使之真正具有最大的权威性和最高的法律效力，从而起到它应有的作用。为了保证宪法的实施，我认为下列几个问题必须抓紧解决：

第一，必须广泛深入地进行宪法的宣传和教育工作，使得在全国范围内家喻户晓，人人皆知，使得大家都能够自觉地遵守宪法，执行宪法。

第二，宪法是根本法，是一种"母法"，但是单有"母法"还不够，还必须有一系列的"子法"，对宪法规定的各项原则一一加以具体化。这就是说，必须以宪法的规定为准绳，加速制订各种法律、法规。当然，这也是一项经常性的工作。

第三，需要建立必要的机构以监督宪法的实施。这个机构必须有很高的权威。这种机构，最好是设在全国人大常委会内，而且应是常设的机构而非临时的机构。

第四，各级领导干部，应该带头作执行新宪法、维护新宪法的模范。通过广泛深入的宣传教育和领导同志的以身作则，在社会上形成一种以遵守法纪为荣、以以权代法为耻的社会舆论和社会风气。有了这样的社会舆论和社会风气，宪法和法律就更容易得到普遍的自觉遵守，而能对社会主义现代化建设发挥其重大作用。

运用法律手段管理经济[*]

  赵紫阳总理在六届人大一次会议的《政府工作报告》中就曾说过："政府经济部门和经济组织的领导人员，都要学会运用法律手段管理经济活动，消除各种犯罪分子可以利用的漏洞和薄弱环节，维护社会主义经济秩序。"《中共中央关于经济体制改革的决定》也指出："为了使各个企业的经济活动符合国民经济发展的总体要求，社会主义的国家机构必须通过计划和经济的、行政的、法律的手段对企业进行必要的管理、检查、指导和调节。"《决定》中又说："经济体制的改革和国民经济的发展，使越来越多的经济关系和经济活动准则需要用法律形式固定下来。"党和国家向我们提出了一个重要的问题和具体的要求，即运用法律手段管理经济。

  什么是法律手段？为什么要运用法律手段管理经济？怎样运用法律手段管理经济？这些问题都是大家所关心的，也是我们法学工作者必须研究的。

一、什么是法律手段

  国民经济的管理手段，是指国家为执行管理经济的职能所采取的方法、措施和途径的总和。国民经济的管理手段是多种多样的，其中经常地需要运用的是行政、经济、法律三种手段。这三者的关系十分密切。在说明什么是法律手段以前，有必要先对行政手段、经济手段略加说明。

  * 本文原载《武汉大学学报》（社会科学版）1985 年第 5 期。

韩德培文集

1. 行政手段的性质、特点和作用

所谓行政手段，是指国家依靠各级行政机关或经济管理机关所具有的职能和权威，按照行政系统、行政层次、行政区划，采用行政命令、决定、指示，下达计划、任务、指标等，来直接组织和指挥经济活动。其主要特征是以上级行政机关的权威和所属经济组织的服从为前提的，具有直接的强制性。

行政手段是管理经济的手段之一，是不可缺少的。因为社会主义的生产是社会化的大生产，客观上要求有统一的指挥，一定程度的集中。行政管理机关要有一定的权威，而下级组织必须服从。否则，国家管理经济的职能便无法实现。如果有令不行，有禁不止，经济秩序便无法维持，经济生活必然紊乱。我国是社会主义国家，是在生产资料公有制的基础上实行计划经济的。就总体说，我们实行的是计划经济，而不是那种完全由市场调节的市场经济，换言之，是在公有制的基础上的有计划的商品经济。因此，国家运用行政手段，在一定范围内和一定程度上，进行集中统一的领导和指挥，还是必要的。例如，国家可以通过行政手段，下达计划、方针和政策，部署重点工程的建设，按规定的范围任免干部等。

行政手段有它的特点和作用，这是应当肯定的。但是，单纯依靠行政手段管理经济，却有很大的弊病。如果单纯依靠行政手段管理经济或指挥经济活动，常常会把复杂的经济关系看得简单化了，结果必然导致经济管理和经济活动的僵化和硬化。单纯依靠行政手段管理经济的最大弊端是不重视客观经济规律，不讲究经济效率，不注意经济利益和经济责任，从而不利于调动各方面的积极性，有碍于经济的发展。加之，过去我们把全民所有同国家机构直接经营企业混为一谈，不知道把所有权同经营权适当分开。当时，在苏联的那种模式的影响下，总是把社会主义经济理解成国家规定一整套的指令性计划，甚至企图把各种社会经济活动都统统纳入计划之内，层层下达，一直管到企业。不但如此，我们在长时间内，还习惯于单纯依靠行政命令来实施这种计划，忽视运用经济杠杆来进行调节，结果是统得过多，管得过死，造成我们的经济发展没有活力，不利于经济效益的提高，不能形成经济的良性循环。这方面的教训是十分深刻的。所以说，我们需

要用行政手段，但不能单纯依靠行政手段。

2. 经济手段的性质、特点和作用

所谓经济手段，是指按照经济规律来控制和调节经济活动的方式、方法和途径。它的主要特点是运用经济杠杆来影响经济活动，使之向着一个预定的方向和目标发展。它以商品、货币等价值手段为媒介，通过事前或事后的、直接或间接的方式来影响各种生产经营活动。经济手段是经济活动的发动机和控制器，能对复杂的经济活动起促进、制约和调节的作用。

经济手段大体可分为宏观的经济手段和微观的经济手段。所谓宏观的经济手段，是从整个国民经济的角度来讲的，它包括价格、税收、信贷等经济杠杆。这些都是调节国民经济的主要经济手段。所谓微观的经济手段，是从企业管理的角度来讲的，主要是针对企业的经营效果与职工的经济利益的。它主要是通过企业基金、利润分成、工资、各种奖金和津贴等手段，使企业的经济效益与职工的经济利益紧密地结合起来，充分调动企业和职工的积极性和创造性，以发展商品生产，为国家积累财富，满足人民日益增长的物质和文化的需要。所以，经济手段也是管理经济所不可缺少的重要手段。

这里值得注意的是，有人把经济手段限于发奖金，把发奖金当作经济手段的主要形式和主要内容，这是一种误解。奖金是经济手段的形式之一，但不是唯一的经济手段，或唯一重要的经济手段。奖金是超额劳动的一种补偿，是工资的一种补充，它建立在超额劳动和取得经济效益的基础上。那种脱离超额劳动和经济效益，滥发奖金的做法，是不符合经济手段的特性和要求的，因而也是不可取的。

3. 法律手段以及它与行政手段和经济手段的关系

所谓法律手段，就是指利用法律的规定和执行来调整国家的各种经济关系和经济活动的一种方式、方法和途径。本来，大家都知道，法律是社会的上层建筑之一，是在一定的社会经济基础上产生，反过来又为社会经济基础服务的。法律是一种社会规范，但它不同于其他社会规范，如道德规范、宗教规范等。它的最主要的特征是：它是由国家制定或认可，并且以国家的强制力来保证实施的。其他社会规范都不具有这个特征。例如就道德规范而言，如果某人因做了不道德的事而受到社会舆论的强烈谴责，这也可说是一种强制，但只是一般的社会强制，同国家强制力有原则的区别。在这一点上，法律手段和行政手段有类似之处。当然，法律手段在规范性、连续性、稳定性以及强制性方面，都比行政手段更强一些。

运用法律手段包括立法、司法和守法等方面；运用法律手段管理经济也是一样。就立法而言，就是国家通过制定法律来调整各种经济关系和经济活动；就司法而言，主要就是通过司法机关处理各种经济纠纷和经济犯罪案件，保护当事人的合法权益，维护社会主义经济秩序；就守法而言，就是要求各种经济组织和参加经济活动的个人遵守国家的法律，按照法律和法律制度办事。

在阐述为什么要运用法律手段管理经济以及如何运用法律手段管理经济以前，在这里先说明一下行政手段、经济手段与法律手段的关系。

前面说过，行政手段主要是通过行政命令、决定、指示，下达计划、任务、指标等来组织和指挥经济活动。这些行政命令、决定、指示以什么形式体现呢？主要是条文化、规范性的文件，通过一定程序，按一定方式下达。具有约束力的规范性文件，就是一种法律规范。许多行政法、经济法就包括这些法律规范。这是一个方面。另一方面，行政手段也有一定范围、权限、程序和原则的限制，也需要以法规的形式加以规定，作为其适用的准则。从这两方面看，行政手段也往往要通过法律形式来体现。从这个意义上来讲，也可以说法律手段包括一部分行政手段在内。因此，行政手段与法律手段常常是密不可分的。

经济手段主要是通过经济杠杆来指导和调节经济活动。经济活动包括生产、分配、交换和消费等方面，直接间接与经济活动主体的物质利益相关联，要受政策的指导，而有的政策则要条文化、规范化，上升为法律，因此要制定一系列的经济法规。有的经济手段，如税收、价格、利息等，基本上是法律化的经济手段。从这个意义上讲，经济手段也常常离不开法律手段；而法律手段也常常包括经济手段的内容。所以，经济手段和法律手段的关系，也是非常密切的。

综上所述，行政手段、经济手段和法律手段，虽然各有自己的特点而有所区别，但行政手段和经济手段常常都离不开法律手段。总的说来这三种手段，都是管理经济所不可缺少的。不过，鉴于我们过去长期习惯于用行政手段推动经济运行，而忽视运用经济杠杆，特别忽视运用法律手段来进行调节，今后应该强调一下，为了搞活经济，特别是政府对企业的管理，要多用经济手段和法律手段，而少用行政手段。最近赵紫阳总理在武汉视察改革情况时在讲话中指出："要多用经济杠杆去引导企业，多用经济法规去管理企业，少用行政手段干预企业。"

二、运用法律手段管理经济的重要性和必要性

运用法律手段管理经济，是在目前新形势下提出和强调的新任务、新要求。但其重要性和必要性并不都为大家所理解，所以有必要来讲一讲关于运用法律手段管理经济的重要性和必要性。

1. 法律手段是国家执行其管理经济职能的重要手段

上面说过，法律是由国家制定或认可，并以国家强制力保证实施的社会规范。法律以国家存在为前提，国家通过法律体现其职能。我们社会主义国家的职能之一，就是管理经济；而这一职能随着社会主义建设的发展，越来越重要，越来越突出。管理经济有多种手段，法律手段是其中之一。社会主义的经济越发展，法律手段的重要性和必要性也越明显。一个国家要巩固政权、发展经济，没有法律的保证是不行的。"无法无天"不仅会使政治上大乱，也会使经济上陷于瘫痪和崩溃。所以要治理国家，搞四个现代化建设，必须发扬社会主义民主，健全社会主义法制。所谓健全社会主义法制，就是要做到"有法可依，有法必依，执法必严，违法必究"。运用法律手段管理经济，也是健全社会主义法制的重要内容。

关于健全社会主义法制问题，在这里有必要重温一下我们过去的沉痛教训。建国初期，我们还比较重视法制建设。50年代，我们的法制建设工作开展得比较好。当时颁布了一系列法律、法规和法令，各方面都认真依法办事，对于成功地进行土改、镇压反革命、实现社会主义改造，建立和巩固社会主义经济基础，促进整个国民经济的恢

复和发展，都起了积极良好的作用。但是，后来在长期"左"的思想和法律虚无主义的影响下，就不那么重视法制建设了。特别在"文化大革命"中，不要党，不要政府，砸烂公、检、法，无法无天，名曰"天下大乱，乱了敌人"，实则乱了自己，害了自己，使党、国家和人民遭到建国以来最严重的挫折和损失。为了吸取这个深刻的教训，唤起全党的注意，早在十一届三中全会前的中央工作会议上，邓小平同志就强调了加强法制的必要性，指出必须使民主制度化，法律化，使这种制度和法律不因领导人的改变而改变，不因领导人的看法和注意力的改变而改变。十一届三中全会以来，随着党和国家的工作重点转移到社会主义现代化经济建设上来，加强法制建设的重要性，包括加强经济法制建设的重要性，日益变得突出了。我们制定了新宪法和一批重要的法律和法规，并在政治、经济和领导体制改革等方面，采取了一系列重大的根本性措施，这样就为加强社会主义法制建设提供了有利的条件。我们从过去沉痛的教训中，清醒地认识到加强社会主义法制的重要性，是付出了很大的代价的。我们再也不能忘记这个教训，一定要加强社会主义法制，而在经济领域内一定要加强经济法制的建设，学会和运用法律手段管理经济。

近几年来，我国已经制定和颁布了一些重要的经济法律和法规。其中由全国人大或全国人大常委会制定颁布的有，《经济合同法》，《商标法》、《专利法》、《统计法》、《会计法》、《涉外经济合同法》等。由国务院颁布或批准颁布的，有关于搞活农村经济的一系列法规，关于国营企业、集体企业和个体经济的法规，关于经济合同法实施的条例，还有关于涉外经济方面的法规等等。此外，各省、自治区、直辖市也制定了一些地方性经济法规。以上这些经济法律和法规，对于保护社会主义生产关系，维护正常的经济秩序，保障社会主义现代化建设的顺利进行，都起了重要作用。例如，有关个体经济的法规颁布之后，个体经济得到了迅速的发展。个体工商者在"文化大革命"时曾减少到十五万人，现在已迅速发展到一千多万人，成为社会主义公有制的必要补充。又如，《经济合同法》自1999年10月1日《合同法》实施之日起已被废止。及其实施条例颁布以后，每年签订的经济合同，不仅数量增多，而且履行率也有所提高。通过合同的订立和履行，巩固和发展了协作关系，保证了国家计划的完成，实现了产销对路，改善了经营管理，取得了良好的经济效益。再如，涉外经济法规的颁布，对我国利用外资工作起了积极的促进作用。从1979年到1983年，我国利用外国政府和国际金融组织的贷款有118.6亿美元，安排建设了41个项目。中外合资经营的企业，也有很大的发展。由此可见，法律手段确实是推行经济政策，调整经济关系，改善经济管理，发展社会生产力的一种重要手段。

2. 法律手段是保障和促进经济体制改革的重要手段

当前我们国家面临的一个重要任务是经济体制改革。《决定》指出："我们改革经济体制，是在坚持社会主义制度的前提下，改革生产关系和上层建筑中不适应生产力发展的一系列相互联系的环节和方面。这种改革，是在党和政府的领导下有计划、有步骤、有秩序地进行的，是社会主义制度的自我完善和发展。"党和政府对改革的领导、组织、指挥，主要是通过方针政策以及体现这种方针政策的有关法规的制定、颁布和实施来实现的。为此，就要根据经济体制改革的要求，制定一系列相应的经济法规，把党和国家指导改革的方针政策加以具体化、定型化、规范化。这方面已经取得一定的成绩并积累了一些经验。例如扩大企业自主权，就是通过试点和制定扩大企业自主权的暂行规定逐步推广的。为了进一步扩大企业自主权，国务院又于1984年5月10日颁布了《关于进一步扩大企业自主权的规定》（即《扩权十条》）。同年10月，国务院还颁布了《关于改进计划体制的若干暂行规定》，这个规定就是"大的方面管住管好，小的方面放开放活"这一方针的具体化、规范化。

用法律手段保障和促进经济体制改革的顺利进行，至关重要。一方面要以法律形式巩固经济体制改革中的成果；另一方面又要以法律形式指导经济体制改革的发展。这除了用法律形式肯定试点中已取得的行之有效的带普遍意义的经验外，还要针对当前出现的问题和发展方向，提出解决的措施和作出明确的规定，告诉人们在改革中可以做什么，不可以做什么，明确对改革中合法行为的保护和对违法行为的制裁，并凭借国家的强制力来保证这些规范的全面实施，从而保障改革的顺利进行。例如针对当前有些党政机关办企业，以权谋私的不正之风和违法乱纪行为，今年二月中共中央、国务院发出《关于严禁党政机关经商、办企业的通知》。为了及时制止滥发各种奖券，今年三月国务院发出了《关于禁止滥发各种奖券的通知》。这些都是用法律手段保证经济体制改革顺利进行的表现。

3. 法律手段也是提高经济效益不可缺少的手段

由于种种原因，我们经济工作中存在一个比较严重的问题，就是经济效益差。据统计，从 1953 年到 1981 年 28 年中，我国的固定资产总值增长了 26 倍，同时期内工农业总产值增长了 8 倍，但因总产值中包括了生产过程中的物质消耗和设备折旧，这部分不是新创造的价值，如把这部分扣除，新创造的价值即国民收入只增长 4 倍，比总产值少 1/2。再除掉使用过程中的浪费和人口增长较快的因素，真正落实到人民生活上，只提高了一倍，这也就是说，以固定资产总值的增长来说，我国在世界上是相当快的，可谓名列前茅，一般国家都没有我们高。以工农业总产值增长的速度来说，我国也很快，在美国、苏联、英国、法国、日本、联邦德国这几个国家中，除工业增长速度略低于日本外，比其他国家都高，农业是这几个国家中最高的。但由于投入很多，产出很少，真正新创造的价值最后只剩 4 倍，与世界上其他国家相比就不算高，只属于中等水平了。特别是最终落实到人民生活上，只有一倍，与其他国家相比，就是很低的水平了。造成这种状况的原因是多方面的，但很重要的一个原因是经济体制不合理，不能很好地提高经济效益，不能形成经济的良性循环。这正如国庆三十周年叶剑英同志在报告中说的，我们 30 年经济建设所取得的实际成就，同我们国家社会主义制度的优越性比较，很不相称，同亿万人民群众所付出的辛勤劳动比较，很不相称。所以，这种体制不改革是没有出路的。据说，现在尚有 1/10 的国营企业是亏损企业，经济效益差几乎是个普遍的现象。当然，在最近几年，农村和城市的改革，都已取得很大的成绩，特别是去年，我国经济的大好形势是前所未有的，这是应该肯定的。我们必须充分利用这种有利条件，不失时机地把改革继续推向前进。

为了提高经济效益，一方面要改革体制，减少物资消耗，降低生产成本，要厉行节约，反对浪费，要采取各种措施提高经济效益；另一方面还必须健全法制，制定各项必要的经济法规和规章制度，并且严格认真地贯彻执行。例如，为了降低成本，就要严格执行《成本管理条例》，同时要建立降低成本的有关规章制度。又如，为了提高产品质量，就要认真执行《产品质量管理条例》，并采取具体措施和办法，保证和提高产品质量。总之，在提高经济效益方面，法律手段也可以起很重要的作用。

三、怎样运用法律手段管理经济

中共中央关于经济体制改革的决定中指出："经济体制的改革和国民经济的发展，使越来越多的经济关系和经济活动准则需要用法律形式固定下来。国家立法机关要加快经济立法，法院要加强经济案件的审判工作，检察院要加强对经济犯罪的检察工作，司法部门要积极为经济建设提供法律服务。"这既阐明了经济体制改革与经济法制的关系，也为怎样运用法律手段管理经济指明了方向。

根据《决定》的精神，当前在运用法律手段管理经济上，要着重注意如下几个方面：

1. 加快经济立法的步伐

经济立法，是指经济法规的制定工作，包括经济法规的起草、审议、通过、颁布等一系列活动。运用法律手段管理经济，首先要有法可依。十一届三中全会以来，我国经济立法虽然有了相当大的发展，已经颁布实施的经济法规在我国社会主义经济建设中发挥着重要作用，但总的说来，还是不完备的，还不能适应开创社会主义现代化建设新局面的需要。因此，加快经济立法的步伐还是一个十分紧迫的任务。怎样才能加快经济立法的步伐呢？我认为：

首先，要进一步明确经济立法的指导思想。邓小平同志指出，现在立法的工作量很大，人力很不够，因此法律条文开始可以粗一点，逐步完善。有的法规，地方可以先试搞，然后经过总结提高，制定全国通行的法律。修改补充法律，成熟一条就修改补充一条，不要等待"成套设备"。总之，有比没有好，快搞比慢搞好。邓小平同志这段话，也就是我们经济立法的指导思想。这就是实事求是，一切从实际出发，要适应形势的需要，抓住主要矛盾，成熟一个搞一个，逐步完善。重要的、急需的先搞，而且中央和地方可以一起搞，从而加快经济立法的步伐。

其次，要抓紧制订一些重要的、急需的基本经济法规。所谓基本经济法规，是指关系宏观经济的、对全局影响较大的、对其他经济法规有指导作用的经济法。这方面近几年来虽然做了不少工作，但与经济体制改革和国民经济发展的要求还不大适应。例如在计划方面还没有《计划法》，在劳动方面还没有《劳动法》，在资源合理利用和保护方面还没有《土地法》、《矿产资源法》，在企业方面还没有《公司法》、《工厂法》，在财政金融方面还没有《银行法》、《票据法》，在对外经济贸易方面还没有《外贸法》、《海商法》、《投资法》等。据悉其中有些已经起草了草案，有的刚刚开始草拟，有些可能还要费些时间。

第三，要改革立法制度和程序。在立法方面，我国目前还没有制定一个关于起草送审经济法规草案的科学合理的制度和程序的法规。这就带来了两个问题：一是在草拟和修订经济法规方面，存在着很大的随意性和自流现象。起草单位互不通气，各搞各的，往往产生法规之间互不衔接，甚至彼此矛盾和抵触的情况。有的单位还通过起草经济法规，扩大本部门的权限，把自己的意志强加于人。二是在法规送审讨论问题上，也存在多头审查，重复劳动的现象。这种情况的存在，既不利于提高立法质量，也不利于加快经济立法的进程，需要采取措施，尽快予以解决，最好能制定一个规定经济立法制度和程序的法规。

当前在对外开放和经济体制改革方面，有一系列新问题需要及时作出有法律效力的规定。但是，有些重大问题涉及面广，情况复杂，又缺乏实践经验，制定法律尚有困难，而没有法律规定，又不好开展工作。这个问题如不很好地解决，就会妨碍改革、开放的顺利进行。为此，不久前举行的全国人大六届三次会议，已通过一个决定，授权国务院在经济体制改革和对外开放方面可以制定暂行的规定或者条例。这是从我国当前实际情况出发加强法制建设的一项重要措施，可以适应当前某些实际工作的需要，还可以积累经验，为制定或者补充、修改法律作准备，有利于加快经济立法工作。

第四，还要对我国过去已有的经济法规进行清理和编纂。中华人民共和国成立以来，国家制定的法律、法令、规章等，大约有 1 700多件，其中经济法规占一半以上。有一部分法规现在仍然是适用的或者基本适用的，但也有一部分法规不再适用或部分失效。因此，进行法规的清理编纂势在必行。要组织力量对中华人民共和国成立以来国家所颁布的法律、法令、规章进行清理，分清哪些经济法规继续有效，哪些需要明令废止，哪些需要重新修订。法规编纂不是一般的法律汇编，它是在重新审查现有的法律、法令、规章的基础上，对继续有效的法律规范由国家立法机关重新颁布的一项重要的立法活动。我们要通过法规编纂使各项法规更加适应我国经济建设的需要，使各项工作受统一的法律规定的约束。据悉国务院已于 1983 年 9 月发出通知，要求对建国以来的所有法律、法令、规章等进行一次全面的清理。据统计，目前国务院已有 43 个部、委、直属机构和 20 多个省、自治区、直辖市人民政府作出了部署，建立了领导机构，开始了清理工作。清理和编纂经济法规是一项艰巨的任务，也是运用法律手段管理经济的一个方面，需要各方面密切配合，才能认真做好。

2. 加强经济司法工作

经济建设发展的形势，不仅要求加强经济立法，也要求加强经济司法工作，这里就是指经济法规的执法工作。加强经济司法工作，就是要做到有法必依，执法必严，违法必究。为此，要注意做好以下几项工作：

第一，要建立和健全各级人民法院的经济审判庭。随着经济的发展，尤其是合同制度的推行，经济争议和纠纷必然会有所增加。及时解决经济争议和处理经济纠纷，也是运用法律手段管理经济的重要方面。用司法程序解决经济纠纷，也是国家管理经济职能的体现。因此就必须建立和健全各级人民法院的经济审判庭，充分发挥审判职能作用，以维护社会主义经济秩序，保障经济体制改革和社会主义现代化经济建设的顺利进行。六届全国人大常委会第二次会议，根据形势的发展，对人民法院组织法进行了修改，决定各级人民法院普遍设置经济审判庭，从组织上进一步保证经济审判工作的开展。现在，最高人民法院和高级人民法院都已设置了经济审判庭；中级人民法院，除个别边远地区外，也都已建立了经济审判庭；全国基层人民法院有

93％已建立了经济审判庭。多数人民法院都注意了充实和加强经济审判力量。到目前，全国已有各级人民法院经济审判庭 3 200 多个，经济审判干部 1 万多名（根据去年年底统计）。据最高人民法院院长郑天翔同志在六届全国人大三次会议上的报告，1984 年各级人民法院受理的经济案件为 8.5 万多件，比 1983 年的 4.4 万多件增加了 93％以上。自 1984 年 4 月到 1985 年 2 月 11 个月内，各级人民法院共审结各类经济纠纷案件 8 万余件，争议标的总金额 17 亿元，比 1983 年全年审理的经济纠纷案件增加了一倍多。随着我国海上运输事业和对外经济贸易的迅速发展，海事案件和海商案件也日益增多，其中有一些是涉外案件。为了行使我国司法管辖权，维护我国和外国企业、组织和个人的合法权益，最高人民法院根据去年 11 月全国人大常委会的决定，决定在广州、上海、青岛、天津、大连五个沿海港口城市分别设立海事法院，审理国内与涉外的第一审海事案件和海商案件。这五个海事法院已开始受理案件。不过，也应该指出，不少应当由法院审理的违反经济法的案件，还没有送人民法院审理；法制观念薄弱、藐视国法、藐视法庭的行为还时有发生。同时，人民法院的经济审判队伍，在数量和质量方面都还不能适应形势的发展，还必须加紧培训经济审判干部。对于涉外的经济纠纷案件，更需要我们的审判干部适应新形势的要求，加强学习，才能按照我国的法律以及我国同有关国家缔结的条约、协定和我国参加的国际公约，或国际惯例，及时、准确地处理问题。

第二，要及时打击经济犯罪活动，维护社会主义经济秩序。当前，严厉打击严重经济犯罪的斗争，虽然取得了不小的成绩，但是经济犯罪活动仍很严重，不少地方还有明显增加的趋势。犯罪分子趁对外对内开放之机，明目张胆地进行经济犯罪活动，破坏经济建设和安定团结的政治局面，干扰和冲击经济体制改革，使国家和人民的利益遭到重大损失。有些单位的领导人，对于这些犯罪活动重视不足，该追究刑事责任的，也不移送司法机关查处；还有的歪曲政策，混淆是非，把犯罪分子说成是有功之臣，把破坏改革的犯罪行为说成是勇于改革的正当活动，甚至为犯罪分子提供犯罪活动的条件，或者蛮不讲理地指责和中伤办案人员，干扰司法机关的办案工作，客观上支持和纵容了犯罪分子。我们的各级检察机关，必须进一步加强对经济犯罪行为的检察工作，特别要在经济犯罪比较严重、发案比较多的粮食、外贸、商业、供销、石油、煤炭、银行、运输、基建等系统，认真开展清查经济犯罪的工作，严格按照政策和法律办事，认真区分不正之风和经济犯罪的界限，特别对严重的经济犯罪，要坚决依法办事，严厉打击。同时，对干扰办案、妨碍公务或纵容包庇罪犯的，也要严肃处理，情节严重的要追究刑事责任。这样，才能通过对经济犯罪行为的制裁，维护经济秩序，保卫和促进经济体制改革的进行。

第三，要积极为经济建设提供法律服务。所谓提供法律服务，就是做好公证、律师、法律咨询、法律顾问等工作。

加强公证工作是实现用法律手段管理经济的一种方式。公证工作的业务范围较广，涉及国内国外。当前很重要的一项工作，是做好经济合同的公证。通过公证，保证经济合同的真实性、可靠性和合法性，可以提高合同的履约率，从而保障经济建设的顺利进行。

律师是国家的法律工作者，其任务是提供法律帮助，以维护法律的正确实施，维护国家、集体的利益和公民的合法权益。他可以担任法律顾问，担任民事案件的代理人，担任刑事被告的辩护人；他可以参加诉讼活动，也可以在非讼事件中，担任代理人，参加调解或仲裁活动；他可以解答关于法律的咨询，代写诉讼文书和其他法律事务的文书等。律师工作的全部活动，是为加强和宣传社会主义法制服务，也是为经济建设服务，是运用法律手段管理经济的一个重要方面。随着我国国民经济的迅速发展和经济体制改革的逐步展开，各地企事业单位越来越感到不仅需要运用经济手段、行政手段，而且需要运用法律手段来调节经济活动和经济关系，因此聘请律师担任常年法律顾问的要求十分迫切。据统计，聘请律师担任常年法律顾问的企业，已由1983年的三千八百多个发展到现在的一万五千多个；仅1984年，法律顾问为应聘企业单位挽回和避免的经济损失，就达五亿八千多万元。这说明律师在为经济建设服务方面是卓有成效的。当前的问题是律师人数太少，全国现有专职和兼职律师仅两万人左右。而全国工交、建筑、商业、服务业的厂矿、企业，就共有一百多万个，仅靠律师来为这些企事业单位担任法律顾问，显然不能满足需要。我们除了要在全国政法院系加强法律人才的培养以外，还要大力培训企事业人员担任法律顾问。今年3月司法部已开始举办第一期全国企事业法律顾问培训班，参加培训班的是来自全国各地大中型厂矿企业的 387 位学员，他们回去以后，都将担任本单位的法律顾问。这是司法部落实党中央《决定》的一个重要措施。

第四，要加强工商行政管理工作。工商行政管理工作是用行政、经济和法律手段管理经济的综合性工作。它通过对工商企业登记、商标注册、合同管理、经济纠纷的仲裁以及市场管理，维护经济秩序，保护消费者和用户及当事人的合法权益，担负着管理经济的极为重要的作用。当前，工商行政管理工作还要进一步加强，特别要加强对工商企业的登记和对它们的监督管理，控制"皮包公司"的设立，防止投机倒把，取缔非法经营，保护正常的合法的经济活动，为发展商品生产、繁荣经济服务。目前有的公司买空卖空，在根本缺乏履约能力的情况下，同多方面签订空头合同，导致经济纠纷大量发生，严重地扰乱社会经济秩序。因此，工商行政管理机关必须把好核准登记关，并对企业的经营活动加强监督与检查，才能引导企业向有利于国计民生的方向发展，避免盲目经营，或招摇撞骗，造成混乱。

运用法律手段管理经济，还有其他一些形式，例如发挥会计工作、审计工作和银行工作的管理和监督作用等等，这里就不去谈了。

3. 加强法制教育和宣传工作，使已经颁布的经济法规能得到切实的遵守和执行

现在有法不依、执法不严的现象，还是相当严重的。原因是多方面的，但最根本的一个原因是：我国现在还有相当多的群众是"法盲"，对于已经颁布的法律包括经济法规，茫无所知；不仅如此，我们还有相当数量的干部，甚至包括一些负责同志，对法制建设的重要性仍然认识不足。因此，有法不依、执法不严的现象，在一些方面仍然存在，已经制定的法律包括经济法规还没有得到充分的遵守和执行。我们不但要从小学、中学到大学，加强法制教育，还要在群众和干部中加强法制宣传工作，使大家都清楚地认识到，按照我国宪法的规定，任何组织或者个人都必须遵守法律，都不得有凌驾于法律之上的特权，一切违反法律的行为都必须予以追究。不管什么单位，不管什么人，党内也好，党外也好，干部也好，群众也好，只要是犯了法，就应依法处理。要使我们每一个公民，尤其是每一个干部，都牢

固地树立法制观念，人人养成遵守法律依法办事的观念和习惯。司法部有一个计划，准备花五年左右的时间，在全国公民中间进行普及法律知识的教育，让大家对我国最基本的几种法律的内容有所了解。这是一项非常重要的工作。除了司法部门要抓好这项工作外，我们其他部门的工作者，也都应密切配合，做好这项工作。我们的思想政治工作者、理论宣传工作者、文化艺术工作者、新闻出版工作者、教育工作者、经济工作者、司法部门以外的其他政法工作者……大家也都负有责任，进行法制教育和宣传工作，使我国各族人民都成为符合社会主义现代化建设要求的、自觉地遵纪守法的人。只有这样，才能从根本上保证我们的法律包括经济法规能得到切实的遵守和执行，保证我们能运用法律手段把经济管好。

一位少有的马克思主义法学家*

——李 达

　　我想很多人都知道李达同志是我国杰出的马克思主义哲学家，但恐怕很少人知道他还是我国少有的马克思主义法学家。

　　还在 30 年代初期，我在大学读书时，曾读过日本穗积重远著的一本《法理学大纲》，是由李鹤鸣译成中文，由商务印书馆出版的。当时我还不知道李鹤鸣是谁。解放后，李达同志到武汉大学来任校长。大概是 1953 年，有一天我跟李达同志一道到汉口中南高教部参加一个会议，华中师范学院院长杨东莼同志也出席在座。他们两位彼此是老朋友。他们谈话时，我听到杨东莼同志很亲切地称呼李达同志："鹤鸣！鹤鸣！"，这时我才恍然明白，原来当年翻译那本《法理学大纲》的李鹤鸣，就是我们的这位校长李达同志。

　　我在大学读书时，也曾读过他著的《社会学大纲》，那是用"李达"的署名出版的。因此，我对他的名字并不是不熟悉的。不过，我开始认识李达同志，却是在解放以后。中华人民共和国成立后不久，就设有中央法制委员会，专门负责新中国的立法工作。李达同志是中央法制委员会副主任。该委员会想调我去参加工作，就委托李达同志向我转告此意。他当时兼任中南军政委员会委员，他乘南来汉口参加军政委员会议之便，就从汉口打电话给我，邀我前去面谈。他住在当时的"江汉饭店"。他给我的第一个印象，就是他是一位非常和善的长者和学者。他十分平易近人，我虽然和他初次见面，但一点也不感到有什么拘束。我当时任武大法律系主任，就乘此机会邀请他到武大向法律系全体学生作一次报告，他欣然应允。他讲的题目是

---

　　* 本文原载《武汉大学学报（哲学社会科学版）》1981 年第 1 期。

"怎样学习法律"。我记得他讲的中心内容就是要用马克思主义的观点学习法律和研究法学，才能使我们新中国的法学有一个崭新的面貌，并且一步步地提到较高的水平。

在他担任武大校长后最初几年内，我由于工作关系（我当时兼任学校教务方面的工作），时常和他接触。他虽然担任了校长，但仍然孜孜不倦地从事学术研究和写作。他对新中国的法律教育，是非常关心的。院系调整后，武大法律系不但没有被取消，而且更扩大和发展了。在调配师资问题上，他总是尽力帮助解决困难。举一个例子来说吧：我曾经建议请求教育部从人民大学调配一些新毕业的研究生来武大任教，以充实和壮大法律系的师资队伍，他便马上毫不犹豫地表示同意。他虽然将他的主要精力倾注于辩证唯物主义和历史唯物主义方面的研究和写作，但他对法学的兴趣仍不减当年。1954 年我国第一部社会主义宪法公布后，他为了帮助人们学习和了解这部宪法，曾于百忙中抽时间写了一本《谈宪法》和一本《中华人民共和国宪法讲话》，付印问世。

李达同志去世已经十多年了。不久前，从他遗留的文稿中，发现了他写的一本《法理学大纲》上册（听说还有下册和全书的手稿，现在还没有找到）。

这是他 1947 年在湖南大学法律系任教时编写的讲义。在这部讲义中，他用历史唯物主义的观点对西方各个法学流派的学说，作了简要的介绍和深刻的批判。从这部讲义中，可以看出他为我国的法学研究开辟了一条新的路子。我们不妨说，他是我国最早运用马克思主义研究法学的一位拓荒者和带路人。他的这部讲义是我国法学研究中的重要文献，也是他对我国法学的重大贡献。武大法律系编辑的《法律研究资料》，已将其中"各派法理学之批判"一篇分期陆续发表，以供有志研究法学的同志们学习参考。写到这里，不禁联想起他的不幸去世。如果他还健在的话，我想他一定会为我们新中国的法学继续作出他的可贵的贡献的。

解放思想和对外开放中的
法律环境问题[*]

今年年初，邓小平同志视察南方发表重要谈话以后，我国的改革开放进入了一个新的发展阶段。我们当前的主要任务是，深刻领会和全面落实小平同志谈话的精神，要进一步解放思想，改变观念，加快改革开放的步伐，使我国的经济建设上一个新台阶。

在对外开放这个问题上，我们首先要解放思想，要从"左"的思想影响下解放出来，要真正认识清楚，为什么我们要实行对外开放，实行对外开放的理由和根据是什么。如果不把这个问题弄清楚，那么，在"左"的思想影响下，就有可能错误地认为我们搞对外开放，是在向资本主义开绿灯；认为我们搞三资企业，搞经济特区，搞经济开发区等等，就是在搞资本主义复辟，搞资本主义的"和平演变"。因此，端正我们对对外开放的认识，真正认清楚我们为什么要搞对外开放，是十分必要的。

我们所以要搞对外开放，可以说，有两点理由、两大根据。

第一，我们搞对外开放是我们进行社会主义现代化建设的迫切需要。

我们现在进行大规模的社会主义现代化建设，是干我们的前人从未干过的事。这个任务是十分光荣的，但也是十分艰巨的。我们最主要的困难是：资金不足，技术落后，对现代社会化生产的经营管理还缺乏经验，还必须扩大视野，积极引进资金，引进技术，引进现代社会化生产的经营管理经验，取他人之所长，补自己之不足。这样才能加快现代化建设的步伐。

＊ 本文原载《法制与经济》1992 年创刊号。

就资金不足来讲，这是我国经济发展的主要困难之一。我们的现代化建设，需要很多很多的资金。像能源、交通、基础材料、工业建设的任务，就非常繁重。此外，文化、教育、科研、农业、水利等，也都需要投资，但都心有余而力不足。如果不积极利用外资，我国经济发展的速度，必然会受到很大的影响。自从对外开放以来，我们在利用外资，加强重点建设方面，已经取得相当可观的效果。例如，我们曾利用日本贷款，扩建了五个油田、九个煤矿、三个集装箱码头。我们还和外国的一些公司合作进行了海上石油勘探开发。像这些大项目，如果不利用外资，在财力上，我们是难以办到的。

就技术落后来讲，这也是我们现代化建设中的又一个大困难。虽然在某些个别领域，我们还是居于世界先进行列的，但总的说来，我国的科技水平，如果估计得保守一点，比发达国家大概落后了20年到30年。我们全国有几十万个工业企业，可是大部分设备陈旧，工艺落后，技术改造的任务很重。如果关起门来，一切靠自己去摸索，那我们和发达国家的差距就会越拉越大。事实上，当代任何一个国家，都不是完全靠自己开发出本国所需要的全部技术的。连科技很发达的国家，如美国、日本，都不例外，都从国外大批引进自己所需要的技术。以日本为例，从1950年到1970年20年间，日本引进技术大约花了60亿美元，这样才实现了经济起飞。据估计，如果这些技术都靠它自己去研制，那么所耗的费用将比这个数目多30倍。当前，新的技术革命已经掀起，我们应该抓住这个时机，积极引进国外先进的科技成果，认真吸收消化，并努力创新，才能缩短同发达国家在科技方面的差距。

再说缺乏现代社会化生产的经营管理经验，这也是我们在现代化建设中需要解决的一个紧迫的问题。现代社会化生产是在资本主义商品生产方式下发展起来的。资本主义已经有几百年的历史，对于经营管理现代社会化生产，确实有一套行之有效的经验。我们必须从中吸取对我们有用的东西。我们改革开放的一个重要内容，就是要把国外包括资本主义国家的一切好的，先进的东西学过来，为我所用。但是，在过去的长时间内，我们在对待资本主义的问题上，往往总是只看人家坏的一面，而很少看到人家好的一面，只看到社会主义同它对立的一面，而看不到社会主义同它还有借鉴、吸收、合作和利用的一面。这是认识上的一种片面性，是不利于社会主义的发展和进步的。关于这一点，小平同志在南巡谈话中，给了我们最精辟的教导和指示。他说我们搞改革开放，"迈不开步子，不敢闯，说来说去，就是怕资本主义的东西多了，怕走了资本主义道路。"究竟是姓社姓资，判断的标准主要是看："是否有利于发展社会主义社会的生产力，是否有利于增强社会主义国家的综合国力；是否有利于提高人民的生活水平。"他又说："社会主义要赢得与资本主义相比较的优势，就必须大胆吸收和借鉴人类社会创造的一切文明成果，吸收和借鉴当今世界各国包括资本主义发达国家的一切反映现代社会化生产规律的先进经营方式和管理方法。"我想，我们现在要解放思想，要扩大对外开放，就必须牢牢记住小平同志的这些话。

第二，我们搞对外开放也是当今世界经济发展的必然趋势。

早在一百多年以前，马克思和恩格斯就在《共产党宣言》中指出，资产阶级由于开拓了世界市场，使一切国家的生产和消费都成为世界性的了。过去那种地方的和民族的自给自足的闭关自守状态，已经被各民族的各方面的相互往来所代替了。物质的生产是如此，精神的生产也是如此。马克思和恩格斯一百多年以前对世界经济发展趋势的这种论断和预见，随着历史的推移，越来越证明是正确的。

特别是第二次世界大战以后，一国的经济向着世界性经济发展的趋势，更加明显和突出。因为，现代化经济的发展，需要开发各种各样的资源，需要利用多种多样先进技术，没有任何一个国家所拥有的资源和技术可以完全满足本国经济发展的需要。不进行国际间的贸易来往和技术交流，要加快本国经济的发展是不可能的。即使在美国这样一个经济高度发达，技术十分先进的国家。其对外经济联系，仍是极为广泛的。据有关资料介绍，它在国外的投资已达8 000多亿美元；外国在美国的投资也达6 000多亿美元。它为了发展对外贸易，还设置了70多个"自由贸易区"。它也从国外大批引进自己所需要的技术，并积极发展国际生产协作。现在有不少发展中国家和地区，也都在走这条路。环顾全球，当代经济发展较快的国家和地区，没有一个是闭关自守的。过去我们在"左"的错误思想影响下，关起门来搞经济建设，对国际间经济贸易的发展，对世界先进技术的发展，视而不见，听而不闻，已经给我们造成了严重后果。现在如果不迅速地改变这种状况，不加快对外开放的步伐，不积极发展对外经济贸易及技术合作和交流，争取尽快地把我国的现代化建设搞上去，要缩小和世界上经济发达国家在经济上、技术上的差距，是根本办不到的。

总而言之，我们必须坚决地解放思想，摆脱过去的一些片面认识，不再为那些"左"的错误思想所迷惑，要大胆利用外国的资金、先进技术和先进经验，并扩大对外贸易和技术方面的交流与合作。大胆借鉴和吸收世界各国包括资本主义国家的一切好的东西，把这些好的东西认真学过来，拿过来，为我所用。只有这样，才能大大加快我国经济和社会的发展。当然，我们也不能妄自菲薄，不能因为要向外国学习，就以为自己东西什么都不行了，变成盲目崇外，那也是一种片面性。我们一方面要大胆学习和借鉴外国的一切好东西，另一方面也要坚决抵制那些腐朽的东西，二者是相辅相成，缺一不可的。

以上是谈解放思想问题。现在再谈对外开放中的法律环境问题。为了扩大开放吸引外资，必须建立一个比较良好的投资环境。从大的方面来讲，我想目前我国这个环境还是很不错的。

首先，中国是一个拥有 11 亿人口的大国，目前，政治稳定，经济稳定，社会稳定；而且我们还一再宣布，我们的改革开放方针是决不会改变的。现在国际形势正朝着多极化的方向发展。过去由两个超级大国主宰世界的格局，已不复存在了。大家公认，亚太地区是世界上最有发展前途的地区。中国正地处亚太地区的重要位置，人口众多，地域辽阔，物资丰富，市场潜力很大。我国根据和平共处五项原则，已同世界上 180 多个国家和地区建立了平等互助、互通有无的贸易关系。中国市场是在国际上具有很大吸引力的一个市场。

其次，中国人口多，劳动力非常便宜。我国工人的工资只有香港工人的 1/10。与美国比较，美国法定最低工资，是每小时 4 美元，机械工人每小时是 10 多美元。我们的工人按每月工资为 200 元人民币计算，还不到 40 美元，还赶不上美国工人一天的工资。我国的这种廉价劳动力，也是对外国投资者很有吸引力的一个条件。

根据以上两点，我们完全有理由说，我们中国这个环境还是很不错的。不过，尽管如此，我们还是要尽力把我们的投资环境搞好，才能充分保护外国投资者的合法权益，使他们放心大胆地来投资，同时也能维护我们自己的合法权益。说到投资环境，应该包括一国的物质环境、政治环境、法律环境、经济环境、社会和文化环境等。其中法律环境占有非常重要的地位。

所谓法律环境，它包括好几种因素，如立法、守法、执法、法律监督和法律教育等。现在我只想谈两点，一是立法问题，二是守法问题。

关于立法问题，改革开放以来，我国的法制建设确实已取得很显著的成就。不少重要的法律法规都已制定出来。其中与对外开放有关的法律法规，占有相当大的比重。例如，《涉外经济合同法》、《中外合资经营企业法》、《中外合作经营企业法》、《外资企业法》、《对外合作开采海洋石油资源条例》、《技术引进合同管理条例》、《国务院关于鼓励外商投资的规定》等，都是与对外开放有关的。此外，我国还和不少国家签订了双边投资保护协定和避免双重征税协定。我们还参加了《保护工业产权巴黎公约》、《多边投资保护机构公约》、《商标国际注册马德里协定》、《联合国国际货物销售合同公约》等，从而为外商在中国投资和我国对外经贸及技术方面的活动提供了法律依据和准则。所以说，我国的法制建设，这些年来还是很有成绩的。

不过，我国的法制建设虽然很有成就，但距离建立比较完备的法律体系还相差很远。还有不少经济建设方面以及对外开放方面非常急需的法律、法规尚未制定出来。例如：外贸法、投资保护法、银行法、票据法、产品责任法及不正当竞争法等都还没有制定出来。另外，我们搞公司搞了多少年了，可是一直没有《公司法》。最近，国务院体改委发布了有关股份有限公司和有限责任公司的文件，共有15件，现在才发表了二三件，这是向公司法过渡的一种形式，还不是完整的公司法。我们将来非制定一部《公司法》不可。《海商法》过去已经酝酿了很久，不久以前《海商法》草案已经向全国人大常委会提出来了，正由全国人大常委会审议。所以总的讲起来，我们有很多的法律、法规还没有制定出来。因此，必须加快立法进程。小平同志曾经讲过：立法"有比没有好，快搞比慢搞好"。我们的各级立法机关和国务院，一定要把改革开放需要的法律、法规，尽快地制定出来。我们在立法方面过去有一种思想，一定要等我们的实际经验积累到一定程度，才能制定法律，这是一个方面。另外，有好多法律应该有一种促进启发的作用，具有超前性、预见性，不一定要等积累经验后才制定。比方说，《合资经营企业法》制定了以后，很多的中外合资企业就搞起来了，以前都还没有搞过。所以说，很多的法律法规，不一定要等积累经验，只要看准了确是有需要。而且，有很多法律法规，在国外已经有大量的可以参考的资料。在全国人大常委会尚未制定出来以前，地方也可以制定地方性法规。

守法，也就是依法办事。在我国，由于很多人缺乏法制观念，往往有了法律、法规，却不能得到遵守。有些干部还"以权代法"、"以言代法"、"以权谋私"，进行"权钱交易"。对外开放以后，也有不少人乘机混水摸鱼，搞不正之风，从中牟利。有一次我在国外参加一个国际会议，在会上参加的很多都是和中国各方面打过交道的，其中有律师，有企业家，也有一些教授。他们在那个会上就谈论说，在中国办事真难，为一件事不知要跑多少政府部门，盖多少公章，都说得有根有据，不是随便乱说的。以后在聚餐的时候，他们要我发言，我就谈了自己的想法，我说：大家到中国投资，同中国打交道遇到的种种困难，我想这些情况是有的。不过，现在我们党和政府也知道这些情况，也正在想法改正。我们过去没有法制传统，所以在这些方面解决问题还得有一个过程，希望大家有意见尽量提。不过大家要知道，中国市场是一个了不起的市场，你们同中国做生意，在中国投资，一定会发财，会赚钱，这点上你们要有信心。在那种场合我只能这样讲，我不能否认，说没有这种情况，的的确确我们是有这些情况的。当然这种情况是个别的。但是却值得我们注意，不能老是这样搞下去。有些情况在国内往往有些人还不晓得，在国外报纸上都已经报道出来了。听说在对外经济贸易活动中，有的人甚至向外商索贿，最初是要人家送礼，后来要人家送人民币，再后来是要外汇，甚至还要求外商送自己的子女出国留学等。尽管这类现象是个别的，但仍然是值得注意的，必须严肃处理。这些都是违法违纪的行为。其结果自然会给国家造成很大的损失。在我们的对外活动中，即使不是故意搞违法、违纪行为，只要是粗心大意，不严格按规章制度办事，或者对中外有关的法律、法规一无所知，也会给国家带来意想不到的损失。这里不妨举几个例子来谈谈。

1. 对外签订合同一定要十分认真小心，一字一句都要仔细斟酌，不能马虎，否则发生了纠纷，人家要求按合同解决，我们就会吃大亏。1980 年前后，我国有一些订购外国成套设备的合同，我国因财政困难不能履行，想终止合同。外商认为中国违反合同，要求赔偿，赔偿的数额很大。外商要求我们不但要赔偿直接损失，还要赔偿间接损失。为了这个问题，国务院有关部门找我去咨询。我细细查阅了有关的合同才发现，原来合同中的规定，对我方很不利。如合同中有一条规定是：如果发生纠纷，应由外商负责赔偿损失时，外商只赔偿直接损失，不赔偿间接损失。那么，如果应由中方负责赔偿时，怎么办呢？合同中一字未提。所以外商就根据这一条向我方索赔。这真是"哑巴吃黄莲，有苦说不出"。后来我提了一点意见，我说，合同中那一条，虽然只规定应由外商赔偿时如何如何，而没有规定应由中方赔偿时也同样处理，但合同方双当事人都处于平等地位，彼此的权利义务应该是对等的，不应有不平等的待遇。因此，中方应承担的责任，应该是和外商完全一致的。这点上应是不言而喻的，即使合同中没有规定出来，也应作出如此解释。我给它用了一个英文名词，叫做"implied condition"即"隐藏在内的条件"，或者叫"潜在条件"，也就是不言而喻的条件。后来在谈判中，外商方面的律师觉得我们的解释也很有道理，于是外商不得不让步了。这说明我们在签订涉外合同时，千万马虎不得。

2. 还有，我们对进口货物，按照规定进口时要进行商品检验，并规定了检验期限，如检验不及时，过了期限就会丧失索赔的权利。可是，过去我们常常马虎，不按合同规定办事。例如，曾经发生过这样的事，就是外商把三等烟叶子充当一等烟叶子进口了，到进口时，我们也没好好检验，以后等开箱时发现不对头，是三等烟叶子，要求赔偿，外商不答应，说你们为什么不在检验期限内提出索赔，现在过了检验期，你们提出索赔，我们不答应。像这样的事，就是因为我们自己没有很好地按合同规定的检验期限及时检验货物，所以吃了大亏。

3. 还有关于倾销问题，由于我们不了解外国法，如美国、加拿大，澳大利亚等国家的反倾销法，我们出口的货物价格偏低，往往被人家控告，说我们是在搞倾销，损害了外国同行业的利益，违反了他们的反倾销法，于是被罚交税款，补交的税款有时竟高达 200%，使我国不但遭受了重大损失，而且有些产品还丢掉了国外市场。所以搞外贸的同志，不但要懂自己的有关法律，最好还要懂得有关外国的一些法律，不然就容易蒙受很大的损失。如果自己不懂，就应请教法律顾问或律师。可见说到"守法"，不但要遵守我国自己的法律，在对外场合有时候还有必要了解和遵守有关外国的法律，或我国参加的国际条约，或国际惯例。现在我国的律师太少，希望有关部门重视律师工作，要扩大律师队伍，让他们在对外开放中也能发挥他们的作用。

扩大对外开放与加强法制建设[*]

　　我国从 80 年代以来，对外开放已取得了巨大的成绩。进出口贸易大幅度增长，外国投资不断增加，外向型经济蓬勃发展，我国的综合国力也随之提高。去年年初邓小平同志视察南方谈话以后，我国的对外开放又进一步扩大，掀起了一个新的高潮，可说进入了一个新的阶段。

　　为了适应进一步扩大对外开放的需要，我国的法制建设非努力加强不可，因为只有加强法制建设，才能保持良好的社会秩序，维护正常的国际交往秩序，才能保护中外各方的合法权益，使外商更加放心大胆地来华投资和兴办各项事业。也只有这样，我国的经济建设才能更好更快地向前推进，在 20 世纪末达到生产总值翻两番的目的。

　　在加强法制建设方面，虽然有许多工作要做，但目前最迫切需要解决的是两大问题：一个是立法问题，另一个是执法问题。

　　在立法方面，近年来诚然已有很大的进展。不少重要的法律法规已制定出来，其中与对外开放有直接关系的，还占有相当大的比重。我国还和不少国家签订了双边投资保护协定和避免双重征税协定。我国还参加了《保护工业产权巴黎公约》、《多边投资保护机构公约》、《商标国际注册马德里协定》、《联合国国际货物销售合同公约》等。这些成绩都是应该肯定的，但和目前与今后进一步扩大对外开放的需要相比，差距还是相当大的。有一些十分急需的法律法规还没有制定出来。例如外贸法、投资法、银行法、票据法、证券法、仲裁法等。公司法早就应该制定了，几个

＊　本文原载《法报》1993 年试刊号。

月前才提交全国人大常委会审议，目前还在审议中。在立法方面，我们也要解放思想，更新观念，以加快立法的进程。过去我们有一种思想，就是认为一定要等我们的实践经验积累到一定程度，才能制定法律加以巩固。这只是一个方面。可是另一方面，有许多法律法规，应该具有超前性、预见性，对我们当前的改革开放起一种推动和促进的作用，不需要等积累了经验以后才去制定。例如我们在制定《中外合资经营企业法》以前，还未办过合资企业，但是制定以后，许多合资企业就按照该法办起来了，这就说明它起了推动和促进的作用。事实上，有许多法律法规在西方发达国家早已制定出来了，只要我们虚心加以研究，大胆地吸收其中对我们有用的部分，再结合我们的国情，就可以制定出来。在全国人大及其常委会未制定某种法律以前，国务院可以先制定行政法规，省和直辖市（包括经济特区）的人大及其常委会也可以制定地方性法规，报请全国人大常委会备案。等到必要时，再由全国人大及其常委会制定适用于全国的统一的法律。这也是加快立法进程的一个可行的办法。

在执法方面，目前执法难的问题依然是一个比较严重的问题。应该说，立法是前提，执法是关键。如果有了法律，而不能认真严格地去执行，即使有最好的法律也无济于事。当前有法不依、执法不严、违法不究的现象，还是比较突出。一些行政机关及其工作人员，利用工作上的特权和职务上的便利，化公为私，以权谋私，以言代法，以权压法，甚至贪污受贿等行为，还是有增无减。在社会主义市场经济运行中，这些问题虽然只是一种支流，但是如果任其滋长蔓延，其结果必然会阻碍社会主义市场经济体制的建立和完善，败坏改革开放的声誉，在国内外产生极坏的影响。我们的行政监察部门和其他有关部门，必须经常进行监督检查，对有严重失职渎职行为的人，不管是谁，都要依法追究责任，严加惩治。这是就行政机关而言。再就司法机关来讲，也有执法不严的问题。不久前，在全国检察长座谈会上，有一位负责同志就指出，当前执法不严的现象，确实相当严重。这集中表现在以罚代刑、乱收费、用钱抵刑、越权办案以及执法中的地方保护主义等（见1993年6月14日《人民日报》）。另据报道，有的审判人员，还有办"关系案"、"人情案"的情况。有少数干警作风简单粗暴，甚至执法犯法，在社会上造成极恶劣的影响。因此，在全国范围内，应该迅速改变执法不严的现象，维护法律的严肃性和统一性，在全国创造一个严格执法的环境，以切实有效地保障国家、集体和公民的合法权益，有利于我们进一步扩大对外开放和顺利实现我国现代化建设的伟大任务。

评"台湾前途自决"论[*]

　　在美国的一小伙"台独"分子，曾经以"台湾争取自决联盟"的名义，在美国报纸上发表题为《通过自决决定台湾的前途》的声明，说什么"台湾的前途只应由台湾的 1 800 万居民决定"，还要求美国政府和人民"支持台湾人民争取自主和自决"。这种论调，打着"争取民主和自决"的旗号，听起来似很动听，但是明眼人一望即知是想要制造"一中一台"，搞"两个中国"。这种企图，不但为祖国大陆的 10 亿同胞所唾弃，而且也一定是广大的台湾同胞和海外侨胞所反对的。

　　首先，从历史上来讲，台湾自古就是中国神圣领土的一部分，台湾各族人民是我们的骨肉同胞。这种最基本的事实，是任何人都无法否认的。举最浅显明白的例子说吧：历年来在台湾发现的古代文化遗址，其中出土的石器和陶器，在基本类型和制作技术上，都和大陆南方各省出土的没有多大差别。可以推知，那时制造和使用这些石器和陶器的人们，都是由大陆迁移到台湾的。又如在台湾居民中，极大多数都是汉族，都是由大陆迁移过去的。这且不说。就是那些为数不多的土著居民，在风俗习惯上与大陆古代越、濮诸族也颇多类似之处。据考证，他们最初也都是发源于大陆的。总的说来，台湾人民始终都保持着中华民族的传统文化和民族意识。尽管台湾过去曾多次遭到外国的侵略，但在它的历史发展的长河中，台湾和大陆始终都是密切联结在一起的一个整体，没有任何根据可以将台湾和大陆割裂开来，使台湾同胞分属于另一个国家。

　　其次，从国际法的角度来讲，中国对台湾享有毋庸置疑的主权。

　　＊ 本文原载《瞭望》（海外版）1985 年 12 月 2 日第 4 期。

韩德培文集

从 16 世纪下半期以来四百多年中，台湾虽然前后遭到西班牙、荷兰、法、英、美、日本诸国的侵略或霸占，其中两次先后沦为荷兰和日本的殖民地，但是，由于 1662 年郑成功出兵收复了台湾，摆脱了荷兰统治下的第一次殖民地的命运；由于祖国人民八年抗日的浴血奋战，又终于摆脱了日本统治下的第二次殖民地的命运。

"9·18"事变后，日本大举侵略和进攻中国，1941 年又发动太平洋战争。当时的中国政府即于 1941 年 12 月 9 日正式对日宣战，《宣战布告》说："兹特正式对日宣战，昭告中外，所有一切条约、协定、合同有涉及中日之关系者，一律废止。"根据这个布告，过去中日两国政府在 1895 年 4 月 19 日签订的《马关条约》已从对日宣战之日起失效，而日本由该条约的第 2 款所获得的对台湾和澎湖列岛的领有权也完全失去了法律上的根据。1943 年中、美、英三国政府在开罗召开会议，会商加强对日作战及战后对日本的处理。三国签署的《开罗宣言》中就决定要"使日本所窃取于中国之领土，如满洲、台湾、澎湖列岛等，归还中国"。1945 年中、美、英三国政府在波茨坦举行会谈，又共同签署了敦促日本无条件投降的《波茨坦公告》，这个公告后来苏联也参加了。该公告第 8 项又说："《开罗宣言》之条件必须实现"，这就是再次确认了《开罗宣言》中的决定。1945 年 8 月 10 日日本政府广播请求投降，9 月 2 日在东京湾签署了《无条件投降书》，其中第 1 条明文规定，日本接受中、美、英共同签署的，后来又有苏联参加的 1945 年 7 月 26 日的《波茨坦公告》中的投降条件。1945 年 10 月 25 日，日方投降代表在台北市受降典礼上办理投降手续，将台湾及澎湖列岛正式归还中国。根据以上所举的四个重要国际文献——《中国对日宣战布告》、《开罗宣言》、《波茨坦公告》和《日本无条件投降书》，战后台湾已经确定为中国领土的一部分，还有丝毫疑问吗？请问"台独"分子有什么理由要台湾人民用"自决"的方式，重新确定台湾的法律地位呢？

再其次，从实际利害方面讲，台湾与祖国大陆是息息相关，休戚与共的。台湾过去之所以多次遭到外国的侵略和霸占，除了各次有其特殊具体的原因外，还有一个共同的根本的原因，那就是中国大陆上的衰弱和无能。无论是早期的明王朝也好，后期的清政府也好，在当时都已经腐朽没落，矛盾重重，无力抵抗外国的入侵。相反，从郑成功收复台湾到清初所谓"康乾盛世"大约一百七八十年间，尽管西方新老殖民国家还继续在亚洲各地横行霸道，扩大侵略活动，但由于中国国势强盛，却始终不敢染指台湾，台湾的社会经济就在这个期间得到了飞跃的发展。可见祖国大陆和台湾，正如唇齿之相依，合之则两利，分之则两伤。中华人民共和国建立以后，我国的国际地位和威望已空前提高。特别近几年来，中国对内实行改革，对外实行开放，政治、经济、文化教育以及科学技术等方面，都有十分显著的进展。为了维护祖国领土的完整，加速台湾和大陆在各方面的发展，台湾同胞和大陆人民理应早日携起手来，共同振兴中华。"台独"分子利用"民主"、"自决"等口号，想要台湾脱离祖国怀抱，说是为台湾的前途着想，实际上是为台湾的前途设置障碍，终将使台湾处于孤立无援非常不利的境地。

最后，再从怎样解决祖国统一问题来看。近三十多年来，台湾虽是中国的一个省，但与大陆分立而治，隔海对峙，情况很不正常。尽管如此，这毕竟还是中国的国内问题，是可以通过谈判协商和平解决的。近几年来，大陆党政领导人曾不止一次地提出这样的倡议和希望，为了解除某些台湾同胞可能有的疑虑，大陆方面一定会特别慎重考虑台湾同胞的意愿和利益的。1984 年 1 月赵紫阳总理在旧金山会见美国西部华侨和华人代表时说：我们尊重历史，尊重现实，充分考虑台湾各族人民的意愿和台湾当局的利益。祖国统一以后，台湾和大陆都是中华人民共和国的组成部分，台湾可以作为一个特别行政区，有自己的充分自主权，可以实行同大陆不同的制度，司法独立，终审权不须到北京；台湾的党、政、军等系统，都由台湾自己来管；台湾可以实行单独的财政预算，大陆不向台湾征一分税，派一分款；欢迎台湾当局和各界代表人士担任全国政府机构领导职务。这些话充分表达了大陆人民的愿望，相信也会满足台湾同胞的要求，而使他们感到放心。

中国在解决香港问题时，采用了"一国两制"的构想，解决台湾问题时，当然更是这样。台湾和大陆统一后，将作为一个特别行政区，可以自主决定台湾的社会经济发展计划，发扬民主，加强建设，不断地提高台湾同胞的物质生活和精神生活水平。这样来和平解决祖国统一问题，是通情达理，切实可行的，也会为台湾同胞所乐意接受。如果要讲"自决"的话，这才是名实相符、对台湾同胞真正有利的"自决"。至于少数主张"台独"的人以"自决"来作幌子，以求达到搞"两个中国"的目的，他们的这种如意算盘，只能说是痴人说梦，永远也不会实现的。

社会科学与精神文明建设[*]

中央关于精神文明建设《决议》中，把教育和科学作为社会主义建设的战略重点来强调提出，我是完全赞成的。因为教育和科学，如果得不到应有的发展，不但精神文明建设上不去，经济建设也将没有后劲，要被拖后腿。这一点，在六届人大四次会议上赵紫阳总理所作的政府工作报告中就已经提出来了。

不过，我总感到现在仍有不少同志，包括一些领导干部在内，一提到科学，好像就是指自然科学，而社会科学、人文科学好像不在其中。我认为如果现在还有这种思想，那是一个很大的错误，对我们的社会主义建设是极为不利的。这当然是有历史原因的。建国后，由于不重视社会科学，把政治学、社会学、法学等等，都从大学里砍掉了。文化大革命期间，又盛传大学还是要办的，但只指理工科大学，那么文科大学，包括社会科学在内的大学要不要办呢？却没有下文。因此，在人们的头脑里，社会科学自然更不吃香了。还有一些人认为有马列主义，就用不着社会科学了，因为按照他们的非常片面的理解，社会科学是讲阶级斗争的，有什么社会科学还比马列主义讲得更好呢？由于有这种种原因，社会科学在很长一段时间里是不被重视的。

对自然科学的重要性，我是完全了解的，也是没有人能加以否认的。要进行现代化建设，没有先进的科学技术，是根本不可能的。但是把社会科学视为无足轻重，可有可无，甚至可以随意砍掉，那是毫无道理的。我们社会主义现代化建设，是一项极其伟大和复杂的社会系统工程，不但需要有自然科学方面的人才，而且需要有各种学科和

韩德培文集

＊ 本文原载《湖北社会科学》1978 年创刊号。

各个方面的人才互相配合，才能把这项工程完成好。否则就很可能出毛病。事实上，建国以后，我们有些重大的失误，从科学研究的角度来看，都不是由于自然科学方面的原因，而是由于忽视了社会科学的研究。对精神文明建设来说，可能社会科学比自然科学的作用更直接、更巨大。所以要加强精神文明建设，非加强社会科学不可。我们一定要改变那种只重理工学科而轻视社会科学的观点，切实加强社会科学工作。当然，对社会科学工作者来说，大家必须认真学习《决议》，按照《决议》的精神，对一些陈旧的、错误的观念，进行反思和更新。例如在法学方面，过去习惯于把法律当作阶级压迫阶级的工具来看待，现在我们已经进入了社会主义建设的新时期，阶级斗争虽然在一定范围内仍将长期存在，但已经不是主要矛盾。我国社会的矛盾大多数都不具备阶级斗争的性质。在这样的情况下，如果仍然套用那种陈旧观念，已不能适应当前社会主义现代化建设的需要，就必须更新观念。

我国社会主义伟大成就岂容抹煞*

　　我现年八十岁，前四十年是在旧社会度过的。我们从旧社会过来的人，都痛感在帝国主义、封建主义和官僚资本主义三座大山压迫下的旧中国，简直是一个"烂摊子"，民不聊生，疮痍遍地。在大城市里，经常可见不少沿门托钵讨饭的乞丐；在农村，一遇灾荒，那些逃荒的老百姓更是东奔西窜，无处容身。帝国主义列强还在中国设有所谓"租界"，外国人在"租界"里可以耀武扬威，胡作非为。他们在不平等条约和"领事裁判权"的庇护下，恣意欺凌侮辱中国人。中国的国际地位低得可怜。中国人在外国，往往受到一些白种人的歧视。据我所知，有一位中国留学生到白种人家去租房间，那房东开门后一见他是中国人，就很不客气地说："房间已出租了"，连忙把门关上，而事实上那家窗外还悬着一块"有房间出租"的广告牌。

　　中国人民是在中国共产党的领导下，前仆后继地英勇奋战了几十年，才站起来的，不但成为新中国的主人，还在国际上废除不平等条约，赢得了完全独立自主的地位。在以往的四十年中，中国共产党以马列主义、毛泽东思想为理论指导，带领中国人民进行社会主义的大规模建设，其成就是有目共睹、任何人也抹煞不了的。只要不怀有偏见或别有用心，只要实事求是地评价和承认社会主义制度在我国的成就，我们就没有任何理由对社会主义制度悲观失望，更没有理由责怪社会主义制度不好而企图用资本主义制度来代替社会主义制度。

　　四十年来社会主义制度在我国的成就是多方面的。现在只从以下三方面检阅一下它的成就。

　　首先，我国在经济建设方面取得了举世瞩目的历史性成就。全国

＊　本文原载《人民日报》1991 年 3 月 15 日第 5 版。

韩德培文集

解放以后，仅用了三年时间就医治了长期战争的创伤，制止了骇人听闻的通货膨胀，使国民经济走上迅速发展的轨道。从 1953 年到 1989 年，工农业总产值增长了 23.3 倍，平均每年增长 9%。我们已经建成一个独立的、门类齐全的工业体系和国民经济体系。我们用世界上 7% 的耕地养活了世界上 22% 的人口。中国的十一亿人口，现在除极少数贫困地区外，都已解决了温饱问题。连西方国家的公正人士，都认为这是一个奇迹。我国的粮食、棉花、钢铁、煤炭、电力等主要产品产量，都跃居世界前列，有的居于首位。这些难道不是在社会主义制度下取得的辉煌成就吗？

其次，我国人民的生活也得到了显著的改善。中华人民共和国成立以来，在经济发展的基础上，人民的物质生活水平显著提高。据统计，1986 年至 1988 年，我国每人每天食物热值为 2 637 大卡，高于发展中国家平均水平，接近世界平均水平。1988 年我国人均纤维消费量为 3.75 公斤，相当于发展中国家平均水平。1989 年我国每百人拥有电视机 14.9 台、洗衣机 7.8 台、电冰箱 2.3 台，相当于中等收入的发展中国家的水平。尽管我国人口增加很多，成为制约社会经济发展和人民生活水平提高的重要因素，但我国人民的医疗保健、健康状况、人均寿命以及成人识字率等生活质量的主要标准方面，均优于中等偏上收入的发展中国家的平均水平。这些事实有力地证明，在满足人民基本需要、提高人民实际生活水平方面，社会主义制度在我国已经显示出它的优越性。

第三，我国在科学技术方面，虽然和资本主义发达国家相比，还有相当大的差距，但是我们在原来基础很薄弱的情况下，依靠社会主义制度的优越性，集中优势力量组织攻关，在科学技术的某些重要领域，已经接近甚至赶上了世界先进水平。经过这几十年的努力，我们不但掌握了原子弹、氢弹和核潜艇的技术，而且在核能的和平利用方面也取得了不少成就，在世界上占有一定的地位。在不到 20 年的时间里，我们成功地发射了 25 颗人造地球卫星，其中 11 颗已按预定计划返回地面。我国是继美、苏两国之后世界上第三个掌握了卫星回收技术的国家。另外，在超导研究以及生命起源的研究方面，我国都不比世界上任何先进国家差。在农业方面，我们发明了当今世界上效益最高的籼型杂交水稻，这是一个很大的成就，使单位面积产量得到大幅度提高。这些事实说明，我国在社会主义制度下，科技领域的发展潜力是很大的，已经取得的成就也是很可观的。

　　毋庸讳言，我们还有不少困难和问题需要解决。但这些困难和问题都是在前进中发生的，它们并不代表我们前进的主流。我们前进的主流毫无疑问还是好的。只要我国各族人民在中国共产党的领导下，团结一致，齐心协力地向前拼搏，我相信这些困难和问题总是能够逐步解决的。

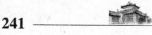

美国资本主义经济发展中的契约自由与合同法*

　　合同法（law of contract）与财产法一样，是美国法律体系中最重要的柱石。契约自由（freedom of contract）更是西方国家从封建社会转变为资本主义社会的一个重要标志。

　　传统观点认为，现代合同法的发展早在 16 世纪的英国就完成了。美国哈佛大学教授莫顿·霍尔维茨在 20 世纪 70 年代对此表示异议。他认为现代合同的意愿论（the will theory）直到 18 世纪末和 19 世纪初才出现，并取代了过去的财产权论（the title theory）和公平交换观（equitable conceptions of exchange），使现代合同法的诞生成为可能。因此，他把 19 世纪资本主义市场经济扩展下现代合同法的兴起，看作是意愿论的凯旋。这种契约自由的理念与合同法的形成有利于个人创造性能量的释放，推动了美国资本主义经济在 19 世纪的迅速发展。然而，随着市场经济引发了种种社会经济问题，国家干预在自 19 世纪后期以来逐步加强，立法和行政部门愈来愈多地介入合同法这个本在它们管辖权之外的私法领域，公平观的地位又上升了。目睹最初以意愿论为基础尔后又走向形式主义顶峰的合同法的历史性退缩，先后在耶鲁大学和芝加哥大学法学院任教的格兰特·吉尔默教授在他 20 世纪 70 年代初的系列讲座中语出惊人地宣告了"合同之死"①。

　　美国合同法走过的历史道路也许不能简单地概括为从意愿论的胜利到合同的死亡。霍尔维茨和吉尔默两人的观点及论证也存在一些问

---

　　*　本文原载《武汉大学学报（社会科学版）》2003 年第 6 期，合作作者韩铁。

　　①　HORWITZ, Morton J. The Historical Foundations of Modern Contract Law, Harvard Law Review, 1974, pp. 917-956.

题，并因此受到了学者们的批评①。不过，他们挑战传统的开拓性研究曾使美国法律史学界为之震动，至今仍有很大的影响。本文试图参照霍尔维茨和吉尔默的看法，并综合其他法律史学家的有关研究，对美国资本主义经济成长过程中合同法的历史发展作一点初步探讨。

一

霍尔维茨认为，现代合同法基本上是 19 世纪的产物。它在英美两国的形成，不仅摆脱了对财产法的从属地位，而且对实体正义（substantive justice）的中世纪传统有所批判。这种传统在 18 世纪的大西洋两岸尤其是英属北美殖民地的法律思想中仍然居于主导地位。以内在的正义和交换的公平作为合同义务基础的理念直到 19 世纪才被摒弃，定约各方在意愿上的统一终于成为合同义务的根本。因此，霍尔维茨认为，美国现代合同法是对殖民地合同法的拒绝而不是继承，包括合同法在内的私法在这一时期应该说发生了根本性的转变。

合同的历史虽然很长，但直到 18 世纪主要还是被视为财产所有权转移的一种手段。合同法对财产法的这种从属地位在当时英国法官威廉·布莱克斯通的四卷本巨著《英国法释义》中看得非常清楚。在这部对英属北美殖民地法律界产生极大影响的著作中，有关合同的论述首先出现在完全讨论财产法的第二卷中，后来又出现在有关"个人财产损害"的章节中，前后总共只有 40 页。这种合同法上的财产权论是和当时市场经济不够发达相适应的。因为很多交换都是当面进行，立即成交，不涉及未来的货币回报，所以法院在合同中只看到具体货物的财产利益，很少承认预期损害，也不执行所谓待履行合同。

然而，随着市场经济在大西洋两岸的发展，特别是美国革命后政府证券交易剧增和 1815 年以后美国国内市场的扩张，法院必须面对预期回报，也要处理愈来愈多的预期损害问题。待履行合同作为有关期货的协定，在经济体系中逐渐占据中心地位。根据霍尔维茨的研究，英美两国法院是在 1790 年以后第一次承认了预期损害。这不仅

---

① Simpson, A. W. B. Simpson. The Horwitz Thesis and the History of Contracts, The University of Chicago Law Review, 1979, pp. 533-601.

标志着现代合同法的出现，也意味着合同法开始与财产法分离。因为预期损害和待履行合同所着眼的不是既得利益的占有，而是未来的打算，不是具体财产权的转移，而是预期回报的创造，不是静态的财产，而是动态的市场。1810 年纽约州的桑德斯诉泰勒案清楚地展现了现代合同法与传统合同法财产权论的明显差别。案中买方在收到部分小麦后拒绝接受剩下的根据合同购买的小麦。按照传统的财产权论，卖方只有将小麦保留直到收到买方付款为止，因为所有权已经转移。可是，此案中的卖方没有这样做，而是把剩余小麦立即出手，然后状告买方，要求赔偿出手市场价和合同价格之间的差价造成的损失，即预期损害。法院判卖方胜诉，认为卖方为避免更大损失有必要作为买方的信托人采取行动。

现代合同法的兴起不仅拒绝了财产权论的主导地位，而且与实体正义的公平观念渐行渐远。19 世纪以前的这种公平观常常导致以交换是否公平为由限制甚至否认合同义务。其最直接的表现就是衡平法院在认定对价不适当时可以拒不执行任何合同。陪审团也可以起类似的作用。1785 年，宾夕法尼亚州首席法官麦金在沃顿诉莫里斯案中就明确指出，在没有衡平法院的情况下法院有义务转向陪审团寻求"对协定的公平和有良心的解释"。事实上，当时大部分法官都把损害赔偿问题交给陪审团来作决定。直至 1804 年，最高法院大法官华盛顿还发现，巡回法院的陪审团不理会他有关原告有权获得全额赔偿的指示。不过，他拒绝重新审判，因为"损害问题……非陪审团莫属，以致他不能允许自己介入他们的领域。"另外，英属北美殖民地和美国的法院在 18 世纪还奉行"好价格保证好商品"的原则。当卖价超过所谓客观价值时，法院会执行买方要求的暗含质量保证。这种客观价值是合同公平观的基础。

显然，惟公平观的合同法使商业交易具有太多的不确定因素，难以符合市场经济发展的需要。因此，当时的从商者只要有可能都私下了结纠纷，否则就诉诸仲裁或求助于商法（law merchant），以回避以普通法处理合同问题。另外，他们还采用免受公平观干涉的法律形式进行交易，主要就是印章契约（the penal bonds or sealed instruments）。这种加盖印章的契约对不履行合同作了明确的赔偿规定，因此排除了依照普通法检查对价是否适当的问题。19 世纪以前北美大陆的大部分重大交易都是以这种方式进行的。进入19世纪以后，印章契约日见减少，它的统治地位逐渐为履行合同所取代。这一来是因为法官加强了对衡量损害规则和陪审团的控制，二来是因为印章契约中的损害赔偿规定愈来愈无法预测市场的波动。不过，更重要的是，法律观念因为资本主义市场经济的扩张而发生了极其深刻的变化。

在一个不是立即付货而要有待将来的日益扩大的市场里，人们很难想象在交易中收和付可以完全等价。预期价值是会浮动的。作为公平论基础的客观价值看来并不存在，价值应该说是主观的。因此，合同的作用不是保证协定的公平，而是执行合同各方认为对他们都有好处的交易，即他们达成的共同意愿。可以说，现代合同法的崛起就是这种意愿论的胜利。意愿论在逐渐取代公平观的过程中，否认了客观价值，不承认有衡量平等的实质标准，把不平等仅仅看做是虚幻之感而已。现代合同法就是以这种方式宣告了市场交换上的人人平等。古里安·维普兰克在1825年的《合同精义》中写道：严格地说就没有什么"价格适当〔或者〕赔偿的平等或不平等"，因为"从事物的本质来看，价格只是取决于各方的协定，是由它一手创造的。"法律保证的只是交易的每一方都"充分了解所有的事实"。除了维普兰克以外，当时撰文对公平观展开抨击的还有丹尼尔·齐普曼、奈森·戴恩和最高法院大法官约瑟夫·斯托里。1844年，斯托里的儿子威廉发表了他的合同法论文，标志着意愿论在美国终于大获全胜。

霍尔维茨认为，现代合同法与19世纪之前相比发生了根本变化的上述观点遭到了辛普森的质疑。后者以其对英国和英属北美殖民地法律的精深研究而著称。他发现预期损害和待履行合同这些所谓现代合同法的观念与实践在19世纪之前的英国和英属北美殖民地早已存在。不过，正如另一位研究英美普通法历史的专家凯文·蒂温所言，待履行合同和预期损害赔偿在19世纪之前固然不乏其例，但当时的市场力量不像后来那样强大，一般来说合同至少是部分履行了，要法院执行待履行合同及预期损害赔偿的情况并不多。诚然，霍尔维茨也许低估了英属北美殖民地资本主义市场经济到18世纪中叶的发展程度，但我们也不要小看了前资本主义传统在当时的影响。过去几十年美国社会史学家对殖民地时代所做的研究表明，这种影响不仅有，而且相当持久。史学界在这个问题上虽然还有争议，但它至少说明霍尔维茨的法律转变观无论是从当时的市场经济还是从社会发展角度上来讲都不能说是完全没有历史依据。不过，由于美国殖民地时代法律史研究在原始资料上的欠缺，对霍尔维茨的观点进行充分考证并加以适当的修正恐怕还有待时日。

二

1800～1875 年是美国自由资本主义经济的上升时期，也是美国法律史学界泰斗 J·威拉德·赫斯特所说的"我们法律的合同年代"。契约自由在这个时期成了美国社会最重要的组织原则之一。现代合同法不仅崛起，而且扩展到了很多其他的法律领域。对美国合同法历史深有研究的劳伦斯·弗里德曼认为，这是一个很自然的发展过程。在他看来，合同法关注的核心就是市场，即作为美国经济体系基础的不受其他管制的私人交易关系。因此，合同法的发展与自由市场经济的起落大体平行：它在 19 世纪上半期自由资本主义迅速发展的过程中经历了自己的"黄金时代"，其重要性到 19 世纪后期由于管理资本主义的兴起和国家权力的扩大而开始走下坡路。这个和自由市场经济相联系的黄金时代，在学术界常常被称为美国现代合同法的"古典时期"。在这个所谓的古典时期，以意愿论为基础的合同法原则的形成、判定合同双方意愿的主观标准和客观标准的演变，以及针对普通法而来的法典化改革运动，都是为了服务于这个目标，即尽量减少市场供求以外的不确定性，保证资本主义市场经济的发展。

意愿论可以追根溯源到自然法和民法思想，它和亚当·斯密的自由主义古典经济学一道，为 19 世纪英美普通法中合同法基本原则的形成奠定了基础，使合同法在抽象化的过程中成为有利于资本主义市场经济活动的一般法则。自由主义经济学认为，在供求决定价格的自由市场上由享有契约自由的私人进行公平竞争，可以解决所有的市场问题，有利于经济发展。在意愿论影响下形成的 19 世纪的合同法就体现了自由主义经济学所希望的这种契约自由，把合同看做是双方志愿建立的相互之间的义务。有关要约（offer）和承诺（acceptance）的规则在这个时期的出现，就是因为市场的扩大使交易沟通在时间和空间上被分隔，需要这方面的规则来确保双方意愿的一致。"合意"

成了所有合同的指导原则。在要约和承诺的过程中当然要有对价，但法院无权就对价的适当性进行干预，因为它是双方合意的产物。"货物出手皆不退换"的原则在19世纪初由于新的合同法精神也重新得到肯定。显然，当法院给了人们在合同协定上的这种自主权时，他们的创业精神和能量才会因为不害怕外来干预的不确定性而得到充分发挥。可以说，这就是19世纪合同法的宗旨所在。

为了排除外来干预的不确定性，美国合同法在当时具有比英国合同法更强的抽象化趋势，因为合同涉及的主题如果个别化或者说具体化都会受到有关的限制和干预，例如密西西比河的使用权不能成为合同买卖的对象，未成年儿童不允许签约。由于合同法的一般原则不理会涉及的对象是什么，也不管合同双方是什么人，因此，在19世纪上半期它被广泛地应用于土地法、商法、无形资产和保险等方面，成为保证各种商业交易顺利进行的重要工具。

合同法执法的关键是损害赔偿问题。如果它没有一点确定性可言，以合同方式展开经济活动的有关方面都会望而却步。美国合同法在19世纪上半期形成的有关实际履行、提早毁约、数量限制的原则就是为了解决这一问题。当时很多建筑合同在规格要求上十分详尽，建筑商稍有一点不符合合同要求就会前功尽弃。这对于1815年后迅速成长中的美国经济只会起阻碍作用。1828年，马萨诸塞州最高法院在海伍德诉伦纳德案中作出裁决，如果合同履行了，但无意中在个别细节上有偏差，建筑商可按量获得付款。只要有"遵守合同的诚意和实际履行"，法院就不会判处违约罚金。不过，这种有利于建筑商的实际履行规则对劳工却不适用。受雇者如果提前离职，就会失去全部工资。无论是有利于建筑商的实际履行规则还是对劳工的阶级偏见，其实都是为了使从事资本主义市场经济活动的人有一种安全感，从而大胆释放自身的能量。关于提早毁约和数量限制的规则也起了相同的作用。前者使提早毁约的受害者能马上解除合同义务和要求赔偿，从而减少了提前毁约的可能性，并使受害者尽快转向新的经济活动。后者则是以可预见性为标准使所谓后果性损害赔偿得到数量上的控制。

合同的基础既然是意愿的统一，那么如何确定双方的意愿便成了合同法的一个核心问题。当时存在主观和客观两种标准。主观标准就是要找出合同双方的实际或者真正意愿。客观标准则是要看意愿的外在表现。主观标准可以说和意愿论一脉相承。它在 19 世纪上半期居于主导地位。然而，完全以意愿为基础的合同义务使法律的确定性和可预测性成了问题。因此，即便在主观标准占统治地位的 19 世纪上半期，客观标准也同时存在，例如口头证据规则被用来强调书面合同的确定性，商业惯例也被看做是合同双方意愿的证据。到 19 世纪下半期，随着美国经济逐步走向成熟，客观标准逐渐取代了主观标准在合同法中的地位。这主要是因为战后市场的扩大和一体化、交通的改良，以及物价稳定，使得人们不仅比较容易接受客观价值的概念，而且对法律的确定性也有了更高的要求。

在合同法作为普通法的重要组成部分逐步克服自身的不确定性的同时，美国 19 世纪上半叶的法律改革，即法典化运动，实际上也在朝这个方向前进。法律改革原本是针对普通法而来，但它最后并未能以制定法取代普通法，而是在保留普通法的灵活性的同时，加强了它的确定性。在 1820～1850 年法典化运动的高潮中，西奥多·塞奇威克、威廉·桑普森和大卫·达德利·菲尔德等改革者主张按照功利主义大师边沁的理念实行全盘法典化，而以大法官斯托里为主要代表的法律界人士则希望部分法典化。结果后一种理念占了上风。纽约州 1848 年通过了菲尔德起草的《民事诉讼程序法典》（Code of Civil Procedure），并为大多数州所仿效。这是法典化运动的顶峰，但也是它失去势头的开始。可以说，法律改革运动的成功主要是在程序法而不是在实体法上。各州的法典化废除了复杂的诉讼形式，使抗辩和程序简单化，还将衡平法院的案件交由一般法院统一处理。这样一来，任何商业交易都不会因为不符合过去的诉讼形式而难以采取法律行动，合同法的抽象原则得到广泛应用，于是合同双方的共同意愿只要不违法就能在法律上予以执行，契约自由乃得到进一步的保障。另外，简化程序减少了诉讼费用，加快了司法速度。所有这些进步，自然得到商界人士的支持，也有利于美国经济的发展。

法律改革运动的主旨虽然是在普通法的程序问题上，但它也有民主和人道方面的目标。已婚妇女作为合同一方在普通法上曾被视为缺乏对价，因为她没有独立于丈夫的意愿，不具备立约的能力。到 1850 年，这种情况发生了变化。大部分法院承认已婚妇女的立约能力。如果说妇女立约符合合同法不管合同双方为何许人的抽象原则，那么立法议会在这段时期通过的一些人道理由的立法则与合同法精神不相一致。从得克萨斯扩展到其他州的宅地豁免就是一例，50 英亩的宅地及其上的某些财产可依法免受债权人追讨。另外，债务监禁到 19 世纪中期也被完全取消。破产法最初虽然是为了保护债权人的利益，但到 19 世纪中期变成了把债务人解放出来再次成为有生产能力的经营者的手段。不过，这些民主和人道的理念在 19 世纪合同法中的表现还是相当有限的。公平观的重新抬头要等到 20 世纪，尤其是30 年代的大萧条和新政发生以后。20 世纪曙光初现时，我们首先看到的，是内战以后兴起的法律形式主义的登峰造极。

三

法律形式主义是和法律工具主义相区别的。前者坚持已经形成的法律原则，后者认为法律可以根据社会需要而变化；前者追求法律的客观性、中立性和统一性，后者强调法律的灵活性；前者是保持现状的屏风，后者是推动社会变化的工具。据霍尔维茨的研究，美国革命后的法院迅速改变了"前商业和反发展的普通法价值观"，以私法作为变革的工具，在 19 世纪上半叶完成了经济权力向商人和企业家团体的转移。美国法律的这一重大变化促进了自由资本主义经济的蓬勃发展。前面所说的合同法以意愿论取代财产权论和公平观，就是这一法律变化的组成部分。到内战前后，经济权力的转移已经完成，法律工具主义不再如此重要。于是，保护既得利益的需要使法律形式主义的地位开始上升，并从公法进入了私法领域。世纪之交时，法律形式主义发展到顶峰，进入所谓洛齐勒时代（the Lochner era）。在合同法方面，哈佛大学法学院院长克里斯托弗·哥伦布·兰戴尔对合同进行了"遥远、非人格化和冷酷的抽象"，最高法院大法官奥利弗·霍尔姆斯提出了关于对价的交易论（the bargain theory of consideration），后来负责编撰《合同法重述》的塞缪尔·威里斯顿发表了他的论文集。然而，以维持现状为宗旨的法律形式主义如日中天之时，也是美国经济和政治发生重大变化的年代：大公司和管理资本主义在崛起，社会问题在增加，国家的权力范围在扩大。立法部门对包括合同法在内的私法领域的"入侵"与时俱进。到新政和第二次世界大战以后，福利国家和自由主义改革的发展更是进入了一个新的历史时期。所有这些压力和挑战使美国的合同法在 20 世纪作出了两方面的重大调整：一是向公平观的回归，诸如有害依赖（detrimental reliance）和恢复原状（restitution）这些衡平法原则在合同法中的运用，二是对不确定性的容忍，即大量借口法的出现（the rise of excuse law）①。这些调整显然和当年兰戴尔倡导的冷酷抽象的形式主义合同法原则不相吻合，倒是在一定程度上体现了 20 世纪 70 年代哈佛大学教授约翰·罗尔斯提出的新自由主义哲学观，即以正义取代自由作为社会制度的"首要价值"。

1871 年，在哈佛法学院首创案例教学法的形式主义大师兰戴尔出版了他的第一本案例集，即《合同法案例选集》。他在选集中告诉人们，合同法是由普遍适用的绝对准则组成的，通过科学推理就可以从案例中找到合同法的"真正原则"。这种对一般性原则的强调是 19 世纪在普通法中寻求确定性的长期努力的继续。霍尔姆斯和威里斯顿对合同法的贡献也在于此。前者在他的《普通法》一书中提出了一个普遍适用的"真正原则"，那就是对价交易论。后者则在《合同法重述》中把对价交易论捧上了合同法原则的皇位。过去只要立约人受益或者受约人受害就足以构成执行合同的对价，合同责任相当广泛。霍尔姆斯对此不以为然。他认为，仅仅受益或受害都不一定是提供了对价，只有当受益或受害是相互讨价还价达成的交易时才构成对价，合同双方也才因此有履行合同的责任。这样一来，合同责任的范畴缩小了。例如，有害依赖的原告无论从公平观的角度看多么有理，甚至可以举证出被告因此受益，但是只要不存在相互交易，他也就缺乏对价，无权要求赔偿。霍尔姆斯的对价交易论不仅排除了纯粹的公平观，缩小了合同责任的范畴，而且要求以客观标准来决定是否存在相互交易。这样，早在 19 世纪就已开始的以客观标准取代主观标准统治地位的历史过程在世纪之交达到了一个新的高峰。

跟这种合同法理论上的抽象化、一般化和客观化趋势相呼应，追求法律统一性的法典化在世纪之交也有所发展。这在很大程度上是因为工业革命和交通革命带来的全国市场的一体化难以容忍各个地区在

① Hillmen, Robert A. The Triumph of Gilmore's The Death of Contract, Northwestern University Law Review, 1995, pp. 35-38.

商法上的巨大差异。美国律师协会在 1895 年发起了统一州法专员全国会议。第二年，美国国会通过流通票据法，1906 年又通过威里斯顿起草的统一销售法。销售法虽然并不是要改变普通法，但它是美国历史上除 19 世纪中期的法典化运动以外立法部门第一次这样广泛和直接地介入合同法这个普通法领域。"货物出手皆不退换"不再是金科玉律。购货者的利益因暗含担保（implied warranty）而得到较多保障。世纪之交的这些法典化方面的努力遭到了进步主义改革者的批评，因为它不触及当时美国面临的很多其他社会经济问题。为了回应这些批评，美国法律界在 1923 年建立了美国法学会进行所谓"法律重述"，以"澄清和简化法律，使之更为确定。"与法典化相比，法律重述更符合法律界的利益，因为它不是以制定法取代普通法，而是由法律界权威人士对普通法加以提炼、升华和解释。这本来就是法律界权力的根基所在。1932 年，由威里斯顿负责起草的《合同法重述》第 1 版正式发表。尽管重述特别顾问阿瑟·科宾带来了一些新的理念，《合同法重述》第 1 版基本上还是体现了兰戴尔、霍尔姆斯和威里斯顿的形式主义合同观。对价交易论被写进了重述第 75 条。

这是和进步主义改革旨在保护弱者和穷人的所谓"社会立法"针锋相对而来的。双方的冲突在 1905 年洛齐勒诉纽约州案中成为引人注目的焦点。最高法院当时裁决，纽约州将面包房工人的工时限制在每天 10 小时的立法侵犯了受宪法第 14 条修正案保护的契约权，应宣告无效。这无疑是自由市场和契约自由理念的胜利。洛齐勒案判决因此被视为法律形式主义登峰造极的标志。1890～1920 年也被称为法院将契约自由加以宪法化的"洛齐勒时代"。美国学术界长期以来曾把洛齐勒案判决解释为反对社会立法的自由放任主义和社会达尔文主义的胜利。然而，20 世纪 80 年代以来有不少学者将这一判决和"中立原则"联系起来。他们认为，美国法院在洛齐勒时代并不是不分青红皂白地反对政府对经济活动的所有干预，而是反对偏向于某个团体或阶级的所谓"阶级立法"①。

---

① Benedict, Michael, Les Laissez-Faire and Liberty: A Reevaluation of the meaning and origins of Laissez-Faire Constitutionalism, Law and History Review, 1985, pp. 293-331.

洛齐勒时代固然是美国法院坚持旧有传统的年代，但它也是美国经济发展和进步主义改革运动带来前所未有的历史性变化的时期。这些变化对合同法和契约自由的触动不可低估。首先，大公司的崛起和管理资本主义的发展，在企业内部关系上改变了自由资本主义时代的市场经济模式。纵向一体化使很多原本以合同方式建立的市场交换关系变成了大公司内部各部门之间的行政协调和管理。控股公司子公司之间的合同不是以子公司各自的利益而是以它们共同的利益为转移。子公司违约也不会诉诸公堂。居于少数地位的公司持股者即便不同意也要受公司合同的制约。我们在这些经济关系中很难看到过去的合同和契约自由的影子。其次，大公司不具有小企业在短期内即时应变的灵活性，在外部供求关系上倾向于长期合同。长期就意味着更大的不可测性，因此要求合同在容忍未定因素上有一定的开放性。这就需要在更大程度上依靠签约各方的合作和善意，即便出现争议也很少以诉讼方式解决。所有这些都是和建立于过去小企业之间比较单一简单的市场交易关系上的合同法不大相同的地方。最后还要提到的是标准化合同的出现。它适应了大规模交易的需要，降低了成本，但却使弱势的一方通常是消费者失去了讨价还价达到交易的机会，甚至于连合同都未看懂就成为签约方。契约自由和交易对价的原则对于处在弱势地位的人来说好像根本不存在。有人挖苦说这正好和梅因爵士 100 多年前讲的相反，是从契约"转回到身份"。

　　显然，在 19 世纪曾成功地组织了美国资本主义市场经济的合同法，现在遇到了市场经济本身变化所带来的问题。不仅如此，由于合同法的抽象化、非人格化和非道德化，它关注的中心是合同中的商品而不是人，所以对于世纪之交工业化和城市化引起的种种社会问题，尤其是大企业崛起凸显出来的贫富不均和阶级冲突，缺乏应对之策。这样，进步主义运动中形形色色的改革派都开始寄希望于国家来解决这些经济和社会问题，促进公共利益。事实上，早在进步主义改革之前，州和联邦的立法机构已经逐步介入了合同法这个私法领域。当时涉及的主要是对周围社区具有广泛影响的私人合同，诸如公用事业公司、保险公司、铁路公司跟它们的顾客之间的合同。合同法领域最著名的"立法入侵"当然是一些中西部州的格兰奇法和美国国会 1887 年通过的州际商业法。从 1880 年代到进步主义改革，州和联邦政府通过立法介入的合同法领域愈来愈多，包括公用事业、保险、银行、铁路、食物与药品、卫生、托拉斯、劳工和社会福利等等。政府行政管制（regulation）在这些领域开始取代合同成为市场的调节者，结果使愈来愈多的经济活动部分或全部地离开了合同法原则适用的范围。正如美国合同法专家劳伦斯·弗里德曼所言，合同法具有"剩余性"（residuary）的特点，它管辖的是排除所有政府干预后剩下的范围。这个范围在 20 世纪，尤其是新政和第二次世界大战以后，由于政府干预的加强和福利国家的发展而逐渐缩小。

虽然州和联邦政府自 19 世纪末就试图通过立法来解决合同和自由市场无法解决的社会经济问题，洛齐勒时代的美国法院却给人在这方面无所作为的印象。过去学术界一般认为，美国法院改变态度的分水岭是在新政时期，即 1937 年。最高法院迫于富兰克林·罗斯福总统的压力和他在 1936 年大选中的胜利，突然转而支持新政立法。其标志就是最高法院在 1937 年西岸旅馆诉帕里什案中认可华盛顿州最低工资法的判决。可是，美国弗吉尼亚大学教授巴里·库希曼在他1998 年出版的专著中指出，最高法院并非突然转向。法律界人士有关法律和社会的观念自 19 世纪末和 20 世纪初以来已经发生了深刻的变化。1937 年判决是这种长期变化的结果。从合同法的角度来看，美国法院确实从 19 世纪后期就开始作出适应社会经济变化的调整。当然，真正的进展是在 20 世纪取得的，主要是在两个方面，即前面已经提到的允许经济交易有更多的不确定性和从公平角度考虑合同义务。显然，法院在 20 世纪对合同法的解释有了日渐增大的灵活性。

与 20 世纪相比，19 世纪的美国合同法是相当绝对的，尤其是在法院执行合同义务上更是如此。康涅迪格州高等法院在 1857 年第一校区诉多奇案判决中甚至认为"上帝的行动"也不能成为不履行合同的理由①。在 1874 年斯第思诉论纳德案中，被告由于不知情而在下有沼泽的土地上根据合同建楼，结果两次失败，乃拒绝履行合同。陪审团和明尼苏达州上诉法院都作出了不利于被告的裁决。法院认

---

① Speziale, Marcia J. The Turn of the Twentieth Century as the Dawn of Contract 'Interpretation': Reflections in Impossibility, Duquesne Law Review, 1978-1979, pp. 561-563.

韩德培文集

为，即便是缺乏远见的合同也要履行，因此被告应采取一切必要的行动完成工程，必要时包括将沼泽水抽干①。当时的美国法院对于签订合同时未预见的不可能性（impossibility）一般不予通融，只有立约人死亡和法律变化导致合同非法等少数情况是例外。因为在法院看来，由享有契约自由的人签订的合同使它的义务具有不可侵犯的神圣性。

这种绝对义务观在 19 世纪后期开始发生变化。1890 年巴特菲尔德诉拜伦案是一个转折点。拜伦按合同修建的旅馆在完工前被闪电击中焚毁，结果停工。巴特菲尔德在获得保险赔偿后状告拜伦违约。马萨诸塞州法官诺尔顿在判决中指出，修理建筑的暗含前提是建筑的继续存在，建筑在合同双方都无责任的情况下被毁使合同义务无须履行。从此，暗含前提在合同法涉及的不可能性问题上广为应用。1916年，加利福尼亚最高法院在米勒若公园土地公司诉霍华德案中，又把解除合同义务的理由从不可能扩大到不现实（impracticability），即可能履行的义务如果由于不可预见的事由变得代价高昂或特别困难时，也可因不现实而予以解除。1932 年的《合同法重述》认可了不可能和不现实这两种解除合同义务的理由。除此以外，因英国 1903 年克里尔诉亨利案判决而在英美两国合同法中影响愈来愈大的无过失落空，更使 20 世纪的合同法义务得到了进一步放松。根据这一理由，合同义务的履行哪怕是可能的和现实的，但只要失去了当初订合同的目的，就是无过失落空，可以解除①。

显然，以"不可能"作理由所依靠的"暗含条件"仍然是以合同各方的意愿为基础，即契约自由的原则，而"不现实"和"无过失落空"考虑的则是未来发生的不测事件造成的损害如何由合同各方公平合理地分担，我们在其中看到的是久违的公平论的影响。可以说，这种借口法的扩大，不仅赋予了合同义务更大的灵活性，而且引入了公平合理的原则。尽管如此，立约方一般来说还是比受约方承担了更多的外部条件变化造成的损失风险。因此，立约方倾向于签订条

①　Speziale, Marcia J., The Turn of Twentieth Century as the Dawn of Contract 'Interpretation': Reflections in Theories of Impossibility, Duquesne Law Review, 1978-1979, pp. 563-564.

件不大受限制的开口合同，如产出合同、需求合同等。严格地说，这类长期开口合同违背了 19 世纪合同法有关义务的相互性和确定性等基本原则，但在 20 世纪逐渐为法院所接受。法院通过对合同的解释，并援引商业惯例和善意原则，使长期开口合同在法律上站稳了脚跟。

如果说长期开口合同主要是从商业角度出发，去改变 19 世纪合同法的绝对性，以适应新时代经济条件的不确定性的话，那么恢复原状和有害依赖则主要是从社会角度出发，去伸张正义和建立公平。当然，商业和社会目的常常是相互混合，难以分开的。不过，恢复原状和有害依赖原本是衡平法的原则，在 19 世纪中期法律改革使衡平法案件也归属法院审理后，才在普通法中作为合同法原则加以运用。严格地说，它们涉及的是在没有签约各方同意情况下由法律所界定的责任，所以实际上更接近侵权法而不是合同法。恢复原状主要是对并非违约的不当得利（unjust enrichment）的处理，尽管它有时也被用来作为违约赔偿的一种替代方式。这种不当得利是由错误、不正当影响、胁迫、欺诈等原因造成的。恢复原状甚至适用于不具法律约束力的合同（unenforceable contracts）。1937 年，美国法学会的《恢复原状重述》为处理不当得利问题提供了清楚的一般原则，但其后这些原则的应用由于过于广泛显得有些混乱，现在法律史学家还很难归纳出一个清晰的模式。

有害依赖则是指不存在对价的单方受益合同的一方，因依赖而在违约发生时受害。这种情况最初是在慈善认捐毁约案中发生得最多。早在 1866 年，伊利诺州法院在汤普逊诉默塞郡督学委员会案中就判决被告对建造新法院楼的慈善认捐负有责任，因为他造成其他人对此承诺的依赖。当他毁约时就必然造成对他人的损害，即便是缺乏对价的单方受益合同，他也要为损害作出赔偿。这种有害依赖原则又被称为"承诺禁反言"（promissory estoppel）。它实际上是把衡平法原则引入普通法的一种技术手段。1932 年，这项原则被写进《合同法重述》第 90 条，并被加以一般化，使之可以适用于除慈善认捐外所有类似的单方受益合同或承诺。此后，这一原则又被进一步推广到了商业合同。1982 年问世的《合同法重述》第 2 版对第 90 条作了修改，把商业承诺和可预见第三者依赖都包括进来，还允许部分执行，不再要求依赖一定是实质性的。这就使有害依赖的适用范围进一步扩大。

除了恢复原状和有害依赖以外，20 世纪美国合同法中最能体现公平观的调整是在保护消费者方面，因为技术进步和大规模标准化生产使消费者和生产销售者在交易上处于极不平等的地位。不公正和严格责任乃成为合同法用以保护消费者的两大原则。前者是为了防止违背良心的不公正商业行为。它被写进了 1952 年公布的《统一商法典》，并在 1981 年《合同法重述》第 2 版中被认定为适用于所有合同的原则。后者在 1913 年被法院首次应用于有关不纯净食物与饮料销售的案件，到 20 世纪 50 年代初扩大到体外使用的洗衣粉、肥皂和染发剂案件上。1958 年开始，所有种类的销售都有被课以严格责任的可能。具有侵权法特点的严格责任在合同法案件中愈来愈多的应用，说明传统合同法原则不再能适应社会经济现实的变化，要借助于其他的法律进行调整。这就为侵权法等其他法律的“入侵”打开了大门。

　　总的说来，20 世纪的美国合同法面临重重挑战：立法入侵、行政机构权力的扩大、大公司的发展、经济的复杂化和不确定性、社会各阶层对公平的要求。为了应对这些挑战，美国合同法进行了重大调整。这些调整最重要的目标就是使合同法具有适应社会经济变化的更大的灵活性和更高的公平标准。于是，和 19 世纪的合同法乃至 20 世纪初的形式主义传统相比，这些调整不仅使契约自由和交易对价这些基本原则遭到了质疑甚至于背离，而且使侵权法的民事责任在合同法内的影响愈来愈大。吉尔默教授在 20 世纪 70 年代谈到合同之死就是要唤起人们对这些重要发展趋势的高度关注。当然，合同法在美国并没有死亡，只要资本主义市场经济依然存在，它大概也不会死亡。在立法机构、公平理念和民事责任的三方入侵之下，契约自由仍然是美国法律最重要的原则之一。1994 年共和党国会选举的政治纲领的标题就是“与美国立约”（Contract with America）。吉尔默的合同之死，就像霍尔维茨的现代合同起源说一样，虽有大笔一挥不拘小节之处，但为我们勾画出了美国合同法发展的总体趋势。在美国历史研究缺乏宏观巨著的时代，这两位学者犀利的思想锋芒至少把我们引向了美国法律史广袤的空间。

对外开放法制环境的调查与研究[*]

一、良好法制环境在对外开放中的重要作用

（一）对外开放基本国策的确立

1. 中国在世界经济中的位置

世界银行年度报告中的数据显示：中国人均国民生产总值在 128 个国家中的位次，总是徘徊于倒数二十几位，与索马里、坦桑尼亚相近；1955 年，中国国民生产总值占世界份额是 4.7%，而 1980 年下降到 2.5%；1960 年，中国的国内生产总值与日本相当，而 1980 年只占日本的 1/4，到 1985 年下降至 1/5；1960 年，美国的国内生产总值超过中国4 600亿美元，而 1985 年超出额达36 800亿美元……

上述数据表明，中国与发达国家之间的差距还在继续扩大，甚至跟一些发展中国家和地区相比，也有落后的趋势。这种客观事实，是长期以来我国经济体制的僵化、实行封闭政策的结果；也是我国终于而且必须继续把对外开放当作一项基本国策的主要客观依据。

2. 对外开放的目的和意义

实行对外开放，充分利用外资，放手引进先进技术，是符合人类社会发展的规律的。世界经济发展的事实表明，几乎没有一个国家不

＊ 本文合作者为姚梅镇、李双元、刘丰名，原载《武汉大学学报》（社会科学版）1989 年第 1 期。

韩德培文集

是曾经大量利用外资的，也几乎没有一个国家不是曾经利用外资而促进其经济发展的。各国间取长补短，互通有无，是国际经济发展的客观需要和必然趋势。因为，一国的资源再丰富，也不可能拥有满足自己所需要的一切资源；一国的经济技术再发达，也不可能拥有现代化大生产所必须的一切先进技术和管理经验。因此，实行对外开放是加快本国经济发展的一条捷径和必由之路；是使本国经济持续和高速发展的重要条件之一。

（二）三中全会以来我国对外开放的巨大成就

1. 进出口贸易方面。对外贸易大幅度增长。据中国海关统计，1978 年我国进出口贸易总额为 206.4 亿美元，而 1987 年，我国进出口贸易总额为 837.8 亿美元，相当于 1978 年的 4 倍多。中国在世界贸易中所占的位次，已由 1978 年的第 26 位上升到现在的第 15 位。目前我国已同 177 个国家和地区建立了贸易往来关系。

2. 吸收外资方面。充分利用外资是实现对外开放政策的一个极其重要的方面。十一届三中全会以来，我国在利用外资方面取得了巨大进展，截至 1987 年 8 月止，全国共签订利用外资协议金额达 560 亿美元，实际利用外资 233 亿美元，相当于我国同期固定资产投资总额的 9.5%。到 1988 年上半年为止，实际使用外资累计总额已达到 410 亿美元。

3. 引进技术方面。引进外国先进技术的规模进一步扩大。原定 1983 年至 1985 年为改造现有企业而用国家外汇引进的 3 000 项技术，已提前于 1985 年上半年完成。"六五"期间，全国共引进国外技术和设备 14 000 项，技术引进用汇比"五五"期间增长 69%。一部分引进技术已投产见效，使我国国民经济各部门技术进步的步伐大大加快。

4. 对外承包工程、劳务合作、投资方面。从 1979 年起到目前，我国已在五大洲的 80 多个国家和地区开展了承包工程，提供多种生产技术和管理服务。与此同时，我国还在国外投资。目前我国已有非贸易性海外企业 380 余家，这些企业的我方对外直接投资额达 6 亿多美元。

5. 建立经济特区方面。1979 年 7 月，我国政府决定在深圳等地区试办"经济特区"。1985年，我国进一步开放14个沿海港口城市和海南岛。同年，又决定把长江三角洲、珠江三角洲和闽南三角地区开辟为沿海经济开放地带，并继而扩大到北方的辽东半岛和胶东半岛。1988年4月，我国政府在决定建立海南省的同时，又决定建立海南经济特区，在这里实行比其他经济特区更加特殊、更加开放的政策。现在，我国已初步形成了"经济特区——沿海开放城市——沿海开发区——内地"这样一个多层次、有重点的全国性对外开放格局。

（三）我国对外开放的成就是诸多环境因素作用的结果

仅就投资领域而言，海外投资者在对外投资决策的过程中，第一个步骤就是对东道国投资环境进行评估，也就是预测投资于该国后可能的风险程度和获利机会。环境评估的目的在于选择风险最小、获利机会最大的投资环境。

投资环境是多种因素有机结合的一个集合体，包括自然的、社会的、经济的、政治的、法律的、文化教育的、科学技术的乃至民族意识的诸种因素。认真总结我国的实践，可以发现我国对外开放的成就是诸多环境因素综合作用的结果。

1. 国际环境与国内环境

国际环境：二次大战后，国际关系环境出现了新的局面，虽然还有局部战争，但总的趋势是转向和平；资本主义由垄断、掠夺转向竞争、合作；国际社会特别是第三世界由封闭、停滞转向开放、发展、竞争。和平与发展已经成为当代国际关系环境的主流。

20世纪50~60年代，资本主义经济的基本特征是"高速增长"，70年代中期到80年代初期则是"停滞膨胀"，近几年来一直处于低速与不稳定的阶段。国际经济的不景气以及资本主义国家特别是亚太地区结构性经济调整以及产业转移等，为我国进入国际市场，走外向型经济之路，提供了一个机遇。此外，近几年来，各国为了吸引外资以加快本国的经济发展，许多国家都竞相改善投资环境。这毋庸置疑地影响和促进了我国投资环境的改善。

国内环境：从宏观角度而言，三中全会实现了党的中心工作转移，几年来全国政治安定团结，民心思治，这是我国实现对外开放并能取得巨大成就的前提条件。

2. 经济环境与意识环境

一国经济环境的优劣，被人称为左右投资者利益的"阀门"。其构成因素包罗广泛，最主要方面为一国的客观环境基础设施以及人力资源的可用性和有效性；一国的经济状况、如社会劳动生产率、国际收支、人均收入等；一国的利润高低，以及市场因素，技术因素，辅助性服务等。

意识环境的好坏，同样严重地影响一国的开放政策和投资环境。狭隘的民族意识和封闭的文化风俗，只能表现为闭关锁国、夜郎自大、盲目排外。而外向型开放的民族意识则恰恰相反。在经济环境方面，我们的不利因素是较多的。虽然我国工资低廉，资源较丰富，但是我国基础设施落后，人员素质差，人均收入低。对外国投资者有吸引力的所谓"潜在的市场"，也由于政策等因素的干预而往往化为乌有。从意识环境看，由于几千年狭隘的封建意识的作用，盲目自大内向型意识，在相当一部分领导干部和群众中根深蒂固。但经过几年的努力，这两个方面都有了很大的进步和发展。

3. 法制环境

在 20 世纪 60 年代以后，发达国家的资本为寻求出路，大量涌进发展中国家的市场。这些发展中国家虽然在政治上赢得了独立，但仍未摆脱历史上遗留的病态经济的困扰，因而一方面希望引进外资，另一方面又防范外资的高度控制。如中东、拉美等国就曾运用法律手段进行过大规模的国有化，使外国投资者惶惑不安。我国自三中全会以来，由于十分注意抓法制的建设，已初步形成一个有利于保障对外开放，吸引外资、引进技术的法制环境。

从上述的综合分析中可以看出，影响一国对外开放的环境因素是一个有机的整体。各类环境因素虽相互联系、相互作用、相互渗透，但从某种意义上讲，起决定作用的还是法制环境。其主要功能表现在：良好的法制环境能够保障对外开放政策的连续性、稳定性，并增强其透明度；良好的法制环境能够促进市场的发育和民主政治的发展；良好的法制环境能保证依平等互利原则给外资、外商提供的各种优惠和保护措施的真正实现。一国对外的开放度，主要都是通过一定的法律体制与法律规定来体现。如对进出口贸易管制，对外国投资的优惠、管理与限制，乃至征用、国有化措施等，都得体现为法律和法制。所以，外国投资者评估一国投资环境，总是十分重视一国的法制。一国法制健全，外商权益有可靠保障，外资就会源源流入；相反，则外商便会裹足不前。那么，我国目前对外开放的法制环境状况究竟如何呢？

二、我国对外开放法制环境建设的回顾与反思

（一）对外开放法制环境的概念和要素

所谓对外开放的法制环境，主要是指国家为贯彻实施对外开放政策所建立的法律制度和法律秩序以及国家机关、公职人员严格地平等地遵守这种法律制度和法律秩序的法律意识。因此，在评价我国对外开放法制环境的优劣、完备、健全情况时，我们认为除了必须首先考察我国有关立法的完备和健全情况外，还应考察国家有关机关和政府工作人员遵守和执行这些法律的状况。

（二）回顾与反思

1. 从外商直接投资（规模、投向、效益）的变化看法制环境的影响

自从 1979 年以来，我国吸收的外商直接投资基本上稳步增长。截至 1987 年底，经我国政府批准的外商直接投资项目达110 016项，外商协议投资金额为 233 亿美元，实际投入资本83.5 亿美元，已经开业的外商投资企业达4 500多家。八年多来，我国吸收外国直接投资的工作大致经历了三个阶段，其变化如下图：

下列图表反映：在第一阶段，即 1979～1983 年，国家着重加强了利用外资的立法工作，建立外资管理机构，从整体上看利用外资工作尚处于准备阶段，法制环境尚不健全，外资进入缓慢。在第二阶段，即 1984～1985 年，国家颁布了一系列的涉外经济法规，法制环

境日臻良好，无法可依的历史在中国已基本结束，外国企业来华投资迅速增长，仅 1985 年批准的外资企业数（含海上石油开发）几乎等于前 6 年的总和。这一时期可以说是我国利用外资的较快发展阶段。第三阶段，即 1986～1987 年，随着国家对国民经济进行宏观调整，我国利用外资工作逐步走上了健康稳定的发展阶段。1985 年以后，国家采取了经济紧缩政策，严格控制基本建设和消费基金的增长，从而使我国吸收外资的规模发生了相应变化。1986 年底及 1987 年初，国家通过立法（"22 条"等）调整外资结构，大力鼓励外商投资于出口生产型和先进技术型项目，减少了对非生产性行业的投资，从而不但使外资有所上升，而且投向较趋合理，投资结构也发生了有利的变化。1987 年经国家批准的外商投资项目中，生产性项目占 85%，改变了过去非生产性项目多于生产性项目的局面。

外商在华直接投资变化，1979～1987			
	批准项目	协议投资金额（亿美元）	实际投资金额（亿美元）
第一阶段	1 392	63	18
第二阶段	4 929	105	28.5
第三阶段	3 695	65	37
合计	10 016	233	83.50

关于外资的规模、结构受政策和法制影响的变化，深圳的情况更具代表意义：

年份 项目	1979	1980	1981	1982	1983	1984	1985	1986	累计
签订协议数（项）	-	5	19	8	12	12	17	8	80
外商协议投资总额（万美元）	-	8 979	13 282	2 405	3 698	3 980	2 733	1 431	36 926
外商实际投资总额（万美元）	-	612	2 118	834	3 333	4 642	680	1 085	13 304
外商实际投资比上年增长（%）	-	-	246	-61	300	39	-85	60	
独资生产企业单位数	-	-	-	2	11	9	13	15	50

从 1979 年至 1980 年，由于当时特区刚刚建立，外商对我国开放政策尚不了解，所以引进的外资额极少，而且主要集中在投资少、风险小、见效快的"三来一补"项目上。与这个总态势相适应，外商在深圳经济特区独资办企业所投入的资本也很少（实际投资额仅为612 万美元）。但 1981 年，深圳经济特区引进外资却出现了一个高潮，这主要原因是深圳为了改善投资环境，需建一批宾馆、酒店、旅游以及住宅、办公楼宇等基础设施。1982 年，深圳对外商投资于宾馆等项目有所限制，因而外商投资减少了许多，外商独资投资也跟着急剧下降（1982 年比 1981 年下降61%）。1983 年至 1984 年，深圳经济特区引进外资工作又有了迅速发展。主要是因为经过 1982 年的调整之后，外商增加了对工业项目的投资（这两年外商投向工业的实际资本额为 1.4 亿美元，占 1979 年至 1984 年间外商投向工业的资本总额的 58%）。1985 年深圳经济特区处在调整之中，压缩了一些基建项目，同时因许多内联企业为了解救本地资金紧张的燃眉之急，纷纷从深圳抽走资金，外商误认为我国的开放政策有变，误认为我们建立经济特区的政策有变，因此，1985 年外商独资办企业的实际投资额比 1984 年下降了 85%。到 1986 年，外商又逐步恢复了投资深圳经济特区的信心。投资额有了回升。

2. 我国对外开放法制环境中的积极因素

自 1979 年以来，我国便开始注意法制建设。到现在，全国人大及其常委会和国务院分别通过、制定的法律、行政法规总计有 600 多件。其中属于涉外经济方面的法律、法规有 50 多件。此外，国务院各部委制定的涉外规章有 30 多件，东南沿海的广东、福建等省制定的涉外规章有 10 多件。还有许多国内经济法律、法规也包含有涉外的内容。如果加上这部分，中国的涉外经济法律、法规已达 160 多件。与此同时，我国还已批准加入及正在积极申请加入一些对国际经济贸易具有重大影响的国际公约，并同许多在我国的重要投资国家签订了投资保护协定以及其他与投资有关的双边协定。这样，形成了一个使外国投资者受到国内法和国际法双重保护的法制环境。

（Ⅰ）国内立法。我国宪法第 18 条规定："中华人民共和国允许外国的企业和其他经济组织或者个人依照中华人民共和国法律的规定在中国投资，同中国的企业或者其他经济组织进行各种形式的合作。在中国境内的外国企业和其他外国经济组织以及中外合资经营的企业，都必须遵守中华人民共和国的法律，它们的合法权利和权益受中华人民共和国法律的保护。"我国宪法此条规定，为广泛吸引外资提供了最高的法律依据，为我国整个外资法体系的建立提供了法律基础。1979年7月1日第五届全国人民代表大会第二次会议通过的《中华人民共和国中外合资经营企业法》，标志着我国外资立法的开始，为我国外资法体系的建立奠定了基石。之后，我国逐步颁布了合资法《实施条例》、《中外合资经营企业劳动管理规定》、《外汇管理暂行条例》、《对外合作开采海洋石油资源条例》、《技术引进合同管理条例》、《涉外经济合同法》、《外资企业法》、《中外合作经营企业法》、《中外合资经营企业所得税法》及其实施细则、《个人所得税法》、《外国企业所得税法》及其实施细则、《海关进出口税则实施条例》、《经济特区及沿海14个港口城市减征、免征企业所得税和工商统一税暂行规定》以及《广东省经济特区条例》和广东省颁布的《涉外经济合同规定》、《技术引进暂行规定》、《经济特区企业劳动工资管理暂行规定》、《经济特区土地管理暂行规定》、《经济特区涉外公司条例》等地方性法规。此外，1986年10月11日颁布了《国务院关于鼓励外商投资的规定》（简称《22条》），随后国务院各有关部门、各省市又颁布了贯彻执行《22条》的配套法规和地方法规等。国务院还制订颁布了《关于鼓励投资开发海南岛的规定》。

我国现在所颁布的涉外经济贸易的法规涉及中外合资经营、中外合作经营、外商独资经营、海上石油资源开发、涉外税收、涉外经济合同、技术引进、外汇管理、海上运输、涉外工商管理、海关、进出口商品检验、银行信贷与保险、商标专利、经济特区、仲裁与诉讼等的内容，已经在我国对外开放的法制建设中，初步形成了一个多层次、多门类的立法体系。

（Ⅱ）条约。我国确定了对外开放政策以后，在加紧国内涉外经济立法建设的同时，也批准加入及正在积极申请加入一些重要的国际公约，前者如《保护工业产权的巴黎公约》、《联合国国际货物销售合同公约》、《承认及执行外国仲裁裁决公约》、《多边投资担保机构公约》，后者如《关税与贸易总协定》等。另一方面，还积极地与在我国有重要投资关系国家商谈和签订了一系列有关投资保护的协定。到1987年上半年，我国已与瑞典、罗马尼亚、联邦德国、比利时、法国、加拿大等18个国家签订了双边投资保护协定。中日双边投资保护协定也已达成协议并签字。我国政府还分别先后与日本、美国、英国、法国等16个国家签订了关于避免双重税收和防止偷税漏税的协定。此外，我国政府还与外国签订了许多涉及外贸外资的协定，如《中美贸易关系协定》、《中美工业技术合作协议》，以及同波兰、法国和比利时分别签订的司法协助条约。

3. 我国对外开放法制环境中的消极因素

（Ⅰ）有法不依，执法不严。无法可依固然使外商担心，有法不依、执法不严，更令他们恐惧。许多外商至今仍不愿进入中国投资市场，或对已投入的资金仍缺乏安全感，有法不依、权大于法就是重要原因之一。

立法与执法应该是法制的两个不可分割的方面，正如前述，它们是构成法制环境的最基本的要素。几年来，我们在立法上虽取得了举世公认的成就，但相对于立法而言，执法守法的状况，却越来越令人担忧。目前，党风不正，官风不正，贪污腐化，经济秩序遭到严重破坏，已经达到无法容忍的程度，并严重阻碍着我国的对外开放，污染着已建立起来的较好的对外开放法制环境。

（Ⅱ）内部规定多，办事效率低。目前虽在加强法律的制定，但国外人士反映，中国还有不少内部规定，不让外方知道。而办事效率低则继续反映在主管部门多，层次多，手续繁，办事难。举办外商投资企业从申报项目建议书到批准合同、章程、签发营业执照，需要一二年甚至更长的时间，仍属常见。目前一些地方虽在形式上将有关机关集中在"一幢楼"内办公，但据说申请者仍得一个一个菩萨地拜，一炷一炷香地烧，实际上并未减少多少麻烦。

（Ⅲ）宏观管理体制和微观管理机制仍很不健全。目前，我国管理外资工作的部门主要是对外经济贸易部外资管理局，各省市管理外资的部门是对外经贸委（厅）的外资管理处。对此，包括外资管理部门本身在内的许多有关部门及外商企业都很有看法，认为目前的外资管理机构的最大弱点就是缺乏权威性、协调性和集中性，从而使宏观管理体制很难建立和健全起来。

依据《合资法》的规定，外资管理部门的职能是对利用外资进行宏观管理、控制和引导，主管部门的任务是对合营企业进行指导、帮助和监督。企业内部的管理（即微观管理机制）应由合营企业的董事会按照合同、章程，依法自行进行管理。但直至今日，行政主管部门干预合营企业，侵犯合营企业权益的事例仍常有发生。

由于宏观管理不健全，外资投向仍不完全合理。在利用外资初期，尚可搞一些小项目、服务性项目以取得经验。但随着利用外资工作的进一步发展，应当逐步提高资本密集型、生产密集型、技术密集型、知识密集型项目的比重。这样才能达到利用外资，改变经济落后、技术落后、管理落后的目的。然而就全国许多地方外资投向分析，都仍然存在一些值得引起重视的问题。以××省为例，调查表明，该省合营企业，从统计数字看，生产型项目虽占55.2%，非生产型项目占44.8%，但通过对合营企业的进一步系统分析，我们发现：a）属于国家急需的吸收国外先进技术和管理经验的项目屈指可数，出口创汇或进口替代的生产密集型项目也不多见。相反，技术要求不高、内向型、无创汇能力的第三产业如汽车维修、装饰工程、电子游戏，彩色胶卷扩印等服务性项目却上了不少；b）无论是生产型还是非生产型项目，大部分都是港商投资的小型项目，大项目寥寥无几；c）多家合营企业经营范围、经营方向大同小异，造成毫无意义的重复引进；d）一些根本不应也不需要利用外资的行业，或出于无奈或出于赶时髦也与外商合资。如××合营企业经营范围是我国传统的工艺品，本来该产品无需与外商合资也完全可以打入国际市场，出口创汇。

（Ⅳ）涉外税制问题。根据我们的调查分析，外商企业税制工作中的问题，主要表现在下述三个方面：a）税收法规透明度不高。我国税收政策的变化确实较为频繁，主要表现为两种方式：其一是各地相继在原有税则的基础上进一步放宽规定，给予更大的优惠。这种变化常常是通过法令、规定等形式公之于世，这无疑是深受外商欢迎的；其二是由于种种原因对原来较为宽松的规定予以限制，而这种变化则往往是以"红头文件"的形式内部传达，这就令外商大伤脑筋了。此外，中国的税法比较原则，不够具体明确，而行政解释往往又是内部文件，外国人看不到，甚至很多中国人也不知道。b）税收法规执行不严。税法本来是十分科学、严格的法律，但在我国许多地方往往可以讨价还价。这就影响了税法的严肃性。c）税收管理和监督不力。有些税务部门没有严格依照税法办事，征了一些不该征收的税款，对外造成不良影响；而另一方面又由于税务部门对外商企业财务税收的监督管理薄弱，一些应征税款没有及时足额征收上来，外资企业偷税、漏税、欠税的现象时有发生。而且中方合营者只要自己有利可图，也不顾国家权益受损害，隐瞒实情，甚至设法帮助外方合营者逃税。

（Ⅴ）外汇平衡与产品返销。外汇平衡问题一直是我国引进外资和外国先进技术的一大棘手难题，特别是1985年底国家采取紧缩政策以来，这个问题更显得突出。解决外汇平衡的办法，过去我们遵循的是通过产品返销达到自身平衡的原则。这一原则与我国引进外资和外国先进技术的根本目的是相吻合的。但是，试图仅仅通过产品返销解决外汇平衡问题往往事与愿违，而且客观上又阻碍了合营企业的发展。产品大部分外销首先碰到的是市场问题。外商正是因为在本国市场饱和，国际市场竞争激烈的形势下，前来中国投资的，他们瞄准的是中国这一世界最大的潜在市场。所以，除非是某些国际市场适销产品或某些跨国公司需求产品，外商不愿合营企业产品外销，因为一是冲击了其已占有的市场份额，二是出口利润一般较低。两种利益的冲突必然产生深刻矛盾，导致外汇不能平衡。

为解决外汇平衡问题，我国政府采取了一系列的措施。国务院颁布了《关于中外合资企业外汇收支平衡问题的规定》及有关规定，同时试办了外汇调剂中心。采取上述种种措施，外商投资企业的经营状况和外汇平衡问题总的看来有了很大改善，但仍存在下述几个问题：a）有些地方仍把合营企业能达到外汇自身平衡作为审批合营企业的必要条件，迫使不少企业不切实际地追求高百分比的外销比例，致使外商望洋兴叹；b）以产抵进企业遇到的一个问题就是，虽然其产品达到国外同类产品的质量标准，但一些单位迷信外国，甚至为了出国，不愿购买合营企业产品，仍愿花大量外汇从国外进口；c）合营企业根据规定虽然可以利用外方合营者的销售渠道，组织国内产品出口，进行综合补偿，但受到出口配额的限制，有出口配额的和应申领出口许可证的产品，须报经贸部或授权机关特批。这实际上使合营企业的综合补偿成为不可能或至少极其困难。至于非许可证范围的产品又多是销不出去的或换汇成本特高的；d）不少地方对于外汇调剂中心调剂外汇的行为，仍然人为地设置了许多障碍（如调剂的范围、价格、金额的限制等）。

（Ⅵ）配额、许可证问题。出口贸易实现配额管制和许可证制度，对保证国家对出口贸易进行宏观控制，出口商品有秩序地进入国际市场，维护国家的整体利益等，都是十分必要的。但自我国实行出口配额管制和发放许可证以来，带来了一系列的怪现象。据报道：

在珠江三角洲，几十万头瘦肉型优质活猪，因配额太少走不出国门，而一些遥远的北方省市为完成出口配额任务，汽车拉，火车载，生猪长驱南下到港澳，经长途惊恐折磨，活猪变成了"呆猪"，价格大跌，一头少卖一二百港元；

顺德县瞄准国际市场，经审批花巨款从荷兰引进花卉生产工厂化的成套设备，投产后日产康乃馨鲜花 5 000 枝，外贸只给1 000枝的鲜花出口配额，出不去的鲜花成了柴禾；

去年10月在深圳的仓库里存放了二三千吨没配额的大蒜头，为了出口，只好以一吨500元人民币的沉重代价向那些有配额而没产品的单位购买配额和许可证指标。

尤其值得指出的是，近几年，配额、许可证的分配和发放的不合理及管理的混乱，为少数不法官商大开绿灯，一张许可证转手即获得几万元的非法收入。结果，坑害了国家，搞乱了市场，喂肥了不法分子，败坏了党风、官风、社会风气。可见，尽快颁布《外贸法》，改革配额、许可证的分配与发放等制度（如实行有偿公开招标），依法办事，严惩违法分子，也已到了刻不容缓的时候。

三、进一步优化对外开放法制环境的几点建议

1. 增强全党全民族对外开放、参加国际经济大循环的竞争意识；提高以法治国、依法办事、违法必究的法律意识；充分认识到对外开放与四化建设、民富国强的密切关系；充分认识到优化法制环境对保障对外开放政策实施的重大意义。

我们所处的时代是一个开放的时代，我们生活的世界是一个日新月异的世界。当前，国际环境固有许多对我国推行对外开放政策有利的因素，但也有极其严峻的一面。我国进出口贸易及引进和利用外资，在绝对值上虽有提高，但与许多发展中国家和地区相比，我们的增长比例并不大，所占份额与一个拥有 10 亿多人口潜在市场的大国还极不相称。另一方面，当前许多发展中国家，都在竞相改善投资环境，大力吸引外资，而我们许多过去可以利用的优势，目前已在丧失或减弱其优势作用。这就更需要我国建立一个良好的法制环境，以充分发挥对我们开放有利因素的积极作用，并尽可能限制和消除对我们开放不利因素的消极作用。

2. 继续花大气力，加强对外开放的立法工作。这包括应尽快制定许多必不可少的新法，如外贸法、海商法、公司法、版权法、公平竞争法等；修订一些已不符合当前需要的旧法，如删除过时的条文，消除相互冲突的条文，对过于原则的条文具体化等；清理自对外开放以来所颁布的所有涉外经济贸易法规，并指定权威机构分门别类，汇编成册（中、英文），以便于适用；将一些以内部文件形式传达的外资外贸政策法律化，公诸于世，以提高对外开放法制环境的透明度。政策和法律都是为了执行，并让人遵守，其公开性应是无条件的，不应当有不公开的政策和法律。最近国务院决定，改变用"红头"文件形式发布行政法规的办法，代之以由国务院总理签署国务院令的形式发布行政法规。这是一项可喜的改革，是我国增强法制意识，健全法制的重大措施，有利于发展对外经济交往。

3. 充分发挥各级人大及其常委会监督涉外法律实施的作用。我们认为，在近两年内各级人大的工作重心均应转移到加强治理经济环境的立法和监督执法上来。包括成立强有力的权威领导班子，采取各种有效的手段和方法，监督涉外法律的实施。各级政府，公职人员只能依法办事，对于在涉外经济贸易工作中的违法或失职者，尤其对那些利用手中权力，置国家法纪于不顾，对外产生恶劣影响者，必须依法追究责任（包括经济责任与刑事责任）。务必在短期内，在国内外树立起我国法纪严明，政府清廉，民主发育的良好威望。为此，还应迅速建立和健全各级强有力的既对政府负责，又直接向各级人大负责的监察审计部门。

4. 加强对外开放环境的综合治理。包括消除立法上的隐患，加强对法律的权威性解释（包括立法解释和司法解释），保护已依法批准的合同，简化繁杂的手续，提高办事效率，完善基础设施和周边产业，加强质量管理，支持外商投资企业按照国际上先进的科学方法管理企业（包括用工制度、工资制度、财务制度、企业法人制度、代理人及经纪人制度，进出口贸易制度、资金及外汇管理制度、企业经营范围制度、国内外市场管制制度、社会福利制度等），严禁巧立名目、五花八门的强行摊派，提高包括海关、商检、银行、运输、保险、港务、通讯及信息等全社会的服务质量和水平等，以期通过综合治理，达到全面地完善和优化对外开放环境之目的。

5. 重视教育，重视法制人才的培养。目前，我国的国际经济法和国际私法专业人才仍十分短缺。在社会主义国家中，我们这方面的专业人才远远少于苏联，在发展中国家中远远少于印度。在国际货币基金组织、世界银行集团和亚洲开发银行等重要国际经济组织中，我国还很难派出合格的人员去担任需要担任的专业工作。对国际经济法和国际私法专业的建设，国家应当采取特殊政策予以重视和大力发展。关在国内是培养不出与国际水平相当的专业人才的，因此哪个国家在这方面发达，就应派学生去进修；对哪个国家需要了解，就应派人去考察。对培养这方面专业人才的院校，国家除拨给培养经费外，还需增拨国际学术交流的经费，以供聘请国内外专家学者前去讲学和派出人员去国内外实习考察之需。

总的来说，自党的十一届三中全会以来，我国对外开放的法制环境已经初步形成，优化对外开放法制环境的实现，也是可以计日程功的。因为，改革和开放已经成为社会主义中国不可逆转的潮流。

中国行政法制建设的新发展*

　　行政法制建设作为我国法制建设整体中的一个重要组成部分，经过 40 年的努力已经取得了重大进展。特别是党的十一届三中全会以来，大量行政管理法规的颁布基本上实现了行政管理有法可依。但有一个问题始终没有得到很好的解决，那就是倘若行政机关行使行政管理职权侵犯了公民、法人或者其他组织的合法权益该怎么办？1989 年通过的《中华人民共和国行政诉讼法》终于较好地解决了这个问题。

一、行政诉讼法的颁布是中国行政法制
建设的重要里程碑

　　随着我国经济体制改革的不断深入，国家行政管理机关行使职权的范围越来越广，从而使行政机关与其管理相对人之间的矛盾也越来越多。长期以来，我们习惯于通过行政手段来解决管理者与被管理者之间的矛盾。可以肯定，这种解决矛盾的方式在过去也发挥了很大的作用，但是，随着社会民主化程度的不断提高，这种方式已不大适应社会前进的步伐了。经过多年的努力，我们终于摸索出了一条解决行政争议的基本模式，即通过法院实施第三方的裁判。从世界范围来看，这算不上新东西，但在我国，则标志着中国行政法制建设进入了一个新的阶段。从此以后，公民、法人或者其他组织的合法权益受到行政机关的侵害将会得到有效的保护，而行政机关的行政活动也将受到人民法院更有效的监督。一句话，行政争议的司法解决有利于促进政府行为的法制化。

　　＊ 本文原载《行政法制》1990 年第 5 期。

二、政府各部门应严格按照法律的 规定行使行政职权

行政诉讼法要求各级政府部门必须依法行政。首先，依法行政是造就廉洁政府的必由之路。我们的政府是人民的政府，政府工作人员是人民的公仆，在解放后的50、60年代，政府工作人员的作风是相当好的。可惜后来随着文革"内乱"的侵扰和西方资产阶级自由化思潮的侵蚀，有些行政工作人员忘记了为人民服务的宗旨，个别的甚至腐败堕落了。其中一个根本的原因，就在于没有很好地约束行政工作人员的行为。近年来，国家已制订了不少行政法规，有法可依的状况基本解决了，但执法不严的问题依然存在。行政诉讼法的颁行，将从执法不严上找到突破口。倘政府行为违法侵害管理相对人的合法权益，相对方即可诉诸法院，寻求司法保护。从世界范围来看，司法对行政的监督这种方式是比较好的，那么，在我国社会主义制度下，这种监督的效果如何呢？我个人认为，监督是否有效的关键不在于监督的强度，而在于政府依法行政的水平，依法行政的水平越高，监督越有效。所以问题的关键在于依法行政，依法行政是造就廉洁政府的必由之路。

其次，依法行政是改善政府与人民群众关系的保障。历史经验证明，政府与民众关系的好坏取决于两个因素：第一，政府是不是人民的政府；第二，政府是不是真正为人民谋利益。具备上述两个因素的政府，必然受到民众的拥护，否则就会形成对立。建国四十年来，作为人民的政府，我国各级行政机关与人民群众的关系是相当融洽的，只是由于政府行为受到一小部分腐败分子的影响，政府与民众的关系曾一度出现紧张。江泽民总书记在党的十三届六中全会上强调要加强党和人民群众之间的血肉联系，可以说是一语中的，击中了当前政府与人民群众之间出现一些不协调问题的要害。那么，怎么样解决这一问题？行政诉讼法已找到了一条好途径，那就是使政府活动处在公民的监督之下。有人说，我国的刑事诉讼法是"官告民"的法律，民事诉讼法是"民告民"的法律，而行政诉讼法是"民告官"的法律。这种通俗的说法虽然不很科学，但也从一个侧面反映了行政诉讼法的性质。政府机关欲避免当被告，必须努力做到依法行政。而只要政府

机关依法行政，一般说来，就不会发生侵犯公民的合法权益的事情，从而改善政府与人民群众的关系，促进社会政治、经济的稳定发展。

三、积极准备实施行政诉讼法

首先，提高认识。各级政府领导人及其工作人员，应从思想上提高对行政诉讼法的认识。一方面，行政诉讼法不是"控权法"。从该法第一条规定中，就可以看出，立法者的目的不在于控制行政权力，而在于维护和监督行政权，行政机关只要在自己的职权范围内依法行政，就可以充分行使自己的职权。另一方面，从行政诉讼法的内容来看，《行政诉讼法》能够有效地维护行政机关的行政权威。比方说，法律规定，法院只能对行政机关的具体行政行为是否合法进行审查，而不能代替行政机关作出行政决定；行政机关的行政决定，即使是在行政诉讼期间也不停止执行等。认识到上述两点，就不致于对行政诉讼法产生误解，从而打消顾虑，在法律规定的范围内，充分行使行政职权。

其次，准备应诉。近几年来，各级人民法院已经受理并审结了大量的行政案件，行政诉讼法施行以后，行政案件将会增多，行政机关作为被告的机会也会更多。因此，行政机关一要健全应诉机构；二要培训应诉人员；三要抓紧清理本部门的有关行政规章和规范性文件。

第三，建立和健全行政复议制度。我们要注意到，尽管有很多行政争议通过司法途径得到了解决，但在实际工作中，大量的行政争议仍然是通过行政途径解决的。《行政诉讼法》还规定了一条重要原则，即行政争议发生后在申请行政复议与提起行政诉讼之间，采取了允许选择与申请行政复议在前的原则，根据这一规定，大量的行政争议将首先通过行政复议的方式得到解决。行政复议是一种新的制度，需要在实际工作中不断得到完善。专门的行政复议机构的建立，复议工作人员的配备，行政复议的程序等都是值得研究的问题。目前已有不少地方在政府法制部门设立了行政复议机构，我认为这种办法好，应广为推行。

总而言之，《中国行政诉讼法》的实施，将对我国各级政府部门的行为产生深刻的影响，促进政府法制工作，从而推动全国的行政法制建设朝着更充实更完善的方向迈进。

第 五 编　韩…德…培…文…集

序言与讲话

《中国国际私法与比较法年刊》发刊词

在西方国家，国际私法出现较早。公元十二三世纪在意大利各城邦间，由于各城邦的法律（当时称"法则"）不同，凡是涉及两个或两个以上城邦间的民商事问题，究竟应该依哪个城邦的法律去解决？国际私法就是为了解决这种"法律冲突"问题而产生的。后来在主权国家之间，由于各国的法律不同，凡是涉及两个或两个以上国家间的民商事问题，也同样要解决这"法律冲突"问题，因而国际私法就逐渐发展起来，很多国家都有自己的国际私法。但由于各国的国际私法又有不同规定，于是同一案件在不同的国家处理，就会产生不同的结果，这对当事人自然是不利的。因此统一国际私法的运动随之而生，无论在欧洲或在美洲，都曾由一些国家制定了不少这方面的国际公约。这自然是值得称许的。但各国出于自身不同风俗习惯以及其他种种利益的考虑，并非都十分积极参加这些公约，因此仍不妨碍各国保持和适用它自己的国际私法。到了近现代，世界经济逐渐朝着一体化的方向发展，由于交通运输的高度发达，国际经贸合作关系、科学文化交流的迅猛发展，以及人员跨国流动和民商事交往的十分频繁，有一部分具有涉外性质或跨国性质的民商事问题迫切需要而且也有可能通过制定的或由习惯形成的国际统一实体法予以解决。这种国际统一的实体法，如果其调整内容是以公民（自然人）或法人或其他组织为平等主体的民商事关系，也就应该属于国际私法研究的范围。与此相关，有些国家由于本身的特殊需要专门为解决这类性质的问题而制定的所谓"直接适用的法律"，即不必考虑适用别国法而直接适用的内国法，也同样可以而且应该列入国际私法研究范围之内。这样，现代国际私法研究的范围也就不得不随之而扩大了；它所需要研究的问题也就愈来愈多和愈加复杂了。这正是国际私法发展的一种新的趋向。从历史的、发展的眼光来观察，这是毫不足怪的。所以现代的国际私法是一个相当庞大和复杂的有机整体。它是既有悠久历史又在不断发展的一个独立的法律学科，是任何其他法律学科所不能代替的。

可是在我们中国，国际私法却比较晚出。解放以前，由于当时的中国还是一个半殖民地，在帝国主义国家的侵略和压迫下，本身丧失了对涉外问题的司法管辖权，国际私法根本就没有贯彻实施的可能。虽然北洋政府曾制定一个《法律适用条例》，可是它形同虚设，起不了任何作用。解放以后，又由于在一个时期内帝国主义国家的封锁和我们自己的闭关自守政策，国际私法在我国的对外关系中适用的机会还是很少。而且由于法制建设长时期没有受到重视，国际私法自然很难有发展的条件。1978 年党的十一届三中全会以后，我们国家的各方面都发生了巨大的变化，出现了前所未有的崭新局面，我们的法学，包括国际私法在内，也不例外。我国政府向全世界明白宣布：对外开放是我国坚定不移的政策，而且今后还要继续扩大对外开放。可以断言，我国的对外经贸合作关系、科学文化交流以及具有涉外性质或跨国性质的民商事问题，必然需要用法律来规范、调整和解决。这就决定了我国的国际私法，无论作为一个法律部门或作为一个法律学科，都必然需要大大地发展。

为了适应这种新形势的需要，我国研究国际私法的一个民间学术团体——"中国国际私法研究会"，现改称"中国国际私法学会"，从 1985 年 8 月开始酝酿筹备，1987 年 10 月就正式成立了。这个学术团体成立以来，每年都举行一次年会，讨论国际私法方面的一些重大理论问题和实际问题。参加这个学术团体的成员，不但有从事国际私法教学和研究的教师和学者，还有从事实际工作的各有关部门的专家、顾问、律师和工作人员，还有不少年富力强、朝气蓬勃的国际私法博士和硕士。临时应邀参加年会的，往往还有港、澳、台地区的学者和专家。可以毫不夸张地说，我们这个学术团体是集中了全国国际私法人才的一个大本营，一个智力库。每次年会都收到数目相当可观的学术论文，并于会后编辑出版论文集。每次举行年会时，出席者都可对讨论的问题各抒己见，畅所欲言，真正做到"百家争鸣、百花齐放"，这已形成这个学会的一种传统。因为我们坚信，只有这种开诚布公、自由讨论的学术气氛，才能促进我们学科的发展，提高我们的学术水平。

1997 年在上海和苏州举行的年会，决定从 1998 年起，每年都出版《年刊》，不再出论文集。年刊定名为：《中国国际私法与比较法年刊》，因为国际私法与比较法有特别密切的关系。年刊的内容，不限于提交年会的经过选择的论文，也可有其他来稿，还会有与国际私法有关的一些资料与信息。这里要指出的是，年刊所发表的论文都只代表撰写者个人的见解，既不代表编委会更不代表本学会的意见。但我真诚地希望这个年刊的创办，将会对促进我国国际私法这一法律部门的发展，对提高我国国际私法这一学科研究的水平，作出较大的贡献。事实上，目前我国国际私法的立法还很不完备，国际私法的学术研究也起步较晚，我们还要继续坚持不懈地进行艰巨的工作，真可说是"任重而道远"。我希望这个年刊将会办得比较出色，不但在国内而且在国外也将能产生相当好的影响，使它在世界上一些知名的法学刊物中也将能享有一席之地。这个年刊的出版，承法律出版社给予大力支持，与本会订立了长期出版的合同，特在此向该社深表谢忱！还有为本刊的出版慷慨予以资助的单位和个人，本会也在此向他们深表感谢！

中国国际私法学会会长　韩德培

1998 年 3 月 15 日

《中华人民共和国国际私法示范法》前言

国际私法是解决具有涉外因素或称国际因素的民商事问题的。在西方国家，它出现较早。远在公元十二三世纪，它就开始出现。那时在意大利各城邦间，由于各城邦的法律不同，凡是涉及两个或两个以上城邦的民商事问题，究竟应该依哪个城邦的法律去解决？这就提出了一个"法律冲突"问题。国际私法就是要解决这"法律冲突"问题的。后来在主权国家之间，由于各国的法律不同，凡是涉及两个或两个以上国家的民商事问题，也同样需要解决这"法律冲突"问题，因而国际私法就逐渐发展起来。有的国家把它规定在民法典内，有的国家制定了单行的国际私法法规。尤其在第二次世界大战以后，不少国家纷纷制定国际私法，国际私法的法典化发展很快。例如，1979年奥地利制定的《奥地利联邦国际私法》，共有 50 条；1982 年南斯拉夫制定的《法律冲突法》，共有 109 条；1989 年瑞士开始实施的《瑞士联邦国际私法》，共有 200 条，创历史上国际私法国内成文法的最高记录。甚至一些亚非拉的发展中国家，在国际私法立法方面，也颇有作为。例如泰国、韩国、土耳其、埃及、叙利亚、约旦、加蓬、秘鲁等国家，或制定单独的国际私法法规，或在民法典中加以规定。英美是采取判例法的国家，在国际私法方面除有少量成文法外，它们的学者和学术机构根据判例也整理出一条一条的规则。如英国戴赛（Dicey）和莫里斯（Morris）所合著的《法律冲突法》一书中（根据第 10 版），整理出的条文就有 210 条。美国在美国法律协会的主持下，由里斯（Reese）教授负责编纂的《美国冲突法重述（第二次）》就有 423 条。

在我们中国，国际私法却出现较晚。解放前，由于当时的中国还是一个半殖民地，在帝国主义国家的侵略和压迫下，根据所谓领事裁判权，我国丧失了对涉外问题的司法管辖权，国际私法根本就没有贯

韩德培文集

彻实施的可能。虽然北洋政府曾制定一个《法律适用条例》，可是它形同虚设，起不了任何作用。解放后，又由于在一个时期内帝国主义国家的封锁和我们自己的闭关自守政策，国际私法在我国的对外关系中适用的机会还是很少。而且由于法制建设长时期没有受到重视，国际私法自然很难有发展的条件。1978 年党的十一届三中全会以后，在改革开放的大方针下，我国政府向全世界明白宣布：对外开放是我国坚定不移的政策。可以断言，我国的对外经贸合作关系、科学文化交流以及具有涉外性质或国际性质的民商事问题，必然需要用法律来规范。而且这一方面的涉外纠纷也日渐增多，亟须依据法律来解决。这就决定了我国的国际私法必然需要大大地发展。20 多年来，由于我国加强了法制建设，我国在国际私法立法方面确实做了不少工作。例如在《中外合资经营企业法》、《民事诉讼法》、《涉外经济合同法》、《继承法》、《民法通则》、《海商法》、《票据法》、《仲裁法》、《民用航空法》以及《合同法》等法律中，都含有国际私法的规定。但是严格说来，我国现行的国际私法还不十分健全和完善，已制定的一些国际私法规范还比较零星分散，不够系统和全面，而且还有不少缺陷和空白，远远不能适应我国目前形势和未来发展的需要，也与我国作为世界大国的国际地位极不相称。因此，非常有必要制定一部比较完整的国际私法。

中国国际私法研究会（现改称"中国国际私法学会"）是一个全国性的民间学术团体，成立于 1987 年 10 月。它成立以来，每年都举行一次年会，讨论国际私法方面的一些重大理论问题和实际问题。参加这个学术团体的成员，不但有从事国际私法教学和研究的大学教师和科研机构的研究人员，还有从事实际工作的有关部门的专家、顾问、法官、律师和其他工作人员，还有不少年富力强、朝气蓬勃的国际私法博士和硕士。临时应邀参加年会的，往往还有港、澳、台地区的学者和专家。可以毫不夸张地说，我们这个学术团体是集中了全国国际私法人才的一个大本营，一个智力库。1993 年 12 月，中国国际私法研究会在深圳举行年会时，与会代表建议起草一部《中华人民共和国国际私法示范法》，以供我国政府有关部门和教学科研单位参考。会上一致表示同意，并由理事会决定成立了起草小组。小组的成员是：韩德培（小组召集人）、费宗祎、姚壮、钱骅、董立坤、刘慧珊、余先予、李双元、袁成第、张仲伯、黄进、章尚锦、卢松（排名不分先后）。后来还聘请徐宏、韩健两同志参加起草工作。起草小组初步决定了《示范法》的框架为总则、管辖权、法律适用、司法协助、附则共五个部分，并对起草工作作了适当的分工。1994 年 7 月，起草小组在北京外交学院举行会议，对分工起草的《示范法》的各个部分进行了汇报和讨论，会后由起草人根据会上提出的意见对自己负责起草的部分加以修改。1994 年 10~11 月，在宁波举行年会，与会代表对修改后的《示范法》，从体例、范围、条文内容到具体文字，进行了广泛和深入的讨论，提出了不少修改意见。会后又由各起草人分别作进一步的修改和补充。1995 年 6 月，起草小组又在深圳举行会议，对修改后的《示范法》逐条加以讨论，并决定再由起草人继续进行修改。以后几次年会，即 1995 年 10 月在北京、1996 年 9 月在大连、1997 年 10 月在上海和苏州、1998 年 10 月在井冈山、1999 年 10 月在长沙，每次举行年会时，与会代表仍继续不断地提出一些修改意见。这些意见起草小组都慎重地予以考虑并斟酌采纳。经过这几年的多次讨论和反复修改，前后易稿数次，最后定稿是第六稿，共分五章，即第一章总则、第二章管辖权、第三章法律适用、第四章司法协助、第五章附则，共有 166 条。现在每条条文都附有适当的说明，全部条文都译成了英文。

这个《示范法》具有以下几个特点：

第一，《示范法》采取法典的模式，顺应了国际私法立法的世界潮流。第二次世界大战以后，特别是近年来一些国家制定的国际私法都采取法典或单行法的模式。例如 1992 年罗马尼亚《关于调整国际私法法律关系的第 105 号法》，共有 183 条，就采取法典的模式。又如意大利 1942 年本将国际私法规定在民法典内，只有 15 条，但 1995 年 5 月 31 日第 218 号法，即《意大利国际私法制度改革法》，却改用单行法的模式，规定了 74 条。至于前面提到的《瑞士联邦国际私法》更是典型的最完整的国际私法法典。

第二，《示范法》内容比较全面，规定比较科学合理。如前所述，我国现行的国际私法，不但零星分散，而且还存在一些缺陷和空白。《示范法》都加以修改和补充。甚至有些问题的准据法，其他国家的国际私法很少甚至没有加以规定，《示范法》却作了适当的规定。如定性、连结点、先决问题等的准据法都是。《示范法》是在总结中外立法和司法经验、分析比较许多国家的立法条款和有关的国际公约并结合我国实际情况的基础上制定的，规定是比较科学合理的。

第三，《示范法》在立法的指导思想上具有一定的超前意识。过去我们在立法上有一种想法和做法，就是"成熟一个制定一个"、"宁缺毋滥"。这种想法和做法，虽然看来很稳妥，但结果是我国国际私法立法总是跟不上客观形势的需要，令人有"滞后"、"落后"之感。《示范法》却不同，它一方面总结了我国已有的立法经验，另一方面大胆地吸收和借鉴外国优秀的立法成果和有关国际公约中的先进规范，在一些方面进行了有益的探索和尝试。例如信托制度目前在我国还不发达，但考虑到国际交往中可能会出现这方面的法律纠纷，并且从社会发展的趋势看来，涉外信托关系可能会大量发生，甚至在我国也可能会很快地推行这种信托制度，因此《示范法》对信托关系的准据法作了明确的规定。又如我国现行法律中并没有区分婚生子女与非婚生子女，但基于国际交往中也可能遇到非婚生子女的认领问题，《示范法》对非婚生子女的认领问题也明确规定了准据法。

最后应郑重声明一下：《示范法》的起草，实际上是我国民间学术团体的一项科研成果，它显然是带有学术研究性质的，它的起草绝无代替国家立法的意图，仅供我国政府有关部门和教学科研单位参考而已。它也不是尽善尽美、完备无缺的，尚望参考时不吝予以指正。《示范法》在起草过程中，承我国法学界及其他方面不少学者专家以及有关工作人员对我们的工作提出建议或作出评论，对我们帮助很大。将《示范法》从中文译成英文，是刘慧珊和卢松两位教授负责完成的，厥功至伟。在最后定稿期间，黄进教授领导四位博士研究生即胡永庆、肖凯、谭岳奇、何其生四位同志，对中英条文进行了全面的复查，并对中文每条条文的说明作了认真的核对和协调，花费了很多时间和精力。《示范法》的出版，承法律出版社及本书责任编辑给予大力支持和热情的关注与推动。让我在此代表中国国际私法学会对他们和法律出版社表示诚挚的感谢！

中国国际私法学会会长　韩德培

2000 年 6 月 6 日

《环境法》杂志发刊词*

环境问题，是当今世界所面临的一个严重社会问题，也是我国面临的重大问题之一。

环境保护是我国的一项基本国策，是社会主义物质文明建设和精神文明建设的一项重要内容，是一件关系到当代人健康安乐和造福子孙后代的大事，是一项新兴的伟大的社会主义事业。

作为上层建筑的环境保护法即环境法，在我国社会主义建设和环境保护工作中起着十分重要的作用。它是调整经济建设和环境保护之间关系的法律杠杆，是促进经济建设和环境保护同步发展的法律保证；它是加强环境管理的主要手段，是推动环境保护事业发展的强大动力；它是人民群众同一切污染、破坏环境的现象和行为作斗争的法律武器，是解决各种环境纠纷和问题的法律根据；它是维护我国环境权益，加强我国对外环境保护合作，促进人类环境保护事业发展的重要工具。

因此，创办环境法刊物，开展对环境法的理论研究，探讨我国环境法制建设中的新问题，介绍国外环境法发展的成果，对于发展我国的环境保护事业是具有十分重要的意义的。

《环境法》这一刊物是在第二次全国环境保护会议胜利召开、全国人民努力开创环境保护工作新局面的形势下诞生的。

《环境法》要办成为一个学术性、资料性的刊物，成为一块大家共同学习、共同研究问题的园地。要在坚持四项基本原则的前提下，认真贯彻"双百"方针，发表对开创环境法学研究新局面的建设性意见，对环境法制建设中的重要理论问题和实际问题进行不同意见的

＊ 本文原载《环境法》1984 年 6 月创刊号。

韩德培文集

学术争鸣，为我国四化建设和环境保护事业服务。这应该成为本刊创办的主要宗旨。

环境法是一个新兴的法律部门，环境法学是一门新兴的边缘性的法学学科，而本刊《环境法》自然也是法学刊物中的一棵新苗。凡是新事物都有一个由小到大、由不成熟到比较成熟的发展过程，它要求人们用辛勤的汗水去浇灌、培育，更需要人们的热情支持和扶植。

我们希望有关部门、广大环境保护工作者、法律工作者以及环境法爱好者，都给本刊以支持和关心，共同培育好这株幼苗，让它更好地为我国的四化建设，环境保护事业和环境法的繁荣发展服务。

《法理学大纲》序言*

　　我想很多人都知道李达同志是我国杰出的马克思主义哲学家、理论家，但恐怕很少人知道他还是我国少有的马克思主义法学家。

　　早在 1928 年，他就将日本穗积重远所著《法理学大纲》一书译成中文，以李鹤鸣（他的号）作笔名，由商务印书馆出版。1947 年春，他应聘到湖南大学法律系任教授。当时在国民党特务机关的严密监视下，他不顾个人安危，依然坚持用马克思主义的观点讲授社会学、经济学和法学。他以极大的毅力，克服严重的胃溃疡的折磨，在一年的时间里写完他的《法理学大纲》讲义。1949 年全国解放后，他曾担任政务院文化教育委员会委员、政务院法制委员会委员及新法学研究院副院长等职务。从 1953 年起，他来武汉大学担任校长。我由于工作关系，时常和他接触。他虽然担任了校长，仍孜孜不倦地从事学术研究和著述。他虽将主要精力倾注于辩证唯物主义和历史唯物主义的研究和著述，但他对法学的兴趣仍不减当年。1954 年我国第一部社会主义宪法公布后，他为了帮助人们学习和了解这部宪法，曾在百忙中抽出时间写了一本《谈宪法》和一本《中华人民共和国宪法讲话》，付印问世。

　　1966 年 8 月，他因受林彪、"四人帮"极左路线的残酷迫害，不幸含冤去世。后来从他遗留的文稿中，发现了他的这本《法理学大纲》讲义，可惜只剩一部分，至今仍找不到全文。所剩的这一部分，共有 3 篇，12 章，最后一章还不完全。但这剩余的部分，在今天看来，仍然是我国法学战线上的一份珍贵遗产。在他的这部残存的著作

韩德培文集

----

　　* 本书原为李达同志在湖南大学任教时的讲义。李达同志去世后，由韩德培教授主持加以整理，由法律出版社于 1983 年出版。韩教授并为此书写了"序言"。

中，除论述了法理学的一些基本问题，如法理学与世界观及社会观，法理学的对象、任务与范围，法理学的研究方法，法律与国家的关系，法律的本质与现象、内容与形式等等而外，还以一整篇的篇幅对西方各个法学流派的学说，作了简要的介绍和深刻的批判。从这部著作中可以看出，他是力图运用马克思主义的观点为我国的法学研究开辟一条新的路子。他在五十多年以前，就已开始这样做了。我们不妨说，他是我国最早运用马克思主义研究法学的一位拓荒者和带路人。他的这部讲义，是我国法学研究中的重要文献，也是他对我国法学的重大贡献。

多年以来，由于极左思潮的影响，法学在我国没有得到应有的重视和正常的发展。特别在十年内乱期间，我国的法制建设和法学研究都遭到十分严重的摧残。党的十一届三中全会以后，经过拨乱反正，全党和全国人民都深刻地认识到加强社会主义法制和开展法学研究工作的重要性，因而我国法学界现在已经出现了前所未有的欣欣向荣的景象。不过，当前的法学研究工作，还远远不能适应社会主义法制建设和社会主义现代化建设的需要。对马克思主义法学理论作深入的系统的研究和对外国法律学说进行科学的深刻的分析，更是我们的薄弱环节，需要加倍努力进行这方面的工作。李达同志的这本《法理学大纲》，虽然其中的论述并非没有可以讨论、补充或进一步阐发的余地，但却为法学研究工作提供了很好的范例，值得有志研究法学者学习与参考。

李达同志的这本书是三十多年前写的，书中的有些用语是现在不常见的，例如"形式论理学"就是指"形式逻辑"，"客观论理学"就是指"辩证逻辑"，"市民社会"就是指"资本主义社会"，"市民社会学"就是指"资产阶级社会学"，等等。书中所说的"现行新法律体系"，当然是指作者写此书时国民党统治区的法律体系而言。在整理时，我们尽可能保存本书的原貌，没有轻易加以改变，只对有些外文译名和个别字句作了必要的改动。

武汉大学法律系何华辉、王应瑄、李双元等同志参加了本书的整理工作。法律出版社编辑部十分关心本书的整理和出版工作，给了大力的支持和帮助。我们应向上述诸同志和法律出版社编辑部表示感谢。

《国家及其财产豁免问题研究》序*

　　国家及其财产豁免问题是当代国际法中的一个重大理论和实践问题。它不仅涉及国际公法，也涉及国际私法和国际经济法。近十多年来，国际上出现了大量有关国家及其财产豁免的国内司法判例、学术论著以及一些国内立法；同时，由于一些西方国家片面推行限制豁免，因国家及其财产豁免问题而产生的国家间争端也日益增多，影响了国际关系的正常发展；而且，自 1978 年开始，联合国国际法委员会也一直在致力于编纂关于国家及其财产管辖豁免的国际公约。因此，可以说，世界各国的国际法学者几乎无不关注这一问题。

　　我国国际法学者对国家及其财产豁免问题的研究起步较晚。在著名的"湖广铁路债券案"出现后，我国国际法学界才开始重视这一问题。近年来，尽管国内有一些学者就这一问题撰写过一些有价值的论文，并翻译和介绍了一些外国立法和外国学者的论著，但国内尚无专门研究这一问题的专著。本书作者在其硕士学位论文基础上增删整理而成的这一著作，正是填补了这个空白。

　　在本书中，作者在掌握和研究大量资料的基础上除一般地阐述了国家及其财产豁免的理论外，并就某些问题进行了深入研究，提出了一些有价值的观点。例如，在国际法学中，关于国家及其财产豁免的传统理论有绝对豁免论和限制豁免论。作者在本书中根据第二次世界大战后一些国际法学者对国家及其财产豁免问题的论述，归结出另外存在的两种新理论，即废除豁免论和平等豁免论。又如，中国作为一个在国际事务中起重要作用的社会主义大国，尤其在实行对外开放政

　　＊ 本文是韩德培教授为黄进著《国家及其财产豁免问题研究》所作的序。该书由中国政法大学出版社出版（1987 年 6 月第 1 版）。

韩德培文集

策的今天，在国家及其财产豁免问题上的理论与实践，是世人所关注的，而作者在这本书中第一次对此进行了介绍和总结。

在本书中，作者还强调指出，国家主权是国家及其财产享受豁免的基础，国家及其财产豁免权作为国家固有的一项权利是从国家主权本身所要求的对外的独立和平等中派生出来的。在长期的国际交往中，国家及其财产享有豁免已成为一项国际法原则。作者认为，西方国家所奉行的限制豁免论和一些学者所鼓吹的废除豁免论，由于其内容违反国家主权原则，在理论上和实践上都是行不通的。而绝对豁免论和平等豁免论虽有可取之处，但在理论和实践方面都仍有需要克服的缺陷。因此，世界各国的国际法学者都应面对现实，在国家及其财产豁免问题上，实事求是地开拓出一条符合世界大多数国家利益的新的理论道路。作者指出，目前，各国在国家及其财产豁免问题上的矛盾和冲突，最好通过制定国际条约，特别是多边国际条约来加以解决。作者还主张，中国应坚持国家及其财产享受豁免这一国际法原则，抛弃所谓国家享有绝对豁免的提法；在对外经济交往中，应从法律上把国营公司或企业同国家本身区别开来，国营公司或企业不是享有国家及其财产豁免权的主体；并且，中国应积极参加有关国家及其财产豁免的国际立法活动，并加强有关国内立法，以促进国家及其财产豁免的国际制度朝着进步的方向发展。

总之，作者撰写的这一著作，不但资料翔实，内容比较丰富，而且还有一些引人深思的见解，是一本较好的学术专著。当然，作为作者第一本学术专著，难免有这样或那样的缺陷和不足之处，希望法学界的专家、学者对本书提出批评和建议，以便作者在再版时加以补充和完善。

《中国冲突法研究》前言*

　　在欧陆法系国家称为"国际私法"的这门学科，在英美普通法系国家也称为"冲突法"。事实上，这两个名称是常常可以彼此换用的。不过，严格说来，"冲突法"所研究的问题和"国际私法"所研究的问题并非完全一致。英美法系国家是实行普通法即判例法的。从法院的立场出发，在处理涉外或国际民事关系时，法院首先要解决有无管辖权问题，如果有管辖权，其次就要解决法律的选择亦即法律冲突问题，而在法院作出判决以后，如果内国判决要在外国法院获得承认和执行，或者外国判决要在内国法院获得承认和执行，那就还要解决对外国判决的承认和执行问题。因此，在英美普通法系国家，很多学者认为冲突法就是要解决这三个问题，而冲突法研究的内容也就限于这三个问题。这种观点，在英美普通法系国家是有其存在的根据和理由的。但在欧陆采取法典法即成文法的国家，例如法国，从立法者或从事法律教育者的立场出发，需要考虑和解决的问题就比较多了。不少学者认为，为了圆满地处理涉外或国际民事关系，首先要考虑和解决的是这种民事关系主体的国籍问题和法律地位问题，然后才是法律选择即法律冲突问题。如果没有发生纠纷需要诉诸法院（或仲裁机构）的话，大部分涉外或国际民事关系问题，在律师或法律顾问的引导帮助下，就可以顺利解决了。只有发生纠纷需要诉诸法院（或仲裁机构）时，才必须再解决法院（或仲裁机构）的管辖权问题以及对外国判决（或仲裁裁决）的承认和执行问题。因此，在他们看来，国际私法需要解决和

　　＊ 本文是韩德培主编的《中国冲突法研究》的前言，此处略有删节。该书由武汉大学出版社出版（1993 年 6 月第 1 版）。

韩
德
培
文
集

288

研究的问题，就是：（一）国籍，（二）外国人法律地位，（三）法律冲突，（四）管辖权冲突（包括国际民事诉讼和仲裁程序以及对外国判决或仲裁裁决的承认和执行）这四方面的问题。这种观点，在欧陆法系国家也同样是有其存在的根据和理由的。到了近现代，世界经济逐渐成为相互依存的一个整体。由于交通运输的高度发达，国际经贸关系、科学文化交流的迅猛发展，以及人员跨国流动的十分频繁，有一部分具有涉外或国际性质的问题，迫切需要而且也已有可能通过制定国际统一的实体法予以解决。这种国际统一的实体法，如果其调整的内容是以公民或法人为平等主体的财产关系或人身关系，也就应该放在国际私法研究范围之内。与此相关，有些国家专门为解决涉外或国际性质的财产关系或人身关系而制定的直接适用的实体法，也同样可以而且应该列入国际私法研究范围之内。这样，现代国际私法研究的范围，也就不得不随之而扩大了。这可视为国际私法发展的一种新的趋向。因此，从历史的、发展的眼光来观察，这种观点也不是没有它存在的根据和理由的。但是尽管如此，无论采取或赞成以上所述的哪一种观点，有一点却是大家都承认的，就是法律冲突问题或者说冲突法问题仍然是国际私法的一个重要组成部分，甚至可以说是一个基本组成部分，是国际私法必须加强研究的。它的重要性，是无论如何也不容低估的。我们仍必须结合我国的实际情况，参照国际私法在国际上的发展趋势，来对它进行全面深入的研究，只有这样才能使国际私法这门学科在我国不断地向前发展，以适应我国扩大对外开放和进行现代化建设的需要。

中华人民共和国成立以来，在一个长的时期内，由于"左"的思想的影响，国际私法包括冲突法在内的研究曾处于几乎停顿的状态。1978 年后，随着我国对内搞活、对外开放政策的贯彻执行，我国对外经济贸易、科学文化交流和民事交往都有很快的发展。在这种新形势下，如何处理这些方面以公民或法人为平等主体的涉外关系问题，就成为迫切需要研究和解决的重要理论问题和实际问题了。因此，近年来国际私法包括冲突法在内，无论在我国立法、司法及科研方面都有长足的进展，可说已进入一个初步发展和繁荣的时期。单就冲突法而言，在国内立法方面，已制定有 1985 年《涉外经济合同法》、1985 年《继承法》、1985 年《技术引进合同管理条例》、1986年《民法通则（第八章）》、1991 年《民事诉讼法（第四编）》等。在有关的国际条约方面，我国已先后参加了《关于承认和执行外国仲裁裁决公约》、《联合国国际货物销售合同公约》和《关于向国外送达民事或商事司法文书和司法外文书公约》等。此外，我国还先后与法国、波兰、比利时、蒙古等国家签订了司法协助协定，并正在同其他一些国家就签订司法协助协定进行谈判。在司法方面，我国最高人民法院先后发布了《关于适用〈涉外经济合同法〉若干问题的解答》、《关于贯彻执行〈中华人民共和国民法通则〉若干问题的意见（试行）》、《关于中国公民申请承认外国法院离婚判决程序问题的规定》等，大大丰富了我国冲突法的内容。我国法院审理的大量涉外案件也有不少涉及冲突法问题，它们从实践方面充实和发展了我国的冲突法。在科研方面，近年也出版了一些冲突法著作和教材，不但为我国冲突法的教学提供了方便，也对我国冲突法的发展起了推动作用。

但是，我们对冲突法的研究，仍然是深度不够，与我国客观形势的需要仍相差甚远。《中国冲突法研究》的撰写和出版，正是为了将我们近年来从事冲突法研究的思想认识和经验体会整理一下，为将来我国制定一部比较完整的具有中国特色的冲突法作一些思想上和理论上的准备。本书并不追求完整的周密的体系，而是选择冲突法中的一些重要问题作较为全面、系统的论述，如冲突法的发展趋势问题、我国的区际法律冲突和区际私法问题、法律选择的方法问题、我国冲突法立法的理论与实践问题、国际司法协助问题、外国法院判决的承认与执行问题、涉外商事仲裁问题以及涉外物权、债权、婚姻、家庭、继承的法律适用等问题。这对于国内外读者进一步了解中国冲突法的内容及其发展方向是会有所帮助的。

本书是全国法学、政治学"七五"规划中法学方面的重点研究项目。参加本书撰写的主要是武汉大学法学院国际法研究所从事冲突法研究的教师和博士研究生。摆在读者面前的这部著作，也只能说是我们的初步研究成果……（略）

在这里需要指出的是，本书各章中的论述，都只是各章撰写者个人的见解，既不代表编写组也不代表主编的意见，有的甚至是和主编

韩德培文集

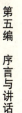

的意见有分歧的。但在学术问题上，本着"双百"方针，支持和鼓励撰写者各抒己见，充分地阐述自己的观点和主张，甚至可以自成一家之言，没有必要强求一致，这样做，对于繁荣科学研究，提高学术水平，无疑是有益无害的。在本书编辑过程中，黄进同志和肖永平同志协助主编做了很多工作，应在此向他们表示谢意。

《国际环境法》序[*]

　　全球环境问题是当前国际关系中的一个热点。世界各国的科学家、生态学家、社会科学家、法学家、政治领导人，无不关注全球环境的保护。有关环境问题的国际会议日益频繁，涉及政治、经济、科技、法律等许多领域，具有十分重要和广泛的影响。

　　自 1972 年联合国人类环境会议召开以来，国际社会为保护人类共同的环境进行了坚持不懈的努力，还制定了一系列防治环境污染和保护自然与自然资源的国际法律文件。国际环境法正在发展成为国际法与环境法之间的一个跨学科的重要学科。在国际环境法的发展过程中，出现了许多新的概念和思想，需要各国法学家作深入的研究和探讨。针对国际环境法发展的要求，一般国际法的现有原则也应具有新的特点，对一些原有的法律概念和原则要从一种全新的、适合保护全球环境需要的角度去重新加以探讨和适用。如何将上述概念、原则和思想发展和表现为现实的权利和义务，是国际法律工作者所面临的十分艰巨和紧迫的任务。

　　关于国际环境法的研究，国外从 60 年代就已开始。1973 年，著名的海牙国际法学院曾专门召开环境保护与国际法讨论会。35 个国家的国际法专家参加了这个讨论会，不但广泛地讨论了国际环境法的一般问题，还深入分析了大气、海洋和河流污染等各方面的国际环境立法问题。海牙国际法学院打破了过去出版综合性演讲集的先例，将该讨论会的记录单独作为一册出版发行。其他关于国际环境法的论文和著作在国外也相当多。在我国，对国际环境法的研究起步较晚，与

　　＊ 本文系韩德培教授 1992 年 6 月 15 日为韩健、陈立虎著《国际环境法》所作的序，该书于 1992 年 7 月由武汉大学出版社出版。

韩德培文集

其他国际法部门相比，我国国际环境法的研究还比较落后，这方面的论文很少，专著几乎是空白。在这种情况下，作者参考国内外大量资料，撰写了《国际环境法》一书，实在是一件令人感到高兴的事。

作者研究国际环境法有年，曾在各种刊物上发表过一些文章，在国内有一定影响，今又编著《国际环境法》一书，反映了作者多年的刻苦钻研和敢于创新的精神。该书对国际环境法概念、基本原则和体系、国际环境法的发展、国际环境保护组织以及国际环境保护各领域的法律控制制度和学说、国际环境争议的解决和有关责任等，进行了认真的研究，作了相当详尽深入的评述。对国际环境法这一新兴的独立法学学科进行如此全面系统的探讨和论述，在我国尚不多见。该书内容丰富，资料翔实，体系合理，条理清楚，除可作为国际法本科生、研究生和环境法研究生的教材外，还可作为高等院校法学院系师生、法学研究人员、广大环境保护工作者和外交人员的参考读物。

今年正值1972年斯德哥尔摩人类环境会议召开和《人类环境宣言》发表20周年。不久前，在巴西里约热内卢又举行了举世瞩目的联合国环境与发展大会。会议通过了《里约宣言》和《二十一世纪议程》两个纲领性文件以及关于森林问题的原则声明，签署了气候变化和生物多样性两个公约。为了纪念人类这两项重大的国际活动，该书的出版也是具有特别意义的。相信该书出版后，对我国国际环境法的教学与研究的开展以及国民环境意识的进一步提高，都会起十分有益的促进作用。

《国际民事司法协助》序*

　　现代意义上的国际民事司法协助制度，自 18 世纪初期产生以来，发展至今，已经形成了两个显著的特点：一是由于各国经济、贸易、文化和人员的交流日趋密切，跨国法律纠纷日益增多，国际民事司法协助的需求也越来越多，范围越来越广，内涵越来越丰富，民事司法协助制度逐步走向规范化、趋同化，并形成国际公约和惯例；二是各国在以合作为主流的同时，往往还会在涉及国家基本法律制度、国家主权和重大国家利益的事项上，发生矛盾和冲突，甚至是激烈的斗争。如何消弭彼此间的矛盾，加强合作，不仅是需要各国政府相互协调的问题，同时也是摆在国际私法理论界面前的一项重要课题。

　　我国自实行对外开放政策以来，陆续与二十多个国家签订了司法协助条约，并加入了一些这方面的国际公约。建立并加强同世界各国的司法协助联系，已经成为改善我国法制环境进程中的一项重要内容。但是，我国理论界对国际民事司法协助制度的研究，还仍然比较肤浅。特别是对世界各国不同制度的认识，尚有明显的不足。这就不可避免地影响了实践中与外国司法协助的顺利开展。也正是由于这个原因，我国的立法中对民事司法协助问题仅能作出笼统的规定，亟待完善与发展。

　　近几年来，本书作者一直致力于这一问题的研究，发表了一系列论文。本书就是作者积多年研究成果，在其博士学位论文《论国际民事司法协助》基础上补充修订而成的。在本书中，作者参考了大量中外文献资料，并结合本身从事司法协助实践工作的经验，对世界

　　* 本文系韩德培教授 1994 年 10 月为徐宏著《国际民事司法协助》所作的序。该书 1994 年由武汉大学出版社出版，2006 年第 2 版。

韩德培文集

各主要法系国家的民事司法协助理论以及立法和实践进行了广泛、深入和系统的比较研究，对于民事司法协助制度中的一系列重要问题，均提出了独到的见解，不仅具有理论深度和学术价值，而且对于进一步完善我国的司法协助立法和实践，都具有相当大的参考意义。全书取材丰富，内容翔实，体系完整，结构合理，论证严密，文笔畅达，是一篇极其难得的力作。

本书作者攻读博士研究生期间，我担任他的导师。在本书出版之际，我很高兴地为本书写几句话，向读者推荐。

1994 年 10 月 1 日

中国与关贸总协定*

  中国重返关税和贸易总协定（General Agreement on Tariffs and Trade，简称GATT），这一即将到来的大事件，已成为世界与国人瞩目的新热点。也是我国法学界近年来密切关注和深入研究的大课题。

  第二次世界大战后，西方主要工业国除美国外，几成废墟。当时，各国除致力于国计民生问题的努力外，国际经济关系上至少有三个主要问题急待解决。一是建立及维系国家之间的汇率及其支付平衡的制度，因金本位制在世界经济大恐慌时已经崩溃。二是创立处理长期国际投资问题的国际组织。三是建立国际贸易秩序。

  前两个问题的解决，在于设立"国际货币基金会"（International Monetary Fund，IMF）及世界银行（International Bank for Reconstruction and Development，IBRD）。第三个问题，却因拟议中的"国际贸易组织"（International Trade Organization）夭折，而由GATT代替。

  国际贸易组织（ITO）的构思来自于美国国务院，其原因有以下两点：

  1. 1929年经济大恐慌的教训。只有消除各种贸易歧视和障碍的惯例方能使商品自由流通，并有助于经济复苏。

  2. 由于1943年的立法授予美国总统与他国协议降低关税的权力。到1945年，美国已订有32个双边协定。但订立双边协定手续繁多，内容亦多有重复。不如以多边协定取而代之。

  1945年美国国会决议延长总统的对外降低关税谈判权5年。同年10月，国务院邀请外国从事降低关税的多边谈判。其时联合国"经社理事会"（Economic and Social Council）已成立。并在次年2月

  ＊ 本文是韩德培教授为胡耀国主编《中国与关贸总协定》一书所作之序言。

通过决议，决定召开"联合国贸易与就业会议"（UN Conference on Trade and Employment）。目的在起草国际贸易组织的宪章。

最初 ITO 的形式和机能仅由美英提出，而见于双方协议达成的"扩大世界贸易和就业方案"（Proposals for Expansion of World Trade and Employment）中。其后美国进一步将该方案制定成"联合国国际贸易组织宪章拟议草案"（Suggested Charter for an International Trade Organization of the United Nations），先后于伦敦、纽约、日内瓦和哈瓦那开会讨论，终于在 1948 年初草成 ITO 的哈瓦那宪章。GATT 是 1947 年 10 月在日内瓦草成的关于关税减让的一般协定，其大部分内容是包含在 ITO 的纽约宪章和哈瓦那宪章草案中，本拟做为 ITO 正式宪章的一个附属协定，并依赖 ITO 秘书处执行。但 GATT 在美国下院的衣食住行委员会（House, Ways and Means Committee）举行听证会时，受到大肆批评。认为行政部门未取得国会批准前，无自行接受国际组织会员身份的权力。很显然，ITO 宪章如不获国会批准，GATT 也不能自动生效。可是在 1948 年 4 月 23 个创始会员国就已签订 GATT 临时适用议定书（Protocal of Provisional Application to GATT）并规定于 1948 年开始生效，而无需国会的批准。

果然，哈瓦那宪章屡次送到国会均不获通过，一则因美国总统的对外关税协议权仅止于 1948 年，再则战后盛行的国际合作气氛已逐渐消退，美国国会的态度已改变贸易自由主张，对国际事务也比较不热心，所以行政部门就在 1950 年 12 月宣布不再将 ITO 宪章送到国会征求意见。于是 ITO 乃胎死腹中。各国也无话可说，因为美国当时是世界最大经济强国，既然对其一手发起的 ITO 失去兴趣，各国亦不了了之。而 GATT 的功能并未随 ITO 宪章的消失而消失，从此成为西方国家及过去殖民地国家之间共同遵守的国际贸易关系规则。

GATT 从生效至今的四十余年里，由最初的只是一项调整和规范缔约国之间关税水平和贸易关系的临时性多边协议，发展成为促进国际贸易自由化的一项唯一的国际多边协定，并成为与联合国有密切关系的国际机构。其原则与精神迭经改变，也经历了一个发生、发展和逐步完善的过程。由于发展中国家的参与，它不再是原来的"富人俱乐部"。作为最大的国际贸易组织，它正成为对世界经济贸易发展起重要作用的"经济联合国"。它与世界银行和国际货币基金会一起构成当今世界经济体系的三大支柱。其规则已成为国际贸易中普遍适用的准则。GATT 现有 103 个正式缔约方。它们之间的贸易量占世界贸易量的 90% 以上。由此可见，GATT 已成为国际贸易法的重要渊源之一。

中国是 GATT 创始缔约国之一。1946 年 12 月 6 日，在筹建"国际贸易组织"的同时，美国邀请了 15 个国家进行关税减让谈判。当时的国民党政府代表中国接受邀请参加了谈判。1947 年 10 月 30 日，中国签署了 GATT 的最后文件。1948 年 3 月 24 日，在哈瓦那召开的"联合国贸易与就业会议"的最后文件上签字，成为国际贸易临时委员会的执行委员；1948 年 4 月 21 日签署了"GATT 临时适用议定书"，从 1948 年 5 月 21 日正式成为 GATT 的缔约国。1949 年 10 月中华人民共和国成立，1950 年 3 月 6 日，台湾当局通过它"常驻联合国代表"以"中华民国"的名义照会联合国秘书长退出 GATT。次日，联合国秘书长致函 GATT 执行秘书长（1965 年改为"总干事"），他已答复台湾"外交部长"退出于 1950 年 5 月 5 日生效，并用电报向 GATT 缔约国分别作了通报。此后不久，与中国进行过关税减让谈判的 15 个国家按 GATT 第 27 条的规定，先后撤回了它们对中国所作出的关税减让。应当指出的是，中国政府从未承认这一退出的合法性，因为通知联合国秘书长的人员未得到中国政府的授权。按照国际法上关于政府承认和政府继承的一般原则，中华人民共和国的成立，只是政府的变更，而不是一个新国家，并不影响中国作为国际法主体的资格。新中国的成立，既没有使原来的国际法主体归于消灭，也没有因此而增加一个新的主体。作为国际法主体，中华人民共和国是旧中国的取代。中华人民共和国政府作为中国的唯一合法政府，当然有权也应该继承旧政府在国际社会的权利，包括国际组织成员国的资格。当时，一些缔约国就对台湾退出的合法性提出疑问。例如，1950 年 11 月，捷克和斯洛伐克政府代表在托奎举行的缔约国全体会议上发表声明，表示其政府不承认所谓中国退出 GATT 的合法性，因为通知者无权代表中国政府。1951 年 6 月 27 日，捷克政府通知执行秘书对美国撤销对中国的关税减让提出质疑。这一问题被长期搁置。直至 1965 年台湾当局要求成为总协定的观察员，这一要求遭到捷克和斯洛伐克、古巴、南斯拉夫、法国、美国、瑞典、荷兰、丹麦、挪威、阿联（今埃及）、波兰、印度尼西亚和巴基斯坦的反对。缔约国大会主席在其一份声明中回避了台湾要求的合法性问题，称接纳观察员并不损害全体或者部分缔约方关于承认某一有争议的政府的立场。结果，台湾成为 GATT 观察员，直到 1971 年联合国大会通过《恢复中华人民共和国在联合国的合法权利》的 2758 号决议。决议指出："决定恢复中华人民共和国的一切权利，承认中华人民共和国政府的代表是中国在联合国的唯一合法代表，将蒋介石的代表从其非法占据的联合国及其他一切组织的席位中驱逐出去。"为执行这一决议，全体缔约国重新审议了 1965 年通过的台湾为 GATT 观察员的决定，最终决定驱逐蒋介石的代表。根据这一决议，缔约国承认中国的立场：自 1949 年 10 月 1 日中华人民共和国成立以来，蒋介石的代表无权在 GATT 中代表中国。至此，中国回归 GATT 的最重要障碍清除了。当时，中国本应以恢复其在联合国粮农组织和联合国贸发会议等组织地位的同样方式，恢复在 GATT 的席位。但由于多种原因，中国当时没有朝这一目标作出努力。加之几十年来，GATT 与中国都发生了很大的变化。而以契约性为特点的 GATT 要求一国必须承担一定的义务才能享受相应的权利，中国不可能不通过谈判就直接恢复在 GATT 的席位进而享受 GATT 成员国的权利。因此，最为现实可行的就是：政治上恢复，经济上对过去近 40 年中断期间的权利与义务互不追溯，与缔约国重新谈判权利和义务，通过这一方式与缔约国达成协议之日起恢复中国的席位。

中国为什么要重返 GATT？或者说重返 GATT 有什么好处？理论界、经济界从政治、经济、贸易等多方面作了分析和权衡。诸如改善贸易环境、促进我国经贸发展，享受优惠的贸易待遇（普惠制、最惠国待遇等），扩大对外贸易，促进外国来华投资，增加我国在世界、特别是国际贸易方面的发言权和主动权等等。然而，综合一点，应当看到：在当今时代，随着科学技术的进步，世界经济正向国际化、一体化方向发展。各国互相依存、相互渗透的程度日益加深，任何国家都不可能脱离世界经济这个有机体而单独使其经济繁荣。从经济意义上说，世界已经日益缩小。各国经济只有以国际自由市场为基础，合理地进行资源配置，方能穿过国界择优发展。GATT 的现代市场经济机制已经成为国际社会普遍接受的形式。中国要想大步走向世界，按照党的十四大确定的建立社会主义市场经济体制和目标，深化改革，在形成国内统一市场的基础上同国际市场接轨，按照 GATT 的运行机制，将中国置身于世界经济体系，才是振兴经济的必由之路。

中国重返 GATT，已不是遥远的事情。然而，建立一个适应 GATT 运行机制的新体制，还是一个艰巨复杂的社会系统工程。人类社会发展到今天，"任何商务活动均在法律范围之内进行"（All business is conducted within a legal framework.）。发端于规范货物贸易的 GATT 已扩大延伸到服务贸易、知识产权保护、投资措施乃至于环境保护领域，正在发展成为一个全面的全球经济组织，其对整个世界经济发展发挥着举足轻重的作用。在这一即将到来的大事件面前，我和我的法学界同仁将自己的研究成果结集成书，奉献给读者。特别值得高兴的是，在本书作者中，既有老一辈法学专家，又有中青年学者，他们将自己的学业置于社会改革的前哨阵地，为建立适应社会主义市场经济体制的法律体系而努力，这正是我国法学界兴旺发达的标志。

《国际经济法原理》序[*]

　　谢邦宇、张劲草两位同志对我说，他们和华东政法学院的一些教师以及从事涉外经济法律工作的几位同志共同编著了一本《国际经济法原理》，并附来书稿。浏览之后，我觉得此书不论体例或内容，都颇具新意，下面就对此书简略谈点个人看法。

　　国际经济法是一门新兴学科，关于它的涵义，至今国内和国外法学界都还存在争议。一种主张认为，国际间的经济交往，主要是在国家或政府之间进行的，因而国际经济法是国际公法适用于国际经济领域的法律规范，应属于国际公法的范畴，或者说由于其本身的特点，可以作为国际公法的一个分支部门而存在。而另一种主张则认为，参与国际经济活动的，除了国家及政府以外，还有国际经济组织、社团、法人及个人，因而国际经济法兼有国际公法，国际私法，国家的涉外民法、商法的性质，是一种综合性的法律规范，并且已成为一个独立的法学部门。这两种主张虽然各有自己的道理，但作为国际经济法的教材，究竟应该如何处理才好呢？我认为目前在各方意见尚未趋于一致的情况下，尽可根据不同的主张去编撰教材，而且事实上在我国已经出现了这种情况。例如，我国1981年出版的《国际法》统编教材就是根据第一种主张，把国际经济法作为国际公法的一个分支部门而编入教材的，而本书则是根据第二种主张，把国际经济法作为一个新的、独立的法学部门而编著教材的。我认为出现这种情况是个好现象，因为只有这样各抒己见，自成流派，才能促进这门学科的繁荣和发展。

---

　　[*]　此书是为谢邦宇、张劲草主编《国际经济法原理》一书所作的序。该书由世界图书出版公司北京分公司出版（1992年8月第1版）。

国际经济法不仅涉及许多理论问题，而且也是一门应用性很强的科学。自从党的十一届三中全会制定对外开放方针，作出大力发展对外经济关系的战略决策以来，我国在对外经济活动中遇到很多属于国际经济法范畴的法律问题。例如，为了利用国际资源，允许外国投资者在我国举办三资企业（中外合资经营企业、中外合作经营企业和外国独资企业），就会涉及国际投资法；为了开拓国际市场，发展对外贸易，就要涉及国际贸易法；为了从国外引进先进技术，就会涉及国际技术转让法；为了发展技术出口和劳务出口，就会遇到涉及与国际工程承包和提供劳务有关的各种法律问题；为了维护国家税收主权，就会涉及国际税法；而且，如果在对外经济贸易活动中发生争议，还会涉及国际仲裁等等。针对以上种种法律问题，本书除在理论上分章分节地予以论述外，还在如何正确运用国际经济法为维护我国正当权益方面作了精辟的剖析。因而，我认为，此书具有理论联系实际，并立足于实用的鲜明特点。正因为如此，此书不仅适合当作教科书供高等院校选用，而且对于广大对外经济贸易法律工作者来说，也是一本很有价值的参考书。

　　今日世界是开放的世界。当代国际经济关系越来越密切，作为调整国际经济关系的国际经济法必将日益蓬勃发展。我希望本书作者密切关注国际经济法的新发展并继续加强这方面的科学研究，以备将来再版时补充修订，使《国际经济法原理》一书更加充实与完善。

中国国际私法学术研讨会开幕词

同志们：

　　我们的国际私法学术研讨会现在开幕了。首先，让我代表筹备组的同志向参加会议的同志们表示热烈的欢迎！

　　这个会议是首先由武汉大学国际法研究所提出建议，经前教育部高教一司批准并拨了一笔经费，同时又获得了许多法律院系的同意和支持才能召开的。贵州大学法律系愿意提供帮助，让会议在这里举行。让我们对高教一司，对许多法律院系特别对贵州大学法律系表示深切的感谢！

　　就国际私法来讲，这样带有全国性的学术讨论会，恐怕还是建国以来第一次。在目前这样的大热天，同志们从四面八方，不辞辛苦地来到这里，而且很多同志还认真地准备了论文，打印好带来，这说明同志们对这次会议都非常重视，都抱有很大的兴趣，也寄予很大的期望。我相信，通过同志们的齐心协力、团结合作，我们的这次学术研讨会一定会开得很好，会取得令人满意的效果。

　　在法学领域内，国际私法是比较晚出、比较后进的一个学科。这在我们中国，更是如此。解放以前，虽然有一些学者在这方面作过努力，也出版过一些书，但由于当时的中国还是一个半殖民地，在帝国主义国家的侵略和干扰下，国际私法根本就没有贯彻实施的可能。在那时，这门学科是相当落后的。解放后，又由于在一个时期内帝国主义对我们的封锁和我们自己的闭关自守政策，国际私法在我们的对外关系中适用的机会还是很少。而且由于法制建设长时期没有受到重视，国际私法自然很难有发展的条件。不过尽管如此，我们还是有一些学者在这方面下了功夫，在进行探索和研究。党的十一届三中全会以后，我们国家的各方面都发生了巨大的变化，出现了前所未有的崭新气象。我们的法学，包括国际私法在内，也不例外。我们的党和国家领导人向全世界明白宣布，对外开放是我国坚定不移的政策。我们还建立了四个经济特区，进一步开放了沿海十四个港口城市和海南岛。可以断言，我们的对外经济和贸易关系以及涉外性质的各种民事问题，必然需要用法律来调整和解决。这就决定了我们的国际私法，无论作为一门学科或作为一个法律部门，也必然会大大地发展。最近几年来，我们不但有了国际私法方面的专著，统编教材和讲义，还发表了不少论文和译文。《法学词典》和《中国大百科全书》法学卷中，也都有了国际私法方面的条目。从国家的立法方面来说，我们也开始对某些涉外问题，作了一些规定。举例来说，除《中外合资经营企业法》、《中国对外合作开采海洋石油资源条例》以及连带的一些法规外，最明显的，有《民事诉讼法（试行）》中的第五篇《涉外民事诉讼程序的特别规定》，有《商标法》和《专利法》中的有关规定。不久以前，我国人大常委会通过的《涉外经济合同法》是关于涉外经济合同的一个专门的单行法，六届人大通过的《继承法》中也有关于涉外继承问题的规定。这些都说明我们的国际私法是有着广阔的发展前途的。

国际私法作为一门发展较晚的学科，有不少问题都需要讨论和研究，其中有些问题，大家的意见分歧还很大，争论还很激烈，还不可能很快得出一致的结论。现在我们举行这个学术讨论会，就是为大家提供了一个适当的机会，可以彼此平心静气地来进行讨论和研究。不管什么学科，只有通过这样的讨论和研究，才能不断地取得进步，向前发展。在某些问题上，如果意见能逐渐一致起来，当然很好；如果不能取得一致，也无关系，大家仍可保留自己的意见，以后还可以继续讨论和研究。特别在学术问题上，是不能搞"一言堂"的。平等相待、以理服人、百家争鸣、百花齐放，只有在这样的学术空气中，才能不断地促进科学的发展。

根据初步的考虑，本会的开法拟采取以下的程序：

①首先以两天时间，宣读一部分论文。哪些论文将宣读，决定的标准，主要是考虑问题的不同方面以及不同的单位，避免某一方面的问题或某一单位的同志占用太多时间。宣读时只讲论文的要点，时间限 10 分钟，最多不超过 15 分钟。这样，估计每半天至少可以有五位

同志宣读论文，中间还可以有大约 15～20 分钟的休息时间。

②其次再用三天时间集中讨论几个主要问题。这几个主要问题暂定为：

（一）国际私法和国际经济法应怎样划分范围？（第一天）

（a）国际私法除冲突规范外，应不应包括实体规范？

（b）如果答复是肯定的话，应怎样划分国际私法和国际经济法的范围？

（二）讨论《民法通则》草案中第八章《涉外民事关系的法律适用》，并提出建议。（第二天）

（三）结合自己教学工作或科研工作中的体验，提出对统编教材《国际私法》的修改意见。（第三天）

（四）其他（以上三个问题讨论完毕后，如有时间，可由与会同志自由提出问题，并进行讨论。）

预祝同志们在会议期间身体健康，精神愉快！也预祝我们的这个学术研讨会开得圆满成功！

1985 年 8 月在贵阳

在湖北省工业产权研究会成立
大会上的讲话

今天在这里举行湖北省工业产权研究会成立大会和学术交流会，首先请让我对成立大会和学术交流会的召开和研究会的成立表示热烈的祝贺！

我国于1983年3月开始施行《商标法》，保护商标的专用权。1984年3月又颁布了《专利法》，保护发明、实用新型和外观设计的专利权。1984年12月全国人大常委会又决定我国参加《保护工业产权巴黎公约》。这样，就使我国的工业产权制度进入了一个新的时期。在加入《巴黎公约》以前，我国虽然公布了《商标法》和《专利法》，但并未承担国际义务，外国人还不完全放心。加入了《巴黎公约》，就进一步表明我国将履行公约的规定，承担保护工业产权的国际义务，也就可以消除某些外商向我国投资和转让先进技术的顾虑。与此同时，加入《巴黎公约》后，不仅方便了外国人来我国申请专利和注册商标，也方便了我国的单位和个人到外国申请专利和注册商标，并享有对等的保护权利。因此，我国加入了《巴黎公约》，就更加有利于执行对外开放政策，扩大国际经济和技术交流，加速引进外资和先进技术，进一步发展我国同其他国家的和平交往，从而为加快社会主义现代化建设发挥积极作用。所以说，我国的工业产权制度，现在已进入了一个新的时期，也可以说是一个新的阶段。

十一届三中全会以来，我国经济的发展形势很好。但是，要保护我国经济发展的后劲，还必须依靠科学技术的进步。赵紫阳总理在今年三月六届全国人大四次会议上所作的《关于第七个五年计划的报告》中，曾明确指出："我国经济建设中所面临的许多重大问题能不能得到有效的解决，有赖于在科学技术方面取得重大突破。我国经济的发展能不能具有强大的后劲，最深厚的源泉也在于科学技术的进步。"他又说："当前最重要的是，必须进一步普遍树立起重视科技进步的战略观点，使各方面都有一种加快科学技术发展的紧迫感。"他还特别强调说："要认真贯彻彻底执行专利法，保护发明权，进一步调动科技人员和广大职工发明创造的积极性。"

　　我国的专利法，是一部很好的法律；它是一部符合我国国情、具有我国特色的专利法。1984 年 3 月《专利法》颁布以后，国内外反应很强烈。国外有人甚至把我国的专利法和 1474 年世界最早制定的威尼斯专利法相比，认为它具有重要的历史意义。1985 年 4 月 1 日专利法开始实施后，到 1986 年 3 月底为止，专利申请共有 18 170 件，其中国外申请达 6 232 件，约占申请总数的三分之一。在这样短短的时间里，也就是仅仅一年之内，能收到国内外这么多的专利申请，这一事实，就说明了我国的专利法确实是一部好的专利法，已赢得了国内外的初步信任。但是，我们也不能不看到，国外还有些人担心，中国的专利法好是好，但能否真正得到贯彻执行呢？能否真正保护专利权人的合法权益呢？这就是说国外还有些人担心，我们在保护专利工作领域里是否能真正做到有法必依，执法必严，违法必究。这个认真执行问题，确实是一个值得我们关注和重视的问题。

　　我国专利法的任务，是通过授予专利权，保护和鼓励发明创造，有利于发明创造的推广应用，促进科学技术的发展，以适应社会主义现代化建设的需要。当然，法律的制定和颁布，是法制建设中非常重要的一环，但它终究只是第一步。如果法律得不到认真的实施，再好的法律实在说，也还是一纸空文。因此，认真的、严格的执法工作，是非常重要的。所有的法律都是这样，自然专利法也是如此。要贯彻执行专利法，不但主管专利的行政主管部门有大量的工作要做，例如接受专利申请、公布申请、对发明专利的申请进行审查，决定是否符合专利法的规定，是否授予专利权等等。就是广大的企业管理人员、技术人员以及对外经济贸易工作人员，也都需要按照专利法的规定贯彻执行专利制度，才能更好地促进技术进步和经济的发展。还有，随着专利法的实施，必然会发生一些专利纠纷，这些纠纷，除可以请求专利管理机关处理外，也可以直接向人民法院起诉，由人民法院审理。由于专利案件涉及许多专门技术知识，许多国家都设有专门的专利律师。在我国，请律师办理专利案件的情况，一定也会日益增多的。总之，在实施专利法时，一系列新的工作和任务都会随之而来，需要解决。因此，无论是专业的专利工作者、广大的司法工作者，或广大的企业管理人员、科技人员、涉外经济工作人员以及培养上述人员有关的高等学院的师生，都必须认真学习专利法，认真贯彻执行专利法，才能适应四化建设新形势的要求。我相信，湖北省工业产权研究会成立以后，在研究专利法、宣传专利法、提供专利咨询意见等方面一定会发挥十分有益和重要的作用，从而推动各方面去认真执行专利法。

当然，工业产权保护的对象，并不限于专利。它保护的对象，除发明、实用新型和外观设计的专利外，还有商标、服务标记、厂商名称、货源标记或原产地名称以及制止不正当竞争等。不过，我认为研究会的活动，首先可能还是着重研究专利、商标以及许可证贸易方面的问题。工业产权研究会作为从事工业产权研究的一个群众性学术组织，它的主要活动将会是：积极开展工业产权的学术研究和交流，宣传普及工业产权知识、树立保护工业产权的法律观念，提供有关制订工业产权的方针、政策和各种法规方面的咨询意见，提高我国工业产权工作者的理论水平和业务素质，为开创我国工业产权工作的新局面作出应有的贡献。我想它的主要活动不外是这些，同时我也相信研究会一定会团结各方面的力量，把各项工作做好。

我衷心支持湖北省工业产权研究会的成立和工作，并衷心祝愿它在今后的各项活动中，不断取得新的成就，作出新的贡献！

1986 年 7 月 11 日

韩
德
培
文
集

中国国际私法研究会
1992 年年会开幕词*

各位来宾、各位代表：

今天，"中国国际私法研究会 1992 年年会"开幕了。首先，我代表中国国际私法研究会和武汉大学国际法研究所向前来参加会议的各位来宾和各位代表表示最热烈的欢迎，尤其向来自台湾、香港和澳门的特邀代表表示最热烈的欢迎。本届年会的召开，得到了珠海市对外经济律师事务所和国际商务律师事务所以及大连海事法院、青岛海事法院、上海海事法院、广州海事法院和广州海运局等单位的大力支持和关心。请允许我代表中国国际私法研究会和武汉大学国际法研究所，向支持和关心这次年会的各单位及其领导和工作人员表示衷心的感谢！向为筹备这次年会付出辛勤劳动、做出重要贡献的余淑玲律师表示衷心的感谢！

各位来宾、各位代表，自 1985 年召开首届全国性国际私法会议以来，至今已有七年了。借此机会，我想简要地回顾一下我们所开展的学术活动。

1985 年 8 月，武汉大学国际法研究所发起并和贵州大学法律系在贵州联合主持召开了首届全国国际私法学术讨论会。这次会议基本上聚集了我国国际私法教学、研究和实际工作的骨干力量，是我国国际私法界的一次空前盛会。在这次会议上，与会代表即开始酝酿成立全国性的国际私法学术团体，并成立了"中国国际私法研究会筹备组"。1987 年 10 月，在国家教委和司法部的大力支持下，武汉大学

---

* 此文载黄进主编《国际私法与国际商事仲裁》一书中，由武汉大学出版社 1994 年出版。

国际法研究所发起并在武汉大学主持召开了全国国际私法教学研究会，它是我国国际私法界继贵阳会议之后的又一次盛会。在这次会议上，经与会代表民主协商，成立了全国性的国际私法民间学术团体——"中国国际私法研究会"，并选举产生了研究会理事会，选举了会长、副会长和秘书长，一致通过了《中国国际私法研究会章程》。从此，我国国际私法界有了自己的学术组织。

1988年10月，在西北政法学院法学研究所和科研处的赞助与支持下，1988年中国国际私法研究会年会在西北政法学院举行。会议着重讨论了司法协助和区际私法问题。会后，在司法协助局的大力赞助下，中国国际私法研究会与该局合作将1988年年会论文编辑成集，定名为《国际司法协助与区际冲突法论文集》，已由武汉大学出版社在1989年正式出版。

1989年，在中山大学法律系和法学研究所、广东岭南律师事务所、广东省法学会、广州市第二对外经济律师事务所和中山市对外经济律师事务所等单位的支持下，1989年中国国际私法研究会年会在中山大学召开。这次会议着重讨论涉外经济合同的法律适用和涉外侵权行为的法律适用，1989年年会论文集《涉外民事经济法律研究》已由中山大学出版社出版。

1990年9月，在中央有关部门的赞助下，本会和武汉大学国际法研究所在武汉联合主持召开了"内地与港澳地区司法协助问题研讨会"，专门讨论了内地与港澳地区开展区际司法协助的现状、基本原则、方式和途径以及区际司法协助的范围等问题。该研讨会文集《中国大陆与台湾、香港、澳门的司法协助问题》正在编辑之中。

1991年5月，在山东大学、山东政法管理干部学院和济南市司法局的赞助和支持下，1991年中国国际私法研究会在济南举行年会。在这次会议上，我们重新选举了理事、常务理事、会长、副会长和秘书长。按国务院颁发的《社会团体登记管理条例》的规定，修改了《中国国际私法研究会章程》的部分条款，并着重讨论了涉外民事和海事案件的管辖权及海峡两岸的民事法律适用问题。这次年会的论文也已结集成册，定名为《海峡两岸法律冲突及海事法律问题研究》，已于1991年由山东大学出版社出版。

上述六次会议，大大促进了我国国际私法界的学术交流以及理论

韩德培文集

工作者与实际部门的沟通，提高了我国国际私法研究水平，进一步推动了国际私法在我国实际部门中的应用。

在今年这次会议上，我们将讨论三个问题，即国际商事仲裁的理论与实践、我国仲裁法的起草和制定以及进一步扩大改革开放形势下经济特区的涉外法制问题。大家都知道，仲裁作为解决纠纷的手段之一，古已有之。早在古罗马时代，就有采用仲裁解决纠纷的做法，只不过那时的仲裁大都是仲裁者以友好调停者的身份，谋求当事人之间的妥协，仲裁与其说是根据法律，不如说是基于公平善意。以后，随着国际贸易的发展，特别是进入 20 世纪以来，各国已普遍把仲裁作为解决国际经济贸易纠纷的一种方式，许多国家纷纷制定了仲裁法规，专门规定国际商事仲裁的有关问题，还设立了常设仲裁机构，受理国际商事仲裁案件，从而使仲裁和司法诉讼一样，基本上以法律为依据，或在尊重法律的基础上进行。与司法诉讼相比，仲裁具有中立性、自治性、专业性、灵活性、保密性等特点，因此，当争议当事人求助于第三者解决其争议时，往往倾向于采用仲裁。仲裁作为解决国际经济贸易纠纷的一种方式，已在国际上得到普遍承认和广泛采用。现在，不仅商品买卖的合同大多订有仲裁条款，其它经济贸易合同，如经济合作、技术转让、国际信贷、合营企业等合同都普遍采用仲裁方式解决争议。此外，在国际运输和海事争议方面，也往往采用仲裁。仲裁在减轻当事人的经济负担，及时化解矛盾和纠纷，维护当事人的正当权益及彼此间的和谐关系，促进国际经济贸易的发展等方面，都有着极其重要的作用。

目前，我国的仲裁大致为两类：一是国内争议的仲裁，一是国际经济贸易和海事争议的仲裁。仲裁立法首先必须解决立法体例问题，即是制定统一的仲裁法还是就国内仲裁和国际经济贸易和海事仲裁分别立法的问题。就涉外仲裁而言，我国在 1956 年就设立了常设仲裁机构，并制定了自己的仲裁规则。以后还参加了 1958 年《承认与执行外国仲裁裁决公约》。我国还成功地将其运用到仲裁领域中，发展了仲裁与调解相结合以及联合调解等形式，这说明了我国的仲裁已经取得了不少成熟的经验。目前，我国有关部门正在积极起草仲裁法，这是一件十分值得称赞的事情。而在这次年会上，我们将结合国际商事仲裁的理论与实践以及我国开展国际经济贸易仲裁的成功经验，着重讨论我国仲裁法的起草和制定。希望与会代表畅所欲言，各抒己见，探讨有关问题，取得成果，以期对我国仲裁法的起草和制定作出贡献。

各位来宾、各位代表，在前几次会议上，每次出席会议的代表在六七十人左右。今天，我们高兴地看到参加本届年会的代表已超过一百人，而且，还有应邀来自台湾、香港、澳门的专家、教授和律师，还有中国国际经济贸易仲裁委员会及其深圳分会和上海分会的负责同志和其他同志来参加，这真是中国国际私法研究会的又一次空前盛会。值得欣慰的是，本次年会的代表中，中青年国际私法学者、专家、教授、律师和实际工作者占大多数，这表明我国国际私法界后继有人，兴旺发达。我相信，随着我国全方位地对外开放，我国国际私法立法和教学必将更加繁荣昌盛，我国国际私法队伍也必将日益壮大。同时，我也相信，通过理论工作者和实际工作者的通力合作，通过老中青学者、专家、教授的共同努力，这次年会一定能够达到预期的目的。

最后，预祝大会圆满成功，并祝大家身体健康！

谢谢大家！

1992 年 11 月 25 日在珠海

中国国际私法研究会
1993 年年会闭幕词

各位来宾、各位代表：

本届国际私法年会，接连开了几天，今天就要结束了。这次年会，开得非常好。这首先应归功于主办单位深圳市中级人民法院和深圳大学法律系。让我在这里，再一次代表中国国际私法研究会，向这两个单位及其领导以及所有为这次年会出力和作出贡献的同志们，表示衷心的感谢！

这次年会，有几点是做得好的。第一，在这次年会上，同志们所作的报告，以及在报告后其他同志所作的即席发言，都能做到"理论联系实际"。这次年会的中心议题是社会主义市场经济下如何进一步完善和发展国际私法这个问题。大家围绕这个问题进行了多方面的探索，使我们参加会议的同志们耳目一新、获益匪浅。这是非常难得的。这是第一点。

其次，这次年会还真正做到了"百花齐放、百家争鸣"。有些问题，同志们虽有不同意见，但都能毫无顾虑地各抒己见，畅所欲言；尽管意见不同，但都能彼此尊重，不伤和气，大家都仍然能和睦相处，毫无隔阂。只有这种开诚布公、自由讨论的学术气氛，才能促进我们学科的发展，提高我们的学术水平。我们过去多次年会，都是这样做的。希望这种优良的传统今后能继续不断地得到发扬和光大。这是第二点。

第三，这次年会通过讨论，还决定为国际私法的立法，做一些实实在在的工作。理事会已决定成立了一个国际私法工作组或者叫国际私法联络组，着手拟定一个国际私法单行法草案。这几年国际私法方面的立法，虽然有一定的进展，取得一定的成绩，但总的说来，仍然是很不完备。现在要搞市场经济，要把国内市场与国际市场两者接轨，要进一步扩大对外开放，就必须有比较完备的国际私法。尽管现在我们的立法机关，还没有把加强国际私法立法提到议事日程上来，但我们都应该早作准备。如果我们能搞出一个草案来，就可送全国人大常委会，供委员们参考。这样就可能引起他们的重视，也就可以起推动作用，加快这方面的立法进程。我们这个工作组或联络组，经理事会选举已经确定由十几位同志组成。至于如何搞法，我们这个小组还将继续讨论。希望在下次年会以前能搞出一个草案来，这个草案将作为下次年会的中心议题，由参加下次年会的同志们进行讨论和修改。我们这个学会，有从事国际私法教学和科研的专家和学者，有从事实际工作的各有关部门的同志，还有不少年富力强的博士和硕士。可以毫不夸张地说，我们这个学会是集中了全国国际私法人才的一个大本营。我相信，只要我们有决心，有信心，齐心协力，共同奋斗，我们就一定能够在不太长的时间内，搞出一个比较像样的国际私法单行法草案来。

今天散会后，同志们就要分别回去了。祝同志们旅途平安，身体健康，精神愉快，生活幸福！明年再见！

1993 年 12 月 12 日在深圳

A New Starting Point*

Mr. Chairman,

Colleagues and Friends,

Ladies and Gentlemen:

It is a great pleasure for me to address such an important symposium. The symposium provides us an excellent forum to exchange our expertise in environmental law. I am very glad to see that there are so many well-known environmental law experts from all over the world getting together at this hall.

As we all know, the rapid deterioration of the earth environment is one of the most serious challenges facing us today. Cooperation and coordination among all nations of the world, no matter they are rich or poor, developed or developing, is absolutely needed for dealing with the challenge. So do the cooperation and coordination among environmental law experts of the world.

The Research Institute of Environmental Law, Wuhan University, has organized three nation-wide environmental law symposiums since its establishment in 1981. But there were no environmental law experts from foreign countries or from Hong Kong or Taiwan attending those symposiums.

＊ 1992 年 11 月在武汉大学举行《环境法国际学术讨论会》（The International Symposium on Evironmental Law），本文是作者参加该会时的讲话。

The symposium we are having now is the first large international symposium on environmental law initiated and hosted by the Research Institute of Enviornmental Law, Wuhan University and attended by environmental law experts from foreign countries, regions and international organizations.

The symposium we are having now shows the desire of its participants to learn from the experiences and lessons of other countries and regions in environmental regulation and management. Environmental jurisprudence is a part of human civilization and a common wealth shared by all nations of the world. Sharing of environmental jurisprudence benefits the development and improvement of environmental law systems and environmental protection in all nations. Comparatively speaking, environmental protection in China is rather young in its development. China is eager to learn from the experience of environmental protection of other countries. So do the Chinese environmental law experts.

The symposium we are having now is a milestone which indicates a new stage of the international cooperation and exchange between Chinese environmental law experts and their counterparts in other countries, regions and international organizations. By face to face discussion at the symposium, participants may find out their commonly concerned subjects and projects in environmental law. Further collaboration in those subjects and projects may be developed after the symposium. So far as the Chinese environmental law experts are concerned, they are willing to cooperate with environmental law experts of other countries and regions on all the subjects within the scope of the symposium for working out any operational academic cooperation projects.

The symposium we are having now indicates also the necessity of increasing the channels and improving the material conditions for our cooperation and exchange in environmental law. For this purpose, for instance, we may consider to build up an international fund for environmental law cooperation and exchange; to publish an international environmental law newsletter; and to set up an international research center of environmental law. The Research Institute of Environmental Law, Wuhan University, would be very happy to work together with all participants of the symposium for the realization of these plans.

Finally, I wish all the participants enjoy your time in Wuhan.

Thank you.

在全国环境法体系学术讨论会
开幕式上的讲话[*]

同志们：

　　国家环保局与武汉大学共同组织召开的全国环境法体系学术讨论会，今天在这里开幕了。首先，请允许我代表会议领导小组向到会的各位负责同志和代表同志，表示热烈的欢迎！

　　三年前，也就是 1983 年，武汉大学举行建校七十周年校庆纪念的时候，曾经在这里举行过全国环境法学术讨论会。三年后的今天，又从全国各地邀请来了对环境法很有研究的同志以及从事环境保护工作富有实践经验的同志，聚集在一起，共同讨论有关环境法体系的问题。这是又一次讨论环境法学术问题的盛会，在现在天气比较冷的时候，各地的代表都踊跃地到这里来参加会议，我相信同志们一定会齐心协力，把这次讨论会开好的。由于有几个会同时在武大举行，住宿问题不好解决，有些外地的单位，我们没有去函邀请，所以没有派代表参加，我在这里代表会议领导小组向这些单位表示歉意。

　　我们这次讨论会，是专门讨论环境法体系问题的。研究和解决环境法体系问题，不但具有重要的学术意义，而且也具有重要的实际意义。

　　从学术意义来讲，环境法体系是影响到环境法学发展的一个重大问题。深入研究环境法体系，对于推动环境法学的发展具有重要的意义。我们研究环境法学，是以环境法规为主要对象的。如果我们的环境法学，只局限于一两个环境法规，那是研究不深的，只有把各种有关环境保护的法规联系起来进行系统分析，综合研究，即只有研究整

　　＊ 本文原载《环境法》1987 年第 2 期。

韩德培文集

个环境法体系，才能使我们的环境法学研究提到一个比较高的水平。

而且，环境法体系的结构、内容与环境法学的结构、内容有着直接的、不可分割的内在联系。科学环境法体系不仅能指出环境法规的发展方向，而且也能指出环境法学的发展方向；对环境法体系的基本结构、基本内部联系搞清楚了，也有益于搞清楚环境法学的基本结构、基本内容和内部联系。如果环境法体系的面貌不清，组织混乱，整个法学的研究也会受到不利的影响。因此，研究并努力建立具有我国特色的环境法体系，对于我国环境法学的发展是有十分重要的学术意义的。

再从实际意义来讲，一个国家有没有一个比较健全的环境法体系，是衡量一个国家环境法制建设和环境保护工作发达程度的重要标志。如果建立健全了环境法体系，对于加强环境法制建设和发展环境保护事业，是具有重要的现实意义的。

国内外的经验都证明，环境法是搞好环境保护工作的法律保证，加强环境法制建设是搞好环境保护工作的一项重要的系统工程。而建立健全环境法体系，就是为搞好这项法制建设系统工程提供一幅基本的蓝图。如果不系统深入地研究环境法体系，对环境法体系缺乏理性认识，就可能在环境立法工作中出现轻重不分、主次不分、缓急不分、头痛医头、脚痛医脚，或者忙于应付、东拼西凑，以致出现环境法规不配套、环保法网有缺口等现象，这样就不可能加强环境法制建设。只有建立健全环境法体系，才能制定出切实可行、科学合理的环境立法规划，有计划、有组织、有步骤地开展环境立法工作，才能从根本上加强我国的环境法制建设。所以研究环境法体系，不仅是一个重要的学术问题，而且也是一个迫切需要解决的实际问题。

因此，这次会议的主要任务是：一方面对我国环境体系从理论上进行比较深入全面的探讨；另一方面，在这个理论探讨的基础上，提出一个切合我国实际情况的环境立法规划，以供我国有关部门参考。

为了开好这次会议，我想提几点希望，供同志们参考。

第一，环境法是一门新兴的独立的法律部门和法律学科。环境法学研究，在我国才开始不久，还处于初创阶段。新学科、新问题，需要我们用一种勇于探索，勇于创新的精神去开拓前进。当然这决不意味着，我们可以不认真思考，不采取科学的严谨的态度去研究问题、解决问题。我们在战略上要勇于探索，敢于创新，在战术上却必须实事求是，要尊重客观的事实，要尊重客观规律。我们必须按照辩证唯物主义和历史唯物主义的基本观点和方法去进行思考、探索和研究。只有这样，才能把我们的理论建立在坚实可靠的科学基础之上。这是第一点。

第二，我们要开好这次会议，还必须认真地贯彻执行"百花齐放、百家争鸣"的方针。在讨论中，希望同志们都能各抒己见，畅所欲言。在学术问题上，或其他问题上，有不同的看法和意见，是正常的现象。只有通过在宽松和谐的气氛中，自由讨论，充分说理，心平气和地实行文明交锋，才能逐步趋于一致。即使不能取得一致的意见也不要紧，不要急于求得一致意见，仍可继续讨论。应该彼此尊重对方的意见，并允许别人保留自己的意见。真理面前，人人平等。希望同志们在会议中，坚持执行"双百"方针，正确地对待不同的看法和意见。这次会议，对讨论中的问题，不管有无争论，都不在会上做结论，决不把任何意见强加于人。这是第二点。

第三，中共中央关于社会主义精神文明建设指导方针的决议中说："近代世界和中国的历史都表明，拒绝接受外国的先进科学文化，任何国家、任何民族要发展进步都是不可能的。"环境问题不仅是我国的一个重要问题，也是当代世界的一个重要问题。环境保护是一项全球性的事业。因此，我们一定要敢于和善于吸收当代世界各国包括资本主义发达国家在环境保护法制建设方面具有普遍适用性的经验，做到洋为中用。这是第三点。

以上这几点，仅供同志们参考而已。

参加这次会议的代表，有些是来自教学和研究部门，有些是来自实际工作部门，大家在一起，更便于理论联系实际，互相切磋，共同提高。我相信同志们一定能团结起来，为建立具有中国特色的环境法体系和加强我国的环境法制建设作出重要的贡献。

最后，预祝会议获得圆满成功！

努力学习《环境法》 把环境保护工作提高到一个新的水平

——1987 年 6 月 3 日在环境法干部培训班开学典礼上的讲话 *

同志们：

国家环保局委托武汉大学法学院、环境法研究所举办的第三期环境法干部培训班，今天开学了。首先请允许我代表武汉大学法学院和环境法研究所向同志们表示热烈的欢迎！

我们都知道，保护环境是我们国家的一项基本国策。我们现在正在搞社会主义四个现代化的建设，在进行四化建设的过程中，就必须注意正确处理经济建设和环境保护的关系，要做到经济建设和环境保护协调发展。如果我们现在只抓经济建设，而不同时注意抓好环境保护，就必然会严重影响经济建设的持续发展，会产生不可估量的严重后果。我们在从事经济建设的时候，既要考虑经济效益，又要考虑环境效益；既要考虑眼前的经济效益，又要考虑长远的经济效益；既要考虑局部的经济效益，又要考虑整体的经济效益。只有这样，才可以逐步实现经济建设和环境保护的协调发展。

我国的环境保护工作，虽然起步比较晚，但发展还是比较快的。特别是从党的十一届三中全会以来，环境保护工作确实有了比较大的进展，取得了比较好的成绩。比方说，1979 年以后，全国多数污染严重的老企业，特别是大中型企业，都不同程度地采取了治理措施；在全国已建立了一批各种类型的自然保护区；在政府部门，从中央到地方，已逐步建立了各级环境保护机构，它们在加强环境的监督管理

＊ 本文原载《环境法》1987 年第 3 期。

方面做了大量的工作。就环境法制建设而言，也有很明显的进步，在不太长的时间里，制订了一系列环境保护法律和法规，颁布了有关大气、水、噪声的环境质量标准和一批污染物排放标准。总的说来，我国的环境保护工作，已开始"有法可依"，而不是"无法可依"了。这些都是应该充分肯定的。

但在肯定成绩的同时，我们也应该看到，目前我国的环境污染，还是比较严重的，这特别表现在城市地区。大气污染、水质污染、噪声污染、固体废弃物污染等，都比较严重。以北京为例，北京的大气污染就比较严重。北京的大气污染主要是飘尘问题，即飘浮在大气中的颗粒物。国家规定的一级标准是 50 微克/立方米，二级标准是 150 微克/立方米，而北京却平均在 500 微克/立方米以上。所以就飘尘这一项来说，北京比美国的华盛顿、英国的伦敦、法国的巴黎、日本的东京等城市都高，可说是最差的了。

除城市地区的污染而外，目前我国的乡镇企业污染问题、酸雨污染问题、水体污染问题、森林和植被破坏问题、水土流失问题等等，也都在不同程度上成为我国的严重社会经济问题。就以酸雨来说吧，我们都知道，酸雨本来是欧洲、北美等地区的一个严重环境问题，由于酸雨的影响，许多湖泊、河流鱼虾减产，甚至绝迹了；许多国家的大片森林在枯萎死亡，造成重大的经济损失。可是目前在我国也出现了酸雨问题，主要是在沿长江一线，比较严重的是四川、贵州的某些地区，降水的 PH 值在 4 点几（PH 值是表示雨水的酸碱度的，凡 PH 值低于 5.6 的降水，就称酸雨，PH 值越低，酸度就越大）。可见我国的环境状况，还未达到根本的好转。因此，我们必须高度重视我国的环境问题，努力搞好环境保护工作。

那么，怎样才能把我国的环境保护工作搞好呢？这当然需要做多方面的工作。比方说，首先，要针对我国的具体情况，广泛开展宣传教育工作，提高人们对环境保护的重要性的认识；其次，要充分利用自然科学知识，像对各种污染的防治，对大自然的保护，对各种自然资源的合理开发和利用等，都必须讲科学，按科学规律办事；再其次，还要从中央到地方，从国务院到各省、市、自治区，不但环保部门，其他的有关部门以及企业、事业单位等，对环境保护工作，都要共同负责，互相配合，各尽其职。为了做好环境保护工作，这些方面

韩德培文集

都是非常重要和必要的。但还有一个非常重要和必要的方面，也绝对不能忽视，那就是运用法律手段来管理环境。李鹏总理 1984 年 1 月在第二次全国环境保护会议上就讲过："要健全环境保护的法制。光说环境保护重要还不行，还要靠法制去制约。"他又说："国外环境保护的一条重要经验，就是运用法律手段来管理环境。"如何做好环境保护工作，世界各国由于社会制度和国情不同，各有自己的方法和途径，但是加强环境保护的法制建设，运用法律手段来保护环境，却是各国普遍采取的一条重要途径。事实上，国内外的经验都说明：环境法是搞好环境保护工作必不可少的法律保证，是强化环境监督管理的最有效的手段。环境保护只有从人治走向法治，才能提高到一个新的水平。

中华人民共和国成立三十多年来，我国已制订了不少环境法律和法规，已经初步形成由宪法、环境保护基本法、环境保护单行法、环境行政法规和部门规章，以及地方性环境法规等组成的环境法体系。认真学习、宣传、执行环境保护法，提高环境法制观念，坚决按照环境法的规定开展环境保护工作，做到有法必依，执法必严，违法必究，是环境保护战线广大干部职工的光荣任务和重要职责。我们完全可以说，我国的环境法已成为一个独立的法律部门，环境法学已发展成为一门新兴的法律学科。作为一个法律部门和一门法律学科的环境法，包含着十分丰富的内容，这些内容对环境管理干部来说，都是必须掌握的知识，或者说是基本功。认真学习环境法律知识和环境法学理论，对于提高环境决策水平和环境管理水平，搞好本地区、本单位的环境保护工作，具有十分重要的作用。如果环境管理干部执法而不知法，那是很难搞好环境保护工作的。

根据国家环保局对办班的要求，我们这个培训班只是为同志们提供一个学习环境和创造一些学习条件，起一个引路作用。由于时间很有限，讲课的同志只能比较扼要地作重点讲授，不可能讲得太多太细，还要靠同志们自己去努力学习。希望同志们除听课以外，还要加紧自学，将来回去以后还要继续坚持自学，才能学得更多更深一些。这是第一点希望。其次，将来同志们回去以后，希望能按照所学到的知识，认认真真地依法办事，做好执法工作。现在有法不依、执法不严的现象，在我国有些地方、有些单位，还是相当严重的。在这方面，还需要同志们作一番艰苦的奋斗。如果我们真能做到"有法必依，执法必严，违法必究"，我相信我们就一定能够把我们的环境保护工作提高到一个新的水平，使我国的环境状况出现根本的好转，使我们伟大的祖国成为一个具有高度物质文明和精神文明的社会主义强国。

最后，预祝同志们胜利完成学习任务，取得优异的成绩！

我想说的就是这些，谢谢大家！

在中国社会主义法制建设的理论与实践学术讨论会开幕式上的讲话*

同志们：

《中国社会主义法制建设的理论与实践》学术研讨会，现在在这里开始举行了。这对加强我国的社会主义法制建设，提高我国法学研究的水平，都是有重要意义的。我在这里谨向这次会议的召开，表示热烈的祝贺。

我国的社会主义法制建设，近几年来已经取得比较大的成就。这是我国人民在中国共产党的领导下共同努力的结果。我们都知道，建国以后，我国的法制建设是经历了一段曲折的过程的。建国初期，我国的法制建设还是受到相当的重视的。但是后来在法律虚无主义的影响下，却渐渐被忽视和放松了。到了十年动乱时期，我国的法制建设，便遭到了严重的破坏，受到了极大的摧残。直到 1978 年 12 月召开党的十一届三中全会，才出现了中华人民共和国成立以来具有深远意义的伟大转折，在把工作重点转移到社会主义现代化建设上来的同时，提出了发展社会主义民主、加强社会主义法制的重要任务，从而使我国的社会主义法制建设进入了一个新的阶段。我们现在能够在这里举行这样的会议，实在是来之不易的，是值得我们特别感到欢欣鼓舞的。

近几年来，我们在社会主义法制建设方面，虽然取得了不小的成就，但还不能完全适应当前和今后社会主义现代化建设的需要。随着改革、搞活和对外开放的逐步发展和深入，随着各种新情况和新问题的纷纷涌现，我们对法制建设中所涉及到的许多重要课题，无论是理

---

* 本文原载《法学评论》1987 年第 1 期。

论上的或是实践中的，都需要按照辩证唯物主义和历史唯物主义，认认真真地进行探索和研究。我们甚至需要重新检查一下我们原有的一些看法和见解，在观念上或思想上来一番更新。只有这样，才能使我们的社会主义法制建设更快地、健康地发展起来，为建设社会主义物质文明和精神文明作出更大的贡献。这次会议，给我们提供了一个很好的机会，让我们同全国各地来的代表聚集在一起，能够面对面地进行讨论，交流思想，互相切磋，共同提高。在这里，我想提几点希望，供同志们参考：

第一，我们要提倡和发扬一种大胆探索、开拓创新的精神。赵紫阳总理在六届四次全国人民代表大会上所作的《关于第七个五年计划的报告》中曾经指出："我们必须继续坚持理论联系实际的原则，鼓励理论和实践的大胆探索和开拓创新的精神。"大胆探索，开拓创新，可以说是党中央对全党全国人民的希望和要求，自然也是对我们法律工作者的希望和要求。最近一个时期，有些同志在报刊上发表了一些讨论法律的阶级性和社会性的文章，讨论得非常热烈。这次会议所收到的论文中，也有讨论这个问题的。有些见解，是过去没有提出过，或者是不敢提出来的，现在都提出来了，这是一个非常好的现象。希望大家在会议中，继续本着这种大胆探索、开拓创新的精神，对这种问题或其他问题继续展开热烈的讨论。

第二，我们要进一步贯彻执行"百花齐放、百家争鸣"的方针。为了鼓励大胆探索、开拓创新，就必须进一步贯彻执行"双百"方针，必须在我们法学界形成一种自由讨论的风气，建立起一种比较宽松和谐的良好环境。只有这样，才能使人们没有任何顾虑地各抒己见，畅所欲言，进行充分说理的讨论。对于比较复杂的问题，有不同的看法和意见，是正常的现象。也只有通过在平等和谐的气氛中，心平气和地进行文明交锋，才能逐步趋于一致。即使不能取得一致的意见，也不要紧，不必急于求得一致，求得统一，仍可继续进行讨论。应该彼此尊重对方的意见，并允许别人保留自己的意见。真理面前，人人平等。过去的所谓"大批判"，想用压服的方法使别人在思想上就范，那是根本不能解决问题的。在这方面，我们已经有过足够的沉痛教训了。希望同志们在会议中，坚持执行"双百"方针，正确地对待不同的观点，不同的意见。

第三，我觉得我们在法学研究和法制建设上，也要善于吸收外国合理的有益的东西，也要实行对外开放，不要闭关自守，把自己禁锢起来。最近发表的《中共中央关于社会主义精神文明建设指导方针的决议》中有下面一些非常精彩的话。决议中说："近代世界和中国的历史都表明，拒绝接受外国的先进科学文化，任何国家任何民族要发展进步都是不可能的。闭关自守只能停滞落后。"当然，维护剥削和压迫的资本主义思想体系和社会制度，资本主义的一切丑恶腐朽的东西，我们一定要坚决摒弃。但是，决议中又说："必须下大决心，用大力气，把当代世界各国包括资本主义发达国家的先进的科学技术，具有普遍适用性的经济行政管理经验和其他有益文化学到手，并在实践中加以检验和发展。不这样做就是愚昧，就不能实现现代化。对外开放作为一项不可动摇的基本国策，不仅适用于物质文明建设，而且适用于精神文明建设。"决议中所说的精神文明建设，就包括进一步扩大社会主义民主，健全社会主义法制在内。事实上，我国制订宪法和其他重要法律时，都曾参考外国的宪法和其他有关法律。在目前对外开放时期，我们制订的一些重要的涉外法规，更加是如此。我们还往往在法律中明白规定，如中国法律没有规定的，可以参照适用国际惯例。当然，适用这种国际惯例，决不能损害我国的社会公共利益。可见，外国的某些法律管理经验，如果对我们有益，还是可以根据我们的需要，拿来为我所用的。实际上，如"法律面前人人平等"这一原则，还有陪审制度、律师辩护制度、法院独立进行审判等等，老实说，都是从外国学来的，当然在某些地方，是经过我们加工改造了的。因此，说到法制建设，外国的法律管理经验和法律思想中，如果有某些可以为我所用的东西，我们也应该好好学习、研究，把它们学到手。在这方面，我们一向存在着一种偏激情绪，把这方面的学习抛在一边，避而不谈，似乎连提都不愿提，或者不敢提。关于我们可学的外国东西，决议中提到了"先进的科学技术"，还提到了"具有普遍适用性的经济行政管理经验和其他有益文化"。这里所说的"经济行政管理经验"当然体现于法律中，也就可视为法律管理经验；而所谓"有益的文化"，也应认为包括外国有益的法律思想和法制经验在内。因此，就法制建设而言，外国的某些有益的法律思想和有益的法制经验，也应该学习，而不应该深闭固拒，一律排斥。在这方面，我们也应该解放思想，实行对外开放，扩大我们的视野，学习和借鉴世界上一切对我有用的东西，否则是不利于我们的社会主义法制建设的。这是第三点。

以上这几点，仅供参考，如有不妥或错误之处，请批评指正。

最后，祝大会圆满成功！

1986 年 10 月 10 日

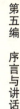

在湖北省法学年会上的讲话[*]

我刚开完全国政协会议回来，今天主要就香港问题，也就是一国两制问题谈谈自己的看法。

我国解决香港问题有两条基本方针：一是一定要在 1997 年收回香港，恢复中国主权，不能再拖延下去；二是在恢复行使主权的前提下，一定要保持香港的繁荣和稳定。为了实现这两条基本方针，我国领导人经过深思熟虑，在尊重历史和照顾现实的基础上，提出了"一国两制"的构想，作为解决香港问题的指导思想。根据这个指导思想，就要采取一系列的特殊政策来解决香港问题。这里须特别指出的是：我们是在以社会主义制度为主的情况下，实行"一国两制"的构想的。因此，让香港保持资本主义制度五十年不变，不仅无损于我国的社会主义制度，而且可以对我们的社会主义建设起有益的补充作用。

这种构想，是完全符合马列主义的从实际出发、实事求是的原则的。这种构想，从国家和社会的发展史来讲，是一个新的创举；而从马列主义理论来讲，也可以说，是马列主义的一个新的发展。事实将证明这种构想是完全能行得通的，是充满生命力的。提出这种构想，不但要有高度的战略眼光，而且还要有超人的胆略和勇气。

以上所说的基本方针和特殊政策可以概括为四个方面：

1. 收回香港以后，根据宪法第 31 条规定，香港就成为特别行政区，直辖于中央人民政府。这是收回香港后实行不同于内地的制度的法律依据。中央人民政府和香港的关系是中央和地方的关系。香港虽然享有高度的自治权，但这决不意味着它是一个独立的政治实体。全

＊ 本文载湖北省法学会编《会员学习》1985 年第 2 期。

国人大将根据宪法的规定，制定香港特别行政区的基本法。香港特别行政区的立法机关，根据这个基本法可制定自己的法律，但要报请全国人大备案，行政长官由当地人选举或协商产生，但要由中央任命。国防和外交都应由中央统一管理。这是中央和地方的关系。

2. 香港享有高度的自治权，由香港当地人民自己管理自己。香港特别行政区除外交和国防外，有高度的自治权，包括行政管理权、立法权、独立的司法权和终审权。政府由当地人组成，中央不派人去管理。这样就有利于充分发挥香港人当家作主的积极性。在外交事务方面，虽由中央统一管理，但中央可以授权香港特别行政区，处理某些涉外事务，特别是在经济、文化领域内的涉外事务。因此，香港特别行政区将来可以用"中国香港"的名义，同各个国家和各个地区保持经济、文化关系，并且签订有关的双边协定或多边协定。

3. 香港特别行政区现行的社会经济制度不变、生活方式不变、法律基本不变。香港将仍然实行资本主义制度。私人财产受法律保护。香港居民仍可像过去一样生活。香港现行的法律基本不变，不是完全不变。那些同基本法相违背的法律，例如，带有殖民主义色彩的一些法律要改变。另外还有一些法律，由于实际情况改变了，不可能再适用了，这些法律也要改变。除此以外，其他现行的法律可以不变。香港特别行政区仍是一个自由港和独立的关税地区。它将继续保持国际金融中心的地位，港币继续流通，可自由兑换。外汇市场、黄金市场、证券市场仍继续开放，保障资金进出自由，没有外汇管理。

4. 适当地照顾英国和其他国家在香港的利益。例如，英籍的和其他国籍的公务人员、警政人员仍然可以和中国籍的人员一样留用，工资可维持在原来的标准上不改变。特别行政区政府还可聘请英籍或其他国籍的人士担任顾问或其他职务，但有个限制：最高的职务只能相当于司级的副职。当然这些外籍人士，只能以个人的身份受聘，并且只能对香港特别行政区政府负责。还有英国和其他国家的经济利益将受到法律保护和适当的照顾。

以上的基本方针和政策，都将在基本法里加以规定。中英《联合声明》不但已由两国政府正式签署，而且还已分别按法律程序获得批准。两国政府将于今年6月30日以前在北京互换批准书。自互换批准书之日起《联合声明》就开始生效。

下面再简单谈谈我们解决香港问题的重大意义：

解决香港问题的《联合声明》公布以后，立即得到香港各界人士和海外侨胞以及国际舆论的拥护和赞赏。香港广大同胞都对《联合声明》表示满意和欢迎。原来，香港人很不放心我们收回香港，大家人心浮动，甚至有的人把资金都转移到其他地方去了。《联合声明》公布以后，人心安定下来了。许多国家政府都发表声明，赞扬中英谈判的成功。这是在当前国际关系中用和平方式解决复杂问题的一个突出的范例。的确，香港问题的圆满解决，是符合全国人民（包括香港同胞在内）的根本利益的，具有重大的现实意义和深远的历史意义。归结起来，意义有以下几点：

1. 就中英关系来讲：香港本来就是中国的领土，只是由于1840年，英国发动鸦片战争后，缔结了不平等条约，香港才被英国所占领。这是不平等条约的结果。现在，中国收回香港，恢复了对香港的主权，就消除了中英关系史上遗留下来的一个阴影，也就洗刷了中国人民一百多年来所受的民族耻辱。这不仅是中国外交上的重大成就，也是中英两国共同努力所取得的重大成就。这对于进一步促进中英友好关系是非常有利的。

2. 从实现祖国的统一来讲：香港问题的解决在实现祖国统一的大业上，是向前迈进了一大步。这对于解决台湾问题，必将产生深远的影响。圆满解决香港问题，是有利于解决台湾问题的，是有利于祖国统一大业的早日完成的。这在中国现代史上，甚至在世界现代史上都是一件大事。

3. 就保持香港的稳定和繁荣来讲：根据"一国两制"的构想，在香港收回后，对香港特别行政区采取一系列的特殊政策，让它能继续发挥一个自由港和国际金融中心的作用，以保证它的长期稳定和繁荣。这样做不但完全符合香港居民的利益，而且对祖国的现代化建设也有很大的帮助。

4. 就国际上的影响来讲：根据"一国两制"的构想，和平解决香港问题在国际上也有很重要的影响。刚才讲过，这是在国际关系中通过和平方式解决复杂的遗留问题的一个很好的榜样。这对维持亚洲和世界的和平也是非常有利的。

香港问题之所以能这样圆满地解决，自然应归功于中英双方在谈判过程中所表现的友好合作、互谅互让的精神。但是，也应指出，正是由于我国领导人提出了"一国两制"这样一个构想，才为香港问题的解决找到一个最佳的方案和途径，这个构想对香港问题的解决起了很大的作用。

中英《联合声明》已经批准了，不久就要生效了。我想从法律的角度来讲，有两项重要的工作要做。

第一，要制定香港特别行政区的基本法。这次全国人大六届三次会议决定了要成立基本法起草委员会，来完成这项工作。

第二，由于香港的法律和内地的法律不完全相同，也会产生一些所谓"法律的冲突"问题，这就需要解决法律的适用问题。举个例子来说，如果有一个香港的企业和内地的一个企业在香港签订一个买卖合同。由于法律的不同，究竟是适用香港的法律或者内地的法律，还是可以适用双方选择的另外一个国家的法律？这就是法律的冲突问题，也就是法律的适用问题。香港是中国领土的一部分，这样的合同，严格讲不是一个涉外的问题，但从法律制度上讲，它却有着类似涉外的性质。能否参照我国现在已有的《涉外经济合同法》来解决呢？这就值得我们来研究了。这样的问题严格讲不属于通常的国际私法问题，而属于一种区际私法问题，不同地区之间的涉外问题，或者说是准国际私法问题。

纪念、回顾与展望*
——在纪念周鲠生先生诞辰一百周年
暨国际法研究所成立十周年大会上的讲话

各位领导、各位来宾、同志们、同学们：

　　今天，我们在这里隆重纪念周鲠生先生诞辰一百周年和国际法研究所成立十周年。

　　本来，周先生诞辰一百周年纪念会应在去年举行。在北京，曾举行过一次隆重的纪念会，是由外交部、中国国际法学会、外交学院和武汉大学联合召开的。原定在我校法学院也举行一次纪念会，只是因为后来发生了"六·四"风波，没有能够举行。今年适逢国际法研究所成立十周年纪念，时机难得，所以将两件事合并起来来纪念。

　　在座的各位都知道，周鲠生教授是国内和国际知名的国际法专家和法学家，是我国现代国际法学界的泰斗，是我国国际法学的一代宗师。周鲠生教授早年留学日本早稻田大学、英国爱丁堡大学和法国巴黎大学，并在法国巴黎大学获得法国国家博士学位。1922 年起先后任北京大学、东南大学教授兼政治系主任。1928 年，他与李四光、王世杰等人发起筹建国立武汉大学。1930 年，他任武汉大学教授兼政治系主任，后又兼任教务长。1939 年赴美国讲学，曾担任联合国成立大会中国代表团的顾问。1945 年回国后，任武汉大学校长。中华人民共和国成立后，他继任武汉大学校长。1950 年他奉调前往北京，任外交部顾问，并兼任中国人民外交学会副会长。周鲠生教授著作等身，除大量论文外，主要著作有：《国际法大纲》、《现代国际法

＊　本文原载《法学评论》1991 年第 2 期。

问题》、《国际法新趋势》、《近代欧洲外交史》、《现代英美国际法的思想动向》、《国际法》等。《国际法》是最后一部书，1975 年出了第一版，分上下两册，是一部六十万字的巨著，可以说是周先生的代表作，也是我国近代最有系统、最有权威的国际法著作。从 1922 年以来，凡是我国学习和研究国际法的人，大都直接或间接受过他的教益和影响，无不是他的及门弟子或私淑弟子。真是"桃李尽在公门"。周鲠生教授于 1971 年 4 月作古，终年 82 岁。他一生致力于国际法的教学和研究，为国际法学在中国的建立和发展作出了不可磨灭的贡献。这里仅就他在国际法学方面的突出贡献作了介绍，至于他在高等教育和外交工作方面的重要贡献，就不赘述了。

我们纪念周鲠生教授，就是要学习他爱国主义的立场，学习他正直无私的品德，学习他严谨治学的态度，学习他理论联系实际的学风，学习他教书育人、忠诚教育事业的高贵精神，学习他求贤若渴、广延人才、培养新秀的宽阔胸怀。

在周鲠生教授的影响和推动下，武汉大学历来都十分重视国际法的教学和研究。无论过去还是现在，武汉大学一直是我国国际法教学和科研的主要中心之一。武汉大学国际法研究所就是为了继承这一传统，于 1980 年在我国实行改革开放的大好形势下应运而生的。这个国际法研究所是我国综合大学中最早成立的一个。

我校国际法研究所成立以后，不久又建立了国际法系。实际上国际法研究所的所有老师，也都是国际法系的老师，可以说是两个机构，一套人马。所以凡是这里提到的国际法研究所的成就，也包括国际法系在内。

我们国际法研究所已走过了十年的历程。在这十年中，无论在教学方面还是在科研方面，我们都取得了十分可喜的成绩。据统计，十年来，我们共培养本科生 10 届，共 314 人；硕士研究生 11 届，共 124 人；博士研究生 7 届，共 33 人；现在已有国际公法、国际私法和国际经济法 3 个博士点，5 位博士研究生导师。不过，我们这里所称的国际法研究所或国际法系，系指最广义的国际法，是包括国际公法、国际私法和国际经济法在内的。此外，1988 年，国家教委正式确定我们的"国际经济法联合国际法"为重点学科（这里仍包括国际公法与国际私法在内）。我所先后主持或联合召开了中、美、加三国学者、专家国际贸易与投资法律研讨会（1985年）、首届全国国际私法学术讨论会（1985年）、首届全国青年国际法学者研讨会（1985年）、全国国际私法、国际经济法教学研讨会（1987年）、第三届全国青年国际法学者会议（1988年）和内地与港澳地区司法协助问题研讨会（1990年）等六次国际性或全国性学术会议。我所教师先后承担国家社会科学基金项目4项、国家青年社会科学研究基金项目3项、国家教委的高等学校哲学社会科学博士学科点专项科研基金项目14项、国家教委哲学社会科学七五规划重点科研项目1项、国家教委的高等学校哲学社会科学青年科研基金项目2项、湖北省社会科学研究基金项目5项、武汉大学社会科学青年科研基金项目3项，共25项。另外，还承担了国家教委委托主编的高等学校文科教材项目10项。全所教师撰写、主编或参加编写并已出版的教材、专著、编著、文集共40余部，译著5部，发表的论文、译文200多篇；我所教师的科研成果曾获国家级优秀教材奖、国家教委级优秀教材一、二等奖、湖北省社会科学优秀科研成果一、二、三等奖，有两位青年教师的科研成果还获得了霍英东教育基金会青年教师奖。在对外学术交流方面，我所通过中美法学交流计划、与富布莱特基金会合作以及其他渠道，先后派出教师到国外进修、访问、留学达三十多人次。我们还邀请或接受了美国、瑞士、德国、加拿大、澳大利亚等国的学者来我所访问、讲学或学习。我们也有教师到国外去讲学或参加国际学术会议，促进了对外学术交流。不仅如此，我所还同国内有关政府部门和法律专门机构如外交部条法司、对外经济贸易部条法局、中国国际商会、海事法院等建立了良好的关系，经常应邀提供咨询意见并受到重视。以外交部条法司为例，我们除分配毕业生去该司工作外，今年还派了研究生前去实习，而且达成了一项交流合作意向书。

十年后的今天，我们国际法研究所已成为国家教委所属高等学校和武汉大学的重点研究所，并成为国内学科门类比较齐全、图书资料比较丰富、新老学者荟萃、学术梯队健全、学术气氛浓厚、法律人才辈出、科研成果层出不穷的一个比较重要的国际法教学和科研中心，在国内外都有一定的影响和知名度。但是，我们也应该看到我们面临的困难和我们的不足之处，可谓"任重而道远"。我们要继续搞好国际法教学和科研工作，争取更上一层楼。无论是本科生还是研究生都要刻苦学习，勤奋努力，尊敬师长，勇攀高峰。我们的教师应坚持教书与育人并重，教学与科研并重，严谨治学，严于律己，对学生言传身教，对同事团结合作。我们国际法研究所还要创造更好的物质条件和学术环境，要广延人才，培养新秀，使它不仅成为国内第一流的国际法研究所，而且成为国际上第一流的国际法研究所。我相信，通过我们的不断努力，我们的目的是可以达到的，也是能够达到的。

1990 年 12 月 21 日

一定要认真执行《档案法》*

　　《中华人民共和国档案法》在 9 月 5 日由全国人大常委会通过，并定于 1988 年 1 月 1 日开始施行。这是对我国档案工作作出规定的一部很重要的法律。它的制定和施行，对发展我国的档案事业，有效地保护和利用我国丰富的档案信息资源，为社会主义现代化建设服务，必然会起着极大的保证作用和推动作用。

　　《档案法》是一部比较成熟完整的法律。它是根据我国国情，遵照党和国家有关档案工作的方针、政策以及多年来的实践经验，并参考国外一些档案立法的作法，经过广泛的调查研究和反复修改才制定出来的。它对档案的范围、档案工作的原则、档案机构及其职责、档案的管理、档案的利用和公布，以及法律责任等等，都作了明确规定，是建设和发展我国档案事业的重要法律依据和法律保障，是对我国的四化建设、对我们的改革、开放、搞活都具有十分重要意义的一部法律。

　　有了这样一部《档案法》，今后要着重解决的就是如何执行好这部法律的问题了。就整个档案工作而言，我们认为是"有法可依"了，现在接着要解决的就是有法必依，执法必严，违法必究的问题了。一句话，要认真执行好这部法律。怎样才能执行好这部法律呢？

　　首先，为了要执行好这部法律，必须提高我们的干部和人民群众对档案和档案工作的重要性的认识。建国以来，我国的档案工作，在党中央和国务院的关怀和指示下，是取得了很大成绩的。它在社会主义革命和社会主义建设中都发挥了重要作用。这是应该肯定的。但是

　　＊ 本文系韩德培教授应邀在湖北省档案局举办的"档案法"座谈会上的发言稿，原载《湖北档案》1987 年第 5 期。

在过去极左思想路线和旧的习惯势力的影响下，并不是所有机关的领导和干部都对档案和档案工作予以应有的重视和关注的。在社会上，人们对档案和档案工作的重要性，一般说来，更是很少认识，甚至一无所知。有些人根本不把档案当作一回事，不重视档案的管理工作。有的随意丢失档案，甚至出卖档案和擅自销毁档案。特别在十年内乱时期，不少地方销毁的档案数量非常惊人，几乎高达该地档案总数的90%以上，这是多么重大的损失啊！这些都说明，对档案和档案工作的重要性是认识不够或者说毫无认识，是重视不够或者说毫不重视。因此，为了把《档案法》执行好，就必须在全国范围内加强宣传和教育工作，要普遍地大大地提高我们的干部和群众对档案和档案工作的认识，才能使我国的档案得到更好的保存和利用，更好地为现代化建设服务。

第二，为了要执行好这部法律，还必须强调在档案工作中，特别要把档案利用问题解决好。档案工作有着丰富的内容，也是具有专业性的一项工作。它包括收集、整理、鉴定、保管、编目与检索和提供利用等等。这些工作都要做好。但档案的提供利用也就是档案的利用服务可以说是档案工作的根本目的之所在。它在全部档案工作中占有特别重要的地位。做好档案的提供利用工作，也是对档案工作最实际最有效的一种宣传，不仅能够引起各方面对档案工作的重视，而且会在档案的收集、鉴定等项业务活动中得到各方面更多的支持。可以说，档案利用工作是档案工作中最富有活力的一个环节。搞好利用工作才能使整个档案工作具有生机，否则整个档案工作就会死气沉沉，成效不大，甚至根本发挥不了档案的积极作用。

当前，档案工作处于历史发展的新时期，档案事业要发展，重要的一环是大力搞好利用工作，使档案工作在建设社会主义的物质文明和精神文明中做出自己的贡献。目前有些部门往往过分强调档案的保密性，对提供利用这一点，很不主动，很不积极。有时为了进行某方面的科学研究，需要查找有关部门的档案资料来参考，可是结果往往不是碰壁就是享受闭门羹，很难把资料弄到手。比方说，我们搞法学教学和研究工作的，自从实行对外开放以来，我们有许多涉外法律问题需要很好地研究。究竟我国政府的有关部门是如何处理的？有哪些地方处理得好，对我们有利？有哪些地方处理得不好，对我们不利？

我们很需要掌握第一手材料来进行研究。可是，我们有关部门却往往借口说有保密性，不愿拿出来，或者借口说人手少，还没有加以整理，不给你看。这也许是事实，如果真是保密性资料，我们自然不能要求看，但总不可能件件都有保密性吧？关于如何开放档案资料，《档案法》第20、21条里有规定，但如何执行好这些条款，尽可能地为档案的利用创造条件，简化手续，提供方便，是应该认真研究的。

第三，为了执行好这部法律，使我国档案工作更好地为社会主义现代化建设服务，还必须逐步地采用先进技术，实现档案管理的现代化。《档案法》第13条要求"采用先进技术，实现档案管理的现代化"。随着现代科学技术的发展，我们的档案管理工作也要逐步实现现代化。为了实现档案管理现代化，档案工作从现在起就应开始进行准备。

我国各级各类的档案馆，据说现在保存有八千多万卷档案文献，而且随时都在增加。档案工作人员对数量如此庞大的档案，自然需要进行大量而繁杂的整理、编目、检索和保管等工作。这些工作如果还是完全依靠手工劳动来做，是很难做好的。因此要彻底解决这些问题，提高档案工作效率，改变落后的手工作业方式，改变档案工作现有的被动局面，就非使用现代化设备不可，也就是非利用电子计算机不可。

电子计算机自1940年问世以来，已经历了四十多年的发展，功能越来越多，可以处理中外文资料和图像，存储大量信息，自动完成所赋予它的各种任务，能满足社会生产和管理工作多方面的实际需要。价格也已不像它刚问世时那样昂贵。所以，在我国，将电子计算机应用于档案管理工作，已经不但显得十分必要，而且也不是绝不可能的事了。

在档案工作中，电子计算机可以存储大量档案，进行自动编目检索、库房跟踪管理、调阅档案事务的处理及复制档案、作信息交流等，这就会大大提高工作效率。如果将计算机技术与通讯技术相结合，建立起网络化的档案自动化系统，利用者就可坐在办公室里或家里通过显示终端远距离地进行档案检索，能够利用网络化的自动化系统检索分散存放在全国各地的档案。这种档案自动化系统，几乎能参与各项档案管理工作。

在国外，很多国家的档案管理机关和国家档案馆都十分重视档案管理自动化工作。如美国、加拿大、联邦德国、英国、法国、意大利、苏联、罗马尼亚、民主德国、南斯拉夫等，都已建立了档案管理自动化系统，广泛使用电子计算机进行档案工作。这是很值得我们借鉴的。也只有这样，才能真正搞好档案工作，积极开发和利用档案信息资源，为社会主义现代化建设服务。

目前，我国计算机还不很多，一些档案部门的经济条件也还有一定的困难，因而还不可能马上在全国各地的档案管理部门中，广泛使用计算机。但是档案管理工作自动化是大势所趋，势在必行。如何实现档案管理工作自动化，已作为一项不可忽视的战略性的重大课题摆在我们面前了。

希望档案工作部门和档案工作者适应新形势的要求，不断探索新的工作方法，进行一系列新的档案问题的研究。我想我国的档案工作部门和档案工作者一定能很好地解决档案工作所面临的新课题，为我国档案工作的现代化作出贡献，为我国的社会主义现代化建设作出新贡献。

实施《行政诉讼法》的重要意义及需要解决的问题*

　　《行政诉讼法》已经从 1989 年 10 月 1 日起开始实施了。这是我国法制建设的一件大事，也是我国民主政治建设的一件大事。

　　从十一届三中全会以来，我国的社会主义法制建设确实取得了很大的成绩。我们制定了相当多的法律、法规及地方性法规，可以说，那种无法可依的情况已基本解决了。但是，也毋庸讳言，我们的法制建设还存在不少问题。同时，随着我国社会主义经济建设的不断发展，客观形势也对我国的法制建设提出了更高的要求，我们还需要继续不断地加以完善。就行政方面的法制建设而言，更是如此。

　　1982 年颁布试行的《中华人民共和国民事诉讼法》（试行），才初步建立了我国的行政诉讼制度。十一届三中全会以来，行政方面的立法虽然占了相当大的比例，但还不够系统和完善。在行政程序法方面，虽然在《民事诉讼法》里有一些规定，但仍然显得很不完备。现在有了《行政诉讼法》的颁布实施，一方面保证人民法院正确及时地审理行政案件，另一方面又维护和监督行政机关依法行使行政职权，可以促进行政机关依法行政，把行政管理纳入法治的轨道。这实在是我国社会主义法制建设的一个重大步骤，使我国的法制建设又向前迈进了一大步。

　　我国是人民民主专政的社会主义国家，人民是国家的主人。按照我国宪法的规定，我国公民享有广泛的各种权利。但要切实做到保障公民的合法权益，却不是一件简单的事。现在有了《行政诉讼法》，

　　＊ 本文系韩德培教授 1990 年 11 月 2 日在举行于中南政法学院的"行政诉讼法理论和实践"研讨会上的发言稿。

它对于贯彻执行宪法关于公民权利的原则规定，推进社会主义民主政治的建设，有着十分重要的意义和作用。按照《行政诉讼法》的规定，公民、法人或其他组织如果认为行政机关和行政机关工作人员的具体行政行为侵犯其合法权益，他们有权依法向人民法院提起诉讼。公民、法人及其他组织在行政诉讼中与行政机关的法律地位是平等的。他们在诉讼中有权进行辩护。公民、法人及其他组织由于行政机关的具体行政行为受到损害的，有权请求赔偿。如此等等。这些规定充分体现了行政诉讼法保障公民、法人及其他组织合法权益的精神。这样就可以促使行政机关更好地贯彻全心全意为人民服务的宗旨，从而激发广大人民群众当家做主的积极性，实现我国政治、经济和社会的进一步稳定和发展，保障社会主义现代化建设的顺利进行。所以，《行政诉讼法》的实施，也是我国社会主义民主政治建设的重要发展，是我国人民政治生活中的一个重要里程碑。

《行政诉讼法》从1989年4月颁布以来，全国各级国家机关，特别是最高人民法院和地方各级人民法院，都做了大量的准备工作，为《行政诉讼法》的实施创造了有利的条件。但是，困难和问题仍然不少。根据各方面的反映，为了保证《行政诉讼法》的顺利实施，还迫切需要解决一些问题，现在不妨举几个问题来谈谈。首先要解决好配套的立法工作，单有《行政诉讼法》还不够，还有一些配套的法律法规必须加紧制定，例如行政诉讼法实施条例、行政赔偿法、行政处罚法、行政强制执行法等等。其次要解决好执法的条件，例如要提高人民法院的地位和权威，要提高整个行政执法人员的执法水平，并解决他们工作上的困难，要建立和完善行政复议机构等等。再其次，要加强行政执法的法律监督，防止和制止执法过程中以权谋私以及随意干预执法等违法行为，并切实纠正拒绝执法或执法不力等现象。最后，还要创造良好的舆论环境，要运用各种方式大力宣传《行政诉讼法》的基本原则和内容，提高广大干部和群众对行政诉讼法的理解和重视。

穿破裤子的慈善家*

《穿破裤子的慈善家》（The Ragged Trousered Philanthropists）是英国最早的工人阶级小说之一。作者讥讽地把工人称为"穿破裤子的慈善家"，因为他们劳动成果的大部分都给资本家夺去，自己却衣不蔽体，食不饱腹。作者的真名是罗伯特·诺南（Robert Noonan）；罗伯特·特莱塞尔（Robert Tressell）是他的笔名。作者生于1868年左右，是一个油漆房屋兼绘图的工人；自幼因父母早亡，生活艰难，常常为了找工作而到处流浪。尽管生活很艰苦，他还是勤奋自学，并在工作之余致力写作，终于从1906年到1910年写成了这一本书。1911年他因肺病死于利物浦。1914年和1916年，这本书曾以删节本的形式出版两次。1955年全部原稿始经整理发表。

这本书以英国南方的一个滨海城市为背景，用幽默讽刺的笔调，生动地描绘了资本家剥削工人的残酷情形和工人们经常在失业、贫穷和死亡的威胁下的生活惨状。资本家乐西登开设的一家建筑公司，招揽承做房屋的修缮、粉刷、裱糊、油漆等工作。这个公司的工人，是按时计算工资的，而且不是一年四季都有工可做的。在生意比较清淡的季节，他们随时可被解雇。由于失业的工人过多，资本家不愁找不到他所需要的工人；因此，为了压低工资，他还随时找借口辞退工人。工人林敦便是这样被辞退的。失业的工人找不着工作，终日三五成群，徘徊街头，有的被迫行窃，有的被迫自杀，甚至全家自杀。就是暂时有工做的工人，也是辛勤终日，不得温饱。他们的工资很低，工作条件很坏，还不时要受那些讨好主子的监工、工头的挑剔、威吓和凌辱。乐西登公司的监工罕特，就是一个典型人物；工人们背后都

---

* 本文原载《世界文学》1964年第1～2月号，系作者以笔名"韩蕾生"发表。

叫他做"猎户"或"灾星"。工人们的妻子，甚至八九岁的儿童，也往往为生活所迫，不得不出来帮人家洗衣服、打扫房屋、送货物、卖报纸或做其他零工。但结果还是免不了挨饿受冻，在死亡的边缘上挣扎。

本书的主人公奥文是一个具有社会主义思想的工人。他一家三口，生活艰苦，但他却很愿意帮助比他更困苦的工人。他常常在工作时和伙伴们交谈，分析工人失业和贫穷的原因，并对他们讲解宣传社会主义思想。有些工人很乐于接受他的意见，但也有些工人表示反感。当时工人们的阶级觉悟，主要因为受了资产阶级的欺骗蒙蔽，一般是比较低的。他们替资本家创造了大量财富，自己和全家大小却依然陷于贫困饥饿，可是他们不但没有认识到应该改变社会现状，反倒认为没有资本家就没有工做，离开资本家就不能生活。似乎宁愿"像一群愚蠢的羊，置身于一群贪馋的狼的保护之下"。每逢"自由""保守"两党——都是代表资产阶级的政党——扮演那竞选的丑剧时，他们还盲目地为资本家摇旗呐喊。作者认为资本主义之所以能够造成极大的灾难，和这种情况是有关系的。

总的说来，作者通过建筑公司一批工人的日常生活，忠实地反映了当时英国工人阶级的生活遭遇、宗教偏见和政治观点。同时，他也无情地揭露和嘲笑了资产阶级的自私贪婪、骄奢淫逸、虚伪无耻。他还着重指出：只有摧毁资本主义制度，实现社会主义，才是工人阶级唯一可靠的正确出路；这在今日看来，是仍然具有重大的现实意义的。这也说明为什么这本书从第一次出版以后到现在，虽然已有半个世纪，可是资产阶级的文学史家，至今对它还是视若无睹，只字不提。

在下面所译的两章里，老工人林敦被监工罕特无故辞退，奥文傍晚冒雨回家的时候，听说另一家建筑公司有工可做，于是匆匆忙忙地赶到林敦家里将这个消息告诉了他。从这两章里，可以看出这两个工人家庭的生活悲惨情况，可以看出奥文的阶级友爱和自我牺牲精神，也可以看出资本家的极端自私和残忍以及宗教宣传的虚伪和荒唐。

——译　者

第四章　广　告　牌

法兰克·奥文是一个做短工的木匠的儿子；才五岁，他父亲便因肺病去世了。从此以后，他的母亲便靠做针线勉强糊口。法兰克十三岁的时候，就去帮一个装饰匠大师傅做活；这个人不仅仅是一个雇主，而且还是一位高明的手艺人；像他这种类型的人现在差不多已经绝迹了。

到法兰克·奥文帮他做活的时候，他已是一个老年人了。有一个时期，他在城市里的生意很好，他常常夸口说他做出的东西总是顶刮刮的，他对自己的工作很感兴趣，而工作收入也颇为可观。但是到了后来，他的顾客却大大地减少了，因为新的一代出来了，他们根本不重视什么手艺或艺术，只讲求便宜和赚钱。法兰克这孩子，由于跟他学习，由于在工作的余暇勤学苦练，再加上有几分天赋的才能，就学会了装饰房屋的油漆、画图样、刷木纹、写招牌等本领。

法兰克廿四岁时，母亲去世了。一年以后，他和一位工人同事的女儿结了婚。那时候，生意比较好，虽然人们不大需要富于艺术性的东西，但是只要需要的话，他总是能够做出来的，因此他就比较容易找到工作。奥文和妻子都过得很愉快。他们只有一个孩子——是个男孩；最初几年，一切都很顺利。可是这种情况渐渐地改变了：总的说来，这种变化是慢慢地不知不觉地发生的，虽然间或也有一些突然发生的波动。

甚至于就在夏季，他都不能经常找到工作；一到冬季，那就几乎不可能找到什么工作了。在本书的故事开始前大约十二个月，他决定让妻子和男孩留在家里，自己前去伦敦碰碰运气。只要找到工作，他就把他们接去。

这是一个空想。他发现伦敦比他的家乡更糟。不管他跑到哪里，他所碰到的都是这么一句话："不要人"。他天天在街上走来走去；他所有的衣服，除身上所穿的而外，都当光或卖尽了。他在伦敦呆了六个月，常常挨饿，只是偶尔才能找到几天或几个星期的工作。

到后来，他不得不放弃原来的打算。贫穷的煎熬，精神上的折磨，和城市空气的污浊，三者联合起来把他征服了。葬送他的父亲的那种疾病的迹象也开始在他身上出现了。在他的妻子再三恳求之下，他只好依然故我地回到了自己的家乡。

这是六个月以前的事情。从那时起，他就替乐西登公司干活。有时候如果公司没有活儿给人做，他就只好"站开"。等待有了事情再说。

自从他打伦敦回来以来，奥文就渐渐地感到绝望了。每天他都觉得他的病是越来越重。医生叫他"多吃有营养的食品"，开了很多贵重的药品，可是他却没有力量购买。

还有他的妻子的问题。她生来就很脆弱，需要很多东西，但他也无法供给。再还有那男孩——这孩子又有什么希望呢？每当奥文对他们的处境和前途沉思默想的时候，他就往往对自己说，如果他们三个人现在都一齐死掉，那倒好得多。

他对自己的受苦感到厌倦，他对眼睁睁地看着妻子受苦而又无可如何也感到了厌倦；他一想到孩子的将来更感到胆战心惊。

老人林敦被解雇的那天晚上，他走回家去的时候，一路上所思考的便是这些问题。他看不出有什么理由可以相信或希望目前的这种状况在短期内会有所改变。

有成千上万的人都和他一样，在饥饿的边缘苟延残喘。就绝大多数人来说，生活就是对贫穷的一场长期的斗争。可是几乎没有一个人理解或者肯用心思去追究一下，为什么他们会有这样的遭遇；如果有人试图向他们解释，那是白白地浪费时间，因为他们根本就不想理解。

补救的办法本来很简单，祸害本身又是这样的严重和明显，那么这种祸害还继续存在的唯一可能的解释，便是大多数工人都缺乏一种理解的能力。如果这些人在智力上没有缺陷的话，他们老早就会自动地将这种丑恶的制度铲除干净了，也就不需要任何人去告诉他们说它不行了。

就连那些幸运或富裕一些的人，也不能保证自己不会有一天因贫困而死亡。在每个工场里面，都有某些人曾在某一时期有过较好的职位；他们虽没有什么过失也倒下去了。

不管一个人是怎样走运，他都不敢断定他的儿女永远不挨饿。有成千上万的人靠着吃不饱饭的工资过着贫困的生活，而他们的父母就是当年比较富裕的人。

奥文急匆匆地走着的时候，他心里就充满了这些念头，他几乎毫不觉得他身上里里外外都已经被雨水湿透了。他没有穿大衣，大衣已经在伦敦当掉了，他还没有力量把它赎出来。他的靴子裂了缝，已经浸透了泥和水。

他现在快到家了。在他所住的那条街道的拐角，有一家代售报纸的铺子，门外的一块木板上展示着一张广告：

惊人的家庭悲剧
杀人后再自杀

他走进去，买了一份报纸。他是这里的老主顾；他走进去的时候，老板叫着他的名字向他打招呼。

"天气太坏啦，"他一面将报纸递给奥文，一面说道。"我想，这种天气对你们这个行业怕很不利吧？"

"是啊，"奥文回答说，"许多人都在闲着，不过我还侥幸，总算在室内工作。"

"那你真是一个有运气的人啦，"对方说道。"你知道吗，等天气稍微好些，这儿有一项工程要动工，要招收一些工人。这一带房屋的外部马上要修理了。这是一件很不小的工程呢，是不是？"

"是啊，"奥文答道。"是哪一家包的工？"

"是麦克赫斯和施劳基特公司。你知道，他们已经在温德里设立办事处了。"

"是的，我知道这个公司，"奥文冷冷地说道。他自己曾经替这个公司做过一两次活。

"今天工头到这儿来过，"老板继续说道。"他说如果天气好的话，星期一早晨就动工。"

"我希望天气会好起来，"奥文说道，"因为目前正是活儿少的时候。"

奥文向他道了一声"晚上好"，便朝着自己的家继续走去。

他走过半条街的时候，便踌躇不安地站住不走了。这时他在想他刚才听到的那个消息，想到了杰克·林敦。

一等大家都知道这项工程不久就要开始，他们一定会争先恐后地来抢工做的。那时候就是谁先来到谁有工做了。如果今天晚上他去看看杰克，也许这个老人能够赶上时机找到工作。

　　奥文犹豫起来：他周身都已湿透；林敦的住屋还离得很远，大约要走二十分钟。可是，他仍然想去通知一下，因为如不抢先申请，林敦就不能像年轻人那样有希望。奥文心里盘算，如果他走得很快，也不至于真会着凉。一个人穿着潮湿的衣服站着不动，倒是很危险的；如果不停地走动，那就没有什么关系。

　　他掉转身子，就朝向林敦的住屋走去。虽然他离自己的家只有几码，他却决定不走进去，因为他的妻子一定会劝他不要再出去的。

　　他急急忙忙地向前走时，忽然发现在一座尚未租出的屋子的门口，有一个小小的黑东西。他站下来仔细一瞧，才看出那是一只小小的黑猫。这个小东西朝着他走来，在他的脚边转来转去，望望他的面孔，悲哀地叫了起来。他弯下身子，抚摩抚摩它；当他的手接触到它的消瘦的身体时，他不觉打了一个寒噤。它身上的皮毛全湿透了，脊梁骨上的关节都可以清清楚楚地摸得出。他抚爱着它的时候，这饥饿的动物令人爱怜地咪咪直叫。

　　奥文决定把它带回家去给他的男孩；他将它抱起放在自己的上衣里面，这时这被人遗弃的小东西开始愉快地发出呜呜的声音。

　　这件小事把他的思想引入了另一条道路。如果，像许多人自命相信的那样，有一个博爱无边的上帝存在，那么他所创造的这个无依无靠的动物，怎么会有受苦的命运呢？它没有做任何坏事，对于坏事根本没有什么责任可言。难道上帝不知道他所创造的这些动物的痛苦吗？若是如此，那他就不是全知了。难道上帝虽知他们的痛苦却又无力帮助他们吗？这样说来，他就不是全能了。难道他虽有权力使他们快乐却又没有这种愿望吗？这样说来，他就不是至善至美了。不，根本无法相信有这么一个独一无二的、伟大的上帝存在。事实上也没有一个人这样相信；最最不相信的就是那些由于种种原因自称为耶稣的门徒和信奉者的人。

　　那些到处唱圣诗、读长篇祷文、高呼"我主，我主"，却从不把"主"的话付诸实行的人，那些行为上并不像耶稣的忠实信徒、对他们口称侍奉的"主"阳奉阴违的人，正是这些反耶稣的人，毕生故意蔑视"主"的教导和训诫。用不着引用科学的证据，或圣经中所有前后矛盾、互相抵触、荒诞不经的地方，便可以证明基督教是违反真理的。只要看一看信徒们的行为就够了。

第五章　钟　匣　子

　　杰克·林敦住在温德里的一所小小的屋子里。自从三十多年前他结婚以后，他就一直住在这里。

　　他平日最喜爱的，便是他的家和花圃；他经常总在拾掇来拾掇去，例如油漆、粉刷、糊裱等等。因此这间屋子本身虽很平常，他却把它收拾得整整齐齐，干干净净，十分舒适。

　　也是由于他这样勤快，房东看到这屋子大为改观了，便一而再地提高房租。林敦最初租这屋子的时候，房租是每星期六先令。五年之后，却提高到七先令；再过五年，又提高到八先令了。

　　在这三十年的租赁期间，他总共付出了将近六百镑的租金，等于这屋子目前的价值的两倍多。杰克对于这一点，并不抱怨——实际上他还是感到很满意。他常说施威特先生是一位很好的房东，因为有几回，他自己由于失业，要迟几个星期才能付租金时，这位仁慈的房东的经理人曾经允许他分期偿还。林敦常说，要是碰到别的房东，准要将他的家俱变卖，把他们赶到街上去了。

　　如读者所知，林敦家里有妻子、孙子、孙女和他的儿媳妇；媳妇和孙子孙女是他的小儿子的遗属。这个儿子是个后备军人，在南非战争中作战阵亡的。他过去是一个泥水匠；在战争以前，他便在乐西登公司做工。

　　他们刚刚用完茶，奥文来敲他们的前门了。那年轻女人就走去看看究竟是谁。

　　"林敦先生在家么？"

　　"在家。是哪一位？"

　　"我叫奥文。"

　　但老人杰克已经听出是奥文的声音了；他走到门边，心里不明白他是为什么事来的。

　　"我回家的时候，听说麦克赫斯和施劳基特公司星期一要开始一项大工程，所以我想我该赶快跑来告诉你一下。"

"是么？"林敦说道。"我明天一早就去看他们。不过我怕我没有多大的希望，因为他们有许多做惯了的工人还在等着工做呢。不过，不管怎样，我还是要去看看他们。"

"对，你知道，这是一件不小的工程啊。柯克街和爵爷街拐角处那一带房屋的外部都要装修呢。他们一定还要添些人手的。"

"是的，那大概是靠得住的，"林敦说。"不管怎么样，你告诉我这件事，我非常感谢你。不过，不要站在雨里，进来坐一坐吧，你一定已经湿透了。"

"不，我不想停留，"奥文回答道。"我穿着这一身湿衣服，不想多耽搁时间了。"

"不过，喝杯茶是不会耽搁很久的，"林敦坚持地说。"我决不要求你停留多久。"

奥文走进去了。老人将门关上，领他走进厨房。在火炉一旁，林敦的妻子，年迈体弱，白发苍苍，正坐在一张大圈手椅上编结衣服。林敦就在对面一张同样的椅子上坐下。孙子和孙女都依然坐在桌旁。

屋角的碗橱旁边，摆着一架装有踏脚的缝纫机；在碗橱的一头，放着一堆待缝纫的衣衫：一些尚未缝好的女人的衬衣。这也可以说明施威特先生的为人善良，因为林敦的媳妇所做的这种活，便是从他那里领来的。活儿不很多，因为她只能在有空的时候做一点；她常常说，即使这样点滴的帮助也是好的。

地板上面铺着油布，壁上挂着有框的画片，高高的壁炉架上放着一些擦得亮晶晶的铜锡器皿。这个房间具有一种难以形容的安闲舒适的家庭风味，这只有在有人居住过很久的屋子里才能见到的。

年轻妇女已经倒好了一杯茶。

年老的林敦太太，过去虽也听见说过这个奥文，却从未见过他。她信奉英国国教，是一个虔信宗教的人。当奥文走进这房间的时候，她用怀疑的眼光打量着这位无神论者。他脱下帽子以后，她出乎意外地察觉到：他这个人看上去并不讨厌，倒还讨人喜欢。不过，她又马上记起恶魔总是惯用光明天使的姿态出现的。外表是靠不住的。她倒宁愿约翰没有邀他到屋子里来，她希望不要有什么不幸的事情随之发生。当她正在注视着他的时候，她大吃一惊地看见一个小黑头，有一对闪闪发光的蓝眼睛，从他的上衣里面向外探视；不久之后，这只小猫一看到桌上的杯盘碗盏，就发狂似地乱叫起来，并且从它藏身的地方一跃而出，跳到地板上来，把奥文阻拦它的手都狠狠地抓破了。

它慢慢地爬上桌布，在桌上乱窜乱跳，疯狂地从这只盘子扑向那只盘子，寻找吃的东西。

孩子们快乐地尖声叫喊起来。他们的祖母却由于迷信而极感不安。林敦和年轻的媳妇也对这位不速之客惊奇地瞧着。

这只小猫还没有来得及造成损害，奥文就把它捉住，不管它怎样挣扎，就把它从桌子上提走。

"我来的时候，是在街上发现它的，"他说道。"看来它是很饿了。"

"可怜的小东西，让我给它一点东西吃吃吧，"年轻妇人高声说道。

她将一点牛奶和面包放在一只小碟子里，于是小猫就狼吞虎咽地吃起来了。它吃得这样起劲，几乎把碟子都弄翻了。两个小孩站在一旁，用赞赏的眼光观看，感到非常愉快。

他们的母亲这时将一杯茶递给奥文。林敦一定要他坐下，接着两人便开始谈起罕特这个人来。

"你知道，我必需在那些地板上花些时间，才能使它们看起来象个样子。但他那样对待我，并非因为我花的时间多了，也不是因为我抽烟。他很清楚需要花的时间。真正的原因是他认为我拿的钱太多了。现在干活是这样粗枝大叶，就连邵金斯那种人都差不多干得了。罕特把我撵走，就是因为我拿的是最高工资。你看吧，要撵走的决不止我一个人的。"

"你大概是对的，"奥文回答道。"你去拿钱的时候，看到乐西登没有？"

"看到的，"林敦答道。"我尽快地赶去，可是罕特已经先到了那里。我才走到半路，他已经骑自行车赶到我前面去了。所以我猜想，我还没有走到，他已经讲过了。总之，我开口向乐西登讲话的时候，他不愿意听我的话。他说他不能干预罕特先生与工人之间的事。"

"唉！他们是一伙坏人啊，两个都是！"老婆婆摇摇头庄重地说道。"不过，到头来还是对他们不利的，你们瞧吧。他们决不会发达的。上帝一定会惩罚他们。"

奥文对于这一点并不十分相信。他所认识的那些发达的人，大都和这两个好汉具有类似的性格。然而，他不愿意和这位可怜的老婆婆争论。

"汤姆被调去打仗的时候，"年轻媳妇辛酸地说道，"乐西登先生和他握握手，答应等他回来时一定给他工作做。可是可怜的汤姆已经不在了，他们明明知道我和孩子们，除爸爸而外，就没有一个照顾的人，而他们竟做出这种事来。"

一听到提起她的亡儿的名字，年老的林敦夫人显然非常难过，但她仍然注意到有一位无神论者在她面前，于是赶快申斥她的儿媳。

"玛丽，你不该说我们没有照顾的人，"她说道。"我们不像那些人一样，他们在这个世界上没有上帝，也没有希望。主就是我们的保护人。他照顾着天下所有的寡妇和孤儿。"

奥文对于这一点，也很怀疑。他近来看到许多无人照顾的孩子在街头徘徊，他又回忆起自己童年时代的悲惨情形，那就刚好证明事实是恰恰相反的。

接着是一阵不自然的沉默。奥文不愿意继续谈下去：他唯恐说了什么话会得罪了老婆婆。再说，他急于要走，身上的湿衣服已使他感到很冷了。

他把空茶杯放在桌上，说道：

"好了，我现在一定要走了。他们在家里会以为我迷了路呢。"

小猫早已吃完面包和牛奶，正在用一只前爪郑重地洗脸，两个孩子坐在地板上从旁观看，十分高兴。这是只看来很伶俐的小猫，全身黑毛，头很大，身子很小。奥文一看到它，便想起蝌蚪来了。

"你们喜欢猫么？"他向孩子们发问道。

"喜欢，"男孩说。"先生，把它送给我们吧，好不好？"

"哦！先生，把它留在这儿吧，"小女孩高声说。"我会照顾它的。"

"我也会的。"男孩又说。

"可是你们不是已经有了一只吗？"奥文问道。

"是的，我们有一只大猫。"

"那么，你们既然已经有了一只大的，如果我再给你们一只，你们就会有两只，而我却连一只也没有了。这不算公平吧，是不是？"

"那么，要是你肯把这只小猫送给我们，你不妨把我们的猫借去几天，"男孩思索了一会，然后说道。

"为什么你们情愿要小猫呢？"

"因为它会玩。我们的猫不肯玩，它太老了。"

"也许你们对它太厉害了吧，"奥文说。

"不，不是那回事，就只是因为它老了。"

"你知道，猫就和人一样，"小女孩有见解地解释道。"它们一长大了，我猜它们就有一些要伤脑筋的事了。"

奥文心想，不知再过多久她也要开始伤脑筋呢。他一面端详着这两个小小的孤儿，一面又想起自己的孩子，想到这三个孩子如果不幸长大成人，将要走上怎样崎岖不平荆棘丛生的道路啊。

"先生，你能送给我们吗？"男孩又一次问道。

奥文本想答应孩子们的要求，但他自己也想要这只小猫。所以当他们的祖母大声说出下面的话时，他松了一口气：

"我们这儿不再要猫了：我们已经有了一只，那就很够了。"

她心里还不能确定，这个动物是不是魔鬼的化身，但不管是不是，她也不让自己的屋子里有这个小东西或奥文的其他东西。她愿意他走开，带走他的小猫、或是供他驱遣的小魔鬼、或是不管什么东西。他待在那里没什么好处。《圣经》里不是明明地写着："若有人不爱耶稣基督，这人可诅可咒。"她还不能确切地懂得所谓可诅可咒是什么意思，但毫无疑问，这总是一种很不好的事情。真是可怕，这个亵渎神灵——象她所听说的那样——竟不相信有一个地狱，竟说《圣经》不是上帝的神谕的人，竟还在这屋子里，坐在他们的椅子上，用他们的杯子喝茶，还和他们的孩子们谈话。

奥文把小猫放在上衣内起身往外走的时候，孩子们依依不舍地站在一旁。

林敦正要送他到前门去时，奥文忽然瞥见一只时钟，放在壁炉旁角落里的一张小桌上，于是大声说道：

"这是一只很美的钟啊。"

"是啊，还不坏，对么？"老人杰克露出一点自豪的神气说道。"是可怜的汤姆亲手做的：不是那个钟本身，而是那只匣子。"

吸引奥文的注意的，就是那只匣子。它大约有两呎高，是仿照印度寺院的模样用木头雕成的，有高耸的圆顶和塔尖。这是件很美的东西，一定耗费了不少时间的辛勤劳动。

"是的，"老婆婆用颤抖的断断续续的声音说道，并且带着痛苦的神情注视着奥文。"他成年累月地不停地做这件东西，没有一个人猜得出这是为谁而做的，后来，我的生日来到了，我清早醒来，首先看见的便是放在床边椅子上面的这只钟，还有一张卡片：

献给亲爱的母亲。她的爱儿汤姆。

祝福她长寿百岁，诞辰愉快。

"可是他自己却没有能再过一次生日，因为五个月以后，他便调往非洲，在那里只过了五个星期便死去了。就是五年以前，下一个月的十五日。"

奥文内心很懊悔自己无意中揭开了这样一个沉痛的话题，便想找一些适当的答话，但也只能支吾其词地说了几句赞美这件东西的话。

他对老婆婆道晚安时，老婆婆看着他，不禁注意到他那虚弱多病的模样：他的面孔消瘦苍白，他的眼睛发着不自然的亮光。

可能无限仁慈和宽大的上帝，正在惩戒这个不幸的无赖，想把他感化过来。但不管怎样，他究竟不像个坏人：他跑这样远的路来把那关于工作的事通知杰克，他的心肠真好。她看出他没有大衣，而外面的暴风雨还在大肆咆哮，一阵阵大风不时袭击着房屋，连地基都震动了。

她的慈祥的本性抬起头来了；她的情感的美好部分苏醒过来了，暂时战胜了她的顽固的宗教信念。

"怎么，你没有穿大衣！"她大声说道。"你这样冒雨回去，一定会淋透的。"她于是转身对她的丈夫继续说道："你有一件旧大衣；借给他用一下；那总比没有好多了。"

然而奥文却坚决不要，他已经感到湿透了的衣服已经胶贴在他身上了，他想再湿也不过如此了。林敦一直把他送到前门口，然后奥文又一次在暴风雨中踏上回家的道路，这时暴风雨在他的周围正像一匹急于觅取食物的野兽一般狂啸怒吼着。

〔英国〕罗伯特·特莱塞尔

诗与挽联

怀念桂质廷教授

茫茫楚天阔，风雨伴鸡鸣。
崎岖识骐骥，患难见忠贞。
有心酬知己，无术挽天命。
弥留尤存问，千秋意难平。

在武汉大学沙洋农场作

太息年华去无情，漫言辛苦等轻尘。
世事风灯明灭里，几度寒霜几度春。

无 题 有 感

珞珈山上四十载，人间已见几沧桑。
惟有山花年年开，不顾风雨吐幽香。

挽余致宏教授

沧海横流识肝胆，大江东去怀英灵。

挽吴于廑教授

一代名师今已矣，平生知交安在哉！

文革期间名记者邓拓自杀身亡深为惋惜

平生横扫千人阵，横祸飞来霹雳惊。
舍身一雪心头恨，常使后人意难平。

逗留多伦多二日有感

1990 年赴加拿大蒙特利尔市参加第 13 届国际比较法大会,归途在多伦多市停留两天,真是感慨万千,赋此志怀。

三十初度正峥嵘,远渡重洋兴冲冲。

而今已届耄耋年,家国尤在兴建中。

多伦一别五十春,拔地高楼已成群。

校园风物依稀在,当年师友何处寻?

清 晨 言 志

1995 年 5 月 22 日清晨,忽然心血来潮,写下如下的几句白话诗:

望一望蔚蓝的天空,

青春的日历撕去了多少?

数一数走过的岁月,

人生只有一张单程的车票。

多少诺言能真正实现?

多少梦想能圆满盼到?

生命的旅途不可能来回往返,

有多少人能找到理想的归宿?

朋友们! 让我们鼓起勇气吧!

不断的追求,拼搏探索,

只要能在这世界上留下一点点痕迹,

那就是我们最大的幸福!

哀爱妻殷昭逝世

1995 年 7 月 22 日爱妻殷昭因病去世,悲痛中以此志哀。

人世茫茫东流水,伴我长期历艰辛。

漫天横逆无所畏,相濡以沫见真情。

子女尚幼待抚育,循循善诱悉长成。

勤俭持家分我忧，从无怨言乐安贫。
待人宽厚无老少，乐于助人显真诚。
平生爱洁似成癖，室无内外无纤尘。
处事高瞻能远瞩，众口一词称贤能。
拨乱反正天重光，正期共享太平春。
不意久劳身受挫，一目未治忽失明。
从此身心渐衰退，终日默坐似半醒。
一朝昏迷食不进，遽然撒手长安寝。
生离死别本常事，无奈尔我情结深。
珞珈沙洋频回忆，天上人间恨难平。
尔今匆匆先我去，面对遗像泪满襟。
我亦高龄及耄耋，余年无多听天命。
墓地预留我葬处，与尔相伴永相亲。

多伦相聚赠濮璃教授

　　在多伦多停留两天，濮璃教授与丈夫乘飞机来多伦多相会，晤谈甚快，欢度两日，回国后赋此志怀，并赠濮璃教授。

平生知交岂易寻，爱我如君见真诚。
多伦相聚无多日，远胜虚度数十春。
云山相隔千万重，思君如渴现梦中。
原知相遇总有限，愿君珍重直相逢！

哀濮璃教授逝世二首

　　1998 年 2 月 20 日，濮璃同志以癌症去世，闻讯后十分悲痛，爰赋此以志哀思。

云山茫茫千万重，初闻噩耗疑似梦。
从此铃声无消息①，伤心难有怨天公。

---

　①　濮璃教授每星期日都打电话给我。

曾有憧憬伴君回,相约南游名边陲①。
何期一朝竟不起,泪洒江城盼魂归。

自海外归无锡、访老友并游名胜有感二首

某年从国外归来,到无锡访老友,遍游名胜,有感赋此。
一别匆匆五十春,万里归来寻故人。
历尽桑沧犹健在,喜庆万象正更新。

江南自昔风光好,与君携游情更殷。
最是令人难忘处,晴波万顷太湖滨。

读林语堂《苏东坡传》有感

1999 年 8 月读林语堂《苏东坡传》
读罢东坡传记后,感慨万千细寻思。
古来公忠体国者,身处艰难竟如斯。

在北京领取"地球奖"有感

1999 年 9 月 1 日在北京领取"地球奖",有感赋此。
莽莽神州虽云广,大地处处显鳞伤。
而今保护犹未晚,终教山河披新装。

梦　　记

2000 年 8 月某夜,梦在北京与诸女博士欢聚一堂,醒来赋此以留
鸿爪。

满座博士皆俊秀,东方红日半边天。
我自乘风飘然去,回首人间一嫣然。

韩德培文集

———————
① 指深圳、珠海。

读《雍正皇帝》有感

1999 年 8 月 22 日,读二月河所著《雍正皇帝》,叙述乔引娣自杀有感。

> 身世凄苦似飘萍,何期受宠在帝京。
> 两度承幸皆非偶,大梦一醒恨难平。

读《乾隆皇帝》有感

2000 年 2 月 17 日读二月河所著《乾隆皇帝》,第一卷第 347 页,见娟娟自尽,有感缀句如下。

> 一身英武气,满腔儿女情。
> 可怜身世累,临危吐真心。

九 十 有 感

2000 年 1 月 8 日,学校为我 90 生日举行庆祝大会,事前赋此以志感。

> 岁逢庚辰年,九秩入高龄。
> 虽云桑榆晚,犹存赤子心。
> 满园百花放,盛世万象新。
> 鞠躬尽余热,接力有来人。

第 七 编

韩…德…培…文…集

评论与专访

韩德培教授法学思想研究[*]

　　韩教授德培先生是我国当代著名的法学家。先生不仅是我国国际私法学的一代宗师、环境法学的开创者和奠基人，而且在法理学、国际公法学等领域也颇有建树，做出了突出贡献。

　　早在哈佛大学求学期间，先生在研究国际私法的同时，就开始研究国际公法学和法理学，写过评介庞德的社会法学派学说和凯尔森的纯粹法学派学说的文章。在 40 年代后期，先生撰写了《我们所需要的"法治"》一文，发表在当时的著名刊物《观察》上，其思想之深邃，论证之严密，说理之透彻，令人耳目一新，为之振奋。50 年代，先生任武汉大学法律系主任，还兼任其他行政工作，行政事务繁多，但先生仍将俄文的《苏联的法院和资本主义国家的法院》翻译出版，并发表了《要为法学上的争鸣创造条件》等论文。1957 年，先生蒙受不白之冤，放下了笔杆，扬起了牛鞭，此后有 20 年没有在他心爱的法学领域耕耘。70 年代先生复出，写的第一篇文章是先生率我国法学代表团赴荷兰阿姆斯特丹参加第二届国际法律科学大会时在大会上宣读的《中华人民共和国正在加强社会主义法制建设》（英文）。随后，先生与他人合作完成的《关于终止若干合同所涉及的一些法律问题》的咨询报告，使国家避免了重大经济损失。尤其值得一提的是，先生在 1984 年主持整理出版了我国当代著名马克思主义理论家、哲学家李达教授的遗著《法理学大纲》，并在《美国比较法杂志》上发表了英文文章《中国的法律教育》。在国际公法领域，先生主编的《现代国际法》和《人权的理论与实践》先后出版，还陆续发表了《要大力加强国际法的研究》、《海洋法公约与条约制度的新

　　＊　本文原载《韩德培传记》，中国方正出版社 2000 年版。

发展》（英文）、《论改革与加强关税及贸易总协定多边贸易体系》、《关贸总协定及其基本原则与规则》和《关贸总协定与中国》等论文。此外，据不完全统计，改革开放以来，先生还在法制建设和法学教育与研究方面发表了《让法学更进一步繁荣》、《要创造必要的条件加强法学研究工作》、《我们的战略应该是：一手抓教育，一手抓法制》、《中国的法人制度》（英文）、《充分发挥新宪法在社会主义现代化建设中的伟大作用》、《运用法律手段管理经济》、《对外开放法制环境的调查与研究》、《中国行政法制建设的新发展》、《实施〈行政诉讼法〉的重要意义及需要解决的问题》、《解放思想和对外开放中的法律环境问题》、《扩大对外开放与加强法制建设》等论文。上述可见，先生在国际私法学和环境法学之外的其他法学领域知识渊博，学养深厚，治学勤奋，匠心独具，成果叠出，成就斐然。

　　本文拟就先生的主要法学思想作一初步探讨。考虑到先生的国际私法思想和环境法思想将另以专文加以探讨，故本文不涉及先生在这两个领域的思想贡献。

一、法 治 思 想

　　先生作为一代著名法学家，其法治理论和思想非常丰富。早在1946年，先生针对当时黑暗的社会，就提出我们所需要的法治应该是建立在民主政治上的法治。特别要强调的是，先生当时用的是"法治"一词，而非"法制"一词。这种法治观念在国民党独裁统治下无疑是发聋振聩的。中华人民共和国成立后，先生运用马克思辩证唯物主义观点进一步加深了对法治的认识，并形成了自己完整而系统的法治观，为依法治国这一治国方略的提出作出了重大贡献。先生通过一系列论著，从四大方面对依法治国的思想进行了阐述。

（一）法治与民主

　　法治与民主，两者可以说相互依存、相互渗透。历史业已证明，民主是法治的前提和基础，法治则是民主的体现和保障。同时，民主与法治还有更深一层的内在关系，这就是两者相互制约，相互促进，从而导致彼此不断完善。亚里士多德曾经指出："凡是不凭感情治事的统治者总比感情用事的人们优良"。① 而法律以其理性的内涵和对恣意的限制赢得人们的青睐，维护着社会的民主。先生在半个世纪前就深刻地认识到法治与民主的辩证关系。先生在文中写道，"所谓法治，可有两种意义。若从形式方面来说，法治就是在一个国家里面，由一个具有最高权威的机构，利用法律的强制力，来实行统治，以维持安宁秩序。所谓'万事皆归于一，百度皆准于法'，就可拿来做它的注脚。若从实质方面亦即政治意识方面来说，法治却是藉法律的强制力来推行或实现政治上的一定主张的制度"，并认为"如谈法治，则不仅要注重法治之形式的意义，而尤须注重法治之实质的意义"。② 在形式与实质的角色定位中，先生以其睿智的眼光拨开外表的迷雾，探寻法治的真谛。这是因为形式上的正当性常常遮掩了背后的虚伪。君主专制的国家和法西斯国家何尝不曾打着法治的旗号。德国国社党上台以后，德国的法学者，如尼可来（Nicoali）、西米特（C. Schm'tt）、郎盖（Lange）等人，依然在大谈法治。而在这样的国度里，人民是不可能有自由和民主的。法治是民主政治的产物，只有真正的民主政治社会才能实现依法治国，彻底摒弃人治下的专制和人治下的法制。因此，先生认为，"我们诚然需要一个'万事皆归于一，百度皆准于法'的法治国家，但我们更需要一个以实行民主政治为主要目的的法治国家。……法治如不建筑于民主政治之上，则所谓法治云云，定不免成为少数人弄权营私欺世盗名的工具。惟有在民主政治的保证之下，法治才能成为真正于人民有利的一种制度。也惟有在民主政治的保证之下，法治才更易求其充分彻底的实施。"③ 这种深邃的远见无疑是理论的一种深化。但先生并没有止于此，而是从思辨的角度进一步认识法治与民主政治的关系。先生认为法治需要以民主政治为背景，而民主政治也需要法治，因此没有法治，民主政治就不能巩固，而将成为群魔乱舞的局面。④ 这种认识在今天的中国已得到公认。邓

---

① 亚里士多德：《政治学》，商务印书馆1983年版，第169页。

② 韩德培：《我们所需要的"法治"》，载《韩德培文选》，武汉大学出版社1996年版，第494页，原载《观察》第1卷，第10期（1946年11月2日）。

③ 韩德培：《我们所需要的"法治"》，载《韩德培文选》，武汉大学出版社1996年版，第495～496页。

④ 同上书，第496页。

小平同志根据马克思主义关于民主与法制的论述，提出的"发扬社会主义民主，健全社会主义法制，两个方面是统一的"和"社会主义民主和社会主义法制是不可分的"① 等著名论断，无疑是对像先生这样的法学家的深远洞察力的肯定。中华人民共和国成立后，人民成了国家的主人。对于新中国的民主法制问题，先生认为，中国长期处在封建社会，没有民主的传统。全国解放后，一段时间又受"左"的干扰，民主没有真正得到实行，加上我国人民的整体文化水平不高，这就决定了民主只能循序渐进，在实践中逐渐培养出社会主义的民主意识。建设社会主义民主要有社会主义现代化的经济基础，并和精神文明的建设相配套，同时社会主义民主一定要用法制来保障。由于人们的法制观念还很薄弱，民主的发展就不能操之过急。而且，搞好社会主义民主，必须注意下面几点：（1）认清社会主义民主和资本主义民主之间的本质区别；（2）社会主义法制要以社会主义民主为基础，而社会主义民主又必须有社会主义法制作保障；（3）实现社会主义民主，必须坚持四项基本原则。② 先生理性的分析不仅使其民主法制观不断深化，而且具有重要的现实意义。

（二）法治与宪法至上

宪法是国家的根本大法，维护宪法的最高权威和至上性是法治之路的灵魂。正如《布莱克维尔政治学百科全书》所指出的那样，法治是"人们提出的一种应当通过国家的宪政安排使之得以实现的政治理想"。③ 宪法至上无疑是法治社会的内在要求。先生不仅在对英美法治理论和实践的比较中认为，成文宪法"更具有限制政府滥用权力保护人民正当利益"的优越性，④ 而且还密切关注中国宪法的发展。1982 年宪法通过后，先生给予了高度评价，认为它具有划时代

---

① 《邓小平文选》第 2 卷，人民出版社 1994 年版，第 276、359 页。

② 周祥斌、余俊：《资产阶级自由化是对社会主义民主的否定——著名法学家韩德培谈两种社会制度下的民主》，载《学习月刊》1987 年第 3 期。

③ 《布莱克维尔政治学百科全书》，中国政法大学出版社 1992 年版，第 675 页。

④ 韩德培：《我们所需要的"法治"》，载《韩德培文选》，武汉大学出版社 1996 年版，第 496 页；原载《观察》第 1 卷，第 10 期（1946 年 11 月 2 日）。

的意义，标志着我国社会主义民主与法制进入一个新的发展时期，同时，为保证宪法的实施，先生认为必须抓紧解决以下几个问题：

第一，必须广泛地进行宪法的宣传和教育工作，使之在全国范围内家喻户晓，人人皆知，让大家都能够自觉地遵守宪法、执行宪法。

第二，宪法是根本法，是一种"母法"，但单有"母法"还不够，还必须有一系列的"子法"，对宪法的各项原则一一加以具体化。这就是说，必须以宪法的规定为准绳，加速制订各种法律、法规。

第三，需要建立必要的机构以监督宪法的实施。这种机构必须具有很高的权威，最好是设在全国人大常委会内，而且应该是常设的而非临时的机构。

第四，各级领导干部，应该带头作执行新宪法、维护新宪法的模范，通过广泛的宣传教育和领导同志的以身作则，在社会上形成一种以遵纪守法为荣，以权代法为耻的社会舆论和社会风气。①

先生的这些主张如果能够得到真正落实的话，将为促进我国宪法的实施、树立宪法的最高权威起到巨大的推动作用。

（三）法治与权力制约

在法治社会中，国家权力是以法律的形式赋予各个国家组织来行使的，同时国家组织在行使权力时必须遵循一定的价值法则，严格依法进行权力制约。只有把权力运行的制约同权力运行本身一样都纳入法治轨道，才能保障权力的公正、高效和有序地运行。② 因此有学者就认为，权力制约是依法治国的重要环节和表现形式之一，是社会主义民主政治建设的客观要求。③ 而通过一定的法律程序来监督和矫正

---

① 韩德培：《充分发挥新宪法在社会主义现代化建设中的作用》，载《法学评论》1983 年第 1 期。

② 权力制约规律取决于国家权力运行显现出来的双重性的矛盾运动，即国家权力的"善性"和"恶性"，"善性"指其促进社会发展的积极有利的特性，"恶性"指阻碍社会进步、妨碍人权保障的消极、腐朽、落后甚至腐败的一面。参见《东亚法律、经济、文化国际学术讨论会论文集》，中国大百科全书出版社 1993 年版，第 135 页。

③ 李龙主编：《依法治国——邓小平法制思想研究》，江西人民出版社 1998年版，第 221 页。

行政权力的恣意，是权力制约在现实生活中最直接的体现。先生在80年代回顾我国法制建设的历程时，曾感慨地指出："我国几千年来人治思想很深，法治观念今天在部分人中，特别在部分干部中还未确立，直接影响了中央依法治国和对外开放的宏业。"① 1989 年《中华人民共和国行政诉讼法》通过后，先生十分高兴，他认为《行政诉讼法》对于贯彻执行宪法关于公民权利的原则规定，对推进社会主义民主政治的建设，有十分重要的意义。先生说，在过去，我国习惯于通过行政手段来解决管理者与被管理者之间的矛盾，但随着社会民主化程度的不断提高，这种手段已不适应社会前进的步伐。现在通过公正、中立的司法程序来解决政府机关与人民群众的行政争议，无疑是我国法制建设的一个重大步骤。《行政诉讼法》规定，如公民、法人或其他组织在其合法权益受到行政机关或行政机关工作人员具体行政行为侵犯时，有权依法向人民法院提起诉讼，在诉讼中与行政机关的法律地位平等，且都有权进行辩论，等等，体现了行政诉讼法保障公民、法人及其他组织合法权益的精神，有利于加强民众的司法信仰，塑造法律的权威。另一方面，行政诉讼法又维护和监督行政机关依法行使职权，可以促进行政机关依法行政，把行政管理纳入法治轨道。先生还认为依法行政是造就廉洁政府的必由之路，是改善政府与人民群众关系的保障。它在一定程度上限制了政府权力行使的恣意。因此，《行政诉讼法》的实施是我国社会主义民主政治的重要发展，是我国人民政治生活中一个重要里程碑。②

（四）法治与经济建设

历史经验告诉我们，把经济建设纳入法制的轨道是国民经济健康发展的内在需求。市场经济，作为权利型经济，则更需要法律制度来

---

① 李汉宇：《国际私法与对外开放》，载《贵州大学学报》1985 年 10 月 1 日第 4 版。

② 参见韩德培：《实施〈行政诉讼法〉的重要意义及需要解决的问题》，载《韩德培文选》，武汉大学出版社 1996 年版；《中国行政法制建设的新发展》，载《行政法制》1990 年第 5 期。

规范市场的运行。然而，在我国 80 年代国民经济的管理中，突出使用行政手段、经济手段，而忽视法律手段的作用。针对这一现象，先生著文深入分析各种手段的利弊，强调法律手段的重要性。先生认为，单纯依靠行政手段管理经济或指挥经济活动，常常会把复杂的经济关系简单化，结果必然导致经济管理和经济活动的僵化和硬化，其最大弊端是不重视客观经济规律，不讲究经济效率，不注意经济利益和经济责任，从而不利于调动各方面的积极性，有碍于经济的发展。经济手段对调整国民经济运行非常重要，但只有上升为制度化、法律化，才能使国民经济长期健康的发展。先生还认为，运用法律手段管理经济是目前新形势下提出和强调的新任务和新要求。法律手段不仅是推行经济政策，调整经济关系，改善经济管理，发展社会生产力的一个重要手段，而且可以保障和促进经济体制改革；而对于提高经济效益，法律手段更是不可缺少。为此，先生主张加快我国经济立法的步伐，加强司法工作，加强法制的教育和宣传工作。① 先生还针对在我国对外开放过程中出现的诸多问题进行反思，认为良好的法制环境不仅能够促进市场的发育和民主政治的发展，而且能够保障对外开放政策的连续性、稳定性，增强其透明度，并有利于吸引外资。② 我国的社会主义市场经济确立后，先生指出，市场经济必须要有健全的法制作为规范和保障，这是由市场经济本身的性质所决定的，这就需要加快立法的步伐，尽快建立与市场经济相配套的法律体系。另一方面，要加大法学研究的力度，他还特别强调为促进国内市场与国际市场的接轨，要大力加强我国国际私法的立法和研究。

　　总之，法律在当代社会生活和经济发展中的重要地位和作用，越来越突出了法治的优越性和必要性。依法治国方略在我国的提出和确立，不仅是时代的呼唤，同时也反映了一代法学家的高瞻远瞩和不懈

---

　　①　参见韩德培：《运用法律手段管理经济》，载《武汉大学学报》（社会科学版）1985 年第 5 期。

　　②　参见韩德培、姚梅镇、李双元、刘丰名：《对外开放法制环境的调查与研究》，载《武汉大学学报》（社会科学版）1989 年第 1 期。

追求。

二、法学体系的构想①

在中国，19世纪末20世纪初，法学或法律科学的名称随着西方文化大量传入才被广泛使用。② 随着法学从其他学科中分化出来，特别是随着立法活动日益广泛而复杂以及法律部门的出现，法学自身的分科也就相继出现。合理、科学地划分法学体系，不仅是法律实践和法学教育的需要，而且对法学学科的发展具有重要的意义。先生作为一代法学巨擘，学贯中西，知识渊博，他特别关心我国法学事业的发展。近年来，先生虽年近九旬，但仍对我国法学学科体系提出了科学的构想。先生认为，在社会科学类，法学无疑是一级学科。由于法学与政治学、社会学、民族学具有完全不同的内容，不应该把政治学、社会学、民族学包括在法学学科门类内，而应该把这几个学科并列起来，都作为一级学科。对于法学二级学科的划分，先生也有许多独到的认识。

1. 经济法学与环境法学。有人认为，经济法学除包括自身的内容外，还包括劳动法学、环境法学、社会保障法学。先生认为，经济法学作为一门独立的学科，其内容已相当广泛，根本没有必要再去"拓宽"。而环境法学是一门新兴学科，它是从法律上研究如何保护和改善环境，如何防治各种环境污染和如何保护自然资源和生态平衡的。近年来，随着我国生态环境遭到越来越多的破坏，"可持续发展战略"在我国的提出，环境法学的深入研究越来越重要。谈到经济法学与环境法学的关系，先生认为二者联系并不紧密。先生曾兼任武汉大学环境法研究所所长、现任中国法学会环境资源法研究会的会长，主编过《环境保护法教程》和其他著作，并多次出国参加有关环境法的国际会议，先生对环境法的认识无疑是有分量的。因此，他的观点受到人们的关注，并被国家有关部门所接受。

2. 国际法学。我们通常所说的国际法学有狭义和广义两种理解，

① 本节有关韩德培先生的观点，参见韩德培：《谈合并学科和设立博士点问题》，载《法学评论》1996年第6期。

② 沈宗灵主编：《法理学》，高等教育出版社1994年版，第2页。

狭义仅指国际公法学，广义则包括国际公法学、国际私法学和国际经济法学等。而广义的国际法学实际上是作为一种分类方式，相对于国内法学而存在的。① 国际公法学、国际私法学和国际经济法学这三个学科可以说都有各不相同的内容和各自内在的逻辑性。它们之间虽互有联系，甚至内容还有一些重叠，但各成体系，分属不相隶属的专门学科。在国际法学上，先生不为传统概念所束缚，一直主张相对于国内法来广义理解"国际法"这一概念，反对对"国际法"一词持狭隘的观念。另一方面，尽管先生长期研究国际私法，被公认是当代中国国际私法学的一代宗师，同时他还指导过国际公法专业的博士研究生，并在国际经济法方面也有很深的造诣，但在这三个学科的分合问题上，他坚决反对合并成一个二级学科。先生曾著文认为，国际公法学、国际私法学和国际经济法学各有自己的科学体系和各不相同的内涵与外延，不能混为一谈。这三个学科的内容都很丰富，尤其是近几十年来，它们的内容都正在发展和扩大。例如国际公法除原有的内容外，就有新的"空间法"和"海洋法"等；国际私法除原有的内容外，就有新的"国际统一实体法"和"直接适用的实体法"等；国际经济法是一门新兴学科，它包括国际投资法、国际金融法、国际税法、国际经济组织法，还有人主张增加"国际海事法"、"国际技术转让法"等。世界上至今恐怕还没有哪一位学者能写出一本包括这三个学科的专著。合并不仅不利于国际交流，与我国对外开放的实践不相符合，也不利于教学和科研的安排，以及研究生的培养，同时更不利于这三个学科的发展。

3．有关其他二级学科问题

（1）法学理论，先生认为可改称"法理学"，它不但包括法学中各种基本概念，还包括各种法律学说，即法律思想。

（2）法律史，先生认为应改为"法制史"，包括中国法制史和外国法制史。至于各种法律学科的历史，则应放在各门法律学科中去讲述。

① 在沈宗灵先生主编的高等学校法学教材《法理学》一书中，就认为法学可分为：（1）国内法学，其中又可分为宪法、民法、刑法等部门法；（2）国际法学（广义），又可分为国际公法、国际私法和国际经济法等；（3）法律史学；（4）比较法学和外国法学。参见沈宗灵主编：《法理学》，高等教育出版社1994年版，第3页。

（3）其他二级学科，如刑法学、民法学、诉讼法学、军事法学，先生认为应为独立的二级学科，但对于宪法与行政法是否能合并的问题，应多听听两个学科专家的意见。

总体而言，先生主张的法学二级学科有：法理学、法制史、宪法与行政法学、刑法学、民商法学、经济法学、环境法学、诉讼法学、国际公法学、国际私法学、国际经济法学、军事法学。先生的主张在法学界引起了强烈的反响。

三、法学研究方法

先生作为一代法学家特别重视法学研究，主张法学研究方法应多元化，但他特别强调理论联系实际的方法。早年先生留学美国时，就曾向当时在旧金山参加联合国筹备会议的董必武同志请教，如何进行法学研究才能最有利于未来的中国。董老很快亲笔回信给先生，指出进行法学研究一定要联系实际，尤其是中国的实际。对此，先生深有体会。80年代初，正当中国法学百废待兴的时候，先生正确地指明，法学要"着重研究当前经济建设中出现的新情况、新问题，使法学研究工作更好地为经济建设服务。"①

1981年，先生与周子亚教授、李双元副教授应邀赴京为国家进出口委员会进行咨询，他们的咨询意见②为国家减少了数亿美元的赔偿金额。1987年又为财政部提供了我国加入《多边投资担保机构公约》的意见，③全面评价了该公约的利弊得失以及我国若加入该公约应注意的问题，为政府决策提供了有力的学理支持。不仅如此，先生也密切关注我国涉外案件的审判实践。诚如先生所言，"法学应该首先是一门实践科学"，"研究冲突法不能离开对本国（当然也包括其他国家）实际案例的分析与研究。"④ 1991年，就我国某海运局诉美

---

① 韩德培：《让法学更进一步繁荣》，载《学习与实践》1984年第1期。
② 参见《关于终止若干合同所涉及的几个法律问题》，载《韩德培文选》，武汉大学出版社1996年版，第35～41页。
③ 参见《我们对〈多边投资担保机构公约〉的看法》，载《韩德培文选》，武汉大学出版社1996年版，第72页及以下。此文与姚梅镇教授合著。
④ 韩德培、李双元著：《应该重视对冲突法的研究》，载《武汉大学学报》（社会科学版）1983年第6期。

国金鹰航运公司、印度尼西亚贝尔航运有限公司船舶碰撞案，先生作专文予以剖析，其观点得到广泛赞同。①

80 年代，当中国与英国、葡萄牙在一国两制的框架下达成香港、澳门问题的解决方案时，② 先生敏锐地注意到在不久的将来，我国领域内将同时存在着几个不同的法域，并由此而产生不同的法域之间的法律冲突——区际法律冲突问题。对此，先生针对中国的现实，发表文章阐明了解决我国区际法律冲突的原则、途径和步骤，作了大量的奠基性工作。③ 这可以说是先生理论联系实际，解决中国实际问题的典范之一。

另外，先生也特别注重比较的方法，这是因为只有在比较的基础上才能加深对问题的认识，才能使法学理论正确服务于实践。在编写完建国以来第一本国际私法教材后，先生阐述道，"比较法学是现代法学中的一个重要学科，又是进行各部门法研究的重要方法，……国际私法的性质决定了它的研究不能只囿于本国法，而必须放眼于世界各国的法律。"④ 正是基于这一认识，先生一直主张对外文图书资料的利用，要关注国外法学的发展动向，研究外国的最新立法资料，比

---

① 参见《关于"金鹰一号"案的几点看法》，载《法学评论》1992 年第 2 期。

② 1984 年 12 月 9 日中英签署《关于香港问题的联合声明》；1987 年 4 月 13 日中葡签署《关于澳门问题的联合声明》。

③ 事实上，先生早在 1983 年就注意到中国区际私法的问题，在《应该重视对冲突法的研究》一文中就指出："随着台湾的回归祖国和香港主权的收回，我国冲突法还将可能有一个解决地区间法律冲突的所谓'区际私法'，也将可能在我国国际私法中占一席重要的地位。"见韩德培、李双元：《应该重视对冲突法的研究》，载《武汉大学学报》（社会科学版）1983 年第 6 期，第 59 页。其他文章参见韩德培：《论我国的区际法律冲突问题》，载《中国法学》1988 年第 6 期；韩德培、黄进：《中国区际法律冲突问题研究》，载《中国社会科学》1989 年第 1 期，第 117～132 页。韩德培、黄进：《大陆地区与台湾、香港、澳门地区民事法律适用示范条例》，载《武汉大学学报》（社会科学版）1993 年第 4 期。

④ 参见《编写〈国际私法〉的体会》，载《韩德培文选》，武汉大学出版社1996 年版，第 484 页。这一论断也为其他著名学者所赞同。如茨威格特、克茨便主张："今日国际私法的方法只是作为一种比较的方法。"见茨威格特、克茨著：《比较法总论》，潘汉典等译，贵州人民出版社 1992 年版，第 11 页。

较和借鉴其经验，以得出切实可行的、符合我国实际的理论观点。①
为此，先生与李双元教授主持编著了两卷本的国际私法教学资料选
编，差不多收集了当时所有重要的涉及国际私法的国内、国际立法资
料。② 这为我国学者研究国际私法提供了丰富的资料和素材。

四、法学教育思想

　　先生从事法学研究的几十年也是先生教书育人的几十年。自
1945 年，应著名国际法学家、时任武汉大学校长周鲠生教授之聘回
国执教以来，先生作为武汉大学法学院教授至今已执教五十余载，谓
之桃李满天下，实不是过誉之言。先生年仅 35 岁时便担任武汉大学
法律系主任、校教授会主席，从那时起先生就一直致力于办好武汉大
学，办好法学院。先生曾与周鲠生校长专门探讨过怎样办大学的问
题，对蔡元培先生的气度和精神最为心仪，并始终恪守着"兼容并
包，兼收并蓄"的办学思想。③ 以武大法学教育为例，"文革"一结
束，先生便担当恢复重建法律系的重任。先生远见卓识，先后筹建了
国际法研究所、环境法研究所，这在国内均处于领先地位。④ 多年
来，先生广延人才，培养新秀，硕果累累。武汉大学法学院今日的成
就是与先生的努力和卓著的工作密不可分的。值得一提的是，1987
年 10 月，全国性的国际私法民间学术团体"中国国际私法研究会"
正式宣告成立，先生被一致推举为该研究会会长，这无疑是对先生几

---

　　① 参见《韩德培文选》，武汉大学出版社 1996 年版，第 454、457、458 页。
　　② 参见韩德培、李双元主编：《国际私法教学参考资料选编》，武汉大学出版
社 1991 年版。该书共计 80 万字。
　　③ 参见《韩德培文选》，武汉大学出版社 1996 年版，第 464 页。
　　④ 武汉大学国际法研究所成立于 1980 年 7 月，是我国综合性大学中最早成立
的国际法研究所，由先生兼任第一任所长。1981 年 6 月，武汉大学与中国环境科学
研究院合办的中国环境科学研究院武汉大学环境法研究所成立。1985 年，该所更名
为国家环保局武汉大学环境法研究所，这是目前我国惟一专门从事环境法研究和教
学工作的机构，先生兼任第一任所长。1992 年，武大法学院成为全国法学方面仅有
的三个博士后流动站之一，国际法研究所三个专业都成为建站专业，这也是全国范
围内惟一的一个可以吸收国际法博士后研究人员的流动站。1999 年 11 月，中国法
学会环境资源法研究会在武汉大学成立，先生被一致推选为会长。

十年学术研究和教育成就的最佳评价。

在教书育人上，先生也十分重视，并且身体力行。先生常言，作为一名教师，应该"教书与育人并重，教学与科研并重，严谨治学，言传身教"。① 在五十多年的教学生涯中，先生为人师表，守志善道，培养了大量人才，他们都在不同的岗位上作出了贡献。每年法学院新生入学，先生都不顾高龄亲自在开学典礼上致辞，勉励同学们努力学习，将来更好地为祖国建设服务。先生常告诫同学们，"做学问就像金字塔一样，基础要扎实"，并且应广泛地掌握好法律的基础知识，只有这样才能做到深和专。② 他指出，大学生作为高层次的专门人才，知识面不宜过窄，要"博览群书"，不仅要看自己的专业书，还应多涉猎其他专业的书籍。基于此，先生提倡各系的学生可以不受系别限制到其他系进行选修，从而不断扩大知识面。外语学习是先生一再要求学生应努力学好的。先生打比方说："一个人懂一门外语，等于在面孔上多长了一只眼睛。如果连一门外语都不懂，那么知识的领域和范围就会受到很大的局限。"③ 先生本人便通晓英、法、德、俄等语言，这大约也是先生学术造诣精深的一个原因吧。在教学上，先生很早就主张把法律条文和法院的判例很好地结合起来，只有这样，讲课的内容才会有血有肉，显得丰富多彩、活泼生动。④ 这大概是我国法学教育中较早提出案例教学的主张之一。⑤ 不仅如此，先生曾进一步建议，"由各省高级法院出版一种'判例简报'性质的刊物"，登载"重要的或具有代表意义的判例"，以"帮助和推动法学教育工作者的研究工作"。⑥

---

① 参见《韩德培文选》，武汉大学出版社1996年版，第489页。

② 参见《韩德培文选》，武汉大学出版社1996年版，第471页以下。

③ 参见《韩德培文选》，武汉大学出版社1996年版，第453页。

④ 参见《韩德培文选》，武汉大学出版社1996年版，第453页。原文曾载于1957年的《光明日报》。

⑤ 先生于1994年出版新著《美国国际私法〈冲突法〉导论》，书中大量引证分析了美国法院的判例，极大地丰富了我国学者对国际私法的案例研究的材料。见韩德培、韩健著：《美国国际私法〈冲突法〉导论》，法律出版社1994年版。

⑥ 参见《韩德培文选》，武汉大学出版社1996年版，第453页。

先生重视大学里法学教育的质量，同时，先生也关心法制建设，主张大力进行法制宣传教育工作。他指出"我们应积极编写法学通俗读物，……在广大人民群众和干部中间，普及法制教育，增强法制观念，从而使得人人懂得法律，人人遵守法律。"①

学术的薪火相传也是先生所积极倡导的。改革开放初期，先生便呼吁加紧培养年轻一代的法学研究工作者，"除高等院校应多多招收法学方面的本科生和研究生外，也可适当选派一些合格的人到国外去进修，使法律专门人才较快地成长起来。"② 在先生创立中国国际私法研究会后，每次年会他总是尽可能出席，他主张充分发扬民主，鼓励与会代表本着"双百"方针，各抒己见，畅所欲言。研究会每届年会都要出版一本论文集，这种长期一贯性的作法受到了广泛的赞誉。在先生的指导扶持下，一大批年轻的法学教师成长起来并成为教授、博士生导师。先生扶持后进可见一斑。

先生一直致力推进中外法律文化之间的交流。1980 年，先生率领我国法学家代表团，第一次参加了在荷兰召开的国际法律科学大会第二次会议，作了《中华人民共和国正在加强社会主义法制建设》的学术报告。1982 年，先生以法学客座教授和富布莱特亚洲访问学者的身份进行了为期四个月的访美讲学和访问，在美国密苏里大学和其他十一个州的 19 所大学以及部分法学团体着重介绍了中国近几年来加强社会主义法制和发展法律教育的情况，受到听讲者及有关人士的高度评价和热烈欢迎。③ 在美讲学期间，先生为促成和实施中美法学交流计划做了富有成效的推动工作。之后从国际法研究所派出国外进修、访问、留学的教师就达几十人次，而且，还邀请或接受了美国、瑞士、德国、加拿大、澳大利亚等国的学者来武大法学院访问、讲学或学习。这一切都促进了中外学术交流。1999 年 4 月，海牙国

① 参见《韩德培文选》，武汉大学出版社 1996 年版，第 456 页。
② 参见《韩德培文选》，武汉大学出版社 1996 年版，第 459 页。
③ 先生的英文讲稿，后由美国西北大学法学院院长肯特教授加入评介和附注，以《中国的法律教育》为题发表在著名的《美国比较法杂志》上，受到许多国家法学者的重视和好评。参见《美国比较法杂志》1984 年第 3 期。

际私法会议的秘书长汉斯·范·鲁专程访问武汉大学法学院，当面盛赞了先生对中外法学交流作出的杰出贡献。

先生之学识，高山仰止；先生之精神，青云不坠；而先生于法学研究和教育之贡献，更为人们所敬慕。

黄进①　　何其生②　　萧凯③

---

①　武汉大学法学院教授、博士生导师、法学博士。
②　武汉大学法学院博士研究生。
③　武汉大学法学院博士研究生。

守志善道究学理　鞠躬尽瘁吐幽香[*]

——韩德培先生的学术思想和学术精神

　　中国国际私法学的一代宗师、著名法学家、中国环境法学的开拓者和奠基人、杰出的法学教育家韩德培先生，1911年生于江苏如皋，自幼聪慧过人，六岁入私塾，熟读四书五经。1925年考入如皋县第二代用师范，开始接受五四新文化运动的影响。1928年师范毕业后，韩先生来到江苏省南通中学高中部继续他的学业，于1930年考入浙江大学史政系，后并入中央大学。

　　到中央大学后，韩先生改学法律。在中央大学三年半的学习生活中，韩先生不仅广泛阅读了大量的法学著作，打下了坚实的法学基础，还努力提高外语水平，阅读了大量的外文原著，包括奥本海的《国际法》、戴赛的《英宪精义》、庞德的《法律哲学导论》、《法律与道德》以及狄冀的《公法的变迁》、《私法的变迁》等。这个时期，他接触了马克思主义和共产党人，并积极投身于爱国民主运动和抗日救亡运动。1934年，韩先生从中央大学法律系毕业，获法学学士学位并留校担任学报和校刊编辑，同时从事教学工作。

　　1939年，韩先生考取中英庚款留英公费生，1940年8月改赴加拿大多伦多大学留学。在多伦多大学，韩先生师从著名国际私法学者莫法特·汉考克（Moffatt Hancock）教授等，从事国际私法和英美普通法的学习与研究，于1942年完成了硕士学位论文《国际私法中的实质和程序问题》，获得法学硕士学位。同年，韩先生以特别研究生的身份由加拿大转往美国哈佛大学法学院继续他的研究工作。在哈佛大学，他把主要精力集中在国际公法、国际私法和法理学的学习与研

　　＊　本文原载于《高校理论战线》2004年第11期。

韩德培文集

究上，撰写和发表了《评美国庞德的五部著作》、《评凯尔森的"纯粹法学"》等论文。

1945 年，应我国著名国际法学家、武汉大学校长周鲠生先生之邀，韩先生带着满腔热情，于年底回到了阔别多年的祖国，来到了美丽的珞珈山，担任法律系教授，讲授国际公法、国际私法、外国法律思想史等课程。1946 年出任武汉大学法律系主任，后被推举为武汉大学教授会主席。1949 年解放后，韩先生留在武汉大学继续担任法律系教授兼系主任，后又兼任校务委员会副秘书长，协助管理全校的日常工作。1951 年实行校长制后，改任副教务长兼法律系主任，主管学校教务工作，直至 1957 年被划为"右派分子"，撤销一切职务。

1979 年 7 月，武汉大学决定重建法律系。韩先生临危受命，以无私的奉献精神承担起重建武汉大学法律系的艰难工作，并在此基础上组建了武汉大学国际法研究所和武汉大学环境法研究所。从 20 世纪 80 年代初至今，韩先生先后担任武汉大学法律系主任、武汉大学法学院名誉院长、武汉大学国际法研究所所长、武汉大学环境法研究所所长、中国法学会顾问、中国国际法学会副会长及名誉会长、中国国际私法学会会长、中国环境与资源法学研究会会长、中国国际经济贸易仲裁委员会顾问、国家环境保护局顾问等职，并在国外兼任国际自然和自然资源保护同盟理事、国际环境法研究中心理事、世界城市与区域规划学会理事等职。作为法律系主任、国际法研究所所长、环境法研究所所长，他从事了大量的教学科研管理工作，投入了大量精力，使武汉大学的法学教育和研究得到了飞速发展；作为研究生导师，他为我国培养了一大批优秀的国际私法、国际公法和环境法硕士与博士；作为一名杰出的法学教育家，他为武汉大学的法学教育事业乃至中国的法学教育事业做出了重大的贡献；作为一名社会活动家，他从事了大量的社会工作，如为政府有关部门提供咨询意见，协助解决重大的涉外纠纷，使国家避免了重大经济损失；作为中国法学会顾问、中国国际法学会名誉会长、中国国际私法学会会长、中国环境与资源法学研究会会长，他领导和组织了中国国际法和环境法学界的学者专家开展法学研究，为我国社会主义法制的完善和发展作出了重要的贡献。

韩先生通晓英、法、德、俄等多种外语，治学勤奋严谨，思维敏捷，知识渊博，思想深邃，在国内外法学界享有盛誉。他一生的学术活动范围主要涉及国际私法、国际公法、环境法、法理学以及法学教育等领域，特别在国际私法领域，创造性地提出了"一机两翼"的大国际私法理论，建构了新中国国际私法的理论体系和立法体系，堪称新中国国际私法学的一代宗师。下面主要介绍韩先生在国际私法、环境法和法理学方面的学术思想。

一、国际私法学研究

在长达六十多年的学术生涯中，韩先生不仅就国际私法的范围创造性地提出了"一机两翼"的大国际私法的理论，还构建了中国国际私法学的理论体系和立法体系，使中国的国际私法学逐渐走向成熟，为中国国际私法的理论与实践研究作出了重要的贡献。他在国际私法领域的学术研究主要包括如下六个方面。

（一）创立新中国国际私法的理论体系

对于国际私法学的范围和体系，国内外学者有很多不同主张。韩先生在主编我国高等院校第一部《国际私法》统编教材时就主张扩大国际私法学的研究范围。他力主国际私法应以涉外民事法律关系为调整对象，其研究不能仅局限于冲突法领域，应当扩大到涉外民事法律关系的实体法领域。后来，他又将这一主张进一步扩大到涉外商事领域，并提出了将涉外民商事法律关系作为国际私法调整对象的新主张。这种主张引起了国内众多学者的争论，在与不同学者的论战中，他倡导要用发展的眼光，结合国际民商事关系的现状和发展趋势来研究国际私法，并进一步确立了调整国际民商事关系的统一实体法是现代国际私法不可缺少的组成部分的主张。对此，韩先生曾有过一段形象生动的比喻，他说："国际私法就好比是一架飞机，其内涵是飞机的机身，其外延则是飞机的两翼。具体在国际私法上，这内涵包括冲突法，也包括统一实体法，甚至还包括国家直接适用于涉外民商事关系的法律。而两翼之一则是国籍及外国人法律地位问题，这是处理涉外民事关系的前提；另一翼则是在发生纠纷时解决纠纷的国际民事诉讼法及仲裁法，这包括管辖权、司法协助、外国判决和仲裁裁决的承认与执行。"

正是基于这种大国际私法理论，韩先生在后来的研究中构建了新中国国际私法学的新体系。在他主编的普通高等教育"九五"国家级重点教材《国际私法新论》和面向 21 世纪课程教材《国际私法》中，他结合国内外国际私法研究的新问题、新理论，把整个国际私法学的研究内容分为总论（国际私法的基本问题）、冲突法、统一实体法、国际民事诉讼法、国际商事仲裁法五大部分，以严密的逻辑性和大胆的超前性科学、系统地构建了中国现代国际私法学的新体系。

（二）正确评价冲突法的作用和前途

在 20 世纪 80 年代初期，受 20 世纪 30 年代以后美国学者对传统冲突法的批判的影响，我国许多学者不仅低估了冲突法的作用，对冲突法的前途也持悲观态度，主张将国际私法的研究重心转向实体法的研究。但就国际私法的实质而言，没有冲突法，就无所谓国际私法了。更重要的是，各国（包括美国）对冲突法的研究已经有了新的态度和进展。针对我国法学界这种不重视冲突法研究的现状，韩先生与李双元先生在 1983 年合作发表了《应该重视对冲突法的研究》，阐明了冲突法的一些基本理论问题，回答了一国法院为什么要在一定条件下承认与适用外国法。他们还用法理辨析、实例证明、功用分析等多种方法论证了适用外国法既不会损害我国主权，也不会损害我国当事人利益的观点。对于冲突法的发展前景，韩先生认为，尽管冲突规范并不直接规定当事人的权利义务关系，缺乏一般法律规范所具有的可预见性、明确性和稳定性，但不能据此否认它是一种法律规范。由于涉外民事法律关系的复杂性，这就要求国家既需要坚定地维护自己的正当权益，又需要在无损自己权益的前提下，发展平等互利的对外关系。因此，它需要一种比较精巧的法律制度，能够随着客观形势的变化而能同时实现上述两方面的任务。冲突法如果应用得当，有助于实现这样的任务。这是因为冲突法不像实体法那样明确、具体，而具有一定的灵活性，这不但不是它的缺点，反而可以说正是它的优点之所在。因此，只要民族国家还存在，各国民事法律就不可能完全统一，冲突法就是一项必不可少的法律制度。中国冲突法近 20 年来的发展已经证明了韩先生这种观点的正确性。

（三） 科学论述国际私法的发展趋势

针对国际私法学说和国际私法立法在 20 世纪 80 年代以后的新发展，韩先生先后于 1988 年和 2000 年发表了《国际私法的晚近发展趋势》及《晚近国际私法立法的新发展》，对第二次世界大战以后国际私法学说和国际私法立法的现状进行深入的理论探讨，并对其发展趋势作了科学的预测。

关于国际私法学说的现状和新发展，韩先生作了如下归纳：

1. 传统的国际私法理论和方法，特别在法律选择、法律适用等问题上，遭到了猛烈的批评与攻击，这种状况最突出地反映在美国法学界。

2. 批评和攻击导致了国际私法理论的重大改革和发展。这些改革和发展主要包括：（1）弹性连接原则被逐渐广泛地采用，这主要指最密切联系原则、选择性连接因素和补充性连接因素的采用。（2）政策定向和结果选择的方法在法律选择中受到重视，这主要包括对消费者和劳动者的保护、适用对弱者最有利的法律、法院根据政策与结果的需要较灵活地自由裁量。（3）在当事人选择法律和法院地法优先适用方面，当事人意思自治原则一方面在消费、劳动等契约方面有受到限制的趋势，另一方面，其适用范围又扩大到契约领域以外，甚至扩大到家庭领域，而且当事人选择法律往往会导致法院地法的适用，法律适用的"回家趋势"仍然存在。（4）"直接适用的法律"和实体法解决方法得到了新的发展。在分析晚近国际私法发展现状的基础上，韩先生高度概括和总结了国际私法发展的总体趋势：①传统的"分配法"框架与重视政府政策和实际结果相结合的趋势；②冲突法与实体法相结合的趋势；③公法与私法相结合的趋势；④偏重适用内国法和国际私法法典化、国际化的趋势。

关于国际私法立法的现状和新发展，韩先生指出，20 世纪 60 年代以后，随着科技的进步和交通的发达，国际民商事交往以前所未有的速度发展，这就为国际私法提供了一个广阔的用武之地。当历史进入 20 世纪 80 年代，随着冷战的结束和世界局势的进一步缓和，信息技术推动了全球化的进程，这也给国际私法带来了更为复杂的问题。另外，20 世纪下半叶以来国际私法理论的革命性突破，也为各国国际私法的立法提供了广泛的理论基础。面对这种新的局面,各国纷纷制订或修改自己的国际私法,形成了一股国际私法的立法浪潮。在这样一股立法浪潮中。许多国家对自己的国际私法进行大刀阔斧的改革,它们当中既有传统大陆法系的国家和地区,也有英美法系的国家和地区,主要包括加拿大魁北克省、美国路易斯安那州、澳大利亚、罗马尼亚、意大利、列士敦士登、突尼斯、德国、越南等。综观这些国家和地区的国际私法立法,韩先生认为晚近国际私法立法的现状和发展趋势主要包含以下几个方面:(1)立法形式由分散式立法向集中、专门规定的立法方式转变,立法内容的集中化以及立法结构安排合理化;(2)英美法系和大陆法系的相互融合,这具体涉及英美法系国家和地区的冲突法向成文化迈进、大陆法系国家和地区对英美现代冲突法的吸收与借鉴、两大法系在属人法上的日趋接近、两大法系在继承法法律适用上的相互融合以及两大法系在时效制度上的相互融合等;(3)法律适用上"明确性"与"灵活性"的结合,这主要表现在"规则"与"方法"的结合、客观性冲突规范与主观性冲突规范的结合、对客观性冲突规范的"软化"处理、"有利原则"的运用、"替代条款"的广泛接受、"干涉规则"与冲突法的"实体化"倾向以及在反致制度上的折中实践等。总之,晚近国际私法的立法充分表现出一个基本的共同点,那就是普遍重视国际私法的传统性与现代性的结合,或者说理性主义与实用主义的统一。

(四) 首先设计中国区际法律冲突的解决方案

早在 1983 年,韩先生就注意到香港、澳门的回归和未来台湾的统一将导致我国区际法律冲突的产生和区际私法的形成。他敏锐地认识到区际法律问题的解决必将成为我国国际私法研究的一个新领域。为此,他就这个领域的问题展开了深入研究,先后发表了《论我国的区际法律冲突问题——我国国际私法研究中的一个新课题》等大量有影响的论文。通过这些论文,韩先生不仅从整体上探讨了我国区际法律冲突的产生原因、特点及其冲突解决的基本原则、途径与步骤等问题,还结合法学理论,以厚重的笔墨对中国区际法律冲突问题进行了全面、深入、细致的论述,构建了中国区际冲突法的基本理论和立法设想的框架,为中国区际法律冲突的解决设计了一个科学合理的方案。

首先，关于中国区际法律冲突产生的原因，韩先生指出这主要源于"一国两制"政治构想和香港、澳门的回归以及将来祖国的统一。因为随着香港、澳门的回归和中国内地与台湾的统一，中国将变成一个单一制的复合法域国家，即在中国将出现"一国两制四法"的局面，从而在中国内地、香港、澳门、台湾分别施行各自的法律制度。基于这种一国两制四法的局面，中国各法域之间就不可避免地会存在并产生各法域相互之间的法律冲突。

其次，关于中国区际法律冲突的特点，韩先生认为主要有四个方面：（1）中国的区际法律冲突是一种特殊的单一制国家的区际法律冲突，除了不存在主权国家的法律冲突之外，几乎与国际法律冲突没有区别。（2）中国的区际法律冲突既有属于同一社会制度的法域之间的法律冲突，如香港、澳门、台湾之间的法律冲突，又有不同社会制度法域之间的法律冲突，如内地与香港、澳门、台湾之间的法律冲突。（3）中国的区际法律冲突既有同属一个法系的法域之间的法律冲突，如同属大陆法系的台湾、澳门之间的法律冲突，又有属于不同法系的法域之间的法律冲突，如属普通法系的香港和属大陆法系的台湾、澳门之间的法律冲突。（4）中国的区际法律冲突不仅表现为各地区本地法之间的冲突，有时还表现为各地区的本地法和其他地区适用的国际条约之间以及各地区适用的国际条约相互之间的冲突。

再次，关于解决中国区际法律冲突的基本原则，韩先生提出了三点：（1）坚持维护国家统一的原则；（2）坚持"一国两制"、和平共处的原则；（3）坚持平等互利的原则。

最后，关于解决中国区际法律冲突的途径与步骤，综观各国实践，韩先生认为不外乎统一实体法和冲突法这两种方法。但中国今天的现状比较特殊，统一全国的实体法可以作为一种理想，但时机还不太成熟，因此，冲突法方法是唯一可行的解决方法。具体而言，可以有两种选择方案：1. 由国内最高立法机关制定统一适用于全国的区际冲突法，即区际私法。它通常包含三种做法：（1）制定单行区际私法；（2）在民法典中以专章规定解决区际法律冲突的区际私法规范；（3）在各具体法律中规定解决各具体问题的法律冲突规范。2. 不制定全国统一的区际私法，而是由各地区在司法实践中适用与国际私法规范相同的规范来解决区际法律冲突。就中国今天的现状而言，可以分三步来进行：1. 各法域暂时参照适用或"准用"各自现有的国际私法规范来解决区际法律冲突；2. 条件成熟后制定适用于全国各地区的统一的区际冲突法来解决区际法律冲突；3. 在内地、香港、澳门、台湾各地区社会经济发展水平接近和相互之间更加理解的情况下，根据需要与可能，制定相应的统一实体法来避免区际法律冲突。

（五）首倡建立中国特色的国际私法立法体系

早在我国确立建立社会主义市场经济体制的初期，韩先生就提出应重构我国国际私法的立法体系。在1993年中国国际私法学会年会上，他与肖永平博士合作发表了《市场经济的建立与中国国际私法立法的重构》，阐述了他对中国国际私法立法体系的基本观点。在韩先生看来，要实现中国国际私法立法体系的重构，必须做到：（1）针对我国立法机关在立法问题上长期奉行"成熟一个公布一个"和"宜粗不宜细"的指导思想和"头痛医头、脚痛医脚"的做法，主张我国国际私法的立法应当更新观念，实现立法观念的科学化，做到先规则后市场，并肯定超前立法和"宜细不宜粗"的立法理念；（2）针对我国立法机关在国际私法立法方面经验不足的现状，提出我国国际私法立法应当改善领导，实现立法程序的民主化，广泛征求学者和专家甚至全国人民的意见；（3）增加人力物力的投入，加强立法的主动性和计划性，组织各方面的力量参加法律的起草工作，实现立法手段的现代化和立法人员的专业化；（4）鉴于分散式立法已成为国际私法立法史的遗迹，单行法规则成为目前世界上国际私法立法的普遍趋势，我国国际私法的立法应当脱离民法，实现立法体例的法典化；（5）尊重市场经济的要求，大胆引进国外的先进立法，实现立法内容的现代化。

韩先生对中国国际私法立法的关注不仅体现在理论研究上，还体现在立法实践方面。1993年，中国国际私法学会成立了以韩先生为组长的《国际私法示范法》起草小组，决定起草《中华人民共和国国际私法示范法》，以供国家立法机关的立法和教学科研机构的理论研究参考。这在中国法学界是破天荒的第一次。作为一项学术团体的科研成果,《中华人民共和国国际私法示范法》凝聚了中国国际私法学界的专家们的智慧与心血,在经过多次反复的修改之后,于2000年8月以第6稿为定稿,还译成了英文,由法律出版社出版,其英文版已在荷兰公开出版,在国内外法学界引起了巨大的反响,得到了学界同仁的首肯。作为起草小组的领头人,韩先生不仅呕心沥血,付出了艰辛的劳动,还以他深邃的学术思想,引领学界同仁共同为中国国际私法的立法体系建立了一个具有创新性的框架。

(六) 倡导和实践比较国际私法的研究

在20世纪90年代初期,韩先生提出要组织力量对不同国家的国际私法进行系统、深入的研究,以便开展国际私法的比较研究,为我国国际私法理论的完善做充分的准备。基于这种认识,韩先生与武汉大学国际法研究所的其他老师一起,有意识地组织和指导了一批博士研究生做这方面的研究。在师生们的共同努力下,一批博士生相继以澳大利亚、瑞士、加拿大、荷兰、德国、英国等国的国际私法为题完成了博士学位论文的写作,通过了论文答辩,并相继以专著出版,为我国比较国际私法研究增添了一批很有价值的成果。

与此同时,韩先生自己也对海牙国际私法会议、美国冲突法、欧盟国际私法等作了深入的比较研究。1993年,在海牙国际私法会议成立一百周年之际,韩先生发表《海牙国际私法会议与中国》,简要回顾了海牙国际私法会议的历史发展和主要成就,并着重阐述了我国加入海牙国际私法会议的重要意义。1994年,他与韩健博士合作出版了《美国国际私法〈冲突法〉导论》,这是我国首次全面系统介绍美国冲突法的专著。他们在大量引用和分析美国法院判例的基础上,对美国法院关于管辖权、法律选择、承认和执行外州(外国)判决等问题作了实证分析和归纳。另外,欧盟国际私法作为一种特殊的、区域国际法性质的国际私法也引起了韩先生的高度关注,在1999年《中国国际私法与比较法年刊》上,他与刘卫翔博士合作发表了《欧洲联盟国际私法的特征和发展前景》,在该文中,他指出欧盟国际私法是以统一国际私法为主体,以其他辅助立法为补充的庞大法律体系,其中统一实体法占有很大比重,但也有不少领域无法以统一实体法解决的法律冲突问题。从统一实体法的手段来看,最有效的是共同体立法，通过国际条约达到国际私法的统一则困难重重。因此，随着欧洲联盟的扩大，统一国际私法必将扩大其范围，但最有效的形式还是共同体立法。欧盟近几年大量通过规则（Regulation）取代原来的公约（Conven-tion）充分证明了他们结论的正确性。

由此可见，作为新中国国际私法学的一代宗师，韩先生不仅以其深厚的理论功底从全局角度高屋建瓴，构建了中国国际私法学的完整理论体系和立法体系，还以他丰富的理论知识，对许多具体问题丰富和充实了我国国际私法的理论内涵，为新中国国际私法法制的发展作出了巨大贡献。对于国际私法，韩先生一生矢志不渝的学术方向就是通过提出完善的国际私法理论体系，引导中国立法机关建立完备的国际私法立法，实现中国国际私法实践（包括司法实践和仲裁实践）的合理化和规范化，为中国的对外开放事业创造良好的法制环境。

二、环境法学研究

韩先生虽然主要从事国际私法研究，但在环境法方面也倾注了颇多心血。他既是中国环境法学理论的开拓者，又是我国环境法学教育和研究的倡导者和奠基人。

（一）中国环境法学理论的开拓者

韩先生在环境法方面的著作颇丰。他曾主编《中国环境法的理论与实践》，该书是国家社会科学基金"六五"法学重点项目的主要成果，对中国环境法的主要领域、基本原则和法律制度作了系统的论述，被全国社会科学基金规划与总结会议誉为"开拓性理论专著"。后来，他又主编了《环境保护法教程》，该书是我国环境法领域最早的、较为全面系统的教材，也是迄今为止唯一的全国高等院校通用的环境法教材，该书于 1986 年初版后，于 1991 年再版，共印刷 5 次。后经反复修改，现已出版到第 4 版。除了主编教材，韩先生还发表了许多论文。

在他主编的教材及其他著述中，韩先生提出了自己对环境法的独特认识，提出了自己关于环境法的一些基本理念，主要包括：第一，环境问题即人与自然的关系问题。科学技术对解决环境问题、保护和改善环境有重要作用，但光靠科学技术不行，要真正有效地解决环境问题、保护和改善环境，还要实行环境法治、依法管理环境和保护自然资源。目前，我国已经制定一些保护环境和自然资源的法律，但还不够，需要进一步改进和完善环境立法，并执行好环境法律，做到有法必依、执法必严、违法必究。第二，要深刻认识环境问题的跨国性特点。环境问题不仅仅是国内问题，还是国际问题。国际社会已经制定大量国际环境条约，我国也参加或签署了不少国际环境公约和协定，如何遵守、履行这些国际环境条约，就需要有人去研究国际环境法。第三，要保护和改善环境，达到人与自然的和谐共处，还要大力提高人们，特别是领导干部和高级知识分子的环境意识和环境法制观念。因此，新闻媒体和宣传舆论在保护环境方面的作用特别重要，要大力宣传和传播环境保护知识、环境文化、环境道德和环境保护法，引起大家的重视，实现公众参与环境保护和环境管理。第四，要重视和加强环境法学的国际合作。韩先生历来主张环境保护不是一国的问题，而是全人类共同的问题。在武汉大学环境法研究所于 1991 年 8 月与外交部、中国国际法学会在北京联合发起召开的"发展中国家和国际环境法"会议上，韩先生向大会提交了题为 Some Reflections on the Concept of "Common Concern of Mankind" 的论文，该文认为，诸如全球气候变化、臭氧层空洞等环境问题，具有跨越国界、涉及当代人和后代人利益的特点，是人类共同关心的问题，应该通过国际合作来共同解决。他深刻指出，环境法学是人类文明成果的一部分，是世界各国人民的共同财富；他主张中国的环境法学研究应该走向世界，地球环境的急剧恶化已成为我们面临的一个最严峻的挑战。为对付这个挑战，各国之间的合作和协调是绝对必要的。同样地，各国环境法专家之间的合作和协调也是绝对必要的。

（二）环境法学研究和教育的奠基人

韩先生是我国最早关注环境法这一新兴学科的学者之一。我国改革开放以后，以经济建设为中心工作，但如果只顾经济建设，而不同时注意环境保护，后果将不堪设想。韩先生早就预见到这一点。他主张必须通过法律途径对环境污染进行控制，并对自然资源与生态平衡进行保护。因此，早在 20 世纪 70 年代末 80 年代初，他就引进了几

位既懂自然科学又懂社会科学的人才，于 1980 年成立了环境法研究室。可当时环境法在我国法学教育中还没有成为一门法学课程，更没有成为一个独立的学科。因此，在国务院学位委员会第一届法学评议组第二次会议上，韩先生作为评议组的成员，特别说明环境法如何重要后，建议将"环境法"作为一门独立的法律学科，成为二级法律学科之一。他的建议获得评议组一致通过后，上报教育部，经教育部批准，从此以后，环境法才在我国法学教育中成为一个独立的法律学科，我国高等院校才开设环境法这门课程。但他并不就此止步。他认为，要发展环境法这门学科，还需要建立一个专门的研究机构，开展研究工作，并培养高层次的环境法专门人才。他于是向当时的城乡建设环境保护部和教育部提出建议，希望在武汉大学建立一个环境法研究所，在获得同意后又向武汉大学领导汇报，武汉大学领导也十分支持。1981 年 6 月，由城乡建设环境保护部所管辖的中国环境科学研究院与武汉大学双重领导的"中国环境科学院武汉大学环境法研究所"终于在武汉大学成立了。其研究经费由城乡建设环境保护部提供，工作人员由武汉大学负责解决。后来，国家环境保护局建立后，才改名为"国家环境保护局武汉大学环境法研究所"。研究经费改由国家环保局（后改为国家环境保护总局）提供。韩先生兼任环境法研究所第一任所长。这个环境法研究所是当时全国乃至亚洲唯一的以环境法为专门研究对象的研究机构，成立以来做了很多工作。

韩先生反对在"拓宽"二级学科的名义下将"环境法"并到"经济法"中去，也反对指定哪些学科可以哪些学科不可以设博士点的做法。韩先生公开发表文章提出他的意见。结果，环境法被保留了，改称"环境与资源保护法"；武大环境法研究所于 1998 年建立了博士点，而且于 1999 年经过专家评审由教育部批准为我国第一批人文社会科学国家重点研究基地之一。

由于韩先生在环境法学领域的开拓、发展方面的贡献，1999 年他荣获了"地球奖"。同年他还被推选为中国法学会环境资源法学研究会首任会长。武汉大学环境法研究所现在是全国招收研究生最多、师资力量最为雄厚的环境法研究机构。他正在为将该所建设成为环境法学教学中心、研究中心、人才培养中心和学术信息交流中心而继续奋斗。

三、法理学研究

韩先生不仅在国际私法学和环境法学领域形成了自己的思想和理论体系，在法理学领域也颇有建树，主要体现在他对法治、社会主义法制建设、法学学科体系的论述中。

（一）论"法治"

韩先生关于法治的主张早在 20 世纪 40 年代就已经提出，他在《观察》杂志上发表的一篇论文——《我们所需要的"法治"》中主张法治的含义可以做形式的理解和实质的理解，不同的理解含义也不一致。他说："所谓法治，可有两种意义。若从形式方面来说，法治就是在一个国家里面，由一个具有最高权威的机构，利用法律的强制力来实行统治，以维持安宁秩序。所谓'万事皆归于一，百度皆准于法'，就可拿来做它的注脚。若从实质方面亦即政治意识方面来说，法治却是借法律的强制力来推行或实现政治上的一定主张的制度。因之政治上的主张不同，其所谓法治就具有不同内容。"这就是说从形式上看法治，即用法来治理国家，而从实质上来看，它体现了政治上的一定"主张"。在韩先生看来，要讨论法治，就不仅要注重法治的形式意义，还要特别注重法治的实质意义。这是因为，如果仅仅从形式意义上来看法治，则君主专制的国家和法西斯国家也可称之为法治国家，因为它们也是用法律的强制力来实行其统治的。但从实质意义上看，在这样的国度里，人民是不可能有自由和民主的。从实质意义上来谈法治，我们现在就离不开民主政治，这是因为法治若不建立在民主政治之上，就免不了要成为少数人弄权营私的工具。正是基于这样的主张，韩先生认为，中国"今日所需要的法治，乃是民主政治的法治，是建立于民主政治之上的法治"。韩先生的这种主张在国民党统治的专制年代，是十分难能可贵的。就是在今天看来，也是具有振聋发聩的作用的。

（二）论社会主义法制建设

关于社会主义法制建设，韩先生的论述很多，具体涉及我国宪法、法律与经济管理、法律与我国对外开放国策等内容。

韩先生历来主张成文宪法更具有限制政府机关及其工作人员滥用权力保护人民正当利益的优越性。我国 1982 年宪法通过后，他深受鼓舞，并于 1983 年发表了《充分发挥新宪法在社会主义现代化建设中的伟大作用》一文，阐述了他对宪法价值的思考，同时对新宪法的实施提出了自己的意见。韩先生认为新宪法的价值主要体现在两个方面：（1）为我国实现社会主义现代化提供了可靠的保障。（2）为社会主义民主和法制建设提供了强有力的依据。为保证宪法的实施，韩先生认为必须从四个方面入手：第一，必须广泛地进行宪法的宣传和教育工作，使之在全国范围内家喻户晓，人人皆知，让大家都能够自觉地遵守宪法、执行宪法。第二，宪法是根本法，是一种"母法"，但单有"母法"还不够，还必须有一系列的"子法"，对宪法的各项原则一一加以具体化。这就是说，必须以宪法的规定为准绳，加速制订各种法律、法规。第三，需要建立必要的机构以监督宪法的实施。这种机构必须具有很高的权威，最好是设在全国人大常委会内，而且应该是常设的而非临时的机构。第四，各级领导干部，应该带头作执行新宪法、维护新宪法的模范，通过广泛的宣传教育和领导同志的以身作则，在社会上形成一种以遵纪守法为荣，以以权代法为耻的社会舆论和社会风气。

关于法律与经济管理，韩先生在 1985 年发表的《运用法律手段管理经济》中，针对当时行政机关过多干预经济活动的现象，提出了自己关于经济法制化的主张，至今看来仍然是十分有见地的。

首先，他比较了经济管理中的行政手段、经济手段和法律手段的性质、特点和作用，并阐明了作为一种"利用法律的规定和执行来调整国家的各种经济关系和经济活动的一种方式、方法和途径"，法律手段有着它自身的规范性、连续性、稳定性、强制性等特点，是一种明显优于行政手段的经济管理手段。

其次，他还阐述了法律手段在经济管理中的重要意义，这包括：（1）是国家执行其经济管理职能的重要手段；（2）是保障和促进经济体制改革的重要手段；（3）是提高经济效益的重要手段。

最后，韩先生还就如何运用法律手段来管理经济提出了几点意见，这包括：（1）加快经济立法的步伐，实现经济管理活动的有法可依。具体包括要进一步明确经济立法的指导思想、抓紧制定一些重要的急需的基本经济法规、改革经济立法的制度和程序、对我国过去已有的经济法规进行清理和编纂等。（2）加强经济司法工作，作到经济管理活动的有法必依、执法必严、违法必究。这就要求作到：①要建立和健全各级人民法院的经济审判庭；②要及时打击经济犯罪，维护社会主义经济秩序；③要积极为经济建设提供法律服务，作好公证、律师、法律咨询、法律顾问等工作；④加强工商行政管理工作，实现行政、经济、法律手段管理经济的综合。（3）加强经济法规的宣传与教育工作，从源头和根本上保证法律和经济法规的切实遵守和执行。

关于法律与我国对外开放政策，韩先生先后于 1989 年、1992 年、1993 年发表了《对外开放法制环境的调查与研究》、《解放思想和对外开放中的法律环境问题》、《扩大对外开放和加强法制建设》等文，阐明了他的基本观点。他指出，良好的法制环境对一国对外开放有着重要的作用，这主要表现在："良好的法制环境能够保障对外开放政策的连续性、稳定性，并增强其透明度；良好的法制环境能够促进市场的发育和民主政治的发展；良好的法制环境能够保证依平等互利原则给外资、外商提供的各种优惠和保护措施的真正实现。一国对外的开放度，主要都是通过一定的法律体制与法律规定来体现的。"在我国现有的对外开放法制环境中，既有积极的一面，也有消极的一面。从积极的方面看，我国已形成一个使外国投资者受到国内法和国际法双重保护的法制环境，这主要表现于：（1）国内立法有了长足进展，从宪法到涉外经济贸易法规，已初步形成一个多层次、多门类的立法体系；（2）国际条约与国际协定的签订也取得了可喜的成果。但从消极的方面看，存在的问题仍然比较严重，这包括：（1）有法不依、执法不严；（2）内部规定多，办事效率低；（3）宏观管理体制和微观管理机制很不健全；（4）涉外税收法规透明度不高、税收法规执行不严、税收管理和监督不力；（5）外汇平衡与产品返销的规定挫伤了外商的积极性；（6）出口贸易的配额管制和许可证制度对对外开放法制环境的不利影响。针对以上对外开放法制环境存在的消极因素，他进一步提出了优化对外开放法制环境的建设性意见，具体包括：（1）增强对外开放、参与国际经济大循环的竞争意识，提高依法治国、依法办事、违法必究的法律意识，充分认识对外开放与富国强民的关系，充分认识法制环境对保障对外开放政策的重大意义；（2）加强对外开放的立法修订工作，尽快制定外贸法、投资法、银行法、票据法、海商法、公司法、版权法、证券法、仲裁法等新法，修改和废除过时的法规，清理涉外经济贸易法规并分类汇编，以便查询适用，将有关外资外贸政策的内部文件法律化并公之于众，以提高对外开放环境的透明度；（3）充分发挥各级人大及其常委会监督涉外法律实施的作用；（4）加强对外开放环境的综合治理；（5）重视法制教育，重视法制人才的培养。

韩先生的这些思想不仅从法学的角度丰富了我国对外开放的理论，也为我国外贸立法和实践提供了极富价值的理论根据。

（三）论法学学科体系

合理、科学地划分法学体系，不仅是法律实践和法学教育的需要，对法学学科的发展也具有重要的意义。作为一名法学家，韩先生特别关心我国法学事业的发展，并对我国法学学科体系的划分提出了科学的构想。

韩先生于1996年在《法学评论》第6期上发表了《谈合并学科和设立博士点问题》，又于1998年在《国际经济法论丛》第1卷上发表了《论国际公法、国际私法与国际经济法的合并问题——兼评新颁〈授予博士、硕士学位和培养研究生的学科、专业目录〉中有关法学部分的修订问题》，阐明了自己关于学科体系建设的主张。

1. 关于"学科门类"问题。《目录》中共列出11个门类，即哲学、经济学、法学、教育学、文学、历史学、管理学、理学、工学、农学、医学。韩先生认为前面7个门类，即从哲学到管理学，都可以作为一级学科，不能和理学、工学、农学、医学平行并列在一起。他认为应将这7个学科分别列入两大类中，即人文科学类和社会科学类。还有，在所谓法学门类中，共列出4个一级学科，即法学、政治学、社会学、民族学。韩先生认为法学就是法学，不能将政治学、社会学和民族学都包括在内。他建议将所有门类和学科作如下排列：（1）人文科学类（一级学科包括哲学、文学、历史学、教育学、新闻学、图书馆学、管理学）；（2）社会科学类（一级学科包括经济学、法学、政治学、社会学、民族学）；（3）理学类；（4）工学类；
（5）农学类；（6）医学类。

2. 关于拓宽二级学科问题。《目录》原稿本想拓宽经济法学，
内含经济法学、劳动法学、环境法学、社会保障法学。韩先生在对经
济法学和环境法学进行了分析之后，建议将这两门学科都作为独立的
二级学科。以后的征求意见稿就这样修改了，这不能不说是一件幸
事。只是修改时将"环境法学"改称为"环境与资源保护法学"。其
实，这种修改是不必要的，因为"环境法学"当然要研究自然资源
保护问题。

另外，《目录》仍有"法律史"这门学科。韩先生曾建议将"法
律史"改为"法制史"，因为法律史的内容应该包括各个部门法的历
史，其内容是非常庞杂的，最好分别放在各个部门法中去讲授和研
究。法制史向来是一门二级学科，有它自己的学科体系，不必将它取
消。韩先生认为法律思想史和法制史是两个独立的研究领域，分别有
各自确定的研究对象，它们应该是两个独立的二级学科，不能将它们
合并在一起。要把法律史、法律思想史和法制史这三门内容都非常庞
大复杂的学科合并成一个学科，这在中外法学界似乎还没有先例，韩
先生当然持反对态度。后来，教育部规定高等院校法学教育14门核
心课程，其中之一就是"中国法制史"，没有采用"法律史"这个名
称，这样做是完全合理、正确的。

3. 关于国际法学科的划分问题。对将"国际公法"、"国际私
法"与"国际经济法"三个学科合并成一个学科即"国际法"的意
见，韩先生明确提出了反对意见。韩先生认为，国际上通常所谓
"国际法"专指"国际公法"而言，不包括"国际私法"和"国际
经济法"。如果要将国际公法、国际私法和国际经济法统称为"国际
法"是可以的，但这是从最广泛意义上来理解"国际法"的，这个
"国际法"是相对于"国内法"而言的。我们不妨将法学学科归纳为
两大类型，即国内法学和国际法学。从总体上，国内法学是研究如何
调整从国内生活中产生的社会关系的法律的，国际法学是研究如何调
整从国际生活中产生的社会关系的法律的。国内法学包括宪法学、民
商法学、刑法学、经济法学等；国际法学包括国际公法学、国际私法
学、国际经济法学等。打一个最粗浅的比方，国际公法学就相对于宪

法学，国际私法学相对于民商法学，国际经济法学相对于经济法学。既然不能将宪法学、民商法学、经济法学合并为一个二级学科，怎么可能将国际公法学、国际私法学和国际经济法学合并为一个二级学科呢？

韩先生认为，国际公法与国际私法是两门比较古老的学科，早已成为两个独立的二级学科，无论中外各国，直至今日，都仍然是如此。国际经济法是第二次世界大战以后才发展起来的一个新兴学科。这三个学科虽然都冠以"国际"二字，但它们所调整的社会关系及其主体是不相同的。国际公法主要调整国家之间的政治、外交方面的关系，国际私法主要调整具有国际因素的私人间的民商事关系，国际经济法则是调整国家与国家之间以及不同国家的自然人和法人之间的经济关系。从学科体系来说，这三个学科都有自己的学科体系，它们都是各自独立的不相隶属的专门学科。韩先生认为，坚持将国际公法学、国际私法学与国际经济法学合并成一个所谓"国际法学"的二级学科，其结果必然是有害的，行不通的。韩先生这种高瞻远瞩的见解，被事实证明是完全正确的。教育部后来在规定高等院校法学教育的 14 门核心课程时，这三个学科都是核心课程，并没有把它们合并成一个课程。国际私法核心课程的教材，还是委托韩先生主编的，这部教材还获得过教育部优秀教材一等奖。

韩先生自 1945 年来到武汉大学，如今已有近六十个春秋。虽然蒙冤 20 余载，但韩先生一直没有放弃对人生和学术理想的追求。他赤胆忠心、爱国敬业，守志善道、穷究学理，严谨求实、勇于开拓，求真务实、学以致用，为武汉大学乃至中国的法学教育事业作出了巨大贡献。他以他完美的人格和无私的奉献，铸就了一个学者的崇高学术精神和一代宗师的学术典范。

肖永平

中国环境法学的倡导者和开拓者[*]
——韩德培先生开拓环境法学的理念与实践

一、深邃而富于发展前景的环境法学理念

今年是韩德培先生九十华诞。先生一辈子从事法学教育和研究，在 1980 年以前主要从事国际法特别是国际私法的教育和研究，从 1980 年以来则既从事国际法学的教育和研究工作，又从事环境法学的研究工作。

韩老虽然主要从事国际法的研究，但在环境法方面的著述相当丰富，字里行间体现出韩老广博的自然科学和人文社会科学之综合知识、深厚的法学功底以及学术大师的远见卓识和风度。例如，韩老主编的《中国环境法的理论与实践》[②]，是国家社会科学基金"六五"法学重点项目的主要成果，对中国环境法的主要领域、基本原则和法律制度作了系统的论述，被全国社会科学基金规划与总结会议誉为"开拓性理论专著"。韩老主编的《环境法保护教程》[③]，是我国环境法最早的、较为全面系统的教材，也是迄今为止惟一的全国高等院校的环境法通用教材，该书于 1986 年初版后，于 1991 年再版，共印刷五次，现已出版第 3 版。韩老主编的上述专著、教材以及其他著述基

＊ 本文原载《韩德培传记》，中国方正出版社 2000 年版。

② 韩德培主编：《中国环境法的理论与实践》，中国环境科学出版社 1990 年版。

③ 韩德培主编：《环境法保护教程》，法律出版社 1986 年版，以后多次修改再版，1998 年已出第 3 版。

本上体现了他的环境法学理念和观念。

在韩老九十大寿前一个冬雪初飘的下午，笔者曾就环境法学专门请教韩老。他兴致勃勃地谈了如下几个观点：

第一，环境问题即人与自然的关系问题，是人类社会面临的永恒主题，不仅仅是环境污染治理问题。科学技术对解决环境问题、保护和改善环境具有重要作用，但是光靠科学技术不行，要真正有效地解决环境问题，保护和改善环境，还是要实行环境法治，依法管理环境和自然资源。

第二，依法管理环境，首先要制定良好的环境法律，形成结构合理的环境法体系。目前我国已经制定了一些环境和自然资源法律，但是还不够，需要进一步改进和完善环境立法。其次是执行好环境法律，做到有法必依，执法必严，违法必究。

第三，要深刻认识环境问题的跨国性特点，环境问题不仅仅是国内问题，还是国际问题。目前已经制定有大量国际环境条约，我国也已经参加和签署了不少国际环境公约和协定。这就提出了一个如何遵守、履行国际环境条约的问题，这就需要有人去研究国际环境法。

第四，由于环境立法、执法和环境外交都需要大量专门人才，因此培养环境法人才是一项十分重要的工作。80年代初，我国刚开放不久，当时我曾多次参加国际环境会议，发现无论是发达国家还是发展中国家，甚至像菲律宾、印度尼西亚这样一些国家，他们都拥有自己的知名的环境法专家，这些专家写了不少环境法专著，而当时我国从事环境法研究的专家很少，这使我感触很大。我们中国这个环境大国应该培养一大批自己的不仅能在国内而且能在国际上大显身手的环境法专家。

第五，要保护和改善环境，达到人与自然的和谐共处，还要大力提高人们，特别是领导干部和高级知识分子的环境意识和环境法治观念。因此，新闻媒体和宣传舆论在保护环境方面的作用特别重要，要大力宣传和传播环境保护知识、环境文化、环境道德和环境保护法，引起大家的重视，实现公众参与环境保护和环境管理。

第六，要加强环境法学研究基地和学科点的建设。武汉大学已经有了一个环境法研究所，环境法研究所正在建设成为国家首批人文社会科学的重点研究基地，我非常支持环境法研究所先成为首批国家重点研究基地，我们国际法研究所接着继续争取。环境法研究所的地位和作用很重要，它不仅是武汉大学也是我们国家研究环境法的一个重要基地，因此应该继续加强环境法研究所的建设，对环境法研究所的学术队伍建设、教学和科研等各个方面的工作都要注意和重视。

最近已经成立全国性环境资源法学研究会。这个研究会设在武汉大学环境法研究所，是全国环境资源法学界对环境法研究所的信任和肯定。因此要注意搞好学会工作，发挥学会的作用，通过研究会这一纽带把全国从事环境资源法学研究的人都团结起来。研究会每年要开一次学术年会，在年会上应该提倡百花齐放，百家争鸣，畅所欲言，什么学术问题都可以谈，这样才能共同提高。

第七，环境法研究所要继续保持和加强与国家环境保护总局等国家有关部门的联系。搞环境法学研究和教学要密切联系实际，要结合我国的环境法制建设和国际环境保护活动，这样的教学和研究才有生命力。因此，要特别注意继续加强与国家环境保护总局的联系，主动请求他们的指导与支持；同时，还要与国土资源部等有关环境资源部门建立联系。只有这样，才能把环境法研究所办得越来越好。

笔者认为，上述几点体现了韩老提倡和开拓环境法学的一贯理念和观点。他始终认为环境法学是一门扎根于环境问题、环境保护和人与自然关系的一门学科，"开展对环境法的理论研究，探讨我国环境法制建设中的新问题，介绍国外环境法发展的成果，对于发展我国的环境保护事业是具有十分重要的意义的。"[1] 韩老不仅在他撰写或主编的环境法教材或专著中，而且在环境法干部培训班和环境法学术会议的多次讲话中，反复强调环境问题的严重性，一再阐述环境保护和环境法的重要性。他认为，"环境问题，是当今世界所面临的一个严重问题，也是我国面临的重大问题之一。环境保护是我国的一项基本国策，是社会主义物质文明和精神文明建设的一项重要内容，是一件关系到当代人健康安乐和造福子孙后代的大事，是一项新兴的伟大的社会主义事业。作为上层建筑的环境保护法即环境法，在我国的社会主义建设和环境保护工作中起着十分重要的作用。它是调整经济建设

韩德培文集

---

① 韩德培：《环境法》杂志《发刊词》，载《环境法》1984 年第 1 期。

和环境保护之间关系的法律杠杆，是促进经济建设和环境保护同步发展的法律保证；它是加强环境管理的主要手段，是推动环境保护事业发展的强大动力；它是人民群众同一切污染、破坏环境的现象和行为作斗争的法律武器，是解决各种环境纠纷和问题的法律根据；它是维护我国环境权益，加强我国对外环境保护合作，促进人类环境保护事业发展的重要工具。"韩老热忱地呼吁："环境法是一个新兴的法律部门，环境法学是一门新兴的边缘性的法学学科"，"凡是新事物都有一个由小到大、由不成熟到比较成熟的发展过程，它要求人们用辛勤的汗水去浇灌培育，更需要人们的热情支持和扶持。"①

　　韩老作为一个国际法学者从事环境法学研究，胸怀宽广，目光远大。他在 1991 年的《关于"人类共同关心"概念的思考》一文中指出：诸如全球气候变化、臭氧层空洞等环境问题，具有跨越国界、涉及当代人和后代人利益的特点，是人类共同关心的问题，应该通过国际合作来共同解决。韩老认为，"环境法学是人类文明成果的一部分，是世界各国人民的共同财富"；他主张中国的环境法学研究应该走向世界，因为"地球环境的急剧恶化已成为我们所面临的一个最严峻的挑战。为对付这个挑战，各国之间的合作和协调是绝对必要的。同样地，各国环境法专家之间的合作和协调也是绝对必要的。""中国渴望学习和借鉴其他国家和地区的环境法理论和经验教训。"为了使中国环境法学走向世界，韩老提出，"我们可以考虑创立一个环境法合作国际基金，出版一份环境法国际通讯，建立一个环境法国际中心。"②

　　由于我国环境法和环境法学还处于初创阶段，在韩老的著作中有不少关于加强环境立法的论述。他认为加强环境法制、实现环境法治的关键是制定一整套好的环境法律，即建立健全的环境法体系。他指出，环境法体系可以分为若干类型，不同环境法学术体系反映不同的学术观点，不同学术体系的争鸣有利于国家环境法律规范体系的建立

---

　　①　韩德培：《环境法》杂志《发刊词》，载《环境法》1984 年第 1 期。
　　②　韩德培：《武汉大学环境法国际学术讨论会—— 一个新起点》，摘自《当代环境法》第 1 页，香港中华科技出版社 1992 年版。

和发展。①

二、开拓环境法学研究和教育的新天地

韩老积数十年法学研究教育之功力，在 70 岁时进入环境法学领域，在这个全新的学科里纵横驰骋，大展鸿图。他有关环境法学的每一重要举措或建议都极富远见卓识，犹如一个胸怀宇宙的巨人，其理论洞察力之深刻和目光之远大，是某些"沉醉于煤炭工业文明"的法学家和"极端的人类中心主义者"所无法理解的。

在 70 年代末和 80 年代初，韩老刚刚从反右、"十年动荡"、阶级专政的阴影中走出来，就被委以恢复武大法律系的重任。由于二十多年的"荒废"，当时我国法学相当落后，不仅与工业发达国家差距甚大，而且与一些发展中国家相比也有很大的差距。特别是随着当代环境问题和环境保护日益引人注目而在世界各国蓬勃兴起的环境法学，在我国法学界还很少有人深入研究。韩老在忙于重建法律系的同时，开始着眼于当代法学的新兴、前沿和交叉领域，力图使武大法律系能在中国法学这些尚待开垦的处女地上迅速居于领先地位。凭着对世界法学发展和中国环境问题的深刻认识，他很快把目标对准了环境法学这一同时调整人与人关系和人与自然关系的新兴法学分科。当时的武大法律系可以说百废待兴，不少传统法学分科都急需人力财力。在这种情况下开辟一个崭新的学术分科，没有远见卓识和超凡魄力是很难作出这种决策的。然而，常人不敢想也不敢做的事，韩老不仅想了，而且做了。他根据环境法学的跨学科特点，迅速引进了几位既懂自然科学又懂社会科学的人才，在 1980 年就建立了环境法研究室。在他的带领和支持下，这些人很快走向了中国环境法学的研究前沿，使武大法律系在这个学科领域里走出了比全国其他院校超前的一步。可是当时环境法在我国法学教育中还没有成为一门法学课程，更没有成为一个独立的法律学科。因此，在国务院学位委员会第一届法学评议组第二次会议上，韩老说明了环境法如何重要后，建议将"环境法"作为一门独立的法律学科，成为二级法律学科之一。他的建议获得评

韩德培文集

---

① 《全国环境法体系学术讨论会纪要》，载《环境法》杂志 1987 年第 2 期。

议组一致通过后，上报当时的高教部，经高教部批准，从此以后，环境法才在我国法学教育中成为一个独立的法律学科，才在我国高等院校中开设环境法这门课程。他还接着主编了我国第一本《环境保护法教程》，作为高等院校的通用教材。但他并不就此止步。他认为要发展环境法这门学科，还需要建立一个专门的研究机构，开展研究工作，并培养高层次的环境法专门人才。他于是和当时在武大从事环境法研究的萧隆安同志到北京去，向当时的城乡建设环境保护部和高教部提出建议，希望在武汉大学建立一个环境法研究所，在获得同意后又回到武汉大学向武大领导汇报，武大领导也十分支持。于是在1981年6月，成立了由城乡建设环境保护部所属的中国环境科学研究院与武汉大学双重领导的"中国环境科学研究院武汉大学环境法研究所"，设在武汉大学内。研究经费由城乡建设环境保护部负责提供，工作人员由武汉大学负责解决。后来国家环境保护局建立后，才改名为"国家环境保护局武汉大学环境法研究所"，研究经费改由国家环保局（现为国家环境保护总局）提供。这个环境法研究所成立后，韩老兼任第一届所长，萧隆安同志任副所长。

这个环境法研究所是当时全国乃至全亚洲惟一以环境法为研究对象的研究机构。它成立后做了很多工作。首先，研究所在全国最早建立了硕士点，培养了大批环境法硕士研究生。其次，还培训了不少环境法干部，把全国各省做环保工作的干部分批集中进行培训，教给他们环境法方面的知识。另外，还撰写和出版不少的著作、教材、论文等，还创办了《环境法》杂志。再其次，帮助中央和地方在立法上做了不少工作。第一次修改《中华人民共和国环境保护法》时，研究所的教师在国家环境保护局的领导下，在北京成立了一个办公室，轮流去办公，帮助作调查研究，然后提出修改方案，供环保局和国家立法机关参考。地方上如武汉、深圳等城市要立法，也要研究所提意见。所以在立法方面也做了不少工作。此外，还召开了几次全国性的学术会议，讨论环境法方面的一些重大问题。还召开了几次国际会议，影响都很大。韩老还到国外参加了有关环境保护的国际会议。第一次是到南美乌拉圭首都蒙得维的亚参加由联合国召开的国际会议。第二次是在日本东京，第三次是在美国参加了这类会议。在这些会议上，韩老介绍了我国在环保方面所做的工作，使与会者进一步了解我国在这方面的情况。1991 年，研究所与外交部、中国国际法学会在北京联合召开了"发展中国家和环境法"会议，韩老向大会提交了《关于"人类共同关心"概念的思考》的英文论文，获得与会者的好评。

但是，环境法也出现过一次危机。1997 年国务院学位委员会学位办公室发出通知，要修改学科、专业目录，在"拓宽"二级学科的名义下，要将"环境法"并到"经济法"中去，也就是要取消"环境法"了。不但如此，在设置博士点问题上，要由学位办指定哪些学科可以设博士点。韩老对这两点都表示反对。他不但写信给学位办，而且公开写文章发表，提出他的不同意见。① 结果，环境法被保留了，只是改称为"环境与资源保护法"。博士点也不必由学位办指定了。现在，环境法研究所不但于 1998 年建立了博士点，而且还于 1999 年被教育部批准为第一批人文社会科学国家重点研究基地之一。

由于韩老在环境法学领域的开拓、发展和竭全力维护的作用，1999 年他荣获了"地球奖"。同年他还被推选为中国法学会环境资源法学研究会首任会长。目前，中国法学会共有 16 个专业研究会，其中惟一设在北京之外地区的研究会就是设在武大的环境资源法学研究会。环境法研究所现在是全国招收的环境法研究生数量最多，师资力量也最为雄厚的环境法研究机构，它正在为将该所建设成为环境法学教学中心、科研中心、人才培养中心和学术信息交流中心而继续奋斗。

蔡守秋②

① 韩德培：《论合并学科和设立博士点问题》，载《法学评论》1997 年第 6 期，第 1 ~ 8 页。

② 武汉大学法学院教授、博士生导师、武汉大学环境法研究所所长。

太阳还没有落山[*]

　　当人的砝码被投上了天平，倾斜的历史才恢复了平衡。

——题记

一

　　——藏身在《中国大百科全书》中
　　——哈佛校园最后的漫步
　　——太平洋上的遥望

　　你没有歌星那么显赫，也没有英雄那么光荣，你藏身在《中国大百科全书》中，漫长的一生化成十几行蝇头铅字：

　　韩德培　江苏如皋人，1934 年毕业于南京中央大学法律系……1946 年任武汉大学法学教授，1947 年任法律系主任。建国后，先后任武汉大学校务委员会常务委员、副秘书长、副教务长、校学术委员会委员、国际法研究所所长、环境法研究所所长，中国社会科学院政治学、法学规划领导小组成员、国务院经济法规研究中心顾问，对外经济贸易部条法局顾问，中国政法学会、中国法学会、中国国际法学会理事……

　　历史太宏大、太浩繁，因之它省略掉法学家生命历程的一切细节和感情色彩。

＊　本文原载《文汇月刊》1987 年第 7 期。

你，法学家的情感历程也许应该从哈佛大学那时写起。

那时你风流倜傥，气宇轩昂，在哈佛大学的中国留学生中和吴于廑、张培刚被同学们称为"三剑客"。其实你们学法律，学历史，学经济，唯独没有学过击剑，你们的"剑"就是你们优异的学业。

而查理斯河却真像一把闪亮的长剑，把哈佛大学一分为二，一半留在波士顿，一半遗落剑桥。你在河边那疏疏的林木间漫步，感受到和大自然拥抱的愉悦，因为大自然的语言没有国界，你能读懂查理斯河对于这块神奇大陆的委婉流畅的倾诉，能读懂白桦林对于季节的描绘以及晚霞和晨曦自由的歌唱。

和你一起散步最多的是 B 君，你们是同窗好友又住同寝室。你们常常穿着高筒皮靴在河边高谈阔论，就像古战国时的纵横家。

那个夜晚飘着雪花。

这是太平洋战争后的第一场瑞雪。两双皮靴在雪毯上踏出吱嘎吱嘎的声响，你们默默地走，走，仿佛从来就没有停止过。

两双脚在一幢高大的建筑面前停住了，举目仰望，大厦正檐下有一排赫赫醒目的英文字母："兰德尔大厦"——这就是哈佛大学法学院正门。再往前走去，就是霓虹灯明灭的剑桥市区，那里人影憧憧，神秘莫测，晚祷的钟声和夜总会的爵士乐构成了这个文明世界特有的旋律。

你们站在校园与社会的交界点上，站在不同命运的岔路口上。

"韩兄，留下来吧，联合国即将成立，我们还是一起去联合国做事吧。"B 君对你说。

"我的主意不可能改变了——回故土去。"你为人最讲信用，你已应国内著名学者周鲠生之聘，去武汉大学法律系执教。你觉得那纷纷扬扬的雪片就像从故国飘来的请柬。

"中国知识分子做过多少救国的美梦——工业救国、科学救国、教育救国、医学救国，最后都成为泡影。现在国内政局不稳，内战将起，你的法律救国之志未必得偿。望兄三思。"

雪落无声，你的思绪却在奔涌。当初你以拔萃的成绩和钱伟长、张龙翔、林家翘等 24 名中国青年一起考取了"中英庚款出国研究生"，你常感到心中的灼痛——英国人把鸦片战争的中国庚子赔款拿出一部分给中国办教育，中国人的银子，英国人的面子，强盗变成施主，花着这样的钱在国外读书，真是百感交集。你发愤扬起了青春之剑，读硕士学位时就用流利的英语写下了《国际私法中的实质与程序问题》。你的导师、著名法学家汉考克为它发出了衷心赞叹，竟然一个字未改就通过了。后来你舍弃了攻读法学博士学位的机会，利用这个世界第一流法学图书馆，潜心国际私法、国际公法和法理学的研究。你在这里拥有一个阅读单间，里面有写字台和自动电话，工作人员随时送来你所需要的书籍，你在这里先后写了评介法国 I・狄骥的社会连带关系说，奥地利 H・凯尔森的纯粹法学，美国 R・庞德的社会学法派等论文，这些论文引起了美国法学界人士的注目。

"我渴望中国早日变成一个法制昌明的强国，免受列强欺侮。"这是你深埋于心中的夙愿。

"法制强国，谈何易啊！"B 君朝你摇摇头，"戊戌变法提出仿效西方君主国家模式，实行'军民共主'，这样一个改良的措施也遭到横难，变法者被推到了菜市口；辛亥革命胜利，国父孙中山主持南京临时政府三个月，颁布了《中华民国临时约法》，还有一系列反封建特权、保障人权的法律。随着辛亥革命的失败，北洋军阀登台专政，'国会'、'宪法'空有其名，大总统放个屁也算法律，这些历史韩兄比我更清楚吧？"

你向 B 君掏出心底话："我寄希望于中国共产党！"

"嗯？"不参加任何党派的 B 君吃惊地望着你。

"当年陈独秀先生首先提出打破北洋军阀专制主义的'特权人治'，主张'尊重民权、法治、平等精神'；李大钊也曾发表文章论证法治对国家的意义，提出'国之存也，存于法……国而一日离于法，则丧厥权威'；当今共产党内许多要人都曾留学法日等国，汲取西方治国之经验，解放区之所以能官兵一致、军民一致、团结昌盛，皆因执法严明，上下平等所致，建设法制强国希望在他们。"

B 君不语了，他知道你和共产党的要人还有过书信来往，不便多问。你们势必像哈佛校园一样被一道河流隔开，不，隔开你们的是浩瀚的大洋和截然不同的语言、习惯、文化环境、生活方式和社会制度。

这是你在哈佛校园最后的漫步。

你将告别这片高矗着自由女神的国土，到那厚厚的长城下开始人生的跋涉。

两天以后，你在西雅图港登上了一艘美军的运输舰，在太平洋上开始了漫长的航行。

你临风披襟站在甲板上，向着茫茫的大洋上望去，心中猛然涌现出一个共产党人的声音：

"新中国的航船的桅顶已冒出地平线了，我们应该拍掌欢迎它。"

"举起你的双手吧，新中国是我们的。"

这是你在哈佛大学图书馆读到的英文版的《新民主主义论》时所记下的。

二

——人生角色的更换
——记忆像铁轨一样长
——共产党出了什么故障

历史一个浪涌，中国的航船被推到了 1967 年。

你身穿着补丁的中山装，两眼深陷，青筋绷起的手牵着一头犄角水牛，嘴里喊着极简单的原始单词"吁——哦"蹒行在校园珞珈山林间草地上。

你的名字被打上黑叉，倒着写在校墙上。当你在清晨或黄昏牵着牛走过校园石径路时，不无惊恐地望着周围，害怕那些小将陡地跳出来，朝你呼喊：老右派，老实点儿！

当年哈佛校园那个风流倜傥的"剑客"呢？

你的罪状是两条：一，对 1957 年反右不服气；二，有反动言论——你1962 年被摘帽后在外文系代英语课，有一次上课你提醒学生将"胡子"一词翻译成英文时要仔细，比如，英语称连鬓胡子为 whiskers；长在下巴的胡子叫 beard；蓄在上唇的胡子叫 moustache，不可乱用。你抬手一指墙上挂着的马恩列斯和毛泽东的头像："看到了吧？"这句话被指控为影射革命导师一代不如一代，胡子越来越少！

批判会上你重新被戴上右派帽子。

人生角色的突然变换打乱了以前建立起来的人生系统。学生们不

再喊你老师，熟人成了陌路，妻子被称为右派家属，孩子成为狗崽子，与你有关的一切都贬值，你珍爱的法学书籍、外文资料和呕心沥血写出的手稿被红卫兵成筐地抬走。你生命的鳞片被一层层剥落，留给你牛鞭，留给你困惑，留给你无尽的孤独。

水牛啃饱了草，温驯地卧在你的脚下反刍。你听着松涛，听着鸟鸣也听着自己的心音。天上的云朵原来也是那样的美丽，化作崇山化作羊群化作老人化作顽童化作奔马也化作喷吐烟雾的轮船。

那时你和爱妻在汉口下轮船过驳在一个划子上，忽然斜刺里跳上一个莽汉，脚下的划子在江浪上晃动，那是一小块不稳的国土！

"交出二十块大洋！"他低声说。

"你是那个部门派来的？"

"少废话！"

"这不行，我要问问你们是根据哪一条法规！"

"法规？老子的家伙就是法规！"

"我们两个人从上海到汉口还花不上二十块大洋呢，你们竟敢在光天化日之下勒索！"

"你给不给？不给今天就叫你泡在水里！"

他怎么会知道面对着的是一个稔熟各种法典的法学教授呢？法学教授怎么想到他的法典在这里毫无作用呢？

这就是无法无天的旧中国！暴力横行，物价飞涨，每一次发工资你都背回成捆的钞票，看上去煞像个富翁，但你必须去城里把它换成现洋换成米面换成肥皂换成煤球，因为一天之内这些钞票就会贬值。有一个月银行里发不出薪水，周鲠生校长多次奔走给教授们发下了盐巴、发下了咸菜、发下了豆豉。

国民党政府的司法部长托人捎来口信，请你到他手下做事，你不愿为那个行将灭亡的王朝去补天，却奋笔疾书，在《观察》杂志上发表了《我们所需要的法治》、《评中美商约中的移民条款》、《评现行出版法》、《征用豪门富室在国外的财产》等文章，揭露那个腐朽的制度。

那时候外面人称珞珈山是"小解放区"。这里墙上、树上经常贴着一些传单，社会各界人士悄悄溜到这里，像泰山观日出一样，站在拂晓前的暗夜里，看着那一片片解放区的曙光。

为此，武汉特种刑事法庭拘捕了武汉大学的进步学生。

你作为教授会的代表昂然走进了刀枪林立的汉口警备司令部，搬用当时的法典，尽你的雄辩的口才为学生辩护。

你胜利了，心里却很难过——特讯庭长就是武汉大学法律系的毕业生。

你意识到你的讲义并不能改变中国的现状。因为你的教鞭无法铲除那生长罪恶和暴力的土壤。就像严密的罗马法不能阻止斯巴达克斯的起义，德国的魏玛宪法无法阻止希特勒上台——法理不能从法律本身去寻求，更不能从神的意志和人们的主观愿望上去寻找，而应从社会的经济基础上去寻求。一个真正的法制社会，应该是由人民当家作主、人民来立法的社会。

你悄悄对被释放的学生说："到解放区去吧！"

……

你怎么在 1957 年一下子成了右派呢？

开始有人让你鸣放，你因十二指肠溃疡住进了医院，有人把预告打出来，你还未"放"就成了右派的"山中宰相"，说你利用法律武器和党对抗！

你被通知去学校体育馆开会，一进门，看到那里面黑鸦鸦地站着一片"右派"，这四百八十多人犯了什么法？

事到如今你还在想着法律的问题。你没预料到这次大会上你突然被宣布撤掉一切职务，停发工资，发送沙洋农场劳动改造——那里是惩治犯人、改造犯人的地方。你，一个法学教授将去与他们为伍。法律系因为成了"右派窝"，不久被宣布撤销。

你感到了问题的严重。

难道共产党人不要法律吗？不，当年中国共产党的主要领导人董必武到旧金山参加联合国成立会议，你向这位留学日本学过政法的长者写去一信，请教法学研究如何才能有利于未来的中国，几天后他就给你写来了回信，鼓励你说，法学研究一定要联系中国的实际。解放后他到武汉视察工作，派专车把你接到他下榻的宾馆，他说："没有法制就不能算一个国家。要有自己的社会主义法制，首先要培养一大批法律人才，这个工作才刚刚做，我们的目光要放远些。"你们的心是沟通的啊！所以他的眼睛在望着你的时候那么明澈、那么慈祥。

后来，后来，后来共产党人的队伍中就出现了另外一种目光，那是学校管人事的 A 书记，他看着你的时候瞳仁里射出冰雪一样的寒光，在那里面，藏着一头饥饿的小兽。

　　你知道那头小兽是怎样长大的。打"经济老虎"时，A 书记硬要把一个构不成贪污罪的教师打成"老虎"，当时你是学校"人民法庭"庭长，你有权维护法律的尊严，制止了荒唐的扩大。又一次 A 书记要开除一个和人吵了架的青年教师，你以教务处负责人身份向党委进言：不能草率地断送一个知识分子的生路。你的意见被校方采纳了，A 书记的尊严却被冒犯了，于是他在心里用嫉恨喂着那头小兽。

　　你为那头小兽感到不安，揣着北大的聘书找到李达校长：

　　"放我走吧，再干下去会出事情的⋯⋯"

　　"我在这里当校长，你怕什么呢？"

　　谁知 1957 年 A 书记担任了"反右办公室"主任⋯⋯

　　野性脱离了法律之缰迅速膨大，终于，趁"文革"之机这头巨兽向着整个民族扑来。李达校长也自身难保，被打成武汉大学"三家村"头目，被声讨被辱骂被审讯被开除党籍。这位共产党"一大"代表、党的杰出理论家和法学家在弥留之际对老伴说："当初韩德培想调离，我不放他走，不想果被他言中，是我害了他⋯⋯"

　　你在农场用卢梭的话悲悼这位校长：我愿自由地生活，自由地死去。也就是说，我要这样地服从法律：不论是我或任何人都不能摆脱法律光荣的束缚。

　　为什么我们历来重视树立各级领导者个人的权威，而忽略和轻视树立法律制度的权威？结果导致权大于法，侵犯人民民主权利的违法行为无法被制裁。人民最重要的权利——对国家各级领导人员的选举权、监督权、罢免权成为空谈，一伙野心家趁机篡党夺权，正是钻了法制不健全的空子。

　　历史有一定的因袭性。在漫长的封建王朝中国没有真正的法治。因为是最高统治者的个人意志构成了法的渊源。其威临天下的权势与秘藏心内的权术可以随心所欲地改变法律。他们全都用"真命天子"的外衣遮盖着膨胀的封建特权，法律的权威必须屈服于君主的权力，古汉字的"罚"字不是包含着以言为刀么？

　　"文革"的灾难是历史对无法无天作出的惩罚！

你有许多许多的思考，但是却无法把它们见诸文字。而现实是蜷在牛棚里给三个插队的孩子写信——他们受你的株连，失去了招工和升学的资格，你怕他们在逆境中堕落：

"孩子，我坚信这种局面会改变的。一个国家不会长期没有法律。共产党内集中了中华民族最优秀的人，我不相信这么大的荒谬他们看不出来。有一天他们一定会出来阻止这场灾难，只是时候还不到！"

三

——人回到历史的天平上
——法学家和伽利略
——还我八千个太阳

历史的脚步在 1978 年深秋的一天走近。

你用枯瘦的手打开"三透书屋"（透风、透雨、透光）的木门，校党委一行人跨了进来。

家里好久没有来过这么多的客人，一间半的小屋很挤很挤，因为里面装着太多的辛酸和太多的思考。

党委庄书记向你宣布了彻底为你平反的决定。

历史性的灾难终于被制止了！

你鼻子一酸又忍住眼泪，对于你个人，20 年没有工作，对于一个国家，20 年没有法律呀！

贤良的老伴却背转身去放声痛哭。

共产党人走过去握住她那生满厚茧的手：

"韩妈妈，你为党立了一大功啊！"

有谁像这位普通的中国妇女那样忠诚地体现了党的知识分子政策呢？

有谁像这个普通的女性护法神般维护着一个法学家的尊严呢？

她胸前没有奖章，心中却存远志。

法律不能保护法学家自身，更不能保护儿童的笑靥和母亲的吻。

你到农场去了，她和三个孩子断绝了一切生活的来源——她是个没有工作的家庭妇女呀，难道人能离开物质只靠苦涩过活？

"给我份活儿做吧。去幼儿园当保姆、到图书馆装钉资料都行。"她硬着头皮去找管人事的 A 书记。

"妈的，你还想找工作？不把你们全家赶走就是照顾了！"

野性一旦嫁给了权力，会变得多么冷酷和无情，A 书记仰在躺椅上，要把她作为人的自尊全部剥掉。

"为了三个孩子活下去……"

"你去二区教授家里倒夜壶好了！"

她扭头走了，头也不回，走出校门，到好远好远的地方去，在一个小巷子里找到一家街道服装厂，揽回了锁扣子的活，锁一件衣服三分钱报酬。她一捆捆向家里扛着衣服，用细细的棉线把孩子们和这个世界连接起来。

她和孩子们都患水肿了，却把省下的黄豆寄给在农场干着重体力劳动的你。秋冬之日，她带孩子背上竹筐拿了耙子去搂回树叶搂回草稞代煤煮饭和取暖，春夏之交她带孩子去田野去菜场拾来野菜拾来菜叶代粮充饥以果腹。为生计，家里变卖了一切可以变卖的东西，可是你的书籍、手稿她却爱如生命，定期搬出书屋在阳光下晾晒。

情深似海，恩深似海，你在农场每次来信都把她以"妈妈"相称。没有大地又怎么有高山，没有雨露又怎么有森林，美好的人性是一切才华和灵感的母亲。

在你平反的同时，世界各国报纸都竞相报道了一则消息：罗马教皇宣布为三百多年前蒙冤的伽利略平反。

就是那个用自制的望远镜观察宇宙的伽利略吗？科学家都是最勇敢的人。当哥白尼因他的"太阳中心说"被宗教裁判所烧死在鲜花广场，伽利略仍然以科学的论证向神学的世界挑战，写出了《关于两种世界体系的对话》，被判终身囚禁。

三百年，人造飞船已经神话般登上了月球，宇宙探测器又飞往更遥远的星空。科学的真理打破了一个又一个神话，宗教在新的文明面前不得不垂首反思。

科学的太阳将取代神的太阳！

而在社会科学领域，人的太阳将是中心！

共产党人纠正自己的错误未用三百年，他们及时地拨乱反正，扶起倾斜的历史。

于是，沉睡的法律女神醒来了。

你在古稀之年走进了校长办公室。

"根据国家法制建设的需要，武汉大学要恢复法律系。先组成四个人的筹备组，你来牵头。"校长刘道玉对你说。

有什么消息比这更使你振奋和激动？法律系的恢复意味着国家接受了历史的教训，要重还法律的尊严。你像一个将军，20年前在历史的浪涌中全军覆没；而今，你将为实现在哈佛校园时的夙愿重登将台。

"重建法律系困难重重，最关键的是师资问题。不过，用一句化学术语来说，'晶体'虽然被破坏了，'晶核'还在，我相信一个新的晶体很快就会形成。"学化学出身的刘道玉打了个巧妙的比喻。

"晶核"不仅指你，也是指法律系"保存"下来的七名教师。1958年法律系撤销，教师重新分配工作，剩下了一些"老右"没人乐于接受，都改行去管资料、教外语、打杂工。后来一起到沙洋农场接受改造——民法教授姚梅镇理发；教宪法的何华辉喂猪；教刑法的马克昌烧火；研究法理学的张泉林放牛……

法律的不幸！知识的不幸！

老伴不希望你再任职，只是教教书，带带孙子，跟你过一个再也没有惊悸再也没有冷漠再也没有饥饿再也没有屈辱再也没有分离的晚年。

可是，一个你所崇慕的政党对你的委托，你不能拒绝。你知道这一委托的代价。

你只向老伴说了一句："我情况熟，给年轻人把架子搭起来吧。"然后就带上一个帆布包，和党支部书记、你当年的学生陈明义乘上去北京的特快列车。

在北京，你感受到这个政党肺叶的呼吸，那个决定了中国人民命运的会议刚刚开过，你在各部委看到的是上层建筑的各个齿轮都开始围绕着经济建设这个中心运转。无数双手伸出来，向你索要法律人才，仿佛你是个大富翁。

你激动地对陈明义说："法制是一个国家走向文明的桥梁。根据三中全会方针和国家需要，我们应该把国际经济法、国际私法和中国经济法作为建系的方向。"

你的倡议被上级批准了。

学校考虑到白手起家的不易，决定 1982 年开始招生。

也就是说，给予你七百多个日夜的准备期。

不，过去的岁月里已经丢失了八千个太阳和八千个月亮，它们像车轮一样滚动着远去了，载着从你生命上切割下的血肉，不再复返！

"人等岁月，岁月不等人。第一年的课可以开出来，一边招生一边建设吧！"

你的话平平淡淡却胜过了华丽的赞美诗。于是，法律系的牌子挂出来了，你们有了三间寝室改做的办公室和资料室。你一边着手编写教材，一边带着一群年事已高的"晶核"登上学校图书馆的最高层，拨开岁月之尘，寻找着当年遭劫失落的法律之页。你还像一个化缘僧人，跑遍武汉三镇的古旧书店、新华书店，搬回一块块铺设法制之路的知识之砖。

1980 年 9 月 5 日，是武汉大学的新生报到日。

"欢迎你，未来的哲学家！"

"欢迎你，未来的文学家！"

"欢迎你，未来的物理学家！"

"欢迎你，未来的化学家！……

新生报到点上聚集着各系的老届本科生，聚集着热气腾腾的友情。

法律系的彩旗和锣鼓呢？法律系的老届本科生呢？

老教授们顶着华发赶来了，他们从房管科家具组借来一辆旧板车，装上新生的行李，车轮扭扭晃晃沿着校园小路向前滚去，前面是上坡，加油啊！

你曾多么激动地去观看全校秋季运动会的开幕式。

看，经济管理学院的队伍走过来了，彩旗、军鼓、仪仗队，八百名未来的企业家、金融家、经济战略家踏着军鼓的鼓点威武地前进，这是时代的检阅，他们将在中国的经济体制改革中成为强大的主力军。

生物系的旗帜飘过来了，经过严格选拔的数百名运动员穿着火一样的运动衫，它象征着生命的热烈和力量。下个世纪生物工程将改变人类的生活方式，他们怎能不骄傲地昂首挺胸？

文学系的长队走过来了，铅字一样整齐地组合排列，诗的严谨，散文的风采……

突然，看场上响起了噼噼啪啪的倒掌——在这些超级大系之间，你的法律系六十名新生（这是他们全体啊）组成了一个小小的方队，丑小鸭一样地走过来了。

这冷落激发了他们的庄严，面孔昂起，步履齐整，把绣着"法律系"的红旗举得高高。猛然间，六十名热血儿女向着长空齐声高喊：

"加强法制，实现四化！加强法制，实现四化！"

这才是真正的时代的强音！这气势博来了真正的掌声！

你塑像般站在那里聆听，聆听法律的脚步从历史深处走来，那个敢于正视自己错误的政党把它呼唤出来，去跨越昨天留下的断裂带。

这一年你加入了民主党派九三学社。临填表前，你动情地对陈明义说：

"我盼望有一天能加入中国共产党。"

四

——工作着是美丽的
——法律的剑光
——你的太阳

工作着是美丽的，因为在工作中你能感觉到你作为一个公民和国家和历史和时代的沟通。工作着你的肺叶才能舒畅地呼吸和吐纳，你的四肢筋脉才能有力地聚结和伸展。一个文明的制度总是最大限度地让生命的岩浆去喷发。

那一年你在沙洋农场牧牛，忽然接到携带行李返回学校的通知。你带着行李忐忑不安地走进教务处，一个当权者把你的行李踢了一个"前滚翻"——

"谁通知你回来的？"

"军代表。"

军代表从里屋走出来打量着身穿补丁衣服的你：

"听说你是武汉大学英语的第一块牌子，现在给你一个任务，有一些联合国的英文资料，限你和×××、×××在两个月内把它翻译出来——这是立功赎罪的好机会。"

　　"资料呢?"

　　"在饭堂里，你们留在那里翻译好了!"

　　这任务是周恩来总理下达给武汉大学的。那时节我国刚刚恢复了在联合国的合法席位。忙于"斗批改"的外交部积下了成麻袋的联合国文件。你怀着工作的饥渴扑进了饭堂，伏身在油渍斑斑的饭桌上，让笔像奔马一样在纸页上驰骋。你追上一个月亮又追上了一个太阳，距家咫尺，你没有去看望。两个月的译文半个月完成了，当周总理发下嘉奖令，你又隐身在沙洋原野的牛群。

　　知识的隐没是国家的不幸。知识的屈辱总是以时代的落后为代价。那些日子里有了商店空空的货架，那些日子里有了田垄里密密的荒草，那些日子里工厂里生产着古老的产品，连儿童的玩具也是那么原始。少女们更没有一条设计精美的裙子，单色的制式服装把一个民族裹得紧紧，课堂上的书本也张着苍白的面孔。

　　如今你从牛群回到了人群，把知识一起带上了历史的天平。

　　在一个春日里共和国用电波召唤着你的名字——

　　国家因财力所限，决定对国民经济计划进行调整，准备终止已签订的几个重点工程项目合同，这引起了和 M 国、C 国关于五个大型成套设备进口合同的经济纠纷。M 国公司当即复电:我们是私商，你们是国家企业，你们单方面提出停建与终止合同，应承担百分之百的经济损失。进而又提出要我方赔偿因与中国签定了合同而未接受第三国订货所遭受的间接损失。

　　C 国步 M 国的后尘，也提出了同样的要求。

　　依此，中国将会蒙受若干亿美元的损失!

　　若干亿，那是千万个农村姐妹在千万个日夜里用草编和刺绣勾成的理想，那是千万个工人兄弟在千万个日夜里用钢花和焊火组成的希望，那是千万个工程师设计师在千万个日夜里用汗水和智慧描绘的振兴之梦!

　　有人说:"赔就赔，拿出一些金子来就是了!"

　　有人说:"不赔，我们的政策变了嘛!"

相持不下。

国家的信誉呢？人民的利益呢？签订合同时的微笑、掌声和灯红酒绿的华宴呢？

也许当初只看清了合同书上那一长串的天文数字，而忽略了潜伏的冲突和法律的危机。

法学家的大脑此时显得多么重要。

白塔寺附近一所办公大楼的会议室里坐满了国务院各部委有关要员，所有的目光射向从大地深层走来的你。

你如何回答这重要的咨询呢？你如何扬起法律的剑光呢？

"目前出现的情况，意味着新的形势和我们旧有的观念和习惯发生了冲突。这冲突将迫使我们付出昂贵的代价——有些单位和个人在对外经济技术交流和贸易活动中不按已有的法律办事，而是凭长官意志、主观臆断解决涉外经济的法律问题。这是受几千年'人治'思想影响，法治思想不强的表现，直接影响着党中央依法治国和对外开放的宏业。

"外商利用我们涉外经济立法的不完善，利用了合同行文中某些疏忽和含混，索要若干亿的赔款，按老说法这叫'缴学费'，我们能缴得起这么大的一笔学费吗？这既使国家的经济建设受到损害，又丧失了我国法律的尊严。我们更不能用政策向人家解释——在国际经济交往中，解决纠纷唯一的依据就是法律。让我们记住这一教训吧。"

你站在那里，像法律本身一样刚直。

你已经在招待所里夜以继日地和上海社会科学院法学研究所的周子亚教授、助手李双元副教授翻阅了一尺多厚的合同书。一份6000言的《咨询报告》似铮铮利剑灿然出鞘。《报告》引用罗马法古老原则阐述了由于非债务人的原因而造成的"给付不能"可以使合同失去约束力而免除债务人的责任。因为我们×××××公司不是代表中华人民共和国而是以法人资格缔结这些合同的。因此他们显然不能预见国家国民经济计划会作出目前这种重大调整；《报告》引用英美法系判例和 M 国、C 国民法典论证我方的赔偿应先行自估有关的数额与数据，扣除对方未投未损部分以对等原则使对方自行解决应承担的损失和风险，解决方式为"适当补偿"而非"赔偿损失"。因为《联合国国际货物销售合同公约》第 77 条明文规定声称另一方违反合同的一方必须按情况采取合理措施减轻由于该另一方违反合同而引起的损失包括利润方面的损失，如果他不采取这种措施违反合同的一方可以要求从损害赔偿中扣除原可以减轻的损失数额……

6000字的《咨询报告》有理有据导致奇迹发生，《报告》为国家挽回了若干亿的损失——节省了原数额的四分之三！

国务院某部一位领导人称你为"国宝"。

C国某大学东方法律研究所一位学者赞赏咨询意见观点正确，论证缜密，尤其对各国法典运用之稔熟，不由生出敬慕之心，专程赶来武汉会见你，并要把咨询报告译成C国文字。后来你得知这位学者身兼C国某公司的法律顾问，他正是你的对手之一！

你，用知识创造了一个奇迹和一个启示：

知识，你到底值多少钱？到底可以转化成多少生产力？

就是那些不起眼的书本本吗？就是那些揉得皱巴巴的讲义吗？就是那些用铅字排列成的论文吗？就是那些不出声响的思考吗？它们曾受到怎样的蔑视和压制，权力和荒蛮和无知都曾把它蹂躏！

毕竟，你已进入了一个光荣的时代！

你的晚年成为你的生命的"华彩乐段"，为新时期所需，写出了《运用法律手段管理经济》、《中国的法律走向世界》、《中国的法律教育》、《要大力加强国际法的研究》、《应该重视对冲突法的研究》、《中国环境与立法》、《关于终止若干合同所涉及的几个法律问题》等论文；主编了高等学校教材《国际私法》、《环境保护法教材》、《中国环境法的理论与实践》等；撰写了《中国大百科全书·法学卷》若干条目；整理出版了李达的《法理学大纲》并为之写了序言。还参加了国家一些立法咨询，以中国法学家身份多次出国参加国际会议，进行学术交流。如今你兼了太多太多的职务，补偿了往昔太多太多的寂寞。

你的生命之树上结满了秋天的果实。

你的法学院建起了中国高等院校第一所国际法研究所，研究范围扩展到国际关系、条约法、海洋法、空间法、国际组织法、国际私法、国际投资法、国际货币法、国际贸易法、海商法、国际经济法的基本理论问题。你把一个年轻硕士生推上了领导岗位，默默做他的人梯。

你的法学院建起了亚洲第一所环境法研究所，它已经参加研究、起草、修改了《中华人民共和国环境保护法（试行）》、《对外经济开放地区环境管理暂行规定》、《固体废物管理法》等二十多个国家与地区的环境立法研究项目。你仔细校阅修改年轻学者的论文和书稿，并为他们有见地、有争议的文章加写编者按。

你的法学院建起了中国、香港、台湾法研究所。你提出加强中国冲突法的研究，在香港、台湾回归之后，一国两制三法的局面就会出现……

你在辛亥革命的枪声中降生到这个世界上，整整生活了四分之三个世纪。动乱夺走了你生命中最宝贵的时光，你却并不为此而伤悲。你的生命用另一种形式得到了延伸——年轻的门生一批又一批地涌来，汲取了知识和才情又像蒲公英一样飞向千山万水，成为共和国法律的卫士和理性的眼睛。连绵不断的梯队在接力、在冲刺，你带出了中国第一个法学女博士和成批的硕士研究生。运动会的日子里不必再担心冷落，法学院七百名本科生、研究生足可以组成十个雄伟的方队，去震撼珞珈山下那片古老的大地。

你在73岁的时候站到了绣着镰刀斧头的红旗下。

最后的夕阳是属于你的，它最后的沉没最后的燃烧最后的喷射给你的书斋涂抹上橙黄涂抹上橘红涂抹上金子一样的光芒。春风在窗外悄悄走过，和珞珈山那苍翠的松柏碧绿的槐杨幽郁的枫樟低语。你常年沉浸在理性王国里，忽略了对大自然美丽风光的鉴赏。

当年风云一时的A书记时而从后窗闪过，踽踽独行，目光冷漠，他的野性已经和那个时代一起结束。

老伴右眼已经失明，默默坐在外屋的木椅上，不想用一点声音把你打扰。

小孙女呼叫着跑进你的书斋——她是唯一可以在爷爷工作时间闯进来的人。你把欠下儿子的爱凝聚在她的身上，给了她一个多么久长、多么响亮、多么动人的吻。然后又连推带赶，把生命的喧闹送出书房。

暮霭中你伏身书案，微弓着背，像一个奔马上的老骑手，钢笔在桌面上敲出马蹄一样的声响，我觉得你在拼命追赶着一种东西，它的名字就叫——历史！

李延国

笃信好学 守志善道

——访著名法学家韩德培教授*

我曾见到过教育部的一份调查报告，其中将一位国际私法的权威学者誉为"国宝"。这位"国宝"，就是全国政协委员、现任武汉大学法律系名誉系主任、国际法研究所和环境法研究所所长、湖北省法学会副会长、并被国务院聘为经济法规中心顾问和学位评定委员会法学组成员的韩德培先生。

他有威望，有地位，也有坎坷的经历……

"对党，我始终没有任何怀疑"

韩德培从青年时代就崇仰真理，向往光明，积极参加进步爱国运动。他在美国哈佛大学留学时，曾和同学一起，组织了进步会社，学习研究毛泽东同志的《新民主主义论》，关心中国革命。太平洋战争结束后，他谢绝了同仁的挽留，回国执教，任武汉大学法律系主任。在此期间，他加入了党领导的"新民主主义教育协会"，支持革命的学生运动。解放后，他投身社会主义革命，为建设新武大呕心沥血，虽患了严重的胃溃疡，还是坚持工作，一如既往。然而，从1957年"反右斗争"开始，他却不间断地翻展着一幅酸辛的长卷：

成为"右派"的最初三年，韩德培被扣发工资并强制劳动；嗣后他经济上稍见缓和：用五十元养活全家四口人；继而再次出现转机——摘掉"右派"帽子，回校教授英文，发给八十元生活费。还被准许，可向朋友借钱并且不追究借钱人"划不清界限"的责任。

---

* 本文原载《法学杂志》1984年第2期。

尽管始终不承认自己的"罪行"，但他满怀信心，期待着沐面春风的来临。可不曾想，他等到的却是"文化大革命"的十二级台风！由于"冥顽不化"，自然首当其冲：第二次被戴上了帽子。家人受到株连，亲戚断了音讯，朋友形同路人，连保姆也频遭"顾问"……

历史对个人来说，往往不够公正，而公正地对待历史，要有非凡的胸襟。多少年风风雨雨，韩德培一步一个脚印！我无法推断一个病患的躯体如何在这系列的变化中，蒙冤忍辱，历尽艰辛，经受无数的磨砺，顶住一次次的冲击。可韩德培的答案却异常简单："对党，我始终没有任何怀疑，事情总有一天会弄清楚，那些不过是时代的误会。"韩先生轻松地向我说起当年的一件趣事："有位朋友打赌说，你韩德培是没有希望了，我说不见得。"事实证明，那位朋友"输"了。党的十一届三中全会后，韩德培得到平反，他终于告别了痛苦的过去，回到了阔别多年的法学教育岗位。

"不能误人子弟"

"现在很好了，一切都恢复了。可惜的是年纪大了，最好的年华都已过去。我没有能为国家做什么事情。"韩老说的不完全对。即使在逆境中他也没有轻易地让光阴虚度，而现在，他更是利用每一寸金子般的时间力所能及地为国家做着更多的事情。

近几年来，他除了担负重建武大法律系的繁重领导工作外，还接受了国家的委派和外国的邀请，先后三次出国参加国际学术活动。1982年3月，他在美国讲学期间，为了更广泛地宣传我国法制建设的情况，先后奔赴十一个州，在十九所大学法学院和法学团体进行讲学。由于过度疲劳，突患脑溢血，幸得华人名医及时治疗，抢救脱险。就在做完颅脑手术后回国不久，为了使统编教材《国际私法》按时出版，他强撑病体，冒着酷暑，投入了全书的审稿工作。虽然亲友一再劝阻，但他仍然连开夜车，手不停批，赶在最短的时间内完成了任务：统一了体例、校对了引文、纠正了病句、明确了概念、剔除了错误观点、增改了部分章节……"这本书编得很粗糙，质量很差，还可能有不少错误。"他对自己主编的教材很谦虚地作了这样的评价，而我们透过那些字句，仿佛看到了他坚韧不拔的毅力和诲人不倦的品格。这本书汇聚了他的良好意愿，也贯注着他的汗水和心血，后来还获得了国家级优秀教材奖。

韩教授对这本书的出版也有些自足："我没误人家的时间，这点可以自慰；还有一点可以无愧，就是我工作还是认真的，没有投机取巧，搞科学、做学问要有股'傻'劲才行，我用了'傻'劲。"

韩老治学严谨缜密、一丝不苟，这是为法学界所称道的。他认为坚持四项基本原则，是为人师表的先决条件，有广博精深的知识才能满足教学的需要，他最反对照本宣科，马虎过关。"对具体的讲授内容一定要认真备课，深入掌握，集中精力，全力以赴。否则，自己不清楚，学生更糊涂。万万不能误人子弟呀！"

韩老严格要求学生，对自身的修养也从不放松。他注意文字的质量，语言的水平，他常说："多学一门外语，等于多长一只眼睛。"他自己就通晓五国外语。就是凭借着丰富的经验和渊博的才学，他培养出了一批又一批的高质量专业人才。对工作负责，对学生负责，是韩老多年来的一贯作风。

"我们国家不能再吃亏了"

韩老讲求教学效果，对资料的积累尤为注重。

他平反后进行的第一件事情，就是带领教师和学生千方百计地抢救残存的资料，别人出国，往往带回些生活用品，而韩老带回的，却只有大量的图书。

"57 年我在《光明日报》发表过一篇文章，其中提了这样一个建议：尽可能多搜集材料和案例，如果不能发表，就作为内部资料。法学不能为社会主义服务，理论脱离实际，就失去存在的意义。目前资料的缺乏和不足，严重影响着研究的深度和交流的广度，反过来又无法解决实际中出现的问题。我是搞国际私法的，比较偏重或说注意这方面的情况，涉外案件我们是赔过许多冤枉钱的。"韩老谈到这里，感慨不已。

他的感慨是很有道理的，通过与他的交谈和马克昌老师的介绍，我们了解到了这样一件事情：

前几年，我国有一批重点工程因故准备下马。为终止合同的问题，外商纷纷要求我方赔偿其"损失"。韩老等人接受了国务院有关部门的邀请，对所有的合同从法律角度进行了详细审定，最后在国务院有关部委的联席会议上发表了具有独到见解的意见。韩老认为，首先要从政治上和经济上考虑，对于那些我国长远经济建设所必需的项目，在国力许可的前提下，应尽量保留，不要轻易下马。否则今后还将重复耗费有限的外汇资金；其次，从法律上考虑，外商的要求也有不少不合法之处，一定要据法力争。为了使赔偿费用降到最低限度，他运用自己在国际私法方面深精的专业知识和长期积累的调查统计资料，提出了一系列具体的办法，例如：我方先行自估和计算有关的数额与数据，扣除对方未投、未损部分；分清责任，对方自行解决应承担的损失和风险；显失公平的合同，按公平、对等原则处理或不予承认；解决方式为"适当补偿"而非"赔偿全部损失"；必要时将合同纠纷交付国际仲裁。他的提议引起中央领导同志和有关部门的重视，同时对韩老的工作给予了高度的评价，并在原提议的基础上，通过进一步酝酿，拟定了解决方案。一位外国有关人士闻讯后，深表惊服，专程赴武汉拜访韩老。

对这件事，韩老闭口不谈自己的功绩，他只是说："像这样的涉外案件资料，有关部门应当很好地进行搜集、整理和编纂，其他案件也不例外。还要加紧制定有关的法规和培养大批专业人才。否则，还会出现更多的损失，我们的国家不能再吃亏了！"

"伟大国家的代表"

韩老对我国在经济上的损失深表痛心，对我国在国际上的地位也至为关切。他每次出国，都充分利用访问、开会和讲学的机会，向外国人民和海外侨胞宣传我国建设的新成就和社会主义制度的优越性。他向海外侨胞、外籍华人详尽地讲述国内的形势和政策，抨击国际上对我国的恶意诽谤，正确答复了包括某些不友好因素在内的诸多提问。听众对他精辟的论证深表叹服，更为他的真诚所感动。他竭尽全力去争取人们对中国的了解、支持和向往，他用自己的心去温暖游子的心。一些老朋友同情他过去的遭遇，劝他留在国外享受优厚的待遇，而韩老反而鼓励和邀请他们回故乡定居，看看祖国的今天和明天。

　　韩老以维护祖国尊严为己任，对损害中华人民共和国声誉的肇事者从不留情。他曾率代表团出席了在海牙召开的国际学术会议，会前，台湾代表有意制造事端，要求悬挂"中华民国"的"国旗"并要求在其代表徽章上标明"中华民国"字样。韩老知道后，立刻向会议主席声明：台湾是中华人民共和国的一个省，不得有这种标志出现在会议上。台湾代表的这一企图虽未得逞，但在第二天的会上，他们却进一步寻衅：所谓的"台湾首席代表"在朗读学术报告前加了个开场白，自称"是'中华民国'的代表，而且是第二次参加"这类会议。作为主席团成员的韩老马上予以回击——即席发言："众所周知，所谓的'中华民国'早已不被联合国承认，可偏偏现在又跳出个'代表'，我感到非常的惊讶：一个法律界的人士连这点起码的知识都没有？这不能不说是十分可笑的。我郑重提请主席团注意本次大会的议程和目的，同时也警告刚才这位发言人，如果执意做破坏会议的事情，必将给自己带来极不光彩的后果！"韩老的发言义正辞严，各国代表为他的浩然正气和语言艺术所慑服，全场掌声雷动，经久不息。那位所谓的"首席代表"面如土灰，满头冒汗，在这种热烈的气氛中仓惶退场，从此再未露面。韩教授就是以他这种真诚的爱国主义精神维护了中华人民共和国的荣誉和尊严，赢得了各国代表的一致赞扬和广泛支持。会议主席当即代表会议再一次向中国代表表示欢迎，掀动起全场的又一次热烈的掌声："中华人民共和国是伟大的国家，对维护世界和平和推动人类进步事业做出了伟大贡献。这样的国家派代表参加本届会议，我们感到大增光彩，万分荣幸！"

　　在韩德培教授的日记本上，录着这样的诗句："老牛明知夕阳短，不须扬鞭自奋蹄。"这诗句既是他的自勉，也是他为党为人民发奋工作的真实写照。他虽然身体不好，年事已高，但进取之心不泯。在前年春天出国讲学前夕，这位七十二岁高龄的老人向党组织表达了他蕴藏在内心已久的夙愿——郑重地递交了入党申请书。

　　尽管与韩先生只是短短的接触，我却被他的为人深深感动。我看到了这位爱国老知识分子的那颗赤诚的心。

　　　　　　　　　　　　　　本刊记者　陈　吾

老牛明知夕阳短，不用扬鞭自奋蹄

——记韩德培教授*

武汉大学法律系名誉主任、武汉大学国际法研究所所长、中国环境科学研究院武汉大学环境法研究所所长韩德培同志，是我国著名的老法学家。他还担任了全国政协委员、中国法学会理事、中国国际法学会理事、国务院经济法规研究中心顾问、国务院学位评定委员会法学、政治学评审组成员等职。

一、执著追求　赤心向党

韩德培同志对党、对人民、对社会主义祖国有着深厚的感情。1982 年 3 月 25 日，韩德培同志行将赴美讲学前夕，在北京向党组织递交了入党申请书。他在申请书中写道："粉碎'四人帮'后，经过拨乱反正，整个国家又重新走上了马列主义、毛泽东思想的正轨，进入了一个建设四化的新的历史时期。为了实现这一新时期的光荣而又艰巨的任务，更需要全国人民拥护和接受党的领导，加倍地同心协力，奋斗努力。我虽然已年过七十，但仍应争取在党的教育和领导下，在有生之年，加强学习，不断提高自己的共产主义觉悟，把自己培养成为无产阶级先锋队的一名战士。如果党接受我为一名党员，我将感到这是我一生中最大的荣幸，并将矢志不渝地遵守党章党纪，为实现社会主义和共产主义而奋斗终身。"

韩德培同志青年时代就在党的影响下开始学习马列主义和毛泽东同志的著作。他在哈佛大学留学时曾和进步同学一起组织进步会社，

* 本文原载《湖北社联通讯》1984 年第 9 期。

韩德培文集

学习、研究英文版的《共产党宣言》、《资本论》（第 1 卷）和《国家与革命》等马列著作，寻求光明和真理。他在美国接到赴旧金山出席联合国成立会议的董必武同志给他的复信，要他结合中国实际研究法学。就在那时，他就深深感到中国共产党了不起，一定能够领导中国走向光明。1945 年，他离美回国到武大任教后，支持革命的学生运动，参加党领导下的"新民主主义教育协会"，进行"保校护产"的斗争，迎来新中国的诞生。1953 年，他曾向党提出了入党申请书，希望成为一名光荣的共产党员。因此，韩德培同志在 1982 年赴美讲学前夕向党递交入党申请书，不是一件偶然的事，而是他蕴藏在内心已久的夙愿，是他从青年时代起追求真理，向往光明，不断学习马列主义、毛泽东思想，逐步树立共产主义世界观的必然结果，也是他作为一个正直、善良、有理想、有志气的知识分子的必然归宿。

1982 年 7 月党的十一届三中全会《决议》公布后，韩德培同志认真学习，并在谈自己学习《决议》的体会时，他寓意深刻地说："信仰就是力量。我今年七十岁了，从青年时代起，就是崇敬中国共产党和毛主席的；回顾这一生，对党、对毛主席、对社会主义的信念一直没有动摇。1957 年以后，风风雨雨二十年，经受了不少艰难困苦，但我坚信真理，向往光明，相信历史决不会嘲弄清白无辜的人，个人的挫折只是一种误会。……粉碎'四人帮'后，特别是三中全会以来，党采取果断措施，拨乱反正，三中全会的《决议》对建国以来党的若干历史问题作了全面、系统、准确的总结，不仅党从中得到了经验教训，就是个人的得失荣辱也可以从中得到答案。这就更加使我看到，中国共产党真是了不起，是完全可以信赖的！"这些肺腑之言是他几十年来经历、观察、体验而得出的科学结论，也是他不断学习、掌握马列主义、毛泽东思想，逐步树立共产主义世界观的表现。

韩德培同志对党信赖的一个突出表现，是他真挚地拥护党的三中全会确定的团结一致向前看的方针，从不计较个人恩怨得失，并用这一思想去诱导其他同志。他平常团结同志，平易近人，心直口快，作风正派，无论是对年老的同志，还是年轻的同志，都以礼相待，群众威信相当高。他时常协助党组织做群众的思想工作。

韩德培同志对党的信赖，表现得最正常、最具体的是他同法律系党总支的关系上。法律系党总支的成员虽多数是韩老师的学生，但他在和这些同志共事当中，从不以长者自居，而是谦逊待人，团结共事。作为系主任，他对系党总支是很尊重的。系里一切重大问题，他从不个人说了算，而是先找总支的同志进行充分的商量、取得一致的意见，才作出决定。他在系里主持召开的重要会议都要请总支的负责同志出席讲话。他外出开会回来，都无例外要向总支汇报。他出国讲学或参加其他国际学术活动，凡是时间较长的都要写信向总支汇报自己在外面的思想和工作情况。因此，韩德培同志在法律系和党组织的关系，是亲密无间、肝胆相照的。

1984 年 5 月，韩德培同志终于光荣加入了中国共产党，实现他多年来珍藏在心中的夙愿，决心为党和人民的事业尽自己的全部力量。

二、宵衣旰食　勤奋工作

韩德培同志对党交给的工作，总是兢兢业业去完成，正如他自己所自勉的那样："老牛明知夕阳短，不用扬鞭自奋蹄。"

1979 年，根据党的十一届三中全会关于发扬社会主义民主、健全社会主义法制的精神，校党委决定重建法律系，并委托韩德培同志负责筹备组的领导工作。他与其他同志到北京各有关单位去学习、走访和调查，经过周密的调查研究，从国家四化建设对法学教育的需要出发，结合我系现有教师队伍的状况，确定以国内经济法和国际私法为重点的建系方向。为了解决摆在他面前的师资不足和资料缺乏两个大问题，他和系里其他领导同志反复商量，一方面向社会招贤求士，另一方面，他自己带头招收研究生。在向社会求贤中，韩德培同志从不以老学者、老专家自居，经常亲自躬身下士，登门求贤，许多同志就是在他的这种精神感染下到我系来任教的。

韩德培教授对图书资料建设也很重视。建系初期，他不顾自己年老体弱，亲自带领教师和资料人员到校内早已打入"冷宫"的故纸堆里一本一本地进行清理，发现是法学图书的都调回系资料室供教学、科研用。1980 年，他去荷兰参加国际法学大会第二届会议时，就特意访问了国际法院负责人，并谈了资料交流问题，国际法院负责人表示同意给予资助。1981 年，他去乌拉圭参加联合国环境署召开的各国环境法学高级官员、专家会议时，会见了参加会议的欧洲环境法研究中心负责人，并商定今后进行广泛的学术交流。会议结束后，"对方"很快就给韩德培同志来信，并寄来了一套有关环境政策和环境法的参考书和缩微胶卷的资料。

韩德培教授还十分重视科研工作，他坚持法学研究必须为四化建设服务的方针。为解决国际法的科研方向，他曾多次到北京走访，征求中央有关业务部门意见，主持教师反复讨论，最后才确定国际法研究所的科研重点课题为："国际经济交往中的法律问题"。环境法研究所的科研重点课题为国家四化建设中的"环境立法、司法及其理论之研究"。

三、出洋讲学　饮誉海外

近几年来，韩德培教授除担负建系的领导工作外，还致力于国际法和其他法学的研究工作，并受国家的委派，先后三次出国参加国际学术活动和讲学。由于工作多，任务重，时间紧，他经常宵衣旰食，日夜奋战，有时候连生病、吃药、洗脚、吃饭之类的事都忘了。1981年初，他准备赴美讲学，夫人担心他身体不好，又不会安排自己的生活，不同意他去，但他想到这次赴美讲学，不是纯粹的学术活动，而是通过讲学介绍和宣传我国法制建设的真实情况，纠正和消除外国对我国法制建设的歪曲和误解，同时，通过这次讲学的机会，扩大武大法律系与美国各大学、法学院之间的联系，促进彼此间学术交流，提高我国和武大及其法律系在国际上的地位。他反复对夫人做说服工作，说明这次赴美讲学是国家任务，关系到国家和学校的信誉，个人困难算不了什么。最后，不仅他的夫人被说服了，而且得到了全家的热情支持。

他于1982年3月26日抵美后，除主要在斯诺基金会密苏里大学讲学外，还应邀到11个州、19所大学法学院和部分法学团体，进行访问、讲学或讲演，大大地超过了原定的讲学计划，圆满地完成了讲学的任务，达到了宣传我国法制建设，促进两国学术交流和扩大我校在国外影响的预期目的。由于活动过多，劳累过度，他于7月30日病了，第二天在美国医院动了脑手术。在美国医务人员的精心治疗和美国各界人士的关怀下，他身体已经康复，并于 9 月 16 日由美国回到北京，9 月 21 日安全回到学校。

　　1981 年 10 月他去乌拉圭首都蒙得维的亚参加联合国环境署召开的各国环境法学高级官员、专家会议时，由于得到通知的时间晚，准备时间短，而联合国环境规划署寄来一大批英文文件都是为那次会议做准备的，非看不可。因此，他就不分昼夜地挤时间，病倒了还坚持靠在床头上看，最后终于仔细地把那堆文件看完了，连其中一个可看可不看的附件，他不仅没有放过，而且还把它当作一个重要问题，把环境法研究所的全体同志召集来专门进行讨论，掌握了所要求的第一手资料。

　　1982 年 3 月，应斯诺基金会特邀，他以 1981～1982 年埃德加·斯诺基金会法学教授和富布赖特基金会亚洲住留学者的身份前往美国堪萨斯市密苏里大学作为期三个月的讲学。为了做到"知己知彼"和"有的放矢"，他亲自查阅国内外大量的报刊资料，了解国外对我国法制建设的各种反映和评论，在政治和业务方面都进行了充分的准备。由于准备工作做得很认真、细致和周密，他这次在美国讲学很成功，效果好、影响大，所到之处，都博得很好的赞誉。9 月 22 日，密苏里大学学术事务副校长亨利·A·密切尔在给我国教育部外事局副局长胡守鑫同志的感谢信中说："我衷心感谢您的大力帮助——推荐韩主任为我们的教授，他在我国的短暂时间里访问了 20 多个单位。凡是他去过的地方，那些有幸见到他的人都着了迷。韩教授在促进了解当前中国法律工作的趋势方面作了很大的贡献。我听过他几次讲学，他的讲学受到了教育工作者和法律专业人员的热烈欢迎。韩主任确实是一位良好意愿的使者，他很好地介绍了他祖国的情况，他在加强我们两个伟大国家和两国伟大人民之间的挚诚关系中起了重大作用。"韩德培同志在美国期间，堪萨斯市市长还作出决定，授予他为堪萨斯市的"荣誉市民"称号，送给他一把钥匙和一张堪萨斯市地图。

四、胸怀中华　为国争光

　　韩德培同志讲学的一个突出特点是：不图虚名，讲究实效，面向实践，使法学教学研究为四化建设服务。1981 年，他应国务院有关部门的邀请，会同李双元等同志写了《关于终止若干合同所涉及的法律问题的几点意见》的咨询文稿，本来不打算发表，但后来上海社会科学院法学研究所把它公开发表了。这篇文章由于论据很充分，一经公开发表便立即对我国和外国之间的经济交往产生了直接而重要的影响，因此引起国内外的普遍重视。根据咨询意见，在对外谈判中，为国家节省了原拟赔偿的若干亿美金。教育部的一位负责同志在一次会议上再次肯定了韩德培等同志的这篇文章，指出它是我国社会科学为社会主义现代化建设服务的一个生动典型。联邦德国某公司的法律顾问访华时特意来我校访问韩德培同志，赞扬了这篇文章。

韩德培同志是一位国际法专家，他在当前纷繁复杂的国际形势下参加国际间的法学学术活动，无论在什么场合，他都以自己的业务知识为手段，机智谋略地贯彻执行党和国家对外关系的路线、方针、政策，自觉地维护我们国家的尊严，为祖国争光。

1980 年 9 月，韩德培同志奉命率领我国法学代表团去荷兰阿姆斯特丹参加第二次国际法学大会时，正是里根竞选美国总统，到处发表支持台湾蒋帮政权的竞选演说之际，台湾当局利用了这个形势，也派出了一个所谓的"中华民国代表团"去阿姆斯特丹参加会议。面对这种局势，韩德培同志在我驻荷兰使馆的帮助下，组织代表团同志广泛接触与会各国代表，特别是对大会主持人马穆博士进行了两次访问，既摸清了台湾人员的情况和他们参加会议的政治目的，同时又争取了马穆博士对我们代表团的支持。另外，他还根据中央对台学者有关政策，主动地和台湾人员接触。在接触和交谈中，他委婉地向他们晓明大义，启发他们不要做不利于祖国统一的事。但是，他们执意不听，一个叫吕光的"部长级"代表在大会发言时，露骨地提出所谓"中华民国"的问题。这时候，韩德培同志立刻征得大会主持人马穆博士的同意，在主席台上针对吕光的发言，即席作了一个严正而有力的声明："中华人民共和国政府是全世界公认的中国惟一合法政府，台湾是中国不可分割的一部分，那个海岛上的所谓政权，早已为中国人民所唾弃，只不过是一座空中楼阁。现竟有人妄图否认这一历史事实，真是螳臂挡车，太不自量。"会场上立即爆发出一片热烈的掌声。接着，马穆博士也走到讲台上郑重地说："中华人民共和国是全世界公认的伟大国家，对维护世界和平和推动世界进步事业作出了伟大的贡献。本届会议有中华人民共和国的代表参加是大会深感荣幸的。"马穆博士的发言，又一次博得大会的掌声，从而宣告了台湾人员的如意算盘彻底破产。坐在台下第一排的吕光，在休会喝茶时便偷偷溜走，从此再也没有在会场上露面。

1981年10月在乌拉圭首都蒙得维的亚召开的各国环境法高级官员和专家会议上，在讨论到关于有毒和危害废弃物的运输、利用和管理问题时，争论比较激烈。日本代表对这个问题本身提出了反对，认为这里所指的有毒和危险物究竟指什么而言，很不明确。其他国家的代表都表示支持原来的提法。不过在讨论到应采取什么对策时，意见就不一致了。这个问题的实质是先进的工业国家把本国有放射性的废弃物运到别国处理，对发展中国家实行污染转嫁。韩德培同志针对这一情况，在会上作了一个发言，提出两点意见要求大会必须加以考虑：一是必须保证这些废弃物的运输利用和处理，采取在环境方面属于安全可靠的方式；二是必须保证对那些有可能受害的国家及时给予这方面的情报。他的这个发言，维护了发展中国家人民的利益，表达了这些国家代表的心声，体现了我国团结第三世界的政策。

韩德培同志在参加国际学术活动中，经常通过介绍我国法制建设的机会，宣传我国的对外政策，促进我国和外国之间的经济、文化交流。在他心中时时刻刻都有祖国，时时刻刻都在自觉运用自己的知识与智慧来为四化建设服务，来为祖国争光。

多为新中国培育法学人才*
——访著名法学家韩德培教授

　　阳光映着灰白色的树枝，泛起银辉。层林中的腊梅，幽香暗送。春节前的一天，我访问了武汉大学法律系名誉主任，国务院学位委员会学科评议组成员韩德培教授。

　　韩教授把我让进书房。被书架包围的书桌上，书籍、手稿和各种材料"重峦叠嶂"，中间的一小块"盆地"，摊开一本崭新的《国际私法》，字里行间，批着蝇头小字。

　　韩教授告诉我，他主编的这本书去年9月出版发行，现已销售一空。应新华书店的要求准备重版，他正在审阅、修改。

　　"什么时候审完呢？"看着这本35万字的教材，我问。

　　"月底吧。"他答道。

　　韩教授脑部动过手术，能胜任这样紧张的工作？他似乎看出我的心事，解释说，外交部有关单位和一些大专院校纷纷来函订购，得赶快重印。

　　韩教授感慨地说："现在，从全国看，蒸蒸日上，累点，也要争取多做些事。过去多少年，没有这么好的机会……"

　　往事在他的脑海里重现。

　　早年，韩德培教授在哈佛大学专攻法律。1945年董必武同志赴美出席联合国筹备会议，他给董老写信求教，董老在复信中勉励他结合中国实际研究法学。追求进步的韩德培心中泛起涟漪。他相信，重视科学的中国共产党一定能把祖国引向光明。

　　1946年，他学成回国，到武汉大学任教。翌年，担任了法律系

　　＊ 本文原载《长江日报》1984年2月8日第1~2版。

主任。

50年代，百废俱兴。韩德培教授挑起系主任和学校教务长两副担子，不知疲倦地工作。每当学校放假，他不是主持招生工作，就是深入各地调查，物色优秀人才。他牢记董老的嘱托，为新中国培育法学人才。

可是，1958年，武大法律系停办了，聊以自慰的是还让他走上讲台，改行教外语。十年内乱，法学家也不能免于浩劫。他离开学校，下放劳动。

坎坷的道路，无异于交纳昂贵的学费，从反面教育人们：民主与法制不可偏废！

1979年，韩德培教授受托筹办武大法律系，多年来凝聚在他身上的力量，焕发出光和热。他躬身"下士"，聘请教师。冬天不顾满天大雪，登门求贤。他和教师一道钻进故书堆里，一本一本地清理出一大堆资料……只用一年时间筹备，1980年法律系开始招生了。

韩教授并不满足，他遵照董老的嘱托，用四化建设需要的尺子检验自己的工作。多少年来，闭关锁国，法律虚无，国计民生，倍受损失，要让法学教育为四化服务，必须打开国际间学术交流的门户。

出国是一般人向往的美差，在韩教授家却成了伤脑筋的难题。

1982年，美国密苏里大学邀请韩教授前往讲学四个月。他夫人闻讯，极力反对，理由相当充分：1980年和1981年他出国参加会议之前，总是因准备出国劳累过度病倒了；他工作起来，什么生病、吃药、吃饭全不在意，年过七十的人，长期这样怎受得了？

韩教授的论据更加有力：在荷兰的国际法学大会上，他驳斥了台湾某代表的谰言，申明中国人民的意愿，赢得各国代表的赞赏；在乌拉圭的环境法学会议上，他结识了一大批朋友，沟通了学术交流的渠道。他反复说服夫人："赴美讲学，关系到国家、学校的信誉，个人困难算不了什么！"

韩教授从3月26日赴美，足迹遍及11个州。除在密苏里大学讲学外，还到19个大学和部分法学团体访问、讲学或讲演。他用雄辩的事实，消除外国人对我国法制建设的误解和歪曲；他用真诚的友谊扩大和国外的学术交流。密苏里大学副校长写信给我国教育部称赞韩教授："他的讲学受到教育工作者和法律专业人员的欢迎……他在加强我们两个伟大国家和两个伟大人民之间的诚挚关系中起了重大作用。"

7月30日他真的病倒了。住进医院，动了两次脑手术，于9月15日回国。

学校领导劝他住院疗养，他婉言谢绝，要求在家休息。遵医生嘱咐，门口贴起了"谢绝会客"的条子。外界的"干扰"少了，在病床上，他编审起《国际私法》的书稿。

他夫人急了，不得不干预。老教授使用了游击战术。后来身体稍好，他撕掉了门口的纸条，又"日夜兼程"。韩教授掐着指头算了算，去年到外地开了三次会议，每次差不多近一个月。其余时间几乎全花在编书、接待求教的学生和为本校和校外教师审校论文上。他随手翻动桌子上的"山峦"，几乎都是送来请他审阅的教学大纲、讲义、论文。

"这么多，要花不少时间吧?"我问。

"我有个自找麻烦的习惯，不看则已，看起来还要把有些引文的出处查一查，可费事哩。"

他笑了笑，又说："过了春节，我就七十三了。我想多做点扶持中青年的工作。现在力不从心，身体好些，还想讲点课。"老教授慈祥的眼睛放出光彩。

不知不觉，快两小时了。我不忍再占韩教授宝贵的时间，起身告辞。挂在墙上的一幅《八骏图》闯入我的眼帘，使我产生了联想：这群奔腾不息的骏马，不正是韩德培教授精神风貌的写照么?!

　　　　　　　　　　　　　　本报记者　谢昭良

信仰就是力量

——访武汉大学法律系教授韩德培*

　　樱花盛开时节，记者来到珞珈山麓，访问了我国著名的国际法专家、武汉大学法律系名誉主任韩德培教授。

　　年逾古稀的韩教授，不仅在法学研究上有很高造诣，而且致力于研究法学如何为四化建设服务的问题。近年来，他经常参加国际间的法学学术活动，无论在什么场合，都以自己的业务知识为手段，机智策略地贯彻执行国家对外的路线、方针、政策，自觉地维护我国的尊严。他和武汉大学副教授李双元等合写的《关于终止若干合同所涉及的法律问题的几点意见》，被国家进出口委技术引进局采纳，使国家在处理涉外经济合同中，收到了很好的经济效益。最近，这篇论文被评为我省社会科学优秀成果一等奖。

　　是什么力量支配他这样做？韩教授不假思索地说："信仰就是力量！"他告诉记者，早在青年时代，他就在党的影响下开始学习马克思主义和毛泽东的文章。他在哈佛大学留学时，曾和进步同学一起组织进步会社，学习、研究英文版的《新民主主义论》，认识到只有社会主义才是中国的唯一出路；他接到出席联大筹备会议的董必武同志在纽约给他的复信，要他结合中国实际研究法学时，就深深感到中国共产党了不起，一定能够领导中国走向光明的前途。他到武大任教期间，支持革命的学生运动，参加党领导下的"新民主主义教育协会"，进行"保校护产"的斗争，迎来了新中国的诞生。1956年，他向党提出了入党申请，从此始终不渝地追求党。

　　"信仰能使人在困难的时候看到光明。"韩教授回顾了自己在

＊ 本文原载中共湖北省委主办《党员生活》1985年第5期。

436

韩德培文集

1957 年被错划成右派，下放劳动，经受过许多艰难困苦的经历后，感慨地说，"那时有人担心我会自杀的，但我没有这样做。我坚信真理，向往光明，对党、对毛主席，对社会主义的信念，一直没有动摇。我相信历史决不会嘲弄清白无辜的人，个人的挫折只是一种误会，事实不就证明了这一点吗？"

党的十一届三中全会以后，韩教授更加信赖党，更加坚定了共产主义信念。他在恢复工作后，总是严格按党员的标准要求自己，毫不计较个人恩怨得失。他作为系主任，对系党总支是很尊重的，系里的一切重大问题，他从不个人说了算，而是先找总支的同志商量。有时外出开会回来，都无例外要向总支汇报，有时出国时间较长，他就写信向党总支汇报自己在外面的思想、生活和工作情况。他和系党组织是亲密无间，肝胆相照的。

1980 年 9 月，韩教授在荷兰参加第二次国际法学大会时，正值里根竞选美国总统、到处发表支持台湾当局的竞选演说之际，他针对"中华民国"代表有关"两个中国"问题的发言，即席作了严正有力的声明："中华人民共和国政府是全世界公认的中国惟一的合法政府，台湾是中国不可分割的一部分"。会场上立即爆发出热烈的掌声，把台湾当局派去的代表搞得啼笑皆非，溜之夭夭。

近年来，韩教授在国内外法学界的声誉越来越高。1982 年，他应邀到美国密苏里大学讲学，并到美国 11 个州、19 所大学法学院和部分法学团体进行了访问、讲学或讲演，所到之处，都博得了很高赞誉。密苏里大学学术事务副校长在给我国教育部外事局一位负责人的信中说："我衷心感谢您的大力帮助——推荐韩主任为我们的教授，他在我国的短暂时间里访问了 20 多个单位，凡是他去过的地方，那些有幸见到他的人都着了迷……韩主任确实是一位良好意愿的使者，他很好地介绍了他祖国的情况，他在加强我们两个伟大国家和两国伟大人民之间的诚挚关系中起了重大作用。"然而，韩教授却把这一切都看成是祖国的荣誉。在美国讲学期间，不少同学、友人劝他留在美国，但他都谢绝了，毅然回到了母亲的怀抱。他说，他的"根"在祖国，应该在祖国发芽，开花，结果。

1984 年 5 月，韩教授终于光荣地加入了中国共产党，实现了多年来执著追求的夙愿。他又有了新的起点。他虽年事已高，但却以"老牛明知夕阳短，不用扬鞭自奋蹄"来激励自己，决心为党和人民的事业尽自己的全部力量。他最后对记者说，他今后要抓紧培养国家急需的法学人才，努力使法学更好地为四化建设服务。

孙　宇

春风吹来的时候

——访著名法学家韩德培教授*

　　在腊梅吐香的二月，我乘着早春的风，带着读者的愿望，前往武汉大学采访了著名法学家韩德培教授。

　　这次采访十分唐突，事先我没来得及征求韩老的意见。然而，身患疾病的韩老并不介意，十分热情地接待了我。当我说明来意，请韩老谈谈对五年内普及法律常识的看法时，韩老不顾病体虚弱，兴致勃勃地畅谈了党的十一届三中全会以来法制建设的成就。韩老指出，目前法制观念在一部分人身上，甚至在领导干部身上仍没有真正树立起来，认为法律可尊重、可不尊重的现象还很严重。讲到这里，韩老痛心地列举了几个因不懂法而造成严重后果的事例。他说："我们不但要对违法犯罪分子做到有法必依、执法必严，而且还要釜底抽薪，深入、广泛地开展法制教育工作，在全体公民中普及法律常识。"他还反复强调："普及法律常识，首先要解决领导干部知法、懂法、守法问题，干部树立了榜样，群众就会照着办。抓好领导干部的法制教育工作，是五年内普及法律常识的关键。"从韩老急切的语气、激动的神情、坚决的手势中，我看到了老一辈法学家的希望和决心，感受到了普及法律常识之春风的力量。

　　"搞好普及法律常识的工作，领导干部首先要解决思想认识问题，把这项工作真正落到实处，既要重视，又要注意解决一些具体问题，如法制教育的师资不够，资料不足等问题。"韩老侃侃而谈，深邃明亮的眼睛里闪烁着智慧和思想活力的光芒。"学校、家庭、社会要密切配合，学校从小学起就应设置法制课程，从小培养学生的法律

---

　　* 本文原载《湖北法制报》1985 年 2 月 28 日第 1 版。

意识；家庭里，父母应是孩子们知法、懂法、守法的楷模；社会各团体、各部门要把宣传法律知识作为本身的义务。只有整个社会动员起来，普及法律常识的目的才能达到。"韩老还呼吁有关部门重视法制方面通俗读物和法规单行本的出版、印刷工作，尽快解决买法制书籍难的问题。

时间一分一秒地过去了，暮霭已悄悄在珞珈山的树梢草尖降落。然而，七十四岁高龄的韩老仍然精神矍然，没有一丝倦意。作为全国政协委员、全国法学会理事、全国经济法规研究中心顾问、武汉大学国际法研究所和环境保护法研究所所长，韩老肩负法制建设的重任。但是，百忙之中的韩老仍十分关心我们法制报的建设。当韩老听到我说本报的基本方针是面向农村、面向基层时，韩老高兴得神采飞扬，连连点头称赞好、好、好！韩老说："农村和基层单位都很需要法律知识，你们把普及法律常识的工作做到了这一步，很好、很好！"韩老还说，"在普及法律常识的过程中，法制报的作用是很重要的。你们要把报纸办得通俗一些，不要太深，要适应一般读者，对于违法现象也要随时予以揭露，以教育广大人民群众自觉维护法律的尊严。"最后，韩老笑着对我说："将来普及法律常识的成果里也有你们的一份功劳呵！"

本报记者　胡　芳

"一国两制" 合国情　顺民意[*]
——访武汉大学国际法研究所所长韩德培教授

　　"'一国两制'构想的提出，既要有高度的战略眼光，又要有超人的胆略。这是一大创举，具有深远的意义。"正在北京参加六届政协三次会议的著名法学家、武汉大学国际法研究所所长韩德培教授，在接受记者采访时畅谈了他的感受。

　　韩德培教授认为，小平同志提出的"一个国家，两种制度"的构想，是一个意义非常重大的构想。根据"一国两制"的构想，香港问题得到了圆满解决，它出乎很多人的意料，赢得了国内外各界人士的普遍赞扬。

　　韩德培教授说，这个构想在国家制度的理论上是一个创新，一大突破，也是对马克思主义理论的新的发展。香港问题圆满解决，对台湾回归祖国将产生重大的影响。前几年，我在美国讲学期间，访问了十几所大学，接触了许多在美国工作和留学的台湾籍同胞。在交谈中，他们希望祖国强盛，向往祖国统一，但也存在着一些疑虑。现在，香港问题顺利解决了，这将更好地消除他们的疑虑。祖国统一是人心所向，大势所趋。

　　在谈话中，韩教授强调指出："'一国两制'为国际上提供了解决历史遗留问题的一个范例。对于理论工作者来说，这一构想是一个很有价值的题目，需要更全面地、更深入地进行研究、探讨，遗憾的是，现在这样的文章还不多见。我曾建议我的学生从理论上、实践上对这个问题进行系统的分析和论证。我觉得，这种研究很有必要。"

　　记者对韩教授的采访是在小组讨论会的间隙进行的。韩教授告诉

＊　本文原载《经济日报》1985 年 4 月 6 日第 3 版。

记者，在上午的讨论会上，委员们踊跃发言，气氛活跃。他说："我在小组会上谈了两点感受。一是关于'一国两制'和香港问题，二是关于经济改革中的法制建设问题。"在政协大会前夕，韩德培教授参加了政协组织的对武汉经济体制改革的考察。他说："改革的形势很好。我们要注意到，在搞活经济的同时，不能放松管理。要纠正新的不正之风，保证改革的顺利进行，既要靠行政手段、经济手段，还要靠法律手段。要'三管齐下'。行政手段、经济手段也要规范化，这实际上也是法律手段。在对外开放方面，同样有一个加强法制建设的问题。首先，立法要抓紧。特区建设搞了几年，效果、反映都很好，但我们还没有经济特区法。目前我们尚缺少一些必要的法律。如果我们的法律比较完善，人家来投资就更放心了。二是人才问题。有了法律，还要有懂法的人才。现在我们懂法、特别是懂国际法的人太少，这和当前对外开放的形势很不适应。法律人才的培养和储备，应该引起我们的高度重视。"

韩德培教授兼任武汉大学法律系名誉主任，同时领导着我国目前惟一的一个环境法研究所，近年来为培养高级法律人才做出了贡献。他说："我带的博士研究生和硕士研究生，一毕业，各方面都争着要，成了'抢手货'，有的单位还找我们'开后门'哩！"说到这里，这位74岁的老人爽朗一笑，显得那么高兴，那么自豪！

本报记者　张曙红

国际私法与对外开放*
——访著名法学家韩德培教授

　　花溪的 8 月，秋意渐浓，我们怀着十分崇敬的心情，走访了我国著名的法学家、武汉大学国际法研究所所长韩德培教授。

　　韩老先生已逾古稀之年，是我国法学界的老前辈。他毕生从事国际私法的理论研究工作，在国内外享有很高的声誉。近几年来，作为外经贸部法律顾问，韩老参与了国家许多涉外经济、民事法律工作，被国务院领导同志誉为"国之瑰宝"。这次他以七十岁的高龄来到贵州，参加并主持在这里召开的建国以来第一次全国国际私法学术讨论会。

中国必须对外开放　开放必须有法律保护

　　韩老谈兴很浓，他刚从老同学徐采栋副省长家作客回来，又会见了一批在贵州工作的学生，很是高兴。他说，对外开放是我国经济发展的需要，"我国经济从总体来讲，比先进国家落后了三十年到五十年，尤其是科学技术"，要缩短与先进国家间的差距，就需要搞对外开放，引进技术和资金。韩老认为，应该把中国经济看作是世界经济的一部分，中国的经济发展要跳出中国这个小圈子，纳入世界经济发展的轨道。过去我们搞闭关锁国，经济的发展受到限制。国际私法是为开放服务的，旧中国帝国主义国家搞领事裁判权，中国主权不完整，在和外国的经济和民事交往中没有平等可言，法律也不起作用。新中国不同了，新中国是独立和强大的，我们以平等的主权国家的资

***

＊ 本文原载《贵州大学学报》1985 年 10 月 1 日第 4 版。

格和外国打交道、做生意，国际私法在对外开放中就能起到保证作用。我们还要加强对国际投资法、国际贸易法和外国民商法等学科的理论研究，运用法律手段维护我们的合法权益，促进对外开放的顺利进行。

经济法制工作要继续加强

　　谈到我国涉外法律的建设时，韩老欣慰地说，近几年来，随着中央对内搞活经济，对外开放方针的贯彻实施，经济建设上去了，法制建设也跟了上去。在调整涉外民事关系方面，立法机关先后制定并颁行了《中外合资经营企业法》、《涉外经济合同法》、《中外合资经营企业所得税法》等法规，经过审查，又参加了《保护知识产权的巴黎公约》等国际条约，逐渐做到了有法可依。韩老认为，近几年的立法工作总的说来进展很快，但还不够，现有的法律还难以适应对外开放形势的需要，同时，已经颁行的法律由于多方面的原因，有的也需要修改，以适应不断变化的国际形势的需要。所以，立法工作还需要进一步加强。

　　话题转到几年来出现的有的单位和个人在对外经济技术交流和贸易活动中不按已有的法律办事，而是凭长官意志、主观臆断解决涉外经济中的法律问题，以致给国家带来政治上和经济上的极大损失时，韩老特别强调说，对外开放中，只有立法是远远不够的，关键是要守法。我们一些搞对外贸易的同志，在订约和履约时往往不按已有的法律办事，一是不信守合同，以大量的外汇去偿付违约金和损失费，一是在发生纠纷时不懂得运用法律维护己方的合法权益。有的主管干部甚而收受贿赂，对合同不进行认真的审查，发生纠纷时又无原则地"赔偿"，大慷国家之慨，既使我国的经济建设事业受到损害，又丧失了我国法律的尊严。韩老指出，这种风气必须从根本上改变，否则不能保证我国调整涉外民事关系的法律得到贯彻实施。

培养和造就一大批专门法律人才

　　韩老回顾了建国以来法制建设的历史后，他感慨地说，我国几千年来人治思想影响很深，法治观念今天在部分人中，特别在部分干部中还未确立，直接影响了中央依法治国和对外开放的宏业。要改变这种状况，解决的办法是，一要加强国际私法专门人才的培训，培养和造就一大批专门的法律人才，用懂行的人才充实对外经济部门；二是要普及法律知识，使有关部门的领导干部都懂一点国际私法，避免瞎指挥。同时，韩老认为，在对外开放中，应该充分发挥法律研究部门和教学部门的作用，发挥它们的人才优势。实际工作部门和理论机构要建立密切的联系。这样，既能为实际工作部门的对外开放工作提供法律服务，又能使科研和教学部门的工作与实践相结合，相得益彰，共同发展，以此来保证对外开放的顺利进行。

当笔者讲到，到目前为止，有的同志对外国法在社会主义中国的适用仍持怀疑甚至否定态度时，韩老再次强调说，这种观点实质上是闭关自守思想在法律上的反映。当今世界，不同社会制度、不同法律传统、不同法律体系的国家的共存已经是一个历史现实，各国间在民事交往中必然涉及法律冲突和相互适用，如外国自然人的法律地位、外国公司的法律地位、结婚法律冲突等都涉及法律适用的问题，我们适用外国法是以不损害我国根本利益和对等为前提的，一味否认外国法在中国的适用，从根本上不利于加强我国同世界各国的经济联系和民事交往，不利于对外开放。几十年的经济和法律实践表明，外国法在本国的适用不仅是必要的，有时甚至是必须的。正因为如此，韩老说，国际私法理论研究的加强和法律知识的普及更是当务之急。

韩老侃侃而谈，原定的时间早已一次又一次超过。为了不影响韩老休息，我们起身和韩老惜别。韩老欣慰地告诉笔者，在国际私法领域已经涌现出一批堪当重任的新秀。韩老殷切期望青年一代中有更多的人参加国际私法理论研究工作，把我国国际私法的理论水平提高一大步，为四化建设做出更大的贡献。

贵州大学法律系讲师　李汉宇

著名法学家、教育家韩德培教授[*]

韩德培教授祖籍南京，1911 年出生于江苏省如皋县。他六岁开始就学，曾在浙江大学史政系学习半年，后转入中央大学法律系，1934 年毕业，获得法学士学位。毕业后留校作过几年教学和学报编辑工作。1939 年考取中央庚款出国研究生，在加拿大多伦多大学研究国际私法，获得硕士学位。1942 年从加拿大转往美国哈佛大学，除继续研究国际私法外，还比较广泛地研究国际公法与法理学，直至大战结束。1945 年底从美国回到祖国，应周鲠生校长之聘，任武汉大学法律系教授，继而担任法律系主任。

新中国成立后，韩德培先生除继续任武大法律系教授、系主任外，又出任武大校委会常委兼副秘书长、副教务长。1952 年高校院系调整，他参加制定中南区高校院系调整规划。由于他在教学改革中做了大量工作，曾被选为武汉市教育工作者劳动模范。

韩德培先生是武大具有五十多年教龄的老教授之一。现在担任武大法学院教授、名誉院长、博士研究生导师、国际法研究所所长、国家环境保护局与武大合办的环境法研究所所长、国务院学位委员会法学评议组成员、中国国际法学会副会长、中国法学会顾问、中国经济法研究会顾问、《中国大百科全书（法学卷）》编委、湖北省法学会名誉会长、中国国际私法研究会会长等职。韩教授从 1979 年起，招收和指导硕士研究生，从 1984 年起，又招收和指导博士研究生。韩教授除从事教学研究外，还积极参加社会活动，先后担任湖北省第五届政协委员、九三学社中央委员会顾问、参议、全国政协第六届和第

＊ 本文原载《武汉大学学报》（社会科学版）1986 年第 2 期；转载《环境法》杂志，1986 年第 3 期。

七届委员。

　　韩教授是我国著名的法学家，1984 年出版的《中国大百科全书（法学卷）》里，将他作为《当代中国的法学人物》之一立有专条。韩教授又是具有国际影响的国际法和环境法专家。近几年来，他先后多次出国参加国际性学术会议和讲学。1980 年赴荷兰首都阿姆斯特丹，出席国际性法学会议，在大会上宣读了题为《中国正在加强社会主义法制》的论文，并与台湾的代表展开针锋相对的斗争。1981年赴南美乌拉圭首都蒙得维的亚，参加联合国环境规划署召开的"环境法高级官员与专家会议"。1982 年应美国埃德加·斯诺纪念基金会的邀请，以法学客座教授和富布莱特亚洲学者身份，前往美国密苏里大学和其他十几所大学讲学。密苏里州堪萨斯市市长授予他"荣誉市民"称号。1984 年赴日本东京参加联合国亚太经社理事会召开的"环境与发展的立法与制度会议"，在大会上介绍了我国近年对环境保护所采取的重要政策和措施。1985 年又应邀去美国参加国际性的大气污染控制协会年会。由于韩教授在国际性学术活动中作出了重要贡献，受到许多国家专家们的赞赏，先后被选为国际环境和自然保护联合会、环境法与政策及管理委员会、世界城市与区域计划学会理事，纪念埃德加·斯诺基金委员会委员等。

　　韩教授自幼刻苦学习，受过严格的训练，基础扎实。在加拿大留学时，他的硕士论文《国际私法中的实质与程序问题》，得到著名导师汉考克教授的高度赞赏。在回国以前，他还先后写有评介法国 L·狄骥的社会连带关系说，奥地利 H·凯尔森（后加入美国籍）的纯粹法学，美国 R·庞德的社会法学派学说等论文。回国后，针对当时国民党政府的法西斯专政，曾发表《我们所需要的法治》、《评中美商约中的移民条款》、《评现行出版法》、《征用豪门富室在国外的财产》等重要文章。写这些具有学术性和政治性的文章，不仅要有渊博的学识，而且还要有无私无畏的胆略和勇气。1948 年韩教授在武大学报上发表了著名学术论文《国际私法上的反致问题》（载《武汉大学社会科学季刊》，1948 年第 9 卷第 1 号），受到国内外学者的赞赏和重视。

　　建国初期，韩教授一直忙于教务和社会活动，当时他经常作一些全校性的大报告，深受师生们的欢迎与好评。不料 1957 年竟无辜遭受不白之冤。党的十一届三中全会以后，韩教授积极恢复法律系，筹建国际法研究所。他高瞻远瞩，较早地认识到保护环境在四化建设中的重要性，积极筹建环境法研究所。在韩教授的带动下，在国家环境保护局和武大领导的支持下，终于创办了我国第一个环境法研究所。与此同时，他继续勤奋研究和写作，先后写了《关于终止若干合同所涉及的一些法律问题》（载《社会科学》1981年第4期）（被评获湖北省社会科学一等奖）；《应该重视对冲突法的研究》（载《武汉大学学报》1983年第6期；《中国法学文辑》第1辑，1984年9月，法律出版社出版）；《运用法律手段管理经济》（载《武汉大学学报》1985年第5期）；《国际私法的晚近发展趋势》（载《中国国际法年刊》1988年）及《论我国的区际法律冲突问题》（载《中国法学》1988年第6期）等重要论文。不久前，韩教授针对一小伙"台独"分子叫嚷台湾独立分裂祖国的阴谋活动，在《瞭望》杂志海外版上发表了题为《评"台湾前途自决"论》的文章（载《瞭望周刊》海外版，1985年第4期）。他旁征博引，从历史、政治和法律的不同角度，分别论证台湾必须回归祖国，以及实行"一国两制"和平解决祖国统一问题的可行性，受到有关部门和海外读者的重视与好评。

近几年来，韩教授著书立说，1983年主编的《国际私法》（武汉大学出版社）作为高等院校的法学教材，曾获得国家级优秀教材奖，已先后印刷三次，现经修订后，将作第四次印刷。1986年又主编《环境保护法教程》（法律出版社）一书，也是高等院校法学教材之一，也已印刷三次，即将作第四次印刷。在他的主持下，还承担了《中国环境法的理论与实践》一书的主编工作，这是我国"六五"规划中的重要科研项目之一。韩教授在美国讲学期间，与美国西北大学法学院院长S·肯特教授合作，写了题为《中国的法律教育》的长篇英文论文，发表在著名的法学刊物《美国比较法季刊》上，受到许多国家法学家的重视与好评。此外，韩教授负责将我国著名的马克思主义理论家、中国共产党创始人之一李达同志的遗著《法理学大纲》整理出版，并为该书写了序言。李达同志这本著作是我国法学界的一份很可贵的遗产。

韩教授治学严谨，通晓多种外语。他思维敏捷，有独特见解。对中国的国际私法，他主张适当扩大研究范围，将调整国际经济贸易关系的某些国际统一实体法也包括进国际私法的范围，同时强调应继续重视和加强对冲突法的研究。对环境法，他主张从中国的实际出发，结合四化建设，逐步建立中国环境法体系。他还强调要十分重视运用法律手段，严格执法，才能达到保护环境造福人民的目的。他还主张要加强对经济法的研究，充分发挥经济法在四化建设中的重要作用，为建立我国经济法体系作出应有的贡献。

韩教授注重理论联系实际，他积极为政府有关部门提供咨询意见，并取得突出成绩。前几年有一些重点工程因故准备下马，外商以终止合同为由，向我方索赔。韩教授接受国务院有关部门的邀请，从法律角度对合同进行详细审查，提出了具体建议，受到政府有关部门的重视，也为外商所接受，因而使国家避免了巨大的经济损失，受到中央领导同志的表扬。最近韩教授对"对外实行开放，对内搞活经济"这一方针，从理论和实践上进行考查，在学校里作了《对外开放的政策和法律问题》的专题报告，受到法学院和其他院系师生的热烈欢迎与好评。

韩教授是一位坚定的爱国主义者和共产主义者。早在中学时代就爱读进步书刊，在大学时期读了英文版的《共产党宣言》、《国家与革命》、《资本论》第一卷以及《马克思传》等书，思想比较进步。1945 年董必武同志到美国参加联合国筹备会议，韩教授当时还在美国，出于对共产党的热爱和对董老的敬仰，给董老写了一封信，董老很赞赏，并亲自写了回信。从此，韩教授与董老结下了深厚的友谊。

韩教授深切关怀祖国的命运，在解放战争时期，他衷心拥护共产党，反对国民党的法西斯独裁统治。1947 年国民党出动大批军警，在各地镇压学生运动，他就草拟《对当前学生运动的看法》一文，对学生运动表示同情和支持，此文印刷了数百份，在武汉三镇散发张贴，引起了反动派的惊慌和不安。不久，武汉特种刑事庭又传讯武大进步学生，意图加以迫害，韩德培以武大教授会代表名义，与校方代表一道，出面营救，并发动法律系教师准备出庭为他们进行辩护，特刑庭终于被迫将全部传讯学生释放回校。"六一"惨案发生后，武大教授会决定罢教，推举韩教授与另一教授起草《罢教宣言》，韩教授并和其他教授多人到武汉行辕进行抗议和交涉。武汉解放前夕，韩教授冒着生命危险参加了党领导的"新民主主义教育协会"，暗中进行护校保产活动，韩教授以一个战斗者的姿态和十分喜悦的心情迎来了解放。

　　韩教授早已立志要参加中国共产党，1956 年就写了入党申请书。虽然不久后遭受不白之冤，但"衣带渐宽终不悔"，始终坚持共产主义信仰，相信党，拥护党。1984 年 5 月在实现了作为一名共产党员的夙愿之后，更是意气风发，以"不用扬鞭自奋蹄"的革命精神，从事教学和研究工作，并积极参加社会活动。在韩教授的带动下，近几年来，武大法律系有了较大的发展，并扩建为法学院，共设有三个专业，即法律专业、国际法专业与经济法专业，还有三个研究所，即国际法研究所、环境法研究所与港台法研究所。在发展法律系，建立法学院和创办这些研究所的过程中，都凝结了韩教授的心血。北京《法学杂志》1984 年第 2 期上有一篇韩教授的访问记，标题是《笃信好学，守志善道》，这集中概括了韩教授的精神和品格。

王峻岩

资产阶级自由化是对
社会主义民主的否定[*]
——著名法学家韩德培谈两种社会制度下的民主

　　在著名法学家、全国政协委员、武汉大学法学院名誉院长韩德培教授的书房里，摆着一盆含苞待放的水仙，点缀出一片生机盎然的春意。韩教授年逾古稀，但精神矍铄，乌黑的头发不露一根银丝，炯炯有神的目光和有条不紊的谈吐，显现出一位阅尽人间沧桑的老学者的风貌。他早年就读于美国哈佛大学法学院，洞悉西方的民主与东方文明，深刻了解中国的今天和过去。当我们谈到坚持四项基本原则，在反对资产阶级自由化的斗争中，如何加强社会主义民主与法制建设时，韩教授很快展开了自己的思路。他说，建设社会主义民主与法制，一定要坚持四项基本原则，这一点大家思想上千万不能放松。只有反对资产阶级自由化，我们的民主才能正常向前发展，社会主义的法制建设也才能进一步得到加强。

　　随着韩教授的侃侃而谈，西方民主的实质与假象，我国公民行使民主时的权利与义务，每个公民在社会主义民主与法制建设中应尽的责任等等，自然也就成了这次采访的主要话题。

西方民主的实质与假象

　　韩德培教授 40 年代在美国留学住了五年，近年来又两次去美国访问，他用自己的亲身经历，首先向我们介绍了美国这个在西方被推崇为"自由世界"的民主究竟是怎么回事。他说，西方的民主，如

＊　本文原载《学习月刊》1987 年第 3 期。

美国每次总统选举时，都搞得很热闹，宣传得也很厉害。其实，西方民主只是为少数人服务的，并不为绝大多数人民群众谋利益。因此，从本质上说，这种民主只是属于少数人，为资产阶级服务的。韩教授从几个方面论述了这个问题。

在西方资本主义国家，特别是像美国，两极分化非常厉害。最近我看到美国劳工组织负责人所作的一个统计资料，美国现在至少有1 400万人正在经受失业或半失业的痛苦。失业人数在50年代平均每月就有300万人，60年代增加到每月350万人，70年代每月失业达580万人，到了80年代每月增加到820万人。失业率从50年代的4.5%提高到80年代的8%。平时在街头上，别看有人穿得整整齐齐，见来人就伸手要钱。到了圣诞节，那更惨，穷人靠施舍过日子！

又有一个材料，巴黎最近遭受寒流袭击，有2万无家可归的穷人没地方住，政府只有让他们住地铁车站。繁华的巴黎如此，其他地方就可想而知。

另外，资本主义国家的种族歧视是很厉害的，受害的首先是黑人。他们即使有工做，待遇不一样，工资比白人低。就是去卖命打仗，待遇也不一样。我们黄种人过去也受歧视，我在加拿大曾租住在一户白人家里，华人洗衣店帮我洗好衣服送去时，房主见他是中国人就不让进门。我知道了很生气，要换住处，房主才向我道歉。现在我们的国际地位高了，他们是不敢欺侮，可在他们的心目中黄种人也并不完全是同白人一样看待。这种社会，民主是有等级的。

接着，韩教授谈到美国选举。他指出，选举本身就是一种金钱买卖。每个当选总统竞选时要花几千万美金到处拉选票，这钱靠资本家捐助。当国会议员，也要花钱。有一次一位朋友拉我去参加一位竞选议员举行的酒会，场面热闹得很，实际上这就是在拉选票，有钱才能当选，没钱就根本别想去参加竞选。国会里同样如此。美国有个特殊办法，搞"院外集团"，由资本家垄断组织雇佣一批人，一天到晚在国会活动，拉拢议员替他们讲话，为少数人办事。

美国搞三权鼎立，互相制衡，也只不过是为内部的各方利益互相打架。从表面上、手续上看，政府的各个部门好像互相制约。实际上，美国最高法院的大法官是总统任命的，由参议院通过。总统总是挑他最中意的人做大法官。国会中不管是参院还是众院，也都有民主党和共和党两派，同总统是一派的就更占优势。互相制衡，实际上是互相争利。而在维护资产阶级的根本利益上，又是一致的。

现在，我们有些青年人似乎对美国的言论自由很欣赏，韩老也讲了一件事，道出了这种自由的真相。他说，当时美国支持国民党打内战，我认为这违背了中国人民的利益，就和几个进步同学投书《纽约时报》，结果该报根本不登。美国的报纸都是大资本家办的，他们掌握的舆论都有倾向性，不管是《纽约时报》，还是《纽约先驱论坛报》，都是如此。别看它的色彩迷人，都有背景，只会为它的主人说话，而不会让老百姓有什么就说什么的。

韩教授列举了以上事实，深有感触地谈道：资产阶级民主是属少数人的，而我们社会主义民主才是为绝大多数人服务的，这是两者的根本区别。混淆了这个根本区别，就很容易被假象所迷惑，今天的青年就特别应该警惕！

我国公民的民主权利与义务

韩教授谈到这个问题时，不停地翻阅各种法典。"公民的民主权利与义务是联系在一起的"，他说。接着，打开我国宪法，找到第35条，读道："中华人民共和国公民有言论、出版、集会、结社、游行、示威的自由。"同时，在第51条又规定："中华人民共和国的公民在行使自由和权利的时候，不得损害国家的、社会的、集体的利益和其他公民的合法的自由和权利。"在第53条规定："中华人民共和国的公民必须遵守宪法和法律，保守国家秘密，爱护公共财产，遵守劳动纪律，遵守公共秩序，尊重社会公德。"另外，在第1条第2款还有更重要的规定："社会主义制度是中华人民共和国的根本制度，禁止任何组织和个人破坏社会主义制度。"很明显，公民在享受民主权利时，也要承受上述义务，这在第33条第3款中同样有规定："任何公民都享有宪法规定的权利，同时必须履行宪法和法律规定的义务。"韩教授指出，前些时有少数青年学生要游行就上街了，什么也不管，就其中大多数人来说，这正是法律知识太贫乏、法制观念淡薄的表现。我们应该抓紧对他们进行法制教育和宣传。

新的治安管理处罚条例规定："凡扰乱社会秩序，妨害公共安全，侵犯公民的人身权利，侵犯公共财产，依照中华人民共和国刑法的规定构成犯罪的，依法追究刑事责任。尚不够刑事处罚，应给予治安管理处罚的，依照本条例处罚。"很清楚，按照第十九条列举的扰乱社会公共秩序的行为，诸如扰乱机关、团体、企业、学校、车站、码头、公共汽车、电车等公共交通工具上的秩序、尚未造成严重损失的或拒绝、阻碍国家工作人员执行公务，尚未使用暴力的等等行为，要处十五日以下的拘留或者二百元以下的罚款或者警告。严重的要按刑法处理。韩教授说：每个公民的行为都要受法律的约束。对前段少数学生中出现的问题，党和政府是采取疏导的方法，这之中当然也包括法制的运用。

谈到我国宪法规定取消"四大"的问题时，韩德培教授用切身感受叙说"四大"可以用四个字形容：包围、诽谤。用舆论首先把一个人包围起来，然后肆意诽谤，诬陷无辜。"四大"决不是什么民主，它不利于安定团结，不利于四化建设，因此全国人大把"四大"从宪法中取消，是完全正确的。我们在"文革"中是吃够了"四大"的苦头的！今天的青年人在"文革"开始时才出生或者几岁、十几岁，对"四大"给国家造成的严重危害缺乏深刻的理解。三中全会以来的八年，形成安定团结的政治局面来之不易。搞"四大"又会把国家搞得乱七八糟、一盘散沙。

公民在民主与法制建设中的责任

韩老说，建设高度的社会主义民主，是一个很长的过程，决不是一、两天就能全部实现的。

中国长期处在封建社会，没有民主的传统。全国解放后，一段时间又受"左"的干扰，民主没有真正得到实行。加上我国人民的整个文化水平还比较低，这就决定了民主只能逐步放开，在实践中渐渐地培养出社会主义的民主意识。而且建设民主，是要有社会主义现代化的经济基础和精神文明的建设相配套的，如果不配套就会搞乱。

另一方面，社会主义民主与法制不能分开，民主一定要用法制来保障。现在，人们的法制观念还很薄弱。所以，尽管我们目前在民主方面还存在很多不够的地方，还要进一步完善，还要继续向前推进，但这不能操之过急，不可能用跳跃的方式去发展。

韩德培教授认为，搞好社会主义民主，必须注意下面几点：

一、认清社会主义民主和资本主义民主之间的本质区别。我国不能模仿西方那一套，搞所谓"全盘西化"。不要以为我们没有像西方那样搞就是违背了民主，社会主义民主不能搞成那个样。认清二者的本质区别，就能坚持发展社会主义民主的正确的方向。

二、社会主义法制要以社会主义民主为基础，而社会主义民主又必须有社会主义法制作保障。没有社会主义法制的民主，不是社会主义民主。一手抓建设，一手抓法制，是我们党高瞻远瞩的一个长远方针。切实加强社会主义法制建设，我们的现代化事业才能有秩序地正常进行，社会主义的民主才能得到正确发扬。这方面，我们有大量工作要做。比如宪法上的规定，还需要制定许多具体的法规来保证实施。而且，在把法制具体化的整个工作中，还要继续对广大人民群众加强法制教育和宣传。

三、实现社会主义民主，必须坚持四项基本原则，旗帜鲜明地反对资产阶级自由化。搞资产阶级自由化，实质上是否定社会主义制度，摆脱党的领导，走资本主义道路，这还有什么社会主义民主可谈？因此，我们要充分认识资产阶级自由化的严重危害性，认真加以批判，这才有利于社会主义民主的健康发展。

韩德培教授还谈到，当前要加倍维护安定团结的政治局面，这是我们每个人义不容辞的责任。他希望广大青年学生更要珍惜今天来之不易的学习环境，努力学习，掌握本领，把自己真正培养成为"四有"新人，将来报效祖国。

韩德培教授在谈话结束时说，建设高度社会主义文明与民主的中国，这是我们几辈人为之奋斗的崇高目标。今天，我们在党的领导下，经过坚持不懈的长期努力，全国人民的这个共同愿望是一定能实现的。社会主义的民主与法制，在反对资产阶级自由化的斗争中，必将得到进一步的健全和发展。

周祥斌　余俊

两会人物专访
立法须加强　执法要有效[*]
——访全国政协委员、国际私法专家韩德培

1983 年，"宝钢公案"、"乙烯公案"……一个接一个。许多亿美元的进口合同，似乎只有一撕了之了。

准备赔钱。而且赔偿数额将是个天文数字。

不知是谁，想起了武汉大学国际私法专家韩德培。

韩德培阅完合同案卷，婉转地批评当事人"活干得太糙了"。"不过"，他说，"还有挽回余地。"于是，他娓娓道来，官员们茅塞顿开。

韩德培这天说的话，不久变成一篇论文发表在上海的一家杂志上。外商带来的谈判律师惊呼："不好，中国还有懂法律的人！"谈判气氛迅速缓和。

3 月 25 日，正在参加全国政协七届五次会议的韩德培先生，接受记者采访时讲起了这个久远的故事。他感到欣慰的是，9 年来，中国的涉外法律在逐步走向健全，一大批法律专门人才也在成长。今年初，参加中美知识产权谈判的中国代表团中，就有一位是韩德培先生的研究生。

"但是，中国的法制之路毕竟还很漫长，我们现在有很多方面还显得很笨拙，很原始，许多应有的法律规章还没有建立。"

韩德培先生说，很多老改也改不好的问题，其实能够通过健全法律来解决。譬如两权分离，在承包制下很难实现，但实行股份制，颁布《公司法》，两权分离就能成为现实。这样，法人和国库也分开了，同外商发生了纠纷，他们也不会再动不动去找外交部，破产还账

韩德培文集

---

* 本文原载《中国青年报》1992 年 3 月 27 日第 2 版。

更不用从国库里垫钱。

"事实上，外商来考察投资环境，他们问的第一句话往往就是：你们的《公司法》有哪些规定？没有制定《公司法》的投资环境不能称得上是一个完善的投资环境。"

他指出，还应当立一部《票据法》。现在有不少个体户、企业供销人员，出门做生意都要随身携带巨额现金，既不安全，又造成资金浪费。有了《票据法》，就可以使支票、信用卡广泛地渗入现实生活，何等方便！

……

立这么些个法，得费老大老大的劲吗？

"不用。各经济发达国家都已有成熟的类似法律可供借鉴，参考它们，再根据中国国情做些适当的调整，就差不多了。这次的《政府工作报告》中讲要'敢于和善于吸收和借鉴人类社会创造的一切文明成果'，使我的思想大大地解放了一下。过去，我们片面强调法律是一个阶级统治另一个阶级的工具，而忽略了它也是调节人与人之间关系最有效的手段。资本主义法律中某些非本质的东西，只要对社会主义的经济发展有益，改造改造用就是！"

韩先生强调，一方面要继续加强立法工作，另一方面也要保障现有法律能够得到有效的执行。在已经有了法律规范的地方，就不能再搞长官意志，不能以言代法。领导干部必须以身作则，做守法、执法的楷模。

韩先生说，《政府工作报告》中讲要"深入开展法制宣传教育，提高全民法律意识，努力把各项工作纳入法制轨道"，可能好多人都没有注意到。这句话非常重要。这次人民代表大会即将通过的《人民代表法》确认：人民代表对各级政府部门的工作有质询权。这是我国法制建设的一项重大进展，是"把各项工作纳入法制轨道"的一个切实行动。

对这样的"切实行动"，韩德培教授满怀着新的期待。

本报记者　刘　健

进一步改善法制环境
加速发展"三资"企业
——访著名法学家韩德培教授札记 *

在当前扩大对外开放的大潮中，应如何认识和进一步改善法制环境，以迎来更多外商兴办"三资"企业，这是人们越来越关心的问题。最近，记者带着这个问题采访了远道而来参加由广西法学会和广西贸促会联合召开的"广西涉外经济法律问题研讨会"的著名法学家、武汉大学法学院名誉院长韩德培教授。

83岁高龄的韩教授，十分健谈。当记者说明来意后，韩教授高兴地说，现在，全国上下都在学习和落实小平同志的南巡重要谈话精神，对外开放正在风起云涌，外商和港、澳、台企业家来投资的越来越多，"三资"企业的发展形势确实喜人。我们常说，扩大对外开放，就要改善外商投资的硬环境和软环境。在软环境中，政治、社会、文化环境都很重要，但相对来说，法制环境更重要。没有法律保障，对外开放就扩大不了。前些年我国法制不健全，习惯讲政策和红头文件，外商怕我们政策变，利益没有保障，思想有顾虑。我曾和一些外商接触，不少外商说，在我国投资没有把握，抱怨办事难，效率低，划不来。当时，我们许多涉外经济法律还未颁布，外商带着律师来，看到我们的涉外经济法制不健全，就举棋不定。近几年情况变了，法制环境好了，外商就接踵而来。

当记者问，应该怎样认识我国目前对外开放中的法制环境时，韩教授兴致勃勃地说，这几年，我国法制建设有了很大进展，颁布了许

＊ 本文原载《广西法制报》1992年7月11日第3版。

韩德培文集

多涉外法律法规，如《中外合资经营企业法》、《外资企业法》、《涉外经济合同法》、《技术引进合同管理条例》以及《鼓励外商投资的决定》、《关于鼓励华侨和香港澳门同胞投资的规定》等，我国《民法通则》还专设"涉外民事关系的法律适用"一章。此外，有一些法律如《海商法》正在交付全国人大常委会审议。当然，我国的涉外经济法律法规还不够完备，有的规定很原则，不便执行，有些规定已不适应新情况。我们必须进一步解放思想，抓住时机加快立法进程，并制定配套的行政规章制度，把法律规定具体化，还有许多工作要做。对这个问题，全国各级权力机关和政府部门已重视起来了，正在加紧进行。另外，有个执法问题。有了法还要大家依法办事，做到有法可依，有法必依，执法必严。目前，有法不依相当严重，不少干部以权代法，以言代法，甚至进行权钱交易。有的人趁机向外商索贿、受贿，或以送子女出国留学、旅游为条件。这些现象虽不普遍，但很值得注意，这些不正之风在外商中影响很坏，妨碍了"三资"企业的发展。

"那么，您认为应该怎样解决这些问题呢？"对记者提出的这个问题，韩教授胸有成竹地说，依我看，首先要继续抓好廉政建设。这几年廉政建设是有成效的，但不是抓一两次就万事大吉了。要常抓不懈，继续下功夫。其次，要加强法律监督，各级人大常委会要充分行使法律监督职能，人大代表对政府部门工作的检查监督要经常化、制度化，随时发现问题随时处理，不能让问题成堆。检察部门和监察部门的监督职能也要加强。此外，要发挥民主党派、群众团体的监督作用。新闻舆论监督也很重要，对一些歪门邪道在调查属实后，要大胆揭露，各级党委和政府应该支持。只有发挥全社会的监督，执法犯法等现象才能防止和纠正。第三，就是要普及法律知识和增强法律意识。各级干部都要学法，搞外贸工作的同志不仅要学好我国的涉外经济法律，还要学一些国际法和相应国家的有关法律，这样，才能在对外经济交往工作中，依法办事，才能消除外商的顾虑，吸引更多外资，发展"三资"企业。同时，减少我们的工作失误，提高经济效益。第四，还要重视培养涉外法律人才，加强律师队伍，为各级政府担任法律顾问，为外商提供良好的法律服务。我们的律师现在不是多了，而是太少，但主管部门对律师队伍控制过死，不合理，影响律师队伍的成长和壮大。

最后，韩德培教授热情洋溢地说，广西地处南疆，有沿海、沿边等地理优势，随着法制环境的进一步改善，"三资"企业和边贸活动必能迅猛发展，广西的经济腾飞大有希望。

本报记者　张达志

锲而不舍　老当益壮[*]

——记韩德培教授

　　韩德培教授，祖籍江苏省南京市，1911 年出生于江苏省如皋县。现任武汉大学法学院教授、博士生指导教师。

　　韩德培早年就学于浙江大学史政系，后转入中央大学法律系。1934 年毕业，获法学士学位，并留校任教兼编辑学报工作。1939 年考取中英庚款出国研究生，在加拿大多伦多大学研究国际私法，获法学硕士学位。1942 年转入美国哈佛大学，继续研究国际私法以及国际公法、法理学等。1945 年，受著名法学家周鲠生校长之聘回国，任武汉大学法律系教授，继而任系主任。新中国成立后，历任武汉大学校务委员会常委兼副秘书长、武汉大学副教务长等职，因工作成绩突出，曾被评为武汉市教育工作者劳动模范。

　　党的十一届三中全会后，韩德培虽已年过六旬，但仍深入教学、科研第一线，肩负起恢复和重建武汉大学法律系、法学院的重任，并先后担任系主任、名誉院长、国际法研究所所长、环境法研究所所长。此外，兼任的学术和社会职务有：国务院学位委员会法学评议组成员、国务院经济法规研究中心顾问、中国法学会顾问、中国国际法学会副会长、中国国际私法研究会会长，湖北省法学会名誉会长等。1980 年，他加入九三学社，并任中央委员会顾问、参议。1984 年，加入中国共产党，1985 年被评为武汉大学优秀共产党员。还曾任湖北省第五届政协委员、全国政协第六届和第七届委员会委员。

　　韩德培长期研究国际私法，学术造诣深厚，在国内外法学界都享

---

　　[*] 本文原载《理论月刊》1993 年第 7 期《社科名人》专栏。

有盛誉。早年撰写的论文"国际私法中的实质与程序问题"，受到加拿大教授汉考克的高度赞赏。在美国讲学期间，韩德培与美国西北大学法学院院长S·肯特教授合作，写了题为《中国的法律教育》的长篇英文论文，发表在著名的法学刊物《美国比较法季刊》上，受到许多国家法学家的重视与好评。此外，他还将我国著名的马克思主义理论家李达同志的遗著《法理学大纲》整理出版，并为该书写了序言。他发表的有代表性的学术论文主要有："国际私法中的反致问题"、"应该重视对冲突法的研究"、"国际私法的晚近发展趋势"、"论我国的区际法律冲突问题"等。近年来，他主编出版了我国高等院校法学教材《国际私法》一书，已先后印刷多次，1987年底荣获国家级优秀教材奖，他主编的《环境保护法教程》一书，被列为我国高等院校法学统一编选教材，已印刷四次。他承担的国家"六五"社会科学规划重点项目"中国环境法的理论与实践"研究成果，在全国"七五"社会科学规划会上受到表扬。"七五"期间，韩德培承担了国家社会科学规划重点项目"中国冲突法"研究，还承担了国家教委"七五"社会科学规划项目、国家教委博士点专项基金项目、湖北省社会科学基金项目等研究任务并为课题负责人。

长期以来，特别是党的十一届三中全会以后，韩德培从事教学和科研工作有一个显著的特点：面向实践，坚持理论联系实际，为改革和四化建设服务。前几年我国有一些重点工程因故准备下马，外商以终止合同为由，向我方索赔。韩德培应国务院有关部门的邀请，与周子亚、李双元教授一起在认真调查的基础上，从法律角度对合同进行详细审查，并写出"关于终止若干合同涉及的一些法律问题"的咨询意见，被国家有关部门采纳，也为外商所接受。这不仅维护了国家的声誉，而且使国家避免了巨大的经济损失，受到中央领导同志的表扬。此项咨询成果，1984年荣获湖北省首次社会科学优秀成果评奖一等奖。

近年来，韩德培多次出席国际学术会议和应邀到国外一些著名大学讲学。1982年，被美国密苏里州堪萨斯市市长授予"荣誉市民"称号。在国际学术界，他兼任的职务有：国际资源和自然保护联合会理事环境政策与管理专门委员会委员、世界城市与区域规划学会理

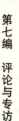

事、美国纪念埃德加·斯诺基金委员会委员等。1984 年，《中国大百科全书》（法学卷）将韩德培作为"当代中国的法学人物"之一以专条收入。1989 年初，他被收入英国剑桥国际人物传记中心所编的《国际有成就名人录》一书中。

武汉大学法学院供稿

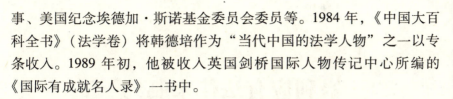

暴利应有法律来制约^{*}

——著名法学家韩德培教授谈反暴利

    当前，在市场交易过程中，一些不法经营者为牟取非法暴利，不惜坑害他人利益。这种违法行为不仅给正常的社会经济带来混乱，而且业已引起广大消费者的强烈不满。针对这个问题，笔者采访了武汉大学法学院名誉院长韩德培教授，请他谈谈有关反暴利问题的看法。

    提起最近武汉有关职能部门对一些不法经营者采取的反暴利行动，已年逾八旬的韩老备感兴奋，他说："反暴利就等于反暴力，暴力我们要反，暴利给消费者造成的损害，并不比暴力造成的危害小。如果说暴力是侵犯公民的人身权利，暴利就是使消费者的既得利益受到损失，因而也要旗帜鲜明地反暴利，政府采取的行动确属明智之举。"

    谈到武汉反暴利必要性，韩老列出了三点理由：首先，武汉系九省通衢之要地，交通位置特别优越，要实现两通起飞，物价如果不稳，必然会阻碍与外地商业交流，没有人愿意与你做生意，"两通"岂不是一句空话。其二，中国要加入关贸总协定，与国际惯例接轨，物价如果太离谱怎能接轨？武汉要吸引外资，外商看到这种现象，又怎敢来投资，投了资又怎能放心得下？再次，让暴利搞乱了物价，民心怎能稳定，再高明的发展战略也会付诸东流，再绝妙的机遇也会失之交臂，又如何能把经济搞上去？

    在谈到反暴利与市场经济关系时，韩老说："可能会有人认为反暴利就是搞计划经济，就不是把价格放开，就不是搞市场经济，这完全是对市场经济的一种误解。我在国外呆过多年，还没有看到哪个国

* 本文原载《湖北日报》1994 年 8 月 2 日第 5 版。

家的商品价格完全放任自流，有些国家对某些商品还在利润率上做了硬性规定，以控制暴利销售。西方国家实行了几百年的市场经济，中国才几年光景，严格说来，我国的市场经济现在还是处于过渡阶段的市场经济，就需要对物价予以控制。正如一个不大懂水性的游泳者应带个救生圈才比较安全一样，暴利是一种价格欺诈，一种价格放任的现象，明显与市场经济特征不符，反暴利就是为了发展健康的市场经济。"

作为一名蜚声中外的法学家，他对于反暴利的法律问题提出了自己的见解。

首先就面临着暴利行为法律概念的界定问题。韩老说："成本＋税金＋适度利润就是商品劳务价格，经营者主观上以牟取暴利为目的，如果超过了适度利润并藉此大发横财，这种行为就是暴利行为，是暴利行为就应有法律武器予以规范。"

在谈到对暴利行为地方性立法时，韩老接着说："市场经济就是法制经济，健康的市场经济就必须具备健全的法制体系。虽说自今年3月1日起，全国统一实行商品和劳务明码标价，但总的看来收效并不明显，这是为什么呢？在这个问题上，我看仅靠行政手段不行，还要制定一部结合本地实际的《反暴利法》，对暴利行为的构成要件、法律责任、诉讼程序等系列法律问题作出明确具体规定。武汉市也可制定这样的地方性法规，让老百姓投诉有门，有法可依，使不法牟取暴利者感到法律的威慑力。"

上海、成都等地反暴利的措施已先行出台。"敢为天下先"的魄力和勇气实在可嘉。富有强大活力的武汉应该做时代潮流的先行者。

李志刚

法苑老人韩德培*

　　他是一个很健谈的老人，矍烁的眼神，透露着学者特有的睿智与敏捷，从美国、西欧法学界的现状与未来可以聊到中国当前经济发展的前景与存在的问题。

　　他就是我国法学界颇具权威的学者，武汉大学法学院著名教授韩德培老人。

　　第一次见韩老，你简直想象不出这位年逾八旬的老人竟如年轻人那般开朗而幽默、慈祥、和气、儒雅甚至略带几分童稚。

　　其实，生活对于韩德培老人并不公平。在那不堪回首的年代，留学归国的韩德培被扣上"右派分子"的帽子，与法律系的众多教授一起，下放到荒远的沙洋农场，在偏僻的乡村喂猪放牛，一干就是二十年！韩老重回久违的珞珈校园时，人生中最美好的年华已经过去了，但韩老说他是乐观的。

　　"文革"结束后，重新焕发青春的韩德培以极大的热情投入到工作中，经四方奔走，我国综合大学中第一个国际法研究所和我国第一个也是迄今唯一的环境法研究所筹建起来了，在他手中，法学院开始一跃成为武大乃至全国高校中一块响当当的牌子。

　　作为国际上享有盛誉的学者，韩德培拥有的不仅仅是渊博的学识，和千千万万普普通通的知识分子一样，他时时都有一种忧国忧民的忧患意识，特别是在国外，他感到捍卫祖国尊严、维护国家正当权益的责任是多么重大。韩老曾给我讲起他出访国外的一件事：1980年，韩德培率团前往荷兰参加一个国际性会议，当时台湾也派团参加。台湾那时正处于"台独"的氛围中，所以在会议上与大陆代表

　　＊ 本文原载《长江日报》1994 年 8 月 4 日第 7 版。

韩
德
培
文
集

团针锋相对，台方一高级官员在大会上用英文公开叫嚣台湾是合法政府，要求国际会议拒绝中方代表参加，会场的气氛紧张而又激烈，各国代表都在静观中国代表团的反应。当时作为代表团团长的韩德培见此义愤填膺。他不露声色将写好的纸条传给会议主持者，然后站起来用流利的英语理直气壮地驳斥了台方的无理要求，声称台湾制造"两个中国"的行为违背了祖国统一大业的政策，中华人民共和国才是惟一合法的政府。他那严正的语气，凛然的气势令台方高级官员哑口无言。因为他们没料到大陆代表团中也有英文水准这么高的学者。这之后，台湾代表团没再露面，灰溜溜地离开了会场。当时中国驻荷兰大使馆的同志们异常高兴，高度赞扬了他们的行为，他们说，前一次大陆代表团参加国际会议时，因没有学者会讲流利的英文，结果倒让台湾方面占了上风。他们这一次的表现，让台湾方面看到，大陆也有博学多才的能人。

在海外，韩德培拥有众多的朋友，他每到一地讲学、访问，都博得很高的赞誉。1982 年，他应邀赴美讲学，足迹遍及美国 11 个州，19 所大学，面对一张张白皮肤，黄头发的陌生面孔，面对一双双蓝眼睛中折射出对东方古国的疑虑和好奇，韩德培从容不迫，他用渊博的学识，中西方兼融的哲理的思辨，令那些自恃强大的高鼻子老外大为折服。在美期间，密苏里首府堪萨斯市市长授予他"荣誉市民"的称号。

走过了风风雨雨、坎坷波折的人生之旅，暮年的韩老对社会，对生活依然保持着乐观而淡泊的心境。虽是享誉海内外的知名人物，可他却像大多数普通老百姓一样，过着简朴的生活。从 1990 年起，他开始享受政府的特殊津贴。但他家中惟一财富却是摆满书橱的各种书籍，虽是年逾八旬的老人，他却依然忙碌着；作为博士生导师，他要领着学生研究新的课题；最近，他编著的《美国国际私法〈冲突法〉导论》一书已经出版，这是我国首次介绍美国国际私法的一部专著。今年，他接受澳大利亚悉尼大学的邀请，10 月将赴澳讲学，北京大学也发出邀请，聘请他为兼职教授。韩老永远是繁忙的。

刘 卫

法学研究　贵在务实[*]

——著名法学家韩德培访谈

　　1993 年 12 月 12 日，记者在深圳富临大酒店采访了前来参加 93 中国国际私法年会的中国当代著名法学家、中国国际私法研究会会长、中国国际法学会副会长、中国法学会顾问、武汉大学法学院名誉院长韩德培先生。

记者： 在新近由深圳市中级人民法院主办的《法报》杂志创刊号上，您忙中抽闲为杂志写了专稿，向您表示感谢。

韩德培： 这是我应该做的。我希望《法报》办出特色和水平。

记者： 您对此次在深圳召开的 93 年中国国际私法年会评价如何？

韩德培： 这次年会开得非常成功。首先感谢深圳市中级人民法院和深圳大学法律系两个主办单位事先作了充分准备，各方面的条件和组织都非常好。这次会开得好主要表现在三个方面：一是年会提交的论文、发言充分体现了理论联系实际的好学风。我们搞法律的人只讲空洞理论不行。法学是一个实践性很强的学科。这次中心议题是讨论完善与发展市场经济下的法学。参加这次会议的人员感到耳目一新，收获很大。二是充分体现了"百花齐放，百家争鸣"的方针。过去我们开过多次年会，每次都能做到这一点，有时讨论很激烈，并未因争论失和。文化、学术界只有通过这种讨论，才能发展我们的学科，提高学术水平。第三，在这次会议上，大家有个共同的要求和愿望，就是在市场经济条件下在中国国际私法立法方面做一点实际工作，拟编一部《中国国际私法法典》。这个工作很必要。自从党的十一届三中全会以来，我国实行对外开放政策，但在进一步对外交往中发生问题

＊ 本文原载《法报》1994 年试刊号第 2 期。

也很多，需要运用国际私法调整解决。这方面我们尽管做了许多工作，取得一些进步，但还不够、还不完备。为适应改革开放需要，编撰此部《法典》，不仅需要，也有这个可能。这几年，我国积累了不少有益经验。这是一个很好的条件。许多院校出版了专著、论文，有不少成果。另一个有利条件是，我们研究会集中了许多国际私法的研究人才，犹如一个智力库、智囊团，不仅有众多专家、学者，而且还有许多具体工作人员，还有一大批年轻务实、思想敏锐的博士、硕士，完全有条件制定这部《法典》。我们研究会理事会已决定成立国际私法法典编撰联络组，或叫工作组，共 12 人，我是召集人。我相信，在大家共同努力下，可以在不长的时间内搞出一部比较像样的国际私法法典草案。这是总的评价。

记者：近年来中国国际私法研究取得不少成果，请您谈谈这方面情况。

韩德培：是的。我们武汉大学在国内较早地招收国际私法专业的研究生，并已有好几届毕业生。近年来出版、发表论文很多，成果甚丰。根据我国改革开放的实际需要，我们不仅研究国际私法领域的一般理论问题，也十分关注目前对外开放中需要解决的实际问题。研究成果主要在于涉外合同的法律适用等方面，写了不少论文。其次，鉴于我们不能关起门来搞研究，近年来对国际上国际私法界的学术研究趋势、发展动态密切注视，有关导师和研究生进行了比较深入的研究。中国国际私法研究会于 1985 年在贵阳召开第一次年会后，至此已开了 8 次年会，许多研究成果标志着中国国际私法的发展和研究水平。

记者：您是我国当代法学家，请谈谈您的经历和近况。

韩德培：我是江苏如皋人。再过两个月，我整 83 岁了。我 1934 年毕业于南京中央大学法律系，1939 年考取中英庚款出国研究生，当时的考试是很严的，各专业只取一名。当我准备去英国剑桥大学时，第二次世界大战爆发了。在重庆等了一年，1940 年到加拿大多伦多大学研究法学，获硕士学位；1942 年又在美国哈佛大学继续从事研究，1945 年底回国，1946 年任武汉大学教授，1947 年兼任法律系主任。解放后任武汉大学校务委员会常务委员、学术委员会委员、国际法研究所所长、中国环境科学研究院与武大合办的环境法研究所所长，并任中国政法学会、中国法学会、中国国际法学会理事、全国第六届政协委员等职。我在"二战"结束前和解放前发表过一些论文。新中国成立后，长期研究国际私法，近年来主编出版了中国高等学校法学教材《国际私法》一书（获国家级一等优秀奖），还发表了《应该重视对冲突法的研究》等文，主编了《中国冲突法研究》，与韩健合作撰写了《美国国际私法导论》。这几年曾多次赴美国、荷兰、日本、加拿大、乌拉圭等国出席国际会议、讲学。有一次在美国讲学，到过十几个大学，竟生了一场病，脑出血，在美国动了手术，堪萨斯市市长授予我荣誉市民称号，送给我一张地图、一把钥匙。不久前我还去了一趟美国，回国后就来参加这次国际私法年会。

记者：您对深圳的印象怎样？也希望给我们《法报》杂志提点希望。

韩德培：我来过深圳几次。我觉得深圳是个非常好的城市，是一座现代化新城，很有魅力。最近，深圳市场经济法制研究会还聘请我担任该会特约高级顾问。我认为法制宣传非常重要。社会主义市场经济就是法制经济。搞市场经济，必须提高整个社会的法制观念。《法报》是一本新创刊的杂志，在普及和宣传法制上负有重任，祝愿大家勤奋耕耘，多出成果。

本刊记者　孔献之

韩德培先生访谈录[*]

在披翠叠秀的珞珈山下，笔者拜访了已逾九十高龄的法学宗师韩德培先生。韩先生出生于 20 世纪初，其在法学领域求学、为学和从事法律教育的曲折历程，恰好是 20 世纪中国社会、中国法学和法律制度以及法律教育曲折前进过程的见证。他在中国法学界的贡献是有目共睹的。特别在国际私法和环境法领域里，他起到过倡导和开拓性的作用，至今仍为之辛勤耕耘着。他现在还未退休，仍担任武汉大学法学院教授、博士生导师、国际法研究所名誉所长、环境法研究所名誉所长，还兼任中国国际法学会名誉会长，中国国际私法学会会长、中国环境与资源保护法学会会长，中国国际经济贸易仲裁委员会顾问等职。我国 1984 年出版的《中国大百科全书》法学卷曾把他作为"当代中国的法学人物"，以专条加以介绍。

在武汉大学韩先生朴素宁静的书斋，韩老精神矍铄地回答了笔者所提出的问题。

问：你早年的求学之路是怎样的？你是如何在法学殿堂求学和治学的？请您简单介绍一下自己的学术经历。

答：我于 1911 年出生于江苏省如皋县，当时苏北有"金如皋，

＊ 本文原载梁慧星主编：《民商法论丛》2002 年第 3 号，总第 24 卷。梁慧星在"卷首语"中写道：增设"访谈录"栏，刊载《韩德培先生访谈录》，是由曾涛采写的。韩德培先生是最受中国法学界和实务界尊敬和爱戴的法学家，其对中国法学特别是中国国际私法学和环境与资源保护法学的巨大贡献，是举世公认的。在访谈中，韩先生概述了自己的求学经历、学术思想、理想追求和治学经验，特别是谈到自己一个尚未实现的梦想，这就是希望在自己的学生中，或学生的学生中，产生像奥本海、庞德、狄骥那样的伟大的法学家，为中华民族和全世界的法学发展作出历史性的伟大贡献。本刊发表本文，以表示对韩德培先生的敬意。

银泰兴"的说法，因此在如皋县城里，只要不是入不敷出，生活是颇为舒适的。这样一来，如皋人贪图安逸的乡土观念很重，是很少有人愿意远走他乡的。我的想法和当时的如皋传统习俗并不一致，虽然家境贫寒，仍是一心向学。我六岁入私塾，打下了旧学的基础，十岁转入京江小学读书，当时受到新学影响，京江小学对语文、算术、英语课程特别重视，因此在小学时代我就受到了良好的英语训练。小学毕业后考取了不收学费和食宿费的如皋师范，在师范读书的三年半时间，广泛涉猎了各种书报杂志，其中包括陈独秀主编的《新青年》、梁启超的《饮冰室文集》，胡适之的《胡适文存》等，从新文化运动到西方的民主思想，使我接触到了一个崭新的大千世界，也更加坚定了我继续求学的决心。1928年，插班考入南通中学高二，并于1930年考入浙江大学史政系，半年之后，我所在的浙大史政系合并到中央大学。

转入中大本应进历史系或政治系，但我因为听了法律系一位教授的课而从此改学法律。这位教授就是时任中大法律系主任的谢冠生先生，他当时任国民政府司法行政部秘书长，后来任部长。谢先生讲话不带讲稿，只拿粉笔一枝，他教法理学，引经据典，侃侃而谈，不仅条理分明，而且把一般人心目中枯燥无味的法学课程讲得趣味无穷。在中大读书期间，在谢先生等名师指导的同时，我还广泛涉猎了各种书籍，当时已能阅读英法两种外文原著，先后读了奥本海的《国际法》，戴西的《英宪精义》，庞德的《法律与道德》等英文原著，还有狄骥的《公法的变迁》和《私法的变迁》等法文原著，打下了坚实的法学基础。

1934年，从中大毕业以后，在中央大学编辑部任编辑，并兼教学工作。1939年考取中英庚款留英公费生，这是当时最难考的公费出国名额，全国共取24名，其中国际私法仅一名。由于二战爆发，本应赴英国剑桥大学，未果。1940年改赴加拿大多伦多大学研究生院研究法学，师从莫法特·汉考克教授，他当时是法学院最年轻的教授，对国际私法有相当新的见解，若干年后，他南下到美国加利福尼亚大学和史坦福大学等校任教，成为名闻遐迩的国际私法教授，对美国国际私法学说的发展作出了杰出贡献。在我就读于他门下时，汉考克可说是国际私法学界一位正在上升的新星，受他的影响，使我在以后的学术研究问题上，并不固步自封，对于新的学术观念总是鼓励有加。

1942 年我在多伦多大学获得硕士学位后，即转往美国哈佛大学法学院继续从事法学研究，鉴于当时某些留学生专为学位而读学位，我当时认为学位并不是最重要的事情，最重要的是要学到能为国家的发展和民族的兴旺作出贡献的真本事。因此入哈佛后，就决定不再读学位，而是利用世界上最好的法学图书馆的丰富书刊，进一步进行有计划、有步骤、有重点的研究，主要集中在国际私法、国际公法和法理学三个方面，特别是国际私法。在进行广泛阅读的基础上，尽量收集有关资料，作了大量的详细笔记。与此同时，我还选修了当时哈佛大学几位著名学者的课，其中包括欧文·格里斯沃尔德的国际私法、曼雷·赫德森的国际公法和拉斯科·庞德的法理学。在这段时间，我撰写了一些国际私法新著的书评以及评价社会法学、纯粹法学等学派学说的文章，发表于浙江大学的学术刊物《思想与时代》及其他杂志上。1945 年，应武汉大学校长周鲠生先生的聘请，我回国任武大的法学院教授、系主任，开始毕生的法学教育生涯。1957 年，蒙受不白之冤，此后 21 年未能在法学领域耕耘。1978 年后，重新回到法学讲坛，出任武大法律系主任，进行武大的法学重建工作，并主要在国际私法和环境法领域从事研究工作，直到今日，争取再为中国法学的建设做一些力所能及的工作。

问：对于国际私法的理论体系，您有一段非常形象、精彩的比喻："国际私法就好比是一架飞机，其内涵是飞机的机身，其外延则是飞机的两翼。具体在国际私法上，这内涵包括冲突法，也包括统一实体法，甚至还包括国家直接适用于涉外民事关系的法律。而两翼之一则是国籍及外国人法律地位问题，这是处理涉外民事关系的前提；另一翼则是在发生纠纷时，解决纠纷的国际民事诉讼及仲裁程序，这包括管辖权、司法协助、外国判决和仲裁裁决的承认与执行。"请您进一步谈谈对现代国际私理论体系的思考。

答：对于国际私法的范围和体系是一个有争议的法律问题，国内外学者有很多不同的主张，我对此总的出发点是从以历史的角度出发，用发展的观点，结合国际民商事关系的现状和发展趋势来看待该问题。国际私法是一个不断发展的法律部门，研究国际私法的法律学科也在不断发展之中。的确，早期的国际私法是以冲突法为主的，主要用冲突规范及冲突法来调整国际民商法律关系和解决国际民商事法律冲突。后来，由于海牙国际私法会议等国际组织以及一些国家立法的推动，国际民事诉讼规范和国际商事仲裁规范逐渐纳入其中。二战后，随着国际经济贸易的迅速发展，国际统一民商法即国际统一实体私法进入一个新的发展时期，无论是以国际条约形式还是以国际惯例形式出现的国际统一民商法在数量上大大增加，在适用范围方面大大扩展，已成为国际私法的重要组成部分。今天，我们可以这样说，国际私法已从传统的国际冲突法演变为以直接规范和间接规范相结合来调整平等主体之间的民商事法律关系并解决国际民商事法律冲突和争议的法律部门，集外国人的民商事法律地位规范、冲突规范、国际统一实体私法规范（或国际统一民商法规范）、国际民商事争议解决程序规范于一体。

正是基于上述考虑，在主编我国高等院校第一部《国际私法》统编教材时，我就主张适当扩大国际私法的研究范围，应以涉外民事法律关系为调整对象，不能局限于冲突法的研究，可以也应该研究调整涉外民事法律关系的实体法问题。这一主张为确定该教材的基本框架奠定了基础。后来在进一步丰富和完善上述思想的基础上，我在主编普通高等教育"九五"国家级重点教材《国际私法新论》中将国际私法安排为五编：总论、冲突法、统一实体法、国际民事诉讼法、国际商事仲裁法。力求以中国国际私法法制和晚近世界上国际私法的发展趋势为依据，体现出国际私法这一学科内容和体系的科学性、系统性和新颖性。

问：韩先生，您很早就注意到中国区际法律冲突问题是一个既复杂又特殊的法律问题，需要较为完善的区际冲突法加以调整，因此您主张在理论上对这一有着重要现实意义和深远历史意义的法律问题展开研究，请您介绍一下您在这方面的学术努力。

答：早在1983年我就注意到，香港、澳门的回归和中国的统一事业将使解决区际法律冲突的区际私法在我国的国际私法领域占有重要地位，并倡导中国国际私法研究会组织全国的学者来研究这个课题。在1988年中国国际法学会北京年会上我就此作了专题报告，题为《我国的区际法律冲突问题——我国国际私法研究中的一个新课题》。我首次提出"一国两制四法"问题，并对如何解决区际法律冲突问题提出了一些初步的设想。此报告后来发表于《中国法学》杂志。1989 年，我又和黄进教授合作在《中国社会科学》上发表《中国区际法律冲突问题研究》的长篇论文，详细讨论了中国区际法律冲突的产生和特点，探讨了解决中国区际法律冲突的途径和步骤，并从多方面对未来的中国区际冲突法作了一些设计。这篇论文在内地、港、澳、台和国际上都引起了重视，产生了广泛的影响。1991 年，与黄进在广泛参考和比较中外国际私法区际冲突法的基础上，草拟了《大陆地区与台湾、香港、澳门地区民事法律适用示范条例》，发表后受到大陆、台湾、香港和澳门同行的广泛关注。大陆《文汇报》和《海南经济报》、台湾《自立早报》、香港《文汇报》和《大公报》曾作过专题报道。

现今，我国的国际私法学界对区际冲突法一直在努力探索并取得了一定成就，出现了许多有份量的著作和论文。但从我国的实践来看，还有诸多不尽人意之处，立法至今仍很落后，在调整区际民事法律冲突方面仅只有几个司法解释，远不能适应日益深入、广泛的区际民商事交往的需要，尚亟待完善。

问：近年来武汉大学攻读博士学位的一些研究生相继以澳大利亚、瑞士、加拿大、荷兰等国的国际私法为题完成了博士论文，这与您一贯倡导的比较国际私法研究有关，请您具体谈谈您的想法？

答：比较法学是现代法学的一个重要学科，又是进行各部门法研究的重要方法。国际私法的性质决定了它的研究不能只囿于本国法，而必须放眼于世界各国的法律。正是基于这一认识，我向来注意国际私法的国内外最新研究动态，并对各国国际私法的比较研究很有兴趣。二战以后，传统的国际私法在受到批评和攻击的浪潮中出现了重大改革，通过研究世界各国国际私法在法律选择方面的一些革新，我于 1988 年撰文归纳出当代国际私法的晚近发展主要的表现，并论述了国际私法的若干发展趋势，以便让国内学者及时了解这些学术动态。

在 90 年代初期，我提出要组织力量对不同国家的国际私法进行系统、深入的研究，以便开展国际私法的比较研究，为我国国际私法的完善作充分的理论准备。我曾建议我的学生研究一些国家的国际私法。我和韩健博士曾于1994年撰写了《美国国际私法导论》。接着在武汉大学学习的一群年轻学者相继完成了研究若干国家国际私法的系列专著，这种研究至今仍在继续进行。

同时，鉴于国际私法与比较法有特别密切的关系，中国国际私法学会在1998年决定出版年刊时，将年刊命名为"中国国际私法与比较法年刊"，希望推动中国的国际私法研究人员关注外国法学的发展动向。研究国外的最新立法资料，比较和借鉴其经验，以得出切实可行的、符合我国实际的理论观点。

问：二战以来，国际私法领域有了重大发展，不少国家纷纷制定本国的国际私法，国际私法法典化的发展很快。相比之下，我国现行的国标私法还不十分健全和完善，远不能适应我国目前形势和未来发展的需要。您一直撰文呼吁应该重构我国的国际私法立法体系，而自1994年以来以您为召集人组成的起草小组一直致力于《中华人民共和国国际私法示范法》的起草工作，并组织中国国际私法学会多次讨论修改，并于2000年定稿，由法律出版社出版发行。1999年海牙国际私法会议的秘书长汉斯·范·鲁在武大法学院访问时，认为您倾尽心血的《示范法》是中国国际私法学界对国际私法的一大贡献，您能否介绍一下有关该《示范法》的基本情况？

答：《中华人民共和国国际私法示范法》实际上是我国民间学术团体的一项科研成果，1993年12月，中国国际私法研究会在深圳举行年会时，与会代表建议起草一部《中华人民共和国国际私法示范法》，以供我国政府有关部门和教学科研单位参考。会上一致表示同意，并由理事会决定成立了起草小组，由我担任小组召集人。在此后的数年里，起草小组数易其稿，并在其间的历届国际私法年会上，广大与会代表提出许多相关修改意见，这些意见起草小组都慎重地予以考虑并斟酌采纳。最后定稿是第六稿，共分五章，即第一章总则、第二章管辖权、第三章法律适用、第四章司法协助、第五章附则，共有166条。现在每条条文都附有适当的说明，全部条文都译成了英文，并交由法律出版社出版。该《示范法》的出版将对我国的国际私法立法和司法实践产生深远的影响，也会在国际上产生广泛的影响。这个《示范法》具有以下几个特点：

第一，《示范法》采取法典的模式，顺应了国际私法立法的世界潮流。第二次世界大战以后，特别是近年来一些国家制定的国际私法都采取法典或单行法的模式。如《瑞士联邦国际私法》就是典型的最完整的国际私法法典。

第二，《示范法》内容比较全面，规定比较科学合理。我国现行的国际私法，不但零星分散，而且还存在一些缺陷和空白。《示范法》都加以修改和补充，它是在总结中外立法和司法经验、分析比较许多国家的立法条款和有关的国际公约并结合我国实际情况的基础上制定的，规定是比较科学合理的。

第三，《示范法》在立法的指导思想上具有一定的超前意识。过去我们在立法上有一种想法和做法，就是"成熟一个制定一个"、"宁缺毋滥"。这种想法和做法，虽然看来很稳妥，但结果是我国国际私法立法总是跟不上客观形势的需要，令人有"滞后"之感。《示范法》却不同，它一方面总结了我国已有的立法经验，另一方面大胆地吸收和借鉴外国优秀的立法成果和有关国际公约中的先进规范，在一些方面进行了有益的探索和尝试。

该《示范法》显然是带有学术研究性质的，它的起草绝无代替国家立法的意图，仅供我国政府有关部门和教学科研单位参考而已。我们现在期望这样一个《示范法》能引起我国立法机关的重视，尽早把制定中国国际私法法典列入议事日程。同时通过进一步对《示范法》进行宣传，使更多实务部门的同志了解和掌握，力求在我国现今国际私法立法尚不完善时，能够对我国涉外法律事务确实起到参考作用。

问：国际私法晚近发展趋势中重要的一点在于国际私法的法典化，即近年来许多国家制定的国际私法都采取法典或单行法的模式。相比之下，我国现今的国际私法立法散见于《民法通则》、《继承法》、《海商法》、《票据法》等单行法规当中，此种立法体例上的分散已造成许多问题，如许多重要的领域形成了立法上的"盲点"和"真空"；《民法通则》第8章的规定与遍布于其他法律中的国际私法规范存在内容上的不一致和不协调。此种立法现状远不能适应我国涉外民商事关系发展的需要。针对未来中国国际私法立法，您及其您所在的中国国际法研究会的观点是怎样的。

答：我国有关机构正在酝酿进行国际私法立法，我们认为，仅仅制订若干条冲突规范是远远不够的，趁此良机，制订一部包含管辖权、法律适用、司法协助等三方面内容的单行的"涉外民商事关系法"更为可行。理由如下：

一、"法律适用"若作广义理解，管辖权是适用法律的前提，司法协助是适用法律的后果，故管辖权及司法协助都应包括在内。

二、我国许多人对"国际私法"一词很不理解，往往误称为"国际司法"。因此，新的国际私法立法可以不采用"国际私法"一词，而改称"涉外民商事关系法"。实际上，"涉外"即等于"国际"，"民商事关系法"即等于"私法"，故所改名称已将国际私法显示出来。

三、全国人大常委会内也许缺少了解国际法私法的人，不妨对参与这项立法工作的同志讲清楚，总是可以说服他们的。我们自己首先应解放思想，向国外先进的立法学习（如瑞士国际私法），没有必要墨守陈规，只规定狭义的"法律适用"。事实上，制订一部单行的"涉外民商事关系法"，对司法人员审理涉外案件是大有帮助的。

四、现在起草的"涉外民商事关系法"（下称本法），将"管辖权"、"法律适用"及"司法协助"都包括在内，自成一个体系，对"单行法"来说，是最为合适的。将来的"民事诉讼法"不可能对涉外管辖权与司法协助作详细规定，有些问题也不宜在该法内规定，故本法这样规定了，将来"民事诉讼法"就无需重复了。

五、现在我国已加入世界贸易组织（WTO），所以涉外法规应具有高度透明度。在对外关系上，本法的规定可以使外国人对我国处理涉外民商事问题所采取的精神和措施以及其全过程一目了然，更可增加他们对中国法制的信心。

六、将来是否将本法放在"民法典"之内，这个问题不必加以考虑。拟议中的"民法典"是否包含商法法规？如不包含，就是"法律适用"的规定恐怕"民法典"也包含不了，因为完全的"法律适用"规定不能不规定商事关系的法律适用。照目前情况看来，恐怕"民法典"这一名称也无法采用了。"合同法"已成单行法，自成一个体系。将来"物权法"也会是一样。这类单行法都会有自己的体系，至少在形式上也无法形成一个法典。这些立法都作为单行法，总起来说，最多可称为"民事法规汇编"或"民法汇纂"，而不是称

韩德培文集

这为"民法典"。本法的规定，在形式上可以放在"民商事法规"系统内，而在内容和实质上也可放在广义的"国际法"或"涉外法规"系统内。

问：韩先生，早在上个世纪70年代末80年代初，您就在武汉大学法学院建立环境法研究室，在国内较早地展开对环境法学的研究，而您在1981年力倡建立并亲任领导工作的环境法研究所，也已于1999年首批被评为全国人文社科重点研究基地。正是由于您在环境法理论研究与教育方面贡献卓著，中国环境新闻工作者协会和香港地球之友于1998年授予您"地球奖"。1999年，您又被推选为中国法学会环境与资源保护法学研究会首任会长。作为中国环境法学的倡导者和开拓者，请回顾一下您在中国环境法这门学科创立和发展中所做的工作。

答：在文革之后，由于二十多年的"荒废"，当时我国法学相当落后，特别是随着环境问题和环境保护而在世界各国蓬勃兴起的环境法学，在我国法学界还很少有人注意和研究。在我当时先后几次出国进行法学交流中，深深感受到了我国和发达国家在环境保护方面的巨大差距。这让我意识到，中国在改革开放走向现代化的过程中，如果只顾经济建设而不注意环境保护，后果将不堪设想。因此，我一直竭力主张通过法律途径对环境污染进行控制，并对自然资源和生态平衡进行保护。

根据环境法的跨学科特点，在1980年，我引进了几位既懂自然科学又懂社会科学的人才，在武大建立了环境法研究室。鉴于当时环境法在我国法学教育中还没有成为一门法学课程，更没有成为一门独立的法律学科，因此在国务院学位委员会第一届法学评议组第二次会议上，我阐明了环境法的重要性，并建议将环境法作为一门独立的法律学科，成为二级法律学科之一，后获得评议组一致通过，上报高教部并获批准。自此，环境法成为我国法学教育中一门独立的法律学科。

1981年，我提议筹建环境法研究所，得到了中央有关部门和武汉大学领导的重视和支持。同年，国家城乡建设保护部所属环境科学研究院和武汉大学在武大联合建立环境法研究所，我兼任了第一任所长。它成立后做了很多工作。首先，研究所在全国最早建立了硕士点，培养了大批环境法硕士研究生，后来还建立了博士点。其次，还培养了不少环境法干部，把全国各省做环保工作的干部分批集中进行培训，教给他们环境法方面的知识。另外，还撰写和出版不少的著作、教材、论文等，还创办了《环境法》杂志。再其次，帮助中央和地方在立法上作了不少工作、此外，还召开了几次全国性的学术会议，讨论环境法方面的一些重大问题，还召开了几次国际会议，影响很大。

我还到国外参加了有关环境保护的国际会议。第一次是到南美乌拉圭首都蒙得维的亚参加由联合国环境规划署召开的国际会议。第二次在日本东京，第三次是在美国底特律参加了这类会议。在这些会议上，我提交了英文论文，并介绍了我国在环保方面所做的工作，使与会者进一步了解我国在这方面的情况。

1997年环境法也出现过一次危机，国务院学位委员会学位办公室发出通知，要修改学科、专业目录，在"拓宽"二级学科的名义下，要将"环境法"并到"经济法"中去，也就是要取消"环境法"了。我认为经济法作为一门独立的学科，其内容已相当广泛，根本没有必要再去"拓宽"。而环境法是一门新兴学科，它是从法律上研究如何保护和改善环境，如何防治各种环境污染和如何保护自然资源和生态平衡的。近年来，随着我国生态环境遭到越来越多的破坏，"可持续发展战略"在我国提出，环境法学的深入研究越来越重要。至于经济法学与环境法学的关系，我认为二者的联系并不紧密。因此，我直接写信给学位办，而且公开写文章发表，提出我的不同意见。我的观点受到了人们的关注，并被国家有关部门接受，后来环境法被保留了，只是改称为"环境与资源保护法"。

总之环境法是一个新兴的法律部门，环境法学是一门新兴的边缘性的法学学科，凡是新事物都有一个由小到大、由不成熟到比较成熟的发展过程，它要求人们用辛勤的汗水去浇灌培育，更需要人们的热情支持和扶持。我在环境法领域所做的只不过是一些力所能及的基础性的工作罢了。

问：韩老，您在环境法方面的著作相当丰富。您主编的《中国环境法的理论与实践》，是国家社会科学基金"六五"法学重点项目的主要成果，对中国环境法的主要领域、基本原则和法律制度作了系

韩德培文集

统的论述，被全国社会科学基金规划与总结会议誉为"开拓性理论专著"。还有，您主编的《环境保护法教程》，是我国环境法最早的、较为全面系统的教材，也是迄今为止惟一的全国高等院校的环境法通用教材，该书于 1986 年出版后，于 1991 年再版，共印刷五次，现已出版第 3 版，目前正在修订，准备出版第 4 版，您主编的上述专著、教材以及其他著述基本上体现了您的环境法理念和观念。面向 21 世纪，展望环境法学的发展，请您再谈谈中国环境法学研究应该注意哪些问题？

答：第一，环境问题即人与自然的关系问题，是人类社会面临的永恒主题，不仅仅是环境污染治理问题。科学技术对解决环境问题、保护和改善环境具有重要作用，但是光靠科学技术不行，要真正有效地解决环境问题，保护和改善环境，还是要实行环境法治，依法管理环境和自然资源。

第二，依法管理环境，首先要制定良好的环境法律，形成结构合理的环境法体系。目前我国已经制定了一些环境和自然资源法律，但是还不够，需要进一步改善和完善环境立法。其次是执行好环境法律，做到有法必依，执法必严，违法必究。

第三，要深刻认识环境问题的跨国性特点，环境问题不仅仅是国内问题，还是国际问题。目前已经制定有大量国际环境条约，我国也已经参加和签署了不少国际环境公约和协定。这就提出了一个如何遵守、履行国际环境条约的问题，这就需要有人去研究国际环境法。

第四，由于环境立法、执法和环境外交都需要大量专门人才，因此培养环境法人才是一项十分重要的工作。80 年代初，我国刚开放不久，当时我曾多次参加国际环境会议，发现无论是发达国家还是发展中国家，甚至像菲律宾、印度尼西亚这样的国家，它们都拥有自己的知名的环境法专家，这些专家写了不少环境法专著，而当时我国从事环境法研究的专家很少，这使我感触很大。我们中国这个环境大国应该培养一大批自己的不仅能在国内而且能在国际上大显身手的环境法专家。

第五，要保护和改善环境，达到人与自然的和谐共处，还要大力提高人们，特别是领导干部和高级知识分子的环境意识和环境法治观念。因此，新闻媒体和宣传舆论在保护环境方面的作用特别重要，要大力宣传和传播环境保护知识、环境文化、环境道德和环境保护法，引起大家的重视，实现公众参与环境保护和环境管理。

第六，要加强环境法学研究基地和学科点的建设。武汉大学已经有了一个环境法研究所，环境法研究所已成为国家首批人文社会科学的重点研究基地。因此应该继续加强环境法研究所的建设，对环境法研究所的学术队伍建设、教学和科研等各个方面的工作都要注意和重视。1999 年已经成立全国性环境与资源法学研究会，因此要注意搞好学会工作，发挥学会的作用，通过研究会这一纽带把全国从事环境资源法学研究的人都团结起来。研究会每年要开一次学术年会，在年会上应该提倡百花齐放，百家争鸣，畅所欲言，什么学术问题都可以谈，这样才能共同提高。

第七，环境法研究要保持和加强与国家环境保护总局等国家有关部门的联系。搞环境法学研究和教学要密切联系实际，要结合我国的环境法治建设和国际环境保护活动，这样的教学和研究才有生命力。

问：先生从事法学研究的几十年也是先生教书育人的几十年。自 1954 年回国执教以来，先生作为武汉大学法学教授至今已五十余载，可谓桃李满天下。您现在虽已高龄，但仍在招收和指导博士研究生。武汉大学法学院每年新生入学，先生都不顾高龄亲自在开学典礼上致辞。在先生创立中国国际私法研究会后，每年年会您也总是尽可能出席讲话并认真倾听代表们的学术发言。您坚持这样做是怎样一个出发点？您对中国法学界的青年学者有什么希望？

答：作为一名教师，应该教书与育人并重，教学与科研并重，严谨治学，言传身教。我一直希望自己能身体力行。我总是勉励法学院的学生努力学习，告诫他们做学问就像金字塔一样，基础要扎实，并且应广泛地掌握好法律的基础知识，只有这样才能做到深和专。大学生作为高层次的专门人才，知识面不宜过窄，要"博览群书"，不仅要看自己的专业书，还应多涉猎其他专业的书籍。基于此，我提倡各系的学生可以不受系别限制到其他系进行选修，从而不断扩大知识面。另外，外语学习是我一再要求学生应努力学好的。打比方说，一个人懂一门外语，等于在面孔上多长了一只眼睛。如果连一门外语都不懂，那么知识的领域和范围就会受到很大的局限。

我也一直积极倡导学术的薪火相传。以"中国国际私法研究会"

（现改称"中国国际私法学会"）来说，该学会于 1987 年正式成立，自成立以来，每年都举行一次年会，讨论国际私法方面的一些重大理论问题和实际问题。参加这个学术团体的成员，不但有从事国际私法教学和研究的教师和学者，还有从事实际工作的各有关部门的专家、顾问、律师和工作人员，还有不少年富力强、朝气蓬勃的国际私法博士和硕士。临时应邀参加年会的，往往还有港、澳、台的学者和专家。可以毫不夸张地说，我们这个学术团体是集中了全国国际私法人才的一个大本营，一个智力库。每次年会都收到数目相当可观的学术论文，并于会后编辑出版论文集。每次开会我总提倡出席者都可对讨论的问题各抒己见，畅所欲言，真正做到"百家争鸣、百花齐放"，这已形成这个学会的一种传统。因为我坚信，只有这种开诚布公、自由讨论的学术氛围，才能促进我们学科的发展，提高我们的学术水平。我很高兴地看到，一大批青年学者成长起来成为了教授、博士生导师或所在工作领域的骨干。

我还有一个未能实现的梦想。从中央大学的年代开始，我就立志要做一个伟大的法学家。在 20 世纪中国政治风云的变幻中我们这一代法学研究者失去了太多宝贵的年华，我在法学领域的建树还远远未能达到我青年时代对自己的期望。虽然历史环境与个人机遇都使这个梦想在 20 世纪的中国成为不可能的事情。但是今天，我希望在我们的学生中，或者在我们的学生的学生的学生中，会有中国的奥本海、庞德和狄骥等的大法学家产生，他们将为中华民族对全世界的法学发展作出历史性的伟大贡献，他们代表着中国法学的未来和辉煌。我以九十岁生日时做的一首诗表示对他们的殷切期望：

> 岁逢庚辰年，九秩入高龄。
> 虽云桑榆晚，犹存赤子心。
> 满园百花放，盛世万象新。
> 鞠躬尽余热，接力有来人。

曾　涛*

---

* 作者为中国政法大学国际法学院讲师。

文章道德两典范*

——记著名法学家韩德培教授

2000 年 1 月 8 日，各界知名人士和武大师生五百余人，聚集在武大人文馆内，祝贺著名法学家、教育家韩德培教授 90 华诞，并举行韩德培法学思想研讨会。与会人士一致赞颂韩教授的爱国精神和献身法学研究、教育事业取得的巨大成就。最后韩教授致词答谢。他说："大家的褒奖，我受之有愧；这是对我的鼓励，我将继续努力。"接着，他提高噪音，饱含激情地朗读他的诗作：

> 岁逢庚辰年，九秩入高龄。
> 虽云桑榆晚，犹存赤子心。
> 满园百花放，盛世万象新。
> 鞠躬尽余热，接力有来人。

参加这次盛会，我深受教益，并激发了我进一步了解韩教授的强烈愿望。于是会后我又拜访韩教授和有关人士，追踪韩教授色彩斑斓的人生足迹。

为强国上下求索

韩教授祖籍南京，1911 年出生于江苏如皋县。祖父韩大兴曾参加太平天国起义军，屡立战功，从士兵擢升至副将。父亲韩志忠曾参加一个以推翻清王朝为宗旨的革命组织。受家庭的直接影响，韩德培

＊ 本文原载武汉大学北京校友会编：《珞珈岁月》2003 年出版。

韩
德
培
文
集

在青少年时代便萌发了"振兴中华"的爱国思想。

1931 年"9·18"事变时，韩德培正就读于中央大学法律系。眼见山河破碎，而国民党当局对日寇采取不抵抗主义，陷民于水火之中；不禁义愤填膺。韩德培与共产党员窦昌熙、狄超白和爱国人士王昆仑、孙晓村、曹孟君等一起，积极探索抗日救亡之道。他不计安危，与蒋孟引、邓启东等同学组织"现实社"，并自己出资创办抗日救亡刊物《现实》，发表了许多宣传抗日、评论时局的文章。当爱国将领冯玉祥来南京时，他和史良、沙千里等前去拜访，痛陈时弊和抗日救亡之道，受到冯玉祥的赞扬和支持。

1939 年，韩德培以优异成绩考取"中英庚子赔款出国研究生"。这原本是人们求之不得的好事，他却痛心地说："我们留学花费的钱，是英国人抢夺中国人的银子中的极小部分，现在强盗反而成了施主"。

后来，他到加拿大多伦多大学研究国际私法，获硕士学位。1942 年转入美国哈佛大学法学院，继续研究国际私法、国际公法和法理学。和韩德培一起考取中英庚款出国研究生的有二十四人，他们有的主张工业救国，有的主张科学救国，有的主张教育救国，韩德培则主张以法强国。留美期间，他与浦寿昌、丁忱等留美同学组织"明志社"，共同讨论国内外重大时事，团结并引导同学探索强国之道。他还常常为维护民族尊严与种族歧视行为作斗争，是哈佛校园内有名的"三剑客"之一。

用法律武器作斗争

1945 年，韩德培应时任武大校长的著名国际法学家周鲠生之邀，到武大任法律系教授，继而任系主任。

1946 年秋季开学仅两个多月，北平发生了"沈崇事件"，全国各地掀起了抗议美军暴行的爱国运动。韩德培教授在武大学生自治会主持的"声讨"大会上作了义正词严的发言，这是同学们第一次目睹韩教授风流倜傥的风采，留下了深刻美好的印象。以后，内战逐步升级，人民生活困苦不堪，国民党当局却更加残酷镇压进步力量。韩教授愤起抗争，先后在《观察》等报刊上发表《我们需要的法制》、

《评中美商约中的移民规定》、《征用豪门富室在国内外的财产》和《对当前学生运动的看法》等文章，从法律的角度尖锐抨击国民党当局的罪恶行径。

1947年6月1日清晨，国民党当局出动两千军警宪特，携带美国提供的迫击炮等轻重型武器，向手无寸铁的学生发起攻击，制造了震惊中外的武大"六·一惨案"。韩教授与曾炳钧教授为之起草《国立武汉大学教授会为"六·一惨案"罢教宣言》，严厉谴责反动派的血腥罪行。说："根据医生检查死者伤口，所使用的枪弹竟然是国际战争中被禁止使用的达姆弹！人民的生命保障何在？国家的法纪尊严何在？达姆弹是美国独家生产的，主子提供达姆弹，奴才充当刽子手，深切而生动地描绘出了美蒋狼狈为奸的丑恶嘴脸和罪恶勾当。"在社会上产生很大影响。1948年秋，反动派在全国各大城市成立"特种刑事法庭"，企图以法律当屠刀，迫害学生、新闻记者和其他社会进步人士。武大也有近二十位同学被刑拘。韩教授率领法律系师生前往营救，以睿智的口才和无法驳倒的法律论据，使反动当局无言以对、狼狈不堪。

春风化雨育英才

新中国成立后，韩教授继续在武大从事法学教育，兼任系主任、校务委员会常委和副秘书长，实行校长制后，改任副教务长。在法学教育中，韩教授强调教书育人并重，并且身体力行。他学识渊博，讲课生动流利，在道德品质方面又严格要求自己，处处作学生的表率，因而深受学生的欢迎和爱戴。

然而从1957年到"文革"的20年中，韩教授蒙冤受屈，放下了笔杆，扬起了牛鞭，中断了他在法学领域的教学科研工作。"韩德培"这个受人尊敬的名字被打上红叉叉，受人爱戴的韩老师成了沙洋劳改农场的犯人，住进透风、透光、透雨的"三透书屋"。

70年代初，周恩来总理给武大下达一项紧急任务：外交部积压了一大批联合国文件，必须在两个月内翻译完毕。急需精通外语和法律的韩教授参与工作。武大当时的负责人只得把他请回来。韩教授得到为国效力的机会，非常兴奋，两个月的任务半个月就完成了。周总

韩德培文集

理大加赞赏，立即给武大颁发了嘉奖令。然而应该受到嘉奖的韩教授，在完成任务后又回到了"三透书屋"中。

党的十一届三中全会以后，韩教授重返教学、科研岗位，这时他已是年近古稀的老人了。他不计荣辱得失，毅然担起了重建武大法律系的重任。经过不到一年的紧张筹备，1980年武大法律系开始召收法律专业本科生，同时召收国际法研究生。1986年武大重建法学院，韩老出任名誉院长。现在武大法学院已成为全国闻名且名列前茅的法学院，韩老功不可没。

每年法学院新生入学时，韩老都不顾年高体弱，在开学典礼上讲话，勉励同学们努力学习，将来更好地为祖国服务。他经常告诉同学们："作学问就像金字塔一样，基础要扎实"，知识面不宜过窄，要博览群书，了解其他学科的专业知识。学好外语也是韩老一再强调的。他说："一个人懂一门外语，等于面孔上多长了一只眼睛。"这些都使学生们受益良深。

自1945年韩老应周鲠生校长之聘到武大执教以来，至今已五十余载。培育英才，硕果累累，称他桃李满天下，确非过誉之言。经他培养的大批硕士生、博士生，现在都已成为各单位的业务骨干，不少人已是教授、博士生导师了。

联系实际研究法学

韩老一手抓教学，一手抓研究。在法学研究方面，他一直强调理论联系实际。早年他留学美国时，就曾向当时在旧金山参加联合国筹备会议的董必武同志请教，怎样进行法学研究最有利于中国。董老很快就亲笔回信，指出研究法学一定要联系实际，特别是中国的实际。韩老对此铭记不忘。80年代初，正当中国法学百废待兴的时候，韩老就明确指出，法学要"着重研究当前经济建设中出现的新情况、新问题，使法学研究更好地为经济建设服务。"此后他联系我国社会主义建设的实际做了大量卓有成效的工作。

1981年，我国与日本、西德之间的一些重点工程因故准备下马，为终止合同引发了涉外经济纠纷，赔偿对方的经济损失是一长串天文数字。怎样既能维护国家的信誉和尊严，又使人民的利益免受或少受损失？韩老受国务院有关部门的委托，为妥善解决这个难题提供咨询意见。韩老运用他在国际法方面广博精深的知识和长期积累的调查统计资料，引用罗马古老原则、英美现行法律判例、国际条约和惯例，以及对方国家的民法典等资料，写成《关于终止若干合同所涉及的几个法律问题》的咨询意见，为国家减少了数亿美元的赔偿金额。1987年他又为财政部提供了我国加入《多边投资担保机构公约》的意见，全面评价了该公约的利弊得失，以及我国若加入该公约应注意的问题，为政府决策提供了有力的学理支持。1988年，我国某海运局的船舶在我国领海内与外轮碰撞发生纠纷，案件正在我国法院审理。但外方当事人在意大利法院申请扣押我海运局的另一艘船舶，造成我方当事人的损失。我国法院对因扣船所引起的纠纷是否具有管辖权，理论界和实务界均有不同看法。韩老以他深厚的法学理论知识，多层次、多侧面地分析了我国法院对与扣船有关的诉讼行使管辖权的必要性、理论依据和法律依据，并写成《关于"金鹰一号"案的几点看法》，公开发表后引起我国法学界的广泛重视和赞同。

早在80年代初，中国与英、葡在"一国两制"的框架下达成香港、澳门问题的解决方案后，韩老就敏锐地感到，在不久的将来，我国领域内将同时存在几个不同的法域，并产生区际法域冲突问题。他就此问题进行超前研究，先后撰写（或与人合写）了《论我国的区际法律冲突问题》、《中国区际法律冲突问题研究》和《大陆地区与台湾、香港、澳门地区民事法律适用示范条例》，引起了广泛的重视。特别是《示范条例》体系完整，内容全面，在大陆、台湾、香港都产生了巨大影响。

推动中外法律文化交流

韩老还十分注意国外法学的发展动向，研究外国的最新立法资料；同时积极参加中外法律文化交流活动，向国外同行介绍中国的法学研究和法制建设情况，维护祖国的统一和尊严。

1980年，他率领中国代表团出席在荷兰召开的"国际法律科学大会"。会前，台湾代表要求悬挂"中华民国"国旗，并在代表徽章上标明"中华民国"字样。韩老知道后立即向大会主席提出抗议，制止了台湾代表的挑衅行为。但在第二天宣读学术论文前，台湾代表又声称他是"中华民国"的代表。韩老是大会主席团成员，立即发言反驳。他义正词严的发言，赢得了各国代表的赞扬和支持。那位台湾的所谓"部长级代表"和他的随从，只好灰溜溜地仓惶退场。

韩老经常出国开会、访问和讲学。1982 年 3 月，他到美国讲学，足迹遍布 11 个州、19 所大学。以他的学识品德和爱国精神，赢得了国际友人的赞誉，还为国增了光。密苏里大学副校长亨利·A·密切尔在给中国外事局胡守鑫的信中说："我衷心感谢您的大力帮助——推荐韩先生为我校的教授。凡是他去过的地方，那些有幸见到他的人都着迷。我听过他的几次讲学，都受到教育工作者和法律专业人员的热烈欢迎。韩教授确实是一位良好意愿的使者，他很好地介绍了他的祖国各方面的情况，他在加强我们两个伟大国家和两国伟大人民之间的挚诚友谊方面，起了重大作用。"在堪萨斯市讲学时，还获得被授予堪萨斯市"荣誉市民"称号的殊荣。

创建环境法学

20 世纪 70 年代末、80 年代初，韩老重建武大法律系时，我国的法学经过二十多年的荒废，已十分落后，不仅与工业发达国家差距甚大，和一些发展中国家相比，也有相当大的差距，当时已经蓬勃兴起的环境法学，我国法学界很少有人作深入研究。韩老当时考虑的一个重要问题，就是如何使武大法律系能抢占当代法学的一些新兴、前沿和交叉领域，在未来的法学界占有一席之地。于是，韩老在已到 70 高龄的时候，毅然投身于环境法学的开拓与研究。1980 年，他根据环境法学跨学科的特点，引进几位既懂自然科学又懂社会科学的人才，建立环境法研究室。1981 年，在此基础上与中国环境科学院联合创办环境法研究所。1985 年后该所受国家环保局和武汉大学双重领导。在韩老的重视和支持下，这个所的研究人员一度达到 18 人，成为中国和亚洲地区最大的、专门从事环境法研究、教学的研究机构和学科点。还带动国内的北大、人大、清华等十余所高校也相继建立了环境法研究所或研究中心、研究室。经过韩老和其他环境法专家的宣传、倡导，1987 年环境法学确定为法学中增设的新专业，1997 年又确定为本科法律专业必修的主干课。

在研究生专业教育方面，韩老力主培养环境法研究生。1984年1月，武大环境法研究所获环境法硕士授予权。这是我国最早的环境法硕士点。1998年该所又获准为环境资源法博士点和普通高等学校人文社会科学国家重点研究基地。这样，武大的环境法研究处于全国领先地位，在国际上也有广泛影响，而这一切都是与韩老的倡导、坚持分不开的。

勤奋著述，体大思精

韩老一生研究的领域非常广泛，包括国际私法学、国际公法学、法理学和环境法学等，在这些领域都留下了很有价值的著述。

韩老从赴加拿大留学开始，就一直致力于国际私法研究，长达六十余年。不仅对国际私学提出过许多精辟论述，还影响了一代又一代中国的国际私法学者，不愧为中国国际私法学的一代宗师。"文革"以前，他主要关注一些具体国际私法问题的研究，如实质问题与程序问题的划分和反致问题等。1948年，他在《国立武汉大学学报》上发表的《国际私法上的反致问题》，是我国学者首次对这一问题所作的详尽介绍和论述，至今仍有很大影响。"文革"以后，他的研究视野非常开阔，对许多宏观问题和现实问题作了深入的研究。他主编的高校教材《国际私法》扩大了国际私法学的研究范围，出版后获国家优秀教材奖和国家图书奖提名奖。他主编的高校教材《国际私法新论》，创立了现代国际私法学的新体系，表现出较强的超前性、科学性和系统性。此外他还撰写或与人合写了《应该重视对冲突法的研究》、《中国区际法律冲突问题研究》、《美国国际私法〈冲突法〉导论》、《海牙国际私法会议与中国》、《欧洲联盟国际私法的特征和发展前景》等学术论文或专著。在国际公法领域，韩老主编了《现代国际法》和《人权的理论与实践》等著作，陆续发表了《要大力加强国际法的研究》、《海洋法公约与条约制度的新发展》（英文）、《论改革与加强关税及贸易总协定多边贸易体系》、《关贸总协定及其基本原则与规则》和《关贸总协定与中国》等论文。

在环境法学领域，韩老的著述也相当丰富。他主编的《中国环

韩德培文集

490

境法的理论与实践》，对中国环境法的主要领域、基本原则和法律制度作了系统的论述，被誉为"开拓性理论专著"。他主编的《环境保护法教程》，是我国环境法领域最早的、较为全面系统的教材，也是迄今为止惟一的全国高校的环保法通用教材。

此外，韩老自改革开放以来，还在法学教育与研究和法制建设方面发表了许多论文，如《让法学更进一步繁荣》、《我们的战略应该是：一手抓教育，一手抓法制》、《中国人的法律制度》（英文）、《充分发挥宪法在社会主义现代化建设中的伟大作用》、《运用法律手段管理经济》等。韩老的学术论文已结集为《韩德培文选》，由武汉大学出版社出版，受到学术界的普遍好评。

韩老虽已进入 90 高龄，仍然奋斗不止，继续担任武大法学院博士生与博士后导师、北京大学兼职教授和多种社会职务，其人格风范和学识都是我们学习的典范。我们衷心祝愿韩老如松柏之长青，如南山之永寿！

李　涛

2000 年 4 月

守志担大道　风雨伴鸡鸣[*]

——记国际私法学泰斗韩德培教授

　　提起韩德培先生，不仅珞珈山的几代学子充满了无限敬意，我国当代法学界的各路精英也无不为之景仰。这个响当当的名字和他历览岁月沧桑、踏过千沟万壑的人生阅历，使许多记者源源不断地寻访那绿树掩映下的博导楼，怀着激动的心情敲开他的门扉，一睹年逾九旬的一代宗师的翩翩风采，从他的朗笑声中感受这位洞悉西方民主和东方文明的老者的无穷魅力。

　　韩德培先生以其卓越的成就和崇高的威望被中国国际私法学界誉为无可争议的"泰斗"，他不仅是一个著名的法学家，更是一个铁骨铮铮、要用大字来写的人。他的伟岸和刚健、豁达与深厚，非高手不能描绘。凝视他慈祥而深邃的眼睛，回味他逻辑缜密、字字珠玑的谈吐，我有一种不可名状的"畏难"情绪：对于从未涉猎过的法学领域的笔者来说，书就这样一位令人敬仰的大师，既是一种荣耀，更是一种挑战。一个人的学术观点或许会落后于时代，但一个人道德品格的伟大则可以辉映千古。韩德培先生正是以那辉映千古的品格，导引并激励我追寻他近一个世纪的坎坷旅程。

惊石而出，男儿立志越乡关

　　韩德培的祖父韩大兴是太平天国的军人，他随翼王石达开南征北战，在马背上度过了十来个春秋，曾官至副将。1864 年太平军失败后，韩大兴隐姓埋名，落难而走，最后定居于江苏如皋。从此，这片

　　[*] 本文原载《财政监督》，2002 年出版。

人杰地灵之处便成了韩德培的故乡。韩德培对祖父非常敬重，这不单是因为有美髯公之称的祖父（韩德培管他叫"胡子爹爹"）常给他讲述当年驰骋疆场的军旅生涯，更因为他从韩大兴身上继承了刚直不阿、百折不挠的禀性和浩然之气。而且，祖父在故乡韩家祠堂立的石碑"催动"了他的诞生：有些迷信的"胡子爹爹"因长子韩志忠连生三女而焦急不安，请算命先生帮忙，在南京城外秣陵关老家立石一方，镂刻碑文，第二年（1911）2月6日，韩德培在韩家的期盼之中蹦然出世。这不凡的造化似乎预示他将来奇崛的命运和头顶肆虐的风云。这位从"石缝里蹦出"的孩子实际上生于忧患，长于贫困，八岁就失去慈母，小小年龄便备尝了人世辛酸。但正是这种艰难时世的磨炼，铸就了他超乎寻常的毅力和钢铁般的意志，使他能永葆豁达而乐观的心态，于群魔乱舞中探寻真理，在漫漫长夜中追逐光明。

　　韩德培从小聪颖过人，也非常调皮好动。他六岁入私塾，读《大学》、《中庸》、《论语》、《孟子》、《幼学》及《千家诗》等，打下了扎实的旧学基础；他很会背书，摇头晃脑如吟唱一般；他练得一手好字，握着如椽大笔如走龙蛇；他擅长用砖块瓦片在护城河里打"漂漂"，喜欢踢毽子和放风筝……干什么都出类拔萃的韩德培一向心比天高，志向远大，当许多同伴还在父母怀抱哭哭闹闹的时候，他就知道天外有天、山外有山。他10岁时转入京江小学读书，每学期的成绩都是全班第一；15岁时，他又以第4名的优异成绩（当时有488名考生）考入如皋师范，开始走上独立生活之路。少年韩德培在如皋师范没有向家里要一个铜板，反过来总是给家里以接济。在这所奠定了他一生信念的师范学校，他广泛涉猎各种书报杂志，其中包括陈独秀主编的《新青年》，杨贤江主编的《学生杂志》，商务印书馆编印的《东方杂志》、《小说月报》以及梁启超的《饮冰室文集》、胡适的《胡适文存》等。这使韩德培在20世纪初叶就站到了大千世界的门槛，在轰轰烈烈的新文化运动中，接受了民主精神和科学理念。

　　1928年，将"男儿立志出乡关，学不成名誓不还"作为座右铭的韩德培以第一名的成绩考入南通中学，师承顾挹乡（教英文）、陆颂石（教高等代数）、徐益修（教国文）等先生。1930年夏，他又考取了全国闻名的浙江大学史政系，至此，这位本该免试保送到中央大学的年轻人来到美丽的西子湖畔，以不懈的努力，翻开了求学生涯新的一页。

"学期徵实用，士耻盗虚声。已是小成日，行看及大成。"韩德培废寝忘食、如鱼得水，既攻文史哲，又学数理化，不出半年，便在众多优等生中崭露头角，令全系师生都啧啧称奇。正当他埋头于浩瀚书海、神游于智识天空之时，他的"胡子爹爹"不幸过世，韩德培因不能回家奔丧而悲痛至极。回忆祖父策马扬鞭的沙场传奇，他只有用笔倾诉无尽的思念，国文老师阅后认为"满纸血泪，不忍卒读"。而韩德培正是在这篇悼念文章中，表达了奋发图强、奔向未来的鸿鹄之志。

负笈北美，重洋不断赤子心

韩德培在浙江大学只念了半年，就因为当时（1931）的教育部决定将浙大史政系合并到中央大学而随之转入他高中毕业时就向往的这所著名学府。在中央大学，他因为听了法律系一位教授的课而改变专业方向，由原先的历史或政治专业而转向法学。这位对韩德培一生产生较大影响的教授就是担任过国民政府司法行政部秘书长和部长的中央大学法律系主任谢冠生先生。据韩德培回忆，谢先生授课从不带讲稿，他引经据典，侃侃而谈，把一般人心目中枯燥无味的法学课程讲得妙趣横生、韵味无穷，使许多学生听后欲罢不能，更使具有多方面才能的韩德培几乎把他视作偶像。如今，大半个世纪过去了，笔者从韩德培的表情中仿佛能感受到他当年的激动与陶醉。如果没有谢先生的学识和口若悬河的演讲，韩德培是否能被引入法学这个使他尝尽人生百味的学术领域，是否能成为"青出于蓝而胜于蓝"的一代法学大师，我们真的还无从知晓。

在中央大学读书时，韩德培广泛涉猎各种书籍，成了中大孟芳图书馆的常客。他当时已能阅读英、法两种外文原著，还旁听了德文和日文。在这段时间里，他通读了奥本海的《国际法》、戴赛的《英宪精义》、庞德的《法律哲学导论》、《法律与道德》等英文版原著，对狄骥的《公法的变迁》和《私法的变迁》等法文原著也烂熟于胸，这使他打下了坚实的法学理论基础，培养和锻炼了多种外语能力。韩德培先生的法学生涯是从中央大学（解放后改为南京大学）开始的，其后的几十年乃至今天，每当提起母校和南京，他仍然充满了深情的怀念。1934年，韩德培从中央大学法律系毕业，随后留校主编学报和校刊，同时撰写和翻译了一些论文。他充分利用中大图书馆的丰富藏书，阅读了大量的中外法学、哲学和其他社会科学名著，特别是通读了《共产党宣言》、《国家与革命》、《资本论》（第一卷）的英文本，真正开始研究马克思主义，接触中国共产党人。在中华民族遭受日本帝国主义铁蹄践踏的生死存亡关头，他走出书斋，积极参加了南京的抗日救亡运动。韩德培以其深受当时中央大学校长罗家伦先生（曾是"五四"运动的风云人物，担任过清华大学校长）赞赏的文笔，分析评论时事，呼吁全面抗战，并和几位志同道合的中大毕业生蒋孟引、邓启东、郑安寰、李昌董等组织了"现实社"，合办了《现实》杂志，产生了一定影响。他还与南京各界人士密切联系，经常与孙晓村、王昆仑、曹孟君、陈勇进等秘密开会，积极推动组织南京各界救国会，大造声势，扩大抗日救亡力量。值得一提的是，他曾在清凉山接待从上海来的著名民主人士史良、沙千里、陈传纲等，并一起拜访过抗日爱国将领冯玉祥将军。他从冯将军耿直、豪壮的轩昂气质中得到了鼓舞，获得了一种勇往直前的斗志。

1937年，日军大举轰炸南京，孙晓村和曹孟君被捕，曾任中大学生会秘书长、负责起草宣言和书写标语的韩德培被迫随校迁往重庆，但他仍然不忘担起天下兴亡的"匹夫"之责，继续与进步学生接触，从事民主活动。在准备参加中英庚子赔款董事会留英公费生考试的同时，他甚至作好了奔赴延安的打算。在他看来，以英美为代表的西方有他憧憬的民主制度和世界一流学府，而以红色宝塔为标志的延安则是中国民主的摇篮和圣地。

历史的机遇，使他最终没能抵达陕北。1939年即已喜结良缘的韩德培以优异成绩考取了当时最难考的公费出国名额。这年的9月1日，他拿到机票准备飞往香港，转赴英国，到剑桥大学就读。然而纳粹德国挑起的战火燃及波兰，欧战的爆发，使24名留学生"暂停出发"。在中央训练团受训时，他得到过蒋介石的接见，当这位"攘外必先安内"的委员长叫到韩德培的名字并同他握手时，韩德培没有感到兴奋和陶醉，相反觉得这位叱咤风云的大人物的目光像一把锋利的刀子，让人感到有一种深不可测的寒气。

1941 年 7 月底，韩德培和 23 名齐集上海的留英公费生同乘"俄国皇后号"客轮改赴加拿大，抵达安大略湖滨的多伦多大学，和钱伟长、段学复、张龙翔、林家翘等开始了海外学子生活，在白求恩大夫的母校感受"比英国还英国"的西方城市文化的震撼效应。韩德培没有想到，这一去就是五年。这五年中，中国军民同日寇进行了浴血奋战，他的夫人殷昭女士则在国内忍受着思念和颠沛的煎熬，而他又有多少次瞭望祖国的烽火，遥寄赤子的深情。

　　韩德培在多伦多大学一共读了两年，主要师从莫法特·汉考克教授。这位国际私法学权威的学术风格和创新精神，使青年韩德培受益匪浅。他除了学国际私法外，还学了契约法、侵权法、财产法和刑法等课程。他撰写的硕士论文"国际私法中的实质和程序问题"收集和引用了大量案例，对各国知名学者的观点进行剖析并提出了自己独到的见解，受到导师和答辩委员会专家的高度评价，他因此获得了多伦多大学法学院当时所能授予的最高学位。

　　1942 年，韩德培转往美国哈佛大学法学院继续从事法学研究，面对一些同学为拿学位而学习的做法，他不以为然。在他看来，拿学位并不是最重要的事情，求学的真正目的在于学到能为国家发展和民族振兴作出贡献的真本事。时隔 60 余年，他的这一思想仍闪烁着夺目的光辉。在急功近利、热衷于炒作和包装的时代，许多"学人"用各类注水文凭欺世盗名，使高雅、纯净的学术殿堂弥漫浮躁的空气，对此我们不能不感到忧虑。

　　韩德培在哈佛的三年期间，利用世界上最好的法学图书馆收藏的极为丰富的书刊，进一步有计划、有步骤、有重点地展开研究，他把主要精力集中于国际私法、国际公法和法理学三个方面，还选修了当时哈佛大学几位名教授的课，撰写了一批国际私法新著的书评及评介庞德社会学派和凯尔森纯粹法学派的文章，发表于浙江大学的《思想与时代》及国内其他学术刊物上。

　　1942 年，韩德培与旅美的进步留学生浦氏三兄弟（浦寿海、浦寿昌和浦寿山）和丁忱等成立了"明志社"，讨论有关中国和国际局势的重大问题。在异国他乡，他不可能亲身投入到如火如荼的抗日战争中，他只有和一些知己同胞密切关注祖国的命运，遥看中华儿女用血肉筑成的万里长城，倾听华夏大地通过电波传来的最后的吼声。就是在从事"明志社"活动时，韩德培认真研读了毛泽东的《新民主主义论》（英文本），他对共产党领袖描绘的中国的未来产生了美好的憧憬。1945年，联合国筹备会议在美国旧金山召开，董必武同志作为中共代表参加了会议。出于对中国共产党的热爱和对这位早年在日本学习法律的领袖人物的敬仰，韩德培专门写信给董必武，谴责了一些国民党留学生在纽约"华美协进社"演讲会上的捣乱行为，并就如何进行法学研究才能有利于未来的中国等问题向其请教。董必武亲笔回信，说他能"区别乌鸦与凤凰"，并坦言法学研究一定要结合中国的实际。董老的回信给了韩德培极大的鼓舞，使他们从此结下了深厚的友谊。董必武在新中国成立后曾一度主持中央的政法工作，和韩德培有过多次书信往来，他到武汉视察时，也曾特邀韩德培在他下榻的东湖客舍面谈，共同探讨新中国的民主与法制建设问题。

在二次世界大战的战局逐渐明朗，法西斯主义走向穷途末路之时，韩德培面临着对未来的选择。他意识到了将来世界格局的演变，感受到国际法方面的发展变化及其苏联的影响，通晓英、法、德、日四国语言的他又开始学习俄文，孔祥熙的长子孔令侃钦佩韩德培的才学，诚恳地邀请他与其共事。当时在美国访问的浙江大学文学院院长张其昀先生也非常赏识韩德培，竭力推荐他回浙江大学法学院任院长兼系主任，连聘书和路费都寄给了他。但韩德培终于抵挡不住求贤若渴的武汉大学校长周鲠生先生"有言在先"的邀请，抗拒不了这位颇有蔡元培气度的教育家的魅力，于1945年底回到阔别多年的祖国的怀抱，在绿荫拥翠的珞珈山上，开始了新的学术事业。

海外归来，珞珈山麓沐风雨

有"世外桃源"之称的珞珈山吸引了韩德培、张培刚（发展经济学创始人）、吴于廑（世界史学大家）等被中国留学生通称的"哈佛三剑客"，也吸引了一大批年轻有为的教授。这些学界之杰一度成为武汉大学的"少壮派"，在周鲠生校长的带领下，创造了这所名校一段辉煌的历史。当年，胡适先生到珞珈山讲学，面对风华正茂、在一旁作陪的韩德培和其他几位年轻教授，赞赏之辞不绝于口，认为周先生吸纳了那么多优秀人才，"真配做一流的大学校长"。韩德培等年轻人能使当时名贯天下的大文豪和北大教授引发一通感慨，足以显现出这位青年法学家的实力。这是一个有金刚之躯和超凡之才的韩德培，从他的身上，我们看到了把鸿鹄之志融入改造中国、开启民智的社会实践的巨大能量。

1947年，年仅36岁的韩德培出任武大法律系主任，后又被推举为武大教授会主席。这位踌躇满志、春风得意的教授，在讲台上大显身手，先后讲授了国际私法、国际公法、外国法律思想史等课程，以其生动的语言和丰富的内容，赢得了广大学生的欢迎和不少同行教授的赞誉。

在珞珈山执教的最初几年，韩德培在法学研究方面也颇有进展。1948年，他在《武汉大学社会科学季刊》上发表了长篇学术论文"国际私法上的反致问题"，受到国内外学者的重视，初步显露了一个法学新秀的才华和理论气魄。看到苏联和东欧社会主义阵营在战后的崛起，韩德培又萌生了对资本主义和社会主义两大阵营的国际私法问题作比较研究，并撰写一部世界国际私法最新发展的宏篇巨著的想法，他为此收集了成箱资料，记录下大量笔记。然而，在他被打成右派后，那些被迫藏匿的资料被白蚁蛀食一空。事实上，早在20世纪40年代，韩德培潜心于学术研究的理想就受到政治局势的干扰。他从来就不是一个对国家和民族的前途冷眼旁观的人，他一直深切关注祖国的命运。在解放战争时期，他衷心拥护共产党，反对国民党的法西斯独裁统治，以渊博的学识和无私无畏的勇气在《观察》杂志上连续发表了"我们所需要的法治"、"评中美商约中的移民条款"、"评现行的出版法"及"征用豪门富室在国外的财产"等文章，揭露国民党的反动本质。1947年国民党出动大批军警在各地镇压学生运动，他草拟了"对当前学生运动的看法"一文，在武汉三镇散发张贴，引起了反动派的惊慌和不安。"六一"惨案发生后，武大教授会决定罢教，推举韩德培与另一教授起草《罢教宣言》，韩德培还和其他几位教授到"武汉行辕"进行抗议和交涉，要求严惩凶手，并保证以后不再发生类似事件。武汉解放前夕，韩德培冒着生命危险参加了党领导的"新民主主义教育协会"，暗中进行护校保产活动，以迎接武汉解放。

在南京和重庆的岁月，以及在40年代后半期的武汉，韩德培为

民主和社会主义的理想而奋斗，对未来充满了信心。然而在新中国建立以后，他却不得不陷入一种非常矛盾的境地。他一方面为社会主义在中国的胜利而高兴，竭尽全力地做好党和人民交给他的工作；另一方面，他也看到了一些与他信奉的理念毫无共通之处的荒唐之举。韩德培有从祖父身上继承而来的禀性，他在信念上的执着和在工作上的强烈责任感，使他的每一根血管都奔突着不屈的精神。这使他无形中得罪了一些人，遭到了极少数人的嫉恨。倘若处于民主与法制逐步开始健全、政治空气日趋明净的今天，他的才华和思想、他的领导方法和处世艺术只会使他得到敬重，产生无可比拟的建设性力量。但在那"山雨欲来风满楼"的年代，他却遭受了排挤、打击甚至迫害。作为中国知识分子中的一员，他在 20 世纪走过的道路充满了风风雨雨。当他终于看到不仅是他个人，也是整个民族和国家希望之光的时候，20 世纪快要结束了。这使我们认识到，在希望与困惑交织、烟花与乌云相混的特殊年代，一个正直的学者要坚持真理、追求光明需要多么超凡的勇气，该付出多么沉重的代价。

执掌教务，于无声处听惊雷

　　解放初期，武汉大学最高领导机构校务委员会成立，著名物理学家查谦出任副主任，在 30 年代就和鲁迅打过笔墨官司的徐懋庸担任秘书长，韩德培则担任副秘书长，协助主持全校性日常事务。1951年，韩德培改任副教务长，实际上全面负责武汉大学的教务工作。在全国高等学校院系调整时，他参与制定了中南地区大学院系调整规划，为吸纳人才、充实武大的教师队伍做了大量工作。他办事干练，讲话富于感染力，得到李达校长、教育部和其他学校领导的高度评价，连中山大学校长冯乃超也觉得这个"拼命三郎"太不简单。同时，韩德培对由他兼任系主任的法律系也特别关心，为武大法律教学的改革不遗余力。他不仅借鉴苏联和东欧国家的法学教育经验，更结合新中国的法律实践，剔除了国民党时代旧法律的糟粕和不适应共和国需要的部分，形成了一套有特色的法学教育体系，使武大法律系的教学改革走在全国前列。也许正是因为他的努力和取得的成效，在全国各综合性大学的法律系被相继撤销而由政法干校取代时，武大法律系成为少数几个被破例保留的综合性大学法律系之一；也正是因为韩德培开创了武大法律系和整个武大教学改革的新局面，他被评为"武汉市教育工作者劳动模范"。

历史常常捉弄甚至摧残推动了它前进的人，这使每一个民族、每一个时代都有一些英才俊杰蒙羞受屈，甚至含冤九泉。而历代小丑和政治流氓乃至文阀、学霸，便在历史的曲折中发泄私愤，牟取私利。这样，政治上的大气候便成了一小撮人的保护伞和操纵小环境为非作歹的工具。所以，我们需要民主，需要法制，需要稳定、健康、有利于民族进步和发展的秩序。然而，在那大鸣大放、砸烂公检法的年代，所谓法制、民主只能是一种郁积于胸的期盼。

1956年，在大鸣大放"阴谋"中为中国的民主和未来而斗胆进言的人们，被践踏了二十多年，有些人甚至家破人亡，哀怨千古。然而，正是这场扼杀党内外民主之声的反"右"运动，在万马齐喑中使人们认识到中国的问题所在。反"右"以后，大跃进、浮夸风、庐山会议、四清运动等导致冤案无数，一直到十年"文革"，整个国家面临崩溃的边缘。这使韩德培和共和国50多万"右派"分子，都有一种往事不堪回首的痛苦体验，使他们的家属和子女产生一种辛酸乃至饱含血泪的回忆。通过采访韩德培和其他几位受到"文革"冲击的教授，笔者认识到，惟一可以告慰他们的就是"右派"分子们曾用自己作出的牺牲甚至被迫而捐的生命，敲响了人民共和国历史上的醒世之钟，使20年后世纪伟人邓小平能奇迹般地呼之而出，带领全国人民在神州大地上真正开始社会主义民主与法制的新长征。

折戟沉沙，本为圣明除弊政

1957年，武汉大学的所谓反击"右派"大字报铺天盖地而来，教师当中，韩德培和中文系系主任程千帆先生在劫难逃，他们分别被扣上"山中宰相"和"右派元帅"的帽子而受尽凌辱。韩德培作为武大"右派"分子的总后台被列在漫画中央，其他"牛鬼蛇神"则众星捧月似地围在他四周。他受到反右运动中最重的处罚：被撤销一切职务，遣送沙洋农场劳动改造，从此，韩德培的夫人殷昭女士和三个孩子断了生活来源，要不是桂质廷教授、吴功贤先生和殷女士二弟殷绍温的接济，他的子女真不知道是否能熬到天明。

在沙洋农场，有些"右派"分子被折磨而死。但历经大风大浪、从没想到过自杀的韩德培却顽强地活了下来。在他一生中最艰难的岁月，他从来没有失去过信心，没有放弃"几时舒羽翼，万里驱长风"的理想。他非常喜欢韩愈被贬时写给侄孙的一首诗："一封朝奏九重天，夕贬潮阳路八千。云横秦岭家何在，雪涌蓝关马不前。本为圣明除弊政，敢将衰朽惜残年。知汝远来应有意，好收吾骨瘴江边。"韩德培所处的时代和境况非韩愈所能比拟，但作为专政对象、不敢乱说乱动的他，只有用一千多年前韩氏文豪的千古绝唱表达自己的心声。直到 1960 年，他被农场领导选出来在"摘帽"大会上讲话时，才真正道出了全体劳教人员的斑斑血泪。韩德培满怀激情地告诫那些历经苦难的人们：在沙洋农场都能挺过来的人，一定会重新站起来，未来一定充满了希望。

韩德培从沙洋农场返校后，武大法律系早已不存在了。他不得已到外文系当资料员，不久又被安排到英语专业教学。在"政治挂帅"挂过了头的年代，人们时而视英语为"帝国主义"语言而改学俄语，时而视俄语为"修正主义"语言而改学英文。这种羊癫疯似的辩证法给我们国家和民族造成了深重的灾难，却使既通英文又懂俄语的韩德培有事可做。虽然继续从事法学研究的愿望只能是一种梦想，但他因英语师资缺乏而重返教学第一线仍然感到十分满足。后来，在"文革"中期，他奉命从事联合国文件的翻译工作，以一个Harvardman（哈佛人）的英语水平把联合国的文件翻译成联合国的工作语言之一：中文（中国已成为联合国成员国），他感到欣慰而又辛酸。一个知识分子在社会最底层还能为国家做点事，多少能抚慰他滴血的心灵，但涉及国家形象和民族尊严的重要译稿出自文化大扫荡时代一个接受"劳教"的"右派分子"之手，不能不说是一个极大的讽刺。尽管他和几位教授的工作得到外交部的高度评价，但他感到有一种说不出的滋味。

十年浩劫，乱云飞渡待天明

"文化大革命"开始，20 世纪初叶就被誉为马克思主义哲学家的李达校长，因对"顶峰"论提出异议（他认为不能把毛泽东思想捧成马克思主义的顶峰，如果有顶峰还要不要发展？）而被斗得死去活来，韩德培也被抄家游街，成为数以百计的武大"黑帮"之一。西装、皮鞋、领带、照片、图书，统统成了"封资修"的罪证，他教英文时提到的"胡子"单词成了他"攻击革命领袖"的滔天罪行。（韩德培说英文里"胡子"有三个单词，为便于学生记忆，他便用马、恩、列、斯的画像作例子，告诉大家什么叫"whiskers"，什么叫"beard"，什么叫"moustache"。结果，一些人别有用心地诬蔑韩德培影射毛泽东"嘴上无毛，办事不牢"，借胡子的多少讽刺革命领袖"一代不如一代"）。自此，他被军宣队从严处理，第二次戴上"右派"帽子，此番经历在中国高级知识分子中实属罕见。

我们无须详细追溯韩德培两次被划成"右派"期间的痛苦往事，也无法描述他的夫人及子女在二十年间忍受的歧视、冷遇、惊恐、饥饿和思念等种种折磨。今天，93岁高龄的韩德培教授虽然精神矍铄，风趣开朗，但让他回忆起数千个日日夜夜的风雨历程，并不感到轻松。在沙洋农场这个整人的"风水宝地"，中国最高的司法、检察、公安机关的"五七"干校都设在这里，连费孝通先生和一大批"牛鬼蛇神"都被打翻在地，再踏上一只脚。韩德培便不再为自己的命运而感到冤屈，却更为国家的前途而担忧。他对自己的信仰和理念作了一次深刻的反思和检讨。他认为，马克思和恩格斯都是真正的伟人，但决不是神。那些把任何个人和理论捧上神坛的人，除了别有用心之外，没有其他任何解释。他赞赏列宁有容人之量，是真正能读懂马克思原著的人。联想到1949年以后的中国，韩德培对社会主义国家在民主与法制上存在的严重问题进行了思索。他认为，我们批评英美资本主义国家的民主是形式，虽然不无道理，但如果我们连形式上的民主都没有，还谈什么事实上的民主？他深知，从马克思到列宁，他们都没有全盘否定资本主义创造的文明，包括它的政治体制和经济管理，而我们置历史发展规律于不顾，夜郎自大，创造"十五年超英赶美"的伟大空话，建立所谓"世界无产阶级革命的中心"，是何居心？韩德培认为，把1966年到1976年的"文化大革命"十年定性为"十年浩劫"是无可争议的，但把1957年反"右"的政治灾难定性为"反右斗争的扩大化"却不正确。"事实上，绝大多数右派分子都平反了，还有什么扩大化可言？它是根本性的错误！"自反"右"运动开始，一大批正直知识分子被"专政"，一批党和国家领导人及地方党政部门的中坚人物被打倒，这便使党内党外的民主丧失了基础，为"文化大革命"的酝酿及发动铺平了道路。中华人民共和国成立不久，韩德培就已经意识到，中国乃至社会主义在全世界的前途将要经历一场严峻的考验，缺乏民主，无视法制，闭关锁国，固步自封，只会导致危险和不幸。因此，"文化大革命"的到来早在他预料之中，但他无法想象 1957 年以后的 20 年，特别是"文革"十年会造成那么大的破坏力。韩德培始终认为，1956 年党的第八次代表大会是中国共产党历史上一个充满希望的时刻，如果党的领导人当时能正视社会主义阵营和中国自己的问题，不要粉饰太平，那么中国社会主义的改革或许可以提前 20 年。然而，次年掀起的反"右"斗争，却使这个希望丧失殆尽。随后，中华大地在一次又一次的政治运动中元气大伤，失去了经济起飞和迈入世界发达国家之林的大好机会，以致这种历史性的失误走到了极端。

韩德培被打成"右派"时年近五十，可谓年富力强。这正是为祖国的法学教育和法学研究做一番事业的大好时候，结果岁月蹉跎，他被耽误了 20 年，中国的民主之声被扼杀了 20 年。许多爱国青年、海外赤子在新中国成立前后，抛弃优厚的待遇，不远万里奔赴祖国怀抱，准备为国家的建设而贡献力量之时，却在原以为找到了民主与光明的地方被惨遭扼杀。这种扼杀，如果仅仅针对少数几个人，倒也在所难免。在中国这个人才辈出的国度，少了谁，国家机器似乎都能照常运转，但一个发展中大国的知识分子作为一个整体受煎熬，一大批英才俊杰被打翻在地，其他人却异口同声地高唱语录歌、齐呼"万岁"的时候，这个民族无疑陷入了危险的境地。好在"沉舟侧畔千帆过，病树前头万木春"，在政治斗兽场上一些人把事情搅得异常复杂时，在普通老百姓的内心深处，真理却是那样清楚而简单，而历史终将以人民的判断作出结论。韩德培即使在最艰难的时候，仍然相信"公道自在人心"、"历史将宣判我无罪"。事实证明，"文化大革命"是新中国历史上空前的浩劫，但它也是中国走向民主、法制和现代化的伟大转变的前奏，这就是历史的辩证法。随着 1976 年"四人帮"的倒台、邓小平再次奇迹般地出现在政治舞台上和党的十一届三中全会的胜利召开，亿万中国人民看到了新的曙光，至此，中华民族在20世纪真正的新生，就像火中的凤凰飞向长空，全世界都为之欢呼并拭目以待。韩德培终于得到彻底平反，回到珞珈山，恢复了他的教授职务与工资，并重新走到他在中国法学界应有的位置上。这整整两个年代的辛酸和血泪、冤屈和不平、希望与期待，使韩德培的儿女们悲喜交集。这一天来得太迟了！然而，已经过了67岁的韩德培仿佛又焕发了青春，他告诫儿女们说："要开创一番事业，任何时候都不算晚，关键是要有机会。"韩德培先生正是在20世纪最后的20年，像充满活力的青壮年一样，创造了法学教育和学术研究的辉煌业绩，谱写了他人生的又一个新篇章。

春回大地，法律天平唱大风

"太息年华去无情，漫言辛苦等轻尘。世事风灯明灭里，几度寒霜几度春。"韩德培在沙洋农场第二次被摘去"右派"帽子后，面对人世沧桑的巨变不禁一唱三叹。但他不计较个人得失，在神州大地进入春暖花开的时候，做了许多开创性的工作，达到了一生事业的巅峰。他在古稀之年毅然担负起重建武汉大学法律系的重任（现已成为法学院），以其远见卓识组织开展学科建设，他主编出版了全国第一本《国际私法》统编教材，发表了一系列重要专著和论文。在他的积极倡导和支持下，武汉大学分别于1980年和1981年成立了全国综合性大学第一个国际法研究所和全国惟一的环境法研究所。经过多年的努力，武汉大学的国际公法、国际私法、国际经济法、环境法等学科的发展走在全国的前列，并饮誉海外。这两个研究所也于1999年和2000年被教育部评为全国的人文社科重点研究基地，从而使武汉大学法学院在全国的法律院系中名列前茅。他培养的博士生和硕士生已成为我国法学界和法律界的骨干力量，他的弟子遍布全国，甚至分布在欧洲、北美及其他国家和地区。他为宝钢等大型企业中止涉外合同案的妥善解决提供了重要意见，为国家避免了重大经济损失，受到教育部领导同志的表扬，被誉为"国宝"。1988年在轰动一时的"金鹰一号"案中，韩德培在我国法院与意大利法院的管辖权问题上也提出过重要意见。他担任全国第六届、第七届政协委员和国务院学位委员会评议组成员，为国家大事和高等教育出谋划策。他多次代表中国政府和武汉大学出席国际会议和讲学，在国际法学舞台上宣传中国改革开放以来民主与法律建设的重大成就，连台湾东吴大学校长章孝慈先生生前也邀请他去宝岛讲学（可惜因各种原因未能成行）。如今，追溯1978年前后的两个21年，韩先生在谈笑间掩藏不住内心的激越，这无疑是两个时代、两重世界，可谓天上人间。

　　1979年7月，一向不喜欢"当官"的韩德培"拗不过"当时武汉大学校长刘道玉的盛请，执掌筹建中的法律系。他知道，这已不再是个人喜好的问题，而是历史的使命。为了永远结束人民共和国无法可依的危险局面，为了使周鲠生时代及解放初期欣欣向荣的武大法律系再现辉煌，为了使零落四散的当年法律系教师能够归队，韩德培感到作为前任法律系主任，他责无旁贷。他找回了精于国际经济法的姚梅镇，长于刑法的马克昌，研究法理学的张泉林和专攻宪法学的何华辉，还调来了研究国际公法的黄炳坤，精通中国法制史的杨鸿年，以及刘经旺、王峻岩、李双元、梁西、余能斌、兰海昌和项克涵等，使武大法律系很快走向了正轨。

　　作为系主任，韩德培在解决法律系教师的职称问题上尽了最大努力，他不拘一格用人才，惟能惟德是举，反对论资排辈、互相倾轧的"自杀式政策"，使武大法律系教师职称问题解决之快之好，在全国法律院系中位居前列。他对科研的重视，使许多学有所成、研有所长的教授们心存感激。他创建并兼任第一任所长的国际法研究所，承担了国家"七五"、"八五"重点研究课题以及国家博士点基金、国家教委科研基金、中华青年基金等十几项全国性和地方性研究课题，为中央和地方各级机关、企事业单位提供了大量咨询意见。1997年国家首次在社会科学方面设立博士后流动站，武大法学院成为全国法学方面仅有的三个流动站之一，国际法研究所三个专业都成为建站专业，而且是全国惟一可以招收国际法博士后研究人员的流动站。现在该研究所共有12名博士生导师，培养博士生近百人，硕士生数百名，成为国内培养国际法人才的重要基地，为我国的外交和对外开放事业输送了大批人才。

　　步入晚年的韩德培对环境问题日益关注，他意识到中国在现代化进程中保护环境的重要性，竭力主张通过法律途径对环境污染予以控制，对生态平衡进行保护。他建立的环境法研究所，再次开创了全国乃至亚洲之先河，得到中央有关部门的重视和支持。1981年，韩德培受政府委托，代表中国赴乌拉圭出席联合国环境规划署召开的各国环境法高级官员与专家会议。在他和萧隆安教授（副所长）的领导下，武大环境法研究所与联合国环境规划署等国际组织以及国家环保局保持着紧密联系，为中央和地方的环保立法提出了许多建议，并有大量的研究成果出版问世。该所建立了全国第一个环境法硕士点，现在还建立了博士点，并被教育部批准为全国普通高校首批人文社会科学国家重点研究基地之一。中国法学会环境资源法学研究会成立后，选举韩德培为会长，并把会址和秘书处设在该所。这是中国法学会十六个专业研究会把会址设在北京以外地区的惟一特例。事实上，武大环境法研究所已成为环境资源法领域影响最大的教学中心、科研中心、人才培养和信息交流中心。鉴于韩德培在环境法教学和研究方面的开拓性作用，中国环境新闻工作者协会和香港地球之友于1999年授予他"地球奖"。

　　1978年后的二十余年，是韩德培在著书立说和学术研究上成果最多的时期。他除在环境法、国际公法和法理学等领域有高深的造诣外，对国际私法的研究尤为出色。他的一系列著作和论文受到国内外法学界的高度重视，对推动我国国际私法学和整个法学学科在新时期的复兴与发展及服务于实践，对推动我国法制建设发挥了重要的作用。他创立了具有中国特色的现代国际私法学理论体系，该体系具有较强的超前性、科学性和系统性。他主编的《国际私法》统编教材，获得了国家级优秀教材奖。早在1983年他就强调香港、澳门的回归和中国的统一事业将使解决区际法律冲突的区际私法（又称区际冲突法）在我国的国际私法领域占有重要地位，及时发表了"论我国的区际法律冲突问题"，并与黄进教授在广泛参考和比较中外国际私法和区际冲突法的基础上，于1991年草拟了《大陆地区与台湾、香港、澳门地区民事法律适用示范条例》，发表后受到了大陆、台湾、香港和澳门同行的广泛关注。英国著名作家韩素音阅读了这些文章后，专程赶到武大，要求与作者见面，交换意见。上海《文汇报》、《海南经济报》、台湾《自立早报》、香港《文汇报》和《大公报》都曾作过专题报道。在我国确定建立社会主义市场经济体制的初期，他提出应该重构我国的国际私法立法体系。他在 81 岁高龄时亲自主持编写了《国际私法新论》一书，科学、系统地反映了国际私法的新问题和新理论。在他的倡议下，中国国际私法研究会（现已称为中国国际私法学会）于 1993 年成立了以韩德培为组长的《中华人民共和国国际私法示范法》专家起草小组，经过六次修订，该《示范法》以中文和英文两种语言由法律出版社于 2000 年出版。这是我国法学界第一部完全由学术研究团体起草的《示范法》，韩德培为之倾注了大量的心血。该《示范法》的公开出版，对我国国际私法立法和司法实践，乃至在国际上都产生了深远的影响。海牙国际私法会议秘书长来华访问时，对《示范法》大加赞赏，认为这是中国国际私法界对国际私法的一大贡献。

韩德培的学术贡献并不仅限于国际私法和环境法，他主编、撰写和参与合作发表的著作及文章还涉及国际公法、国际经济法以及其他学术领域，主要包括《现代国际法》、《人权的理论与实践》、《对外开放法制环境的调查与研究》、"论改革与加强 GATT 多边贸易关系"、"海洋法公约与条约制度的新发展"、"关贸总协定与中国"、"评'台湾前途自决'论"等。

和许多高瞻远瞩、深明大义的知识分子一样，韩德培对祖国怀有深厚的感情，他于国于民的忧患意识丝毫不因 20 年的磨难而减退。无论在什么场合，他都以自己的业务知识作为辨别是非、斩妖除魔的利剑，自觉维护国家的尊严和根本利益。他先后七次出国，利用各种机会宣传我国的外交政策，促进我国同外国的经济、文化交流，为国际法学交流作出了自己的贡献。1980 年 9 月，韩德培在荷兰参加第二次国际法学大会时，针对台湾代表有关"两个中国"问题的发言，即席以流利的英语作了严正声明："中华人民共和国政府是全世界公认的中国惟一的合法政府，台湾是中国领土不可分割的一部分"，博得了许多国家代表的热烈支持。

1982 年 3 月，韩德培应邀前往美国堪萨斯市密苏里大学讲学，并先后赴 11 个州、19 所大学的法学院和法学团体作访问和学术报告，受到热烈欢迎和高度评价。在纽约，他接触了负责联系与中国进行法学交流的美国福特基金会代表、哥伦比亚大学教授爱德华先生，为其后该会大量资助中国法学研究人员访美进修铺设了道路；在堪萨斯，市长曾邀请密苏里州首府的各界名人数百位，特意为他举行盛大宴会，感谢他为中美文化交流作出的贡献，并授予他堪萨斯市"荣誉市民"称号。他后来参加的国际学术活动包括：出席在东京举行的亚太地区环境与发展专家会议（1984），在中、美、加三国关于国际贸易与投资法律问题学术讨论会上作总结发言（1985年8月），赴美参加大气污染控制协会年会（1985年10月），在北京第十四届世界法律大会上担任第四组主持人（1990年4月），赴加拿大蒙特利尔参加第十三届国际比较法大会（1990年9月）等。韩德培作为一个胸怀博大的老一辈法学家和教育家，他所产生的感召力、凝聚力和影响力，不仅在武汉大学，在全国法学界，甚至在国际法学领域，都为各路英才、学子和关注法学事业的人们所珍视和敬重。

老骥伏枥，壮心不已启后生

1995年7月22日，是韩德培一生中最难受的一天，与他相濡以沫半个多世纪的老伴殷昭女士不幸逝世。这位杰出的女性，在韩德培含冤受辱的二十年里，顽强地与命运抗争，为了三个孩子，为了使丈夫在艰难的岁月挺直腰杆而不懈奋斗，耗尽了全部精力。是她，用坚强和无私的爱维系了这个家庭的存在和完整；是她，像一个护法神维护着一个法学家的尊严。她胸前没有奖章，心中却存有远志。韩德培深深怀念老伴"勤俭持家分我忧，从无怨言乐安贫"的岁月，写下"尔今匆匆先我去，面对遗像泪满襟"的诗句。殷昭女士的去世，使韩德培真正感到自己已经老了。但他没有消沉，他那不顾风雨的禀性永远也无法改变：看到不顺眼的事，他还是要说；只要是他关注的问题，他还是要奋笔疾书，发表意见。在他看来，在成为一个真正伟大的学问家之前，首先要做一个伟大的人。他的志向不减当年，雄风不减当年。站在他的面前，笔者丝毫感觉不到他是一位垂暮老者，更像一位号令我们向新的目标进发的领袖。

韩德培1956年就递交了入党申请书，虽然后来长期遭受迫害，但始终坚持共产主义信仰。他在1980年加入九三学社，一度当选为中央委员会顾问。当1984年武汉大学党委批准他加入中国共产党时，他比一些年轻党员还要激动。他说这是党对他几十年不懈追求的一种

韩德培文集

肯定。只有在中国走向民主、法制和现代化的时代，才能有他崭新的政治生命。

作为一个享誉海内外的社会活动家，他兼任的社会职务之多，连他自己也很难一一道出。笔者在网上查了有关资料，他的头衔有：中国社会科学院政治学和法学规划领导小组成员，国务院经济法研究会顾问，国家环境保护局顾问，中国法学会顾问，中国国际法学会副会长、名誉会长，中国国际私法学会会长，中国环境资源法学研究会会长，北京大学和深圳大学兼职教授等。在国际上，他还兼任国际资源和自然保护同盟理事、环境政策和环境法研究中心理事、世界城市与区域规划学会理事。韩德培先生感叹太忙，不少顾问职务是顾而不问，那是人家硬封的，他想推也推不掉。通过这一串串头衔，我们便足以看出他在我国法学界和教育界的影响力。他不用名片，但他的名字无不令人们感到骄傲——那不再仅仅是一种符号，而是一种信念，一种近一个世纪风雨、血泪、智慧和成就凝聚的丰碑。他是《中国大百科全书·法学卷》中载有传记条目的中国十大法学家之一；英国剑桥大学国际传记中心也将"韩德培"载入《国际有成就名人录》。早在中央大学时代，他就立志做一个伟大的法学家，今天在人们看来，他似乎早已实现了自己的理想。但韩德培清楚地知道，在20世纪中国政治风云变幻中，他失去了太多宝贵的年华，他在法学领域的建树还未能达到自己的最高期望。以他的能力、学识和如杜甫那般"老去诗篇浑漫与，语不惊人死不休"的精神，他本来可以成为中国的奥本海、庞德或狄骥，然而，历史环境和个人机遇都使他这个梦想在20世纪的中国成为不可能的事情。今天，中国已加入WTO，在日益融入全球化经济的过程中，他只能寄希望于他的学生，或者他学生的学生。他真诚地希望未来中国的法学家能为他了此宏愿，为中华民族对全世界法学的发展作出历史性的贡献。1989年他在一首《无题有感》诗中表达了"珞珈山上数十载，人间已见几沧桑。惟有山花年年开，不顾风雨吐幽香"的心愿，他本人只想做那暗吐幽香的山花了。然而，他在"烈士暮年"，又发出了"鞠躬尽余热，接力有来人"的感慨，寄予了对晚辈们的殷切希望。

2000年1月8日，珞珈山披翠叠秀，东湖水波光激滟。在韩德培九十华诞之际，武汉大学专门为这位法学大师隆重举行了纪念活动和法学思想研讨会，社会各界知名人士和武大师生济济一堂，高度评价了韩德培先生的风范和学术成就。侯杰昌校长代表武汉大学党委、行政和全体师生，对韩德培教授表达了崇高的敬意，称韩老学识渊博，研究领域广泛，是我国国际私法学界公认的一代宗师，是我国环境法学的奠基人和开拓者。原最高人民法院副院长端木正、原中国驻联合国大使黄嘉华赞扬了韩德培教授献身祖国法学事业的可贵精神；中科院院士查全性称赞韩老"道德文章两典范"；著名法学家马克昌称赞韩老是"法学界的一面旗帜"。在欢乐的气氛中，台湾东吴大学法学院教授赖来焜也上台祝辞："台湾有追星族，我也追星。我追的不是影星、歌星，而是法学泰斗韩明星、一代宗师韩寿星。"对这一盛会，《光明日报》、《湖北日报》等新闻单位都派记者采访并作了专题报道，海内外许多学子和法学家纷纷要求为韩老立传，对这位"德为世重，寿以人尊"的大师表达了难以言表的崇敬。

守志善道堪勒石，老当益壮庆未来。面对"生于清末、经历三个朝代、跨越两个世纪"的韩先生，笔者和珞珈山的学子们对他的仰慕和祝愿将成为永恒。在韩先生等大师精神的鼓舞和风采的辉映下，未来的中国学人将产生更多的民族脊梁。为此，我们欣喜地看到：21世纪，必将成为"中国人的世纪"。

李功耀

飞 龙 在 天

——与中国法学界一代宗师韩德培的对话[*]

摄影　　记者萧颢　　通讯员　　杨凯军
采写　　记者周洁　　通讯员　　杨凯军
人物　　韩德培
时间　　2005 年 1 月 26 日

人物介绍

　　韩德培，博士导师，武汉大学资深教授。1911 年生于江苏，1934 年毕业于中央大学法律系。1939 年考取中英庚款出国留学，在加拿大多伦多大学研究国际私法，获硕士学位。1942 年转入美国哈佛大学法学院，研究国际私法、国际公法、法理学等。

　　韩先生通晓英、法、德、俄等多门外语，身兼多职，著作等身，其中《国际私法》是我国高等院校第一部统编教材，《环境保护法教程》是我国第一本环境保护法的教材……他治学严禁，学识渊博，奖掖后学，被公认为新中国国际私法学的一代宗师和国内外享有盛誉的法学家、教育家，还是中国环境法学的开拓者和奠基人。

对话背景

　　1 月 19 日，著名法学家韩德培教授 95 华诞暨法学思想研讨会，在武汉大学举行。武大党委书记顾海良教授赠韩先生"飞龙在天"四字，寓意韩先生的学术成就和人品如飞龙般令学术后辈仰望。

　　辗转联系，1 月 26 日，记者得到 1 小时的专访时间。韩先生家，

---

　　[*] 原载《楚天都市报》2005 年 1 月 30 日。

整洁简朴，书籍满架沿墙立，从客厅一直延伸到书房，自成一景。韩先生耳聪目明，睿智和蔼，思维活跃，富有逻辑。说到高兴处，先生开怀朗笑，目光如炬，神采飞扬；言及人生处处劫难，却心如止水，波澜不兴。畅谈间，我们的对话不知不觉进行了两个小时、三个小时……

一波三折求学路，名师点拨青云志

问：您被称为"中国法学界的镇山之石"。"修行在个人"，但要"师傅引进门"。是谁把您引进了"法学"之门？

韩：（笑）此事说来话长，我求学之路比较坎坷。6 岁入私塾，期间读了《大学》、《论语》、《孟子》、《幼学》等，颇有旧学基础，写文章也是文言文。因家贫，小学毕业，祖父欲送我去商店当学徒，恰好如皋有一师范学校招考初中生，不收学费和食宿费，我一考就中，祖父也就不好再拦阻。

问：从您的启蒙教育看，您似乎学中文更合适。

韩：（笑）中学毕业，我本打算报考中央大学（以后称"中大"）或清华大学的外文系。临考时学校通知我，说我这个文科班的第一名，可以免试保送中大。考试刚过，学校又紧急通知，说名额有限，不能保送了。万分焦急之时，看到报纸上登出浙江大学招考史政系新生的消息，于是，匆匆收拾行装，赴杭州赶考，就考上了。半年后，当时的教育部决定将浙江大学史政系合并到中大，我也随之转入中央大学。

问：可史政和法律还是不沾边。

韩：在中央大学，我是要进历史或政治系的。一次旁听法律系一位教授的课，他讲"法律就是解决人与人之间的纠纷"，我觉得很有趣。教授主讲"法理学"，也讲"中国法制史"和"罗马法"，课讲得很好，听他讲课的人很多。教室里坐不下，人们就站在窗子外面听。我毫不犹豫地改学了法律。这位教授就是谢冠生，时任中大法律系主任，后来当过国民政府司法行政部长。

1939 年，中英庚款董事会在中国招留英公费生。24 个名额中，攻读国际私法的名额只有一个。经过激烈竞争，我得到留英到剑桥大学就读的机会。本来机票都拿到了，却因欧战爆发，未能成行。等了将近一年，最后，我和钱伟长等 24 人，改赴加拿大多伦多大学学习，白求恩大夫是该大学的医学院毕业的。我的导师汉考克（Moffatt Hancock）教授，他后来转往美国加利福尼亚大学、斯坦福大学等校任教，成为最出色的国际私法教授之一。他的观点，对现代美国最新的国际私法学说的形成具有重要作用。

金诺一声行自远，正义之剑向乌云

问：出国寻"道"，学成回国。怎么没有回母校中大，而是选择了武汉大学？

韩：（笑呵呵）想聘我当教授的学校很多。中大的罗家伦校长（曾在清华大学任校长），很赏识我，在我出国前还破格升了我"讲师"；浙江大学也想聘我去担任法学院院长兼任法律系主任……回武大，是因与周鲠生校长有约在先，不能爽约。

问：1945 年，您不过而立之年。现在看来，周校长很有眼光。

韩：周校长办学是十分有远见的。他邀请了国内许多知名学者和留学国外的青年人到武大来，我与经济系教授张培刚、历史系教授吴于廑三人，被哈佛的中国同学戏称周校长邀请的"三剑客"（笑）。

到武大后，我发现图书馆的法学图书很丰富，外文书刊几乎应有尽有，我认为自己来到了一个能做学问的地方。

问：可解放前社会动荡，国民党还出动军警，镇压武大进步学生运动，这样的社会环境似乎不利于做学问。

韩：1947 年，我是武大教授会主席，对进步学生运动持同情和支持态度。为此，还撰写了《当前学生运动的看法》一文，在征得张培刚、金克木、邓启东等知名教授同意联合签名后，印制 200 多份，在武汉街头广为散发、张贴。不久，武汉特种刑事法庭又传讯武大进步学生，意图加以迫害，我以武大教授会代表的名义，出面进行营救，并发动法律系教师准备出庭为他们进行辩护，最终反动当局被迫全部传讯学生释放回校……（笑）

问：您不担心自己的安全？

韩：学法的人，就要有正义感。

云开见日劫难后，荣辱看淡功成时

问：您在武大工作60年，除了学术研究，您还有非常多的社会兼职，有没有统计过，最多的时候，有多少个头衔？

韩：（大笑）没数过，很多。多数是挂名，只顾不问。

问：有没有遗憾？

韩：遗憾没有，倒是从1957年"反右"开始，到"文革"，我两次被迫戴上"右派"的帽子，整整浪费20年时间，没工作，有些可惜。我在美国的朋友说我当年要是留在联合国工作，就不会受那么多苦了。

问：您被打成"右派"那年，武大法律系好像也没有了。

韩：不仅仅是我，1957年，武大法律系好多教授都被打成了右派了，下放到农村劳动，放牛。没有老师，法律系自然就办不下去了。

问：法律系没有了，对您来说，就像农夫没有了土地。

韩：（笑）但我并没有消沉，相信总有一天，会云开见日。有段时间（1961～1966年），我被调到外文系教英语。开始，人家不放心，让我教一年级，后来看效果还不错，就让我一直教到四年级。

问：教英语算是"不务正业"，有没有想到挪个窝？

韩：北京大学曾多次希望调我去任教，房子、调动手续都办好了，我也打好包裹准备走，可学校不放。最终，我留下来，并重建武大法律系。

问：打破容易，重建难。

韩：是的。为了重建法律系，我通过各种途径将法律系以前的教师调回任教，只一年时间，法律系就开始招收本科新生，还同时招收了国际法研究生，武大法律系从此又走上了蓬勃发展的道路。1980年，我在武大建立了全国首个国际法研究所；一年后，又建立了亚洲第一个环境法研究所。这两个所现在都是全国人文社会科学重点研究基地，我也算是为武汉大学争了光（笑）。

丹心一片鸿雁传，佳话一段心头藏

问：两次被打成右派，理由是什么？

韩德培文集

韩：理由是我不认错，"名气也比较大"。事实上，我没有错，还比较进步。1945年，当我从报纸上看到，一些受国民党唆使的中国留学生，在董必武讲演时捣乱（董必武到美国旧金山参加联合国的筹备会议，应"华美协进社"邀请，在纽约作了一次讲演，）我就立马给董先生写信支持他。

问：您在信中说了些什么？

韩：一方面说捣乱的留学生只是留美中国学生中的极少数，其行为应受到谴责；另一方面，董老曾在日本学习政法，在解放区又主管政法工作，是法学界的老前辈了。我在信中向他请教，如何进行法学研究才能最有利于未来的中国。

问：董老给您回信了吗？

韩：（兴奋地笑）很快就亲笔回信给我。信中一一回答了我问的问题，并指出，进行法学研究一定要联系实际，尤其是中国的国际。西方好的东西也要参考。

问：回国后，您和董老有没有联系？

韩：有联系，只是我从不对人讲，免得别人说我拿与董老的交往，给自己脸上贴金（笑）。

董老到武汉，住东湖宾馆，总派人接我去面谈。作为中共的重要领导人之一，董老毫无架子，平易近人的态度，给我留下了深刻的印象。

问：董老写给您的那些信件还在吗，可否让我们拍几张照片？

韩：没有了。我戴"帽子"的时候，被抄了家，什么书呀、信的，全被抄走了，我成了一个名副其实的"无产阶级"（笑）。

光明磊落无私欲，新年团圆合家欢

问：做学问游刃有余，有没有碰到让您难以决断的事情？据说您当年还管武大的招生？

韩：（笑）我当年的权力可大了。中南五六省的高考从出卷子，到改卷，到组织考试，到招生，都由我管。记得有一位将军托人说情，希望对他的亲属能通融照顾，结果我们开了个会，按原则办事没开"绿灯"，此后，再就没人找我走后门了。

问：俗话说，"水太清，则无鱼；人太谨，则无朋"。

韩：不依规矩，不成方圆，我的群众基础才好。

我的处事原则是，光明磊落，不以权谋私，不拉帮结派，也不为任何权势所动摇。只是整日忙工作，累得胃出血。无暇顾家，亏欠子女的比较多。孩子们受连累到农村，不能顺利地升学，吃了许多苦。

问：子女中，有没有继承您衣钵，从事法学工作的？

韩：我的几个孩子都不错，通过自己努力，都从农村顽强地走出来了。长子获美国威斯康星大学博士学位，现是我国研究美国史的著名学者；次子取得博士学位，是我国国际经贸仲裁方面的专家；女儿在武大，是图书馆方面的专家。我的孙辈也不错，分别在美国、英国、加拿大读博士。他们中有一个学法律，我的事业毕竟也要有人继承嘛（笑）。

问：今年过年准备在哪里过？

韩：（笑）就在武汉大学过，孩子们都回来！

问：您老家如皋的"皋"是"水边的高地"之意，在东湖边的珞珈山也是名副其实的水边的高地。我们衷心祝福您新年快乐、长寿百岁！

韩：（笑）谢谢你。我老家如皋可是世界有名的长寿村，我也朝百岁努力！我年纪有些大了，但人老心不老，脑不糊涂，目前还带有10多个博士生呢（笑）！

当代中国法学名家
——韩德培*

　　韩德培，男，1911 年 2 月出生，江苏如皋人，武汉大学法学院教授、博士生导师。他的研究领域是国际私法、环境法、国际公法、法理学。韩先生担任的社会兼职先后有中国国际私法学会会长、名誉会长，中国国际法学会副会长、名誉会长，中国环境与资源法学研究会会长、名誉会长，国务院经济法规研究中心顾问、国家环境保护总局顾问、中国国际经济贸易仲裁委员会顾问、《中国大百科全书·法学卷》编委、国际自然和自然资源保护同盟理事、世界城市与区域规划学会理事、湖北省法学会名誉会长等。1990 年，作为有突出贡献的专家学者，韩先生第一批享受国务院政府特殊津贴。2003 年，他又被选为人文社会科学"资深教授"，享受"院士"待遇。

主要学术思想观点

　　韩先生通晓英、法、德、俄等多种语言，治学勤奋严谨，思维敏捷，知识渊博，思想深邃，在国内外法学界享有盛誉。他一生的学术活动范围主要涉及国际私法、国际公法、环境法、法理学以及法学教育等领域，特别在国际私法领域，创造性地提出了"一机两翼"的大国际私法理论，建构了新中国国际私法的理论体系和立法体系，堪称新中国国际私法学的一代宗师。

　　＊ 本文原载《当代中国法学名家》第一卷，2005 年出版。

一、国际私法学研究

韩先生对国际私法学的研究始于20世纪40年代留学加拿大多伦多大学时期，在长达60多年的学术生涯中，他不仅就国际私法的范围创造性地提出了"一机两翼"的大国际私法的理论，而且构建了中国国际私法学的理论体系和立法体系，使中国的国际私法学逐渐走向成熟，为中国国际私法的理论与实践研究做出了不朽的贡献。

他在国际私法领域的学术研究主要包括如下六个方面：

（一）创立新中国国际私法的理论体系

对于国际私法学的范围和体系，国内外学者有很多不同的主张。韩先生在主编我国高等院校第一部《国际私法》统编教材时就主张要扩大国际私法学的研究范围。他力主国际私法应以涉外民事法律关系为调整对象，其研究不能仅局限于冲突法领域，应当扩大到涉外民事法律关系的实体法领域。后来，他又将这一主张进一步扩大到涉外商事领域，并提出了将涉外民商事法律关系作为国际私法调整对象的新主张。这种主张引起了国内众多学者的争论，在与不同学者的论战中，他倡导要用发展的眼光，结合国际民商事关系的现状和发展趋势来研究国际私法，并进一步确立了调整国际民商事关系的统一实体法是现代国际私法不可缺少的组成部分的主张。对此，韩先生曾有过一段形象生动的比喻，他说："国际私法就好比是一架飞机，其内涵是飞机的机身，其外延则是飞机的两翼。具体在国际私法上，这内涵包括冲突法，也包括统一实体法，甚至还包括国家直接适用于涉外民商事关系的法律。而两翼之一则是国籍及外国人法律地位问题，这是处理涉外民事关系的前提；另一翼则是在发生纠纷时解决纠纷的国际民事诉讼法及仲裁法，这包括管辖权、司法协助、外国判决和仲裁裁决的承认与执行。"①

正是基于这种大国际私法理论，韩先生在后来的研究中构建了新中国国际私法学的新体系。在他主编的普通高等教育"九五"国家

① 转引自刘卫翔等著：《中国国际私法立法与实践》，武汉大学出版社1995年版，第40页。

韩德培文集

级重点教材《国际私法新论》和面向 21 世纪核心课程教材《国际私法》中，他结合国内外国际私法研究的新问题、新理论，把整个国际私法学的研究内容分为总论（国际私法的基本问题）、冲突法、统一实体法、国际民事诉讼法、国际商事仲裁法五大部分，以严密的逻辑性和大胆的超前性科学、系统地构建了中国现代国际私法学的新体系。

（二）正确评价冲突法的作用和前途

在 20 世纪 80 年代初期，受 20 世纪 30 年代以后美国学者对传统冲突法的批判的影响，我国许多学者不仅低估了冲突法的作用，对冲突法的前途也持悲观态度，主张将国际私法的研究重心转向实体法的研究。但就国际私法的实质而言，没有冲突法，就无所谓国际私法了。更重要的是，各国（包括美国）对冲突法的研究已经有了新的态度和进展。针对我国法学界这种不重视冲突法研究的现状，韩先生与李双元先生在 1983 年合作发表了《应该重视对冲突法的研究》①，阐明了冲突法的一些基本理论问题，回答了一国法院为什么要在一定条件下承认与适用外国法。他们还用法理辨析、实例证明、功用分析等多种方法论证了适用外国法既不会损害我国主权，也不会损害我国当事人利益的观点。对于冲突法的发展前景，韩先生认为，尽管冲突规范并不直接规定当事人的权利义务关系，缺乏一般法律规范所具有的可预见性、明确性和稳定性，但不能据此否认它是一种法律规范。由于涉外民事法律关系的复杂性，这就要求国家既需要坚定地维护自己的正当权益，又需要在无损自己权益的前提下，发展平等互利的对外关系。因此，它需要一种比较精巧的法律制度，能够随着客观形势的变化而能同时实现上述两方面的任务。冲突法如果应用得当，有助于实现这样的任务。这是因为冲突法不像实体法那样明确、具体，而是保留一定的灵活性，这不但不是它的缺点，反而可以说正是它的优点之所在。因此，只要民族国家还存在，各国民事法律就不可能完全统一，冲突法就是一项必不可少的法律制度。中国冲突法近 20 年来的发展已经证明了韩先生这种观点的正确性。

---

①　载《武汉大学学报》（社会科学版），1983 年第 6 期。

（三）科学论述国际私法的发展趋势

针对国际私法学说和国际私法立法在 20 世纪 80 年代以后的新发展，韩先生先后于 1988 年和 2000 年发表《国际私法的晚近发展趋势》① 及《晚近国际私法立法的新发展》②，对第二次世界大战以后国际私法学说和国际私法立法的现状进行深入的理论探讨，并对其发展趋势作了科学的预测。

关于国际私法学说的现状和新发展，韩先生作了如下归纳：1. 传统的国际私法理论和方法，特别在法律选择、法律适用等问题上，遭到了猛烈的批评与攻击，这种状况最突出地反映在美国法学界。2. 批评和攻击导致了国际私法理论的重大改革和发展。这些改革和发展主要包括：（1）弹性连接原则被逐渐广泛地采用，这主要指最密切联系原则的采用、选择性连接因素的采用、补充性连接因素的采用。（2）政策定向和结果选择的方法在法律选择中受到重视，这主要包括对消费者和劳动者的保护、适用对弱者最有利的法律、法院根据政策与结果的需要较灵活地自由裁量。（3）在当事人选择法律和法院地法优先适用方面，当事人意思自治原则一方面在消费、劳动等契约方面有受到限制的趋势，另一方面，其适用范围又扩大到契约领域以外，甚至扩大到家庭领域，而且当事人选择法律往往会导致法院地法的适用，法律适用的"回家趋势"仍然存在。（4）"直接适用的法律"和实体法解决方法得到了新的发展。在分析晚近国际私法发展现状的基础上，韩先生高度概括和总结了国际私法发展的总体趋势：（1）传统的"分配法"框架与重视政府政策和实际结果相结合的趋势；（2）冲突法与实体法相结合的趋势；（3）公法与私法相结合的趋势；（4）偏重适用内国法和国际私法法典化、国际化的趋势。

关于国际私法立法的现状和新发展，韩先生指出，在 20 世纪 60 年代以后，随着科技的进步和交通的发达，国际民商事交往以前所未有的速度发展，这就为国际私法提供了一个广阔的用武之地。当历史进入 20 世纪 80 年代，随着冷战的结束和世界局势的进一步缓和，信息技术推动了全球化的进程，这也给国际私法带来了更为复杂的问

① 载《中国国际法年刊》（1988 年），第 3～23 页。
② 载《中国国际私法与比较法年刊》（2000 年），第 3～34 页。

题。另外，20世纪下半叶以来国际私法理论的革命性突破，也为各国国际私法的立法提供了广泛的理论基础。面对这种新的局面，各国纷纷制订或修改自己的国际私法，形成了一股国际私法的立法浪潮。在这样一股立法浪潮中，许多国家对自己的国际私法进行大刀阔斧的改革，它们当中既有传统大陆法系的国家和地区，也有英美法系的国家和地区，主要包括加拿大魁北克省、美国路易斯安那州、澳大利亚、罗马尼亚、意大利、列士敦士登、突尼斯、德国、越南等国家。综观这些国家的国际私法立法，韩先生认为晚近国际私法立法的现状和发展趋势主要包含以下几个方面：（1）立法形式由分散式立法向集中、专门规定的立法方式转变，立法内容的集中化以及立法结构安排合理化；（2）英美法系和大陆法系的相互融合，这具体涉及英美法系国家和地区的冲突法向成文化迈进、大陆法系国家和地区对英美现代冲突法的吸收与借鉴、两大法系在属人法上的日趋接近、两大法系在继承法法律适用上的相互融合、以及两大法系在时效制度上的相互融合等；（3）法律适用上"明确性"与"灵活性"的结合，这主要表现在"规则"与"方法"的结合、客观性冲突规范与主观性冲突规范的结合、对客观性冲突规范的"软化"处理、"有利原则"的运用、"替代条款"的广泛接受、"干涉规则"与冲突法的"实体化"倾向以及在反致制度上的折中实践等。总之，晚近国际私法的立法充分表现出一个基本的共同点，那就是普遍重视国际私法的传统性与现代性的结合，或者说理性主义与实用主义的统一。

（四）首先设计中国区际法律冲突的解决方案

早在1983年，韩先生就注意到香港、澳门的回归和未来台湾的统一将导致我国区际法律冲突的产生和区际私法的形成。他敏锐地认识到区际法律问题的解决必将成为我国国际私法研究的一个重要新领域。为此，他就这个领域的问题展开了深入研究，先后发表了《论我国的区际法律冲突问题——我国国际私法研究中的一个新课题》①、《谈"区际私法"》②、《中国区际法律冲突问题研究》③、《制定区际

①　载《中国法学》1988年第6期。

②　载《百科知识》1988年第11期。

③　该文与武汉大学黄进教授合著，载《中国社会科学》1989年第1期。

冲突法以解决我国大陆与台湾、香港、澳门的区际法律冲突——兼评〈大陆地区与台湾、香港、澳门地区民事法律适用示范条例〉》① 以及 "The Harmonization of Law in China——How to Resolve the Problem of Regional Conflict of Laws"② 等有重大影响的论文。通过这些论文，韩先生不仅从整体上探讨了我国区际法律冲突的产生原因、特点及其冲突解决的基本原则、途径与步骤等问题，还结合法学理论，以厚重的笔墨对中国区际法律冲突问题进行了全面、深入、细致的论述，构建了中国区际冲突法的基本理论和立法设想的框架，为中国区际法律冲突的解决设计了一个科学合理的方案。

首先，关于中国区际法律冲突产生的原因，韩先生指出这主要源于"一国两制"政治构想和香港、澳门的回归以及将来祖国的统一。这是因为随着香港、澳门的回归和大陆与台湾的统一，中国将变成一个单一制的复合法域国家，即在中国将出现一国两制四法的局面，从而在中国内地、香港、澳门、台湾分别施行各自的法律制度。基于这种一国两制四法的局面，中国各法域之间就不可避免地会存在并产生各法域相互之间的法律冲突。

其次，关于中国区际法律冲突的特点，韩先生认为主要有四个方面：（1）中国的区际法律冲突是一种特殊的单一制国家的区际法律冲突，除了不存在主权国家的法律冲突之外，几乎与国际法律冲突没有区别。（2）中国的区际法律冲突既有属于同一社会制度的法域之间的法律冲突，如香港、澳门、台湾之间的法律冲突，又有不同社会制度法域之间的法律冲突，如内地与香港、澳门、台湾之间的法律冲突。（3）中国的区际法律冲突既有同属一个法系的法域之间的法律冲突，如同属大陆法系的台湾、澳门之间的法律冲突，又有属于不同法系的法域之间的法律冲突，如属普通法系的香港和属大陆法系的台湾、澳门之间的法律冲突。（4）中国的区际法律冲突不仅表现为各地区本地法之间的冲突，有时还表现为各地区的本地法和其他地区适

---

① 该文与武汉大学黄进教授合著，载《武汉大学学报》（社会科学版）1993年第4期。

② 该文是韩先生准备参加1994年11月在澳大利亚悉尼举行的"协调亚太地区法律大会"时提交的论文。

用的国际条约之间以及各地区适用的国际条约相互之间的冲突。

再次，关于解决中国区际法律冲突的基本原则，韩先生提出了三点：（1）坚持维护国家的统一原则；（2）坚持"一国两制"、和平共处的原则；（3）坚持平等互利的原则。

最后，关于解决中国区际法律冲突的途径与步骤，综观各国实践，韩先生认为不外乎统一实体法和冲突法这两种方法。但中国今天的现状比较特殊，统一全国的实体法可以作为一种理想，但时机还不太成熟，因此，冲突法方法是惟一可行的解决方法。具体而言，可以有两种选择方案：第一种方案，由国内最高立法机关制定统一适用于全国的区际冲突法，即区际私法。它通常包含三种做法：（1）制定单行区际私法；（2）在民法典中以专章规定解决区际法律冲突的区际私法规范；（3）在各具体法律中规定解决各具体问题的法律冲突规范。第二种方案，不制定全国统一的区际私法，而是由各地区在司法实践中适用与国际私法规范相同的规范来解决区际法律冲突。就中国今天的现状而言，可以分三步来进行：第一步，各法域暂时参照适用或"准用"各自现有的国际私法规范来解决区际法律冲突；第二步，条件成熟后制定适用于全国各地区的统一的区际冲突法来解决区际法律冲突；第三步，在内地、香港、澳门、台湾各地区社去经济发展水平接近和相互之间更加理解的情况下，根据需要与可能，制定相应的统一实体法来避免区际法律冲突。

（五）首倡建立中国特色的国际私法立法体系

早在我国确立建立社会主义市场经济体制的初期，韩先生就提出应重构我国国际私法的立法体系。在 1993 年中国国际私法学会年会上，他与肖永平博士合作发表了《市场经济的建立与中国国际私法立法的重构》①，阐述了他对中国国际私法立法体系的基本观点。在韩先生看来，要实现中国国际私法立法体系的重构，必须做到：（1）针对我国立法机关在立法问题上长期奉行"成熟一个公布一个"和"宜粗不宜细"的指导思想和"头痛医头、脚痛医脚"的做法，主张我国国际私法的立法应当更新观念，实现立法观念的科学化，做到先规则后市场，并肯定超前立法和"宜细不宜粗"的立法理念；

---

① 载《法报》，1994 年试刊号第 2 期。

（2）针对我国立法机关在国际私法立法方面经验不足的现状，提出我国国际私法立法应当改善领导，实现立法程序的民主化，广泛征求学者和专家、甚至全国人民的意见；（3）增加人力物力的投入，加强立法的主动性和计划性，组织各方面的力量参加法律的起草工作，实现立法手段的现代化和立法人员的专业化；（4）鉴于分散式立法已成为国际私法立法史的遗迹，单行法规则成为目前世界上国际私法立法的普遍趋势，我国国际私法的立法应当脱离民法，实现立法体例的法典化；（5）尊重市场经济的要求，大胆引进国外的先进立法，实现立法内容的现代化。

韩先生对中国国际私法立法的关注不仅体现在理论研究上，还体现在立法实践方面。在1993年中国国际私法学会年会上，中国国际私法学会成立了以韩先生为组长的《国际私法示范法》起草小组，决定起草《中华人民共和国国际私法示范法》，以供国家立法机关的立法和教学科研机构的理论研究参考。这在中国法学界是破天荒的第一次。作为一项民间学术团体的科研成果，《中华人民共和国国际私法示范法》凝聚了中国国际私法学界的精英们的智慧与心血，在经过多次反复的修改之后，于2000年8月以第6稿为定稿，还译成了英文，由法律出版社出版，其英文版已在荷兰公开出版，现在日文版也已在日本出版，在国内外法学界引起了巨大的反响，得到了学界同仁的首肯。作为起草小组的领头人，韩先生不仅呕心沥血，付出了艰辛的劳动，还以他深邃的学术思想，引领学界同仁共同为中国国际私法的立法体系建立了一个具有创新性的框架。

（六）倡导和实践比较国际私法的研究

在20世纪90年代初期，韩先生提出要组织力量对不同国家的国际私法进行系统、深入的研究，以便开展国际私法的比较研究，为我国国际私法理论的完善作充分的准备。基于这种认识，韩先生与武汉大学国际法研究所的其他老师一起，有意识地组织和指导了一批博士研究生做这方面的研究。在师生们的共同努力下，一批博士生相继以澳大利亚、瑞士、加拿大、荷兰、德国、英国等国的国际私法为题完成了博士学位论文的写作，通过了论文答辩，并相继以专著出版，为我国比较国际私法研究增添了一批很有价值的成果。

与此同时，韩先生自己也对海牙国际私法会议、美国冲突法、欧盟国际私法等作了深入的比较研究。1993 年，在海牙国际私法会议成立 100 周年之际，韩先生发表《海牙国际私法会议与中国》①，简要回顾了海牙国际私法会议的历史发展和主要成就，并着重阐述了我国加入海牙国际私法会议的重要意义。1994 年，他与韩键博士合作出版了《美国国际私法〈冲突法〉导论》②，这是我国首次全面系统地介绍美国冲突法的专著。他们在大量引用和分析美国法院判例的基础上，对美国法院关于管辖权、法律选择、承认和执行外州（外国）判决等问题作了实证分析和归纳。另外，欧盟国际私法作为一种特殊的、区域国际法性质的国际私法也引起了韩先生的高度关注，在1999 年《中国国际私法与比较法年刊》上，他与刘卫翔博士合作发表了《欧洲联盟国际私法的特征和发展前景》，在该文中，他指出欧盟国际私法是以统一国际私法为主体，以其他辅助立法为补充的庞大法律体系，其中统一实体法占有很大比重，但也有不少领域无法以统一实体法解决的法律冲突问题。从统一实体法的手段来看，最有效的是共同体立法，通过国际条约达到国际私法的统一则困难重重。因此，随着欧洲联盟的扩大，统一国际私法必将扩大其范围，但最有效的形式还是共同体立法。欧盟近几年大量通过规则（Regulation）取代原来的公约（Convention）充分证明了他们结论的正确性。

从以上六个方面的介绍可以看出，作为新中国国际私法学的一代宗师，韩先生不仅以其深厚的理论功底从全局的角度高屋建瓴，构建了中国国际私法学的完整理论体系和立法体系，还以他丰富的理论知识，在许多具体问题上丰富和充实了我国国际私法的理论内涵，为新中国国际私法法制的发展做出了巨大贡献。对于国际私法，韩先生一生矢志不渝的学术方向就是通过提出完善的国际私法理论体系，引导中国立法机关建立完备的国际私法立法，实现中国国际私法实践（包括司法实践和仲裁实践）的合理化和规范化，为中国的对外开放事业创造良好的法制环境。

① 载《武汉大学学报》（社会科学版）1993 年第 3 期。
② 《美国国际私法〈冲突法〉导论》，法律出版社 1994 年版。

二、环境法学研究

韩先生虽然主要从事国际私法研究，但在环境法方面也倾注了颇多心血。他既是中国环境法学理论的开拓者，又是我国环境法学教育和研究的倡导者和奠基人。①

（一）中国环境法学理论的开拓者

韩先生在环境法方面的著作颇丰。他曾主编《中国环境法的理论与实践》②，该书是国家社会科学基金"六五"法学重点项目的主要成果，对中国环境法的主要领域、基本原则和法律制度作了系统的论述，被全国社会科学基金规划与总结会议誉为"开拓性理论专著"。后来，他又主编了《环境保护法教程》③，该书是我国环境法领域最早的、较为全面系统的教材，也是迄今为止惟一的全国高等院校通用的环境法教材，该书于 1986 年初版后，于 1991 年再版，共印刷 5 次。后经反复修改，现已出版到第 4 版。除了主编教材，韩先生还发表了许多论文，有代表性的论文主要包括：The Environmental Problems and Legislation in China ④，Case Study on Cooperation among National Organizations and between National and Local Governments for Environmental Management in China⑤，《谈〈水污染防治法〉》⑥，《环

---

① 参见蔡守秋：《中国环境法学的倡导者和开拓者——韩德培先生开拓环境法学的理念与实践》，该文载韩铁著《风雨伴鸡鸣——我的父亲韩德培传记》，中国方正出版社 2000 年版，第 125 页。

② 韩德培主编：《中国环境法的理论与实践》，中国环境科学出版社 1990 年版。

③ 韩德培主编：《环境保护法教程》，法律出版社 1986 年版，2003 年第 4 版。

④ 本文是韩先生与肖隆安合著的，于 1984 年 6 月提交给在日本举行的亚太地区环境与发展相结合专家会议，并发表于该大会年刊。参见《韩德培文选》，武汉大学出版社 1996 年版，第 281 页。

⑤ 本文是韩先生提交给 1984 年 6 月在日本举行的亚太地区环境与发展相结合专家会议的论文，该文于 1985 年发表于联合国亚太地区经社理事会英文专刊。参见《韩德培文选》，武汉大学出版社 1996 年版，第 323 页。

⑥ 原载《武汉法制报》1984 年 10 月 2 日。参见《韩德培文选》，武汉大学出版社 1996 年版，第 375 页。

境保护与经济建设应当统筹兼顾协调发展》①，Some Reflections on the Concept of "Common Concern of Mankind"② 等论文。

在他主编的教材及其他著述中，韩先生提出了自己对环境法的独特认识，提出了自己关于环境法的一些基本理念，③ 主要包括：第一，环境问题即人与自然的关系问题。科学技术对解决环境问题、保护和改善环境有重要作用，但光靠科学技术不行，要真正有效地解决环境问题、保护和改善环境，还要实行环境法治、依法管理环境和保护自然资源。目前，我国已经制定一些保护环境和自然资源的法律，但还不够，需要进一步改进和完善环境立法，并执行好环境法律，做到有法必依、执法必严、违法必究。第二，要深刻认识环境问题的跨国性特点。环境问题不仅仅是国内问题，还是国际问题。国际社会已经制定大量国际环境条约，我国也参加或签署了不少国际环境公约和协定，如何遵守、履行这些国际环境条约，就需要有人去研究国际环境法。第三，要保护和改善环境，达到人与自然的和谐共处，还要大力提高人们、特别是领导干部和高级知识分子的环境意识和环境法治观念。因此，新闻媒体和宣传舆论在保护环境方面的作用特别重要，要大力宣传和传播环境保护知识、环境文化、环境道德和环境保护法，引起大家的重视，实现公众参与环境保护和环境管理。第四，要重视和加强环境法学的国际合作。韩先生历来主张环境保护不是一国的问题，而是全人类共同的问题。在武汉大学环境法研究所于 1991 年 8 月与外交部、中国国际法学会在北京联合发起召开的"发展中国家和国际环境法"会议上，韩先生向大会提交了题为 Some Reflections on the Concept of "Common Concern of Mankind" 的论文，该文认为，诸如全球气候变化、臭氧层空洞等环境问题，具有跨越国界、涉及当

---

① 　原载《咨询与决策》1990 年第 10 期。参见《韩德培文选》，武汉大学出版社 1996 年版，第 360 页。

② 　本文是韩先生提交给 1991 年 8 月在北京举行的"发展中国家与国际环境法"国际学术研讨会的论文。参见《韩德培文选》，武汉大学出版社 1996 年版，第 351 页。

③ 　参见蔡守秋：《中国环境法学的倡导者和开拓者——韩德培先生开拓环境法学的理念与实践》，该文载韩铁著《风雨伴鸡鸣——我的父亲韩德培传记》，中国方正出版社 2000 年版，第 125 页。

代人和后代人利益的特点，是人类共同关心的问题，应该通过国际合作来共同解决。他深刻指出，环境法学是人类文明成果的一部分，是世界各国人民的共同财富；他主张中国的环境法学研究应该走向世界，地球环境的急剧恶化已成为我们面临的一个最严峻的挑战。为对付这个挑战，各国之间的合作和协调是绝对必要的。同样地，各国环境法专家之间的合作和协调也是绝对必要的。

（二）环境法学研究和教育的奠基人

韩先生是我国最早关注环境法这一新兴学科的人之一。我国改革开放以后，以经济建设为中心工作，但如果只顾经济建设，而不同时注意环境保护，后果将不堪设想。韩先生早就预见到这一点。他主张必须通过法律途径对环境污染进行控制，并对自然资源与生态平衡进行保护。因此，早在20世纪70年代末80年代初，他就引进了几位既懂自然科学又懂社会科学的人才，于1980年成立了环境法研究室。可当时环境法在我国法学教育中还没有成为一门法学课程，更没有成为一个独立的学科。因此，在国务院学位委员会第一届法学评议组第二次会议上，韩先生作为评议组的成员，特别说明环境法如何重要后，建议将"环境法"作为一门独立的法律学科，成为二级法律学科之一。他的建议获得评议组一致通过后，上报当时的高教部，经高教部批准，从此以后，环境法才在我国法学教育中成为一个独立的法律学科，我国高等院校才开设环境法这门课程。但他并不就此止步。他认为，要发展环境法这门学科，还需要建立一个专门的研究机构，开展研究工作，并培养高层次的环境法专门人才。他于是向当时的城乡建设环境保护部和高教部提出建议，希望在武汉大学建立一个环境法研究所，在获得同意后又向武大领导汇报，武大领导也十分支持。1981年6月，由城乡建设环境保护部所管辖的中国环境科学研究院与武汉大学双重领导的"中国环境科学院武汉大学环境法研究所"终于在武汉大学成立了。其研究经费由城乡建设环境保护部提供，工作人员由武汉大学负责解决。后来，国家环境保护局建立后，才改名为"国家环境保护局武汉大学环境法研究所"。研究经费改由国家环保局（后改为国家环境保护总局）提供。韩先生兼任环境法研究所第一任所长。

这个环境法研究所是当时全国乃至全亚洲惟一的以环境法为专门

研究对象的研究机构，成立以来做了很多工作。首先，研究所在我国最早建立了硕士点，培养了大批硕士研究生。其次，培训了环境法干部，把全国各省做环保工作的干部分批集中进行培训，教给他们环境法方面的知识。另外，还撰写和出版了不少著作、教材、论文等，还创办了《环境法》杂志。再次，帮助中央和地方在立法上做了不少工作。第一次修改《中华人民共和国环境保护法》时，研究所的教师在国家环保局的领导下，在北京成立了一个办公室，轮流去办公，帮助进行调查研究，然后提出修改方案，供国家环保局和国家立法机关参考。地方上如武汉、深圳等城市要立法，也要研究所提供意见。所以，研究所在立法方面也做了不少工作。此外，还召开了几次全国性学术会议和国际性学术会议，讨论环境法方面的重大问题，影响都很大。韩先生还到国外参加有关环境保护的国际会议。第一次是到南美乌拉圭首都蒙得维的亚参加由联合国召开的国际会议，第二次是在日本东京，第三次是在美国底特律。韩先生在这些会议上介绍了我国在环保方面所做的工作，使与会者进一步了解我国在这方面的情况。

但是，环境法也出现过一次危机。1997 年国务院学位委员会学位办公室发出通知，要修改学科、专业目录。在"拓宽"二级学科的名义下，要将"环境法"并到"经济法"中去，也就是要取消"环境法"了。不但如此，在设置博士点问题上，要由学位办公室指定哪些学科可以设博士点。韩先生对这两点都表示反对。他不但写信给学位办，而且写文章公开发表，提出他的不同意见。① 结果，环境法被保留了，只是改称"环境与资源保护法"。博士点也不必由学位办指定了。现在，环境法研究所不但于 1998 年建立了博士点，而且于 1999 年经过专家评审由教育部批准为我国第一批人文社会科学国家重点研究基地之一。

由于韩先生在环境法学领域的开拓、发展和竭尽全力维护的作用，1999 年他荣获了"地球奖"。同年他还被推选为中国法学会环境资源法学研究会首任会长。武汉大学环境法研究所现在是全国招收研究生最多、师资力量最为雄厚的环境法研究机构。他正在为将该所建

① 韩德培：《论合并学科和设立博士点问题》，载《法学评论》1997 年第6 期，第 1~8 页。

设成为环境法学教学中心、研究中心、人才培养中心和学术信息交流中心而继续奋斗。

三、法理学研究

韩先生不仅在国际私法学和环境法学领域形成了自己的思想和理论体系，在法理学领域也颇有建树，主要体现在他对法治、社会主义法制建设、法学学科体系的论述中。

（一）论"法治"

韩先生关于法治的主张早在 20 世纪 40 年代就已经提出，他在《观察》杂志上发表的一篇论文——《我们所需要的"法治"》① 中主张法治的含义可以作形式的理解和实质的理解，不同的理解含义也不一致。他说："所谓法治，可有两种意义。若从形式方面来说，法治就是在一个国家里面，由一个具有最高权威的机构，利用法律的强制力，来实行统治，以维持安宁秩序。所谓'万事皆归于一，百度皆准于法'，就可拿来作它的注脚。若从实质方面亦即政治意识方面来说，法治却是藉法律的强制力来推行或实现政治上的一定主张的制度。因之政治上的主张不同，其所谓法治就具有不同内容。"这就是说形式上看法治，即用法来治理国家，而从实质上来看，它体现了政治上的一定"主张"。在韩先生看来，要讨论法治，就不仅要注重法治的形式意义，还要特别注重法治的实质意义。这是因为，如果仅仅从形式意义上来看法治，则君主专制的国家和法西斯国家也可称之为法治国家，因为它们也是用法律的强制力来实行其统治的。但从实质意义上看，在这样的国度里，人民是不可能有自由和民主的。从实质意义上来谈法治，我们现在就离不开民主政治，这是因为法治若不建立在民主政治之上，就免不了要成为少数人弄权营私的工具。正是基于这样的主张，韩先生认为，中国"今日所需要的法治，乃是民主政治的法治，是建立于民主政治之上的法治"。韩先生的这种主张在国民党统治的专制年代，是十分难能可贵的。就是在今天看来，也是具有振聋发聩的作用的。

---

① 韩德培：《我们所需要的"法治"》，原载《观察》第 1 卷第 10 期（1946年 11 月 2 日），转见《韩德培文选》，武汉大学出版社 1996 年版，第 496 页。

在 1999 年的一篇访谈里,① 韩先生又谈到"法治"问题。他说:"江泽民同志提出'依法治国',建设社会主义法治国家,作为一项重要的建国方略。我认为这个提法是了不起的。在过去几十年,从来没有哪个领导人这么提。讲科教兴国是对的,但还不够。现在一方面要讲科教兴国,同时还要讲依法治国。两方面缺一不可。提出'依法治国',在我们党的领导人思想上是一个重大的突破、一个飞跃。"

韩先生认为,现在的问题在于:总的来讲,我国国民的法律意识太差,法治观念不强。所以,存在着严重的有法不依、执法不严问题。现在执法很困难,这个现象很普遍,非解决不可。我们现在知道了法治的重要,加强立法是很对的,但法律都立了,如不执行,有法等于无法,一纸空文而已。如何解决这个问题呢?韩先生认为,首先,要提高大家的法治观念。普及法律知识非常重要,这不仅包括老百姓,还应该包括干部,现在很多还是法盲。他说,全国人大常委会的委员们,在很多方面都很了不起,但懂法的并不多。要靠他们制定法律,可他们不懂法律怎么行呢?韩先生曾有个想法,在全国政协会议上提过,希望每个委员配备一个专职法律秘书,帮他们研究法律。韩先生说,他曾参观美国国会图书馆,它最初就是为国会设立的,所以叫国会图书馆。每个议员在那里都有一个研究室,供他们研究法律。

其次,要提高干部的执法水平。现在从事司法工作的一些人,很多是从部队转业的。政治素质很好,但还有一个业务能力问题,靠几个月的培训怎么行?应该轮流培训,不合格的就淘汰。司法体制也存在问题,应该独立审判,不受干扰。行政执法也是大问题,很多人也是不懂法律,应该加强法律的学习和培训。

最后,要加强监督。不仅要加强内部监督,还要加强外部监督。外部监督包括这样几个方面:一是人大常委会,人大常委会有监督权,当然不是随意干涉,但发现了重大问题就应该提意见。二是全国政协加强监督,各地都有政协,发现问题可以提出建议。还有其他的组织,如工会,妇联等团体都可以提意见。此外,新闻监督应该进一

---

① 韩德培:《我与武大法律学科建设》,载《时代的回响》,武汉出版社 1999 年版,第 499~510 页。转载《珞珈法学论坛》2001 年第 1 卷,第 1~6 页。

步加强，新闻媒介如报纸、广播、电视等，一遇到重大问题就给它曝光。现在，中国中央电视台的"焦点访谈"曝光的问题很多马上就解决了，这个节目办得很好，可惜这样的节目太少了。中国的报纸要敢于讲，好的讲，不好的也要把它们揭露出来。所以，监督方面一定要加强。只有通过多方面的努力，依法治国才能够真正实现。

(二) 论社会主义法制建设

关于社会主义法制建设，韩先生的论述很多，具体涉及我国宪法、法律与经济管理、法律与我国对外开放国策等内容。

韩先生历来主张成文宪法更具有限制政府滥用权力保护人民正当利益的优越性。我国 1982 年宪法通过后，他深受鼓舞，并于 1983 年发表了《充分发挥新宪法在社会主义现代化建设中的伟大作用》[①] 一文，阐述了他对宪法价值的思考，同时对新宪法的实施提出了自己的意见。韩先生认为新宪法的价值主要体现在两个方面：(1) 为我国实现社会主义现代化提供了可靠的保障。(2) 为社会主义民主和法制建设提供了强有力的依据。为保证宪法的实施，韩先生认为必须从四个方面入手：第一，必须广泛地进行宪法的宣传和教育工作，使之在全国范围内家喻户晓，人人皆知，让大家都能够自觉地遵守宪法、执行宪法。第二，宪法是根本法，是一种"母法"，但单有"母法"还不够，还必须有一系列的"子法"，对宪法的各项原则一一加以具体化。这就是说，必须以宪法的规定为准绳，加速制订各种法律、法规。第三，需要建立必要的机构以监督宪法的实施。这种机构必须具有很高的权威，最好是设在全国人大常委会内，而且应该是常设的而非临时的机构。第四，各级领导干部，应该带头作执行新宪法、维护新宪法的模范，通过广泛的宣传教育和领导同志的以身作则，在社会上形成一种以遵纪守法为荣、以权代法为耻的社会舆论和社会风气。

关于法律与经济管理，韩先生在 1985 年发表了一篇论文——《运用法律手段管理经济》[②]。在该文中，韩先生针对当时行政机关过

① 原载《法学评论》1983 年第 1 期，转见《韩德培文选》，武汉大学出版社 1996 年版，第 536 页。

② 原载《武汉大学学报》(社会科学版) 1985 年第 5 期，转见《韩德培文选》，武汉大学出版社 1996 年版，第 542 页。

多干预经济活动的现象，提出自己关于经济法制化的主张，至今看来仍然是十分有见地的。首先，他比较了经济管理中的行政手段、经济手段和法律手段的性质、特点和作用，并阐明了作为一种"利用法律的规定和执行来调整国家的各种经济关系和经济活动的一种方式、方法和途径"，法律手段有着它自身的规范性、连续性、稳定性、强制性等特点，是一种明显优于行政手段的经济管理手段。其次，他还阐述了法律手段在经济管理中的重要意义，这包括：（1）是国家执行其经济管理职能的重要手段；（2）是保障和促进经济体制改革的重要手段；（3）是提高经济效益的重要手段。最后，韩先生还就如何运用法律手段来管理经济提出了几点意见，这包括：1. 加快经济立法的步伐，实现经济管理活动的有法可依。这具体包括要进一步明确经济立法的指导思想、抓紧制定一些重要的急需的基本经济法规、改革经济立法的制度和程序、对我国过去已有的经济法规进行清理和编纂等。2. 加强经济司法工作，做到经济管理活动的有法必依、执法必严、违法必究。这就要求做到：（1）要建立和健全各级人民法院的经济审判庭；（2）要及时打击经济犯罪，维护社会主义经济秩序；（3）要积极为经济建设提供法律服务，作好公证、律师、法律咨询、法律顾问等工作；（4）加强工商行政管理工作，实现行政、经济、法律手段管理经济的综合。3. 加强经济法规的宣传与教育工作，从源头和根本上保证法律和经济法规的切实遵守和执行。

关于法律与我国对外开放政策，韩先生先后于 1989 年、1992 年、1993 年发表了《对外开放法制环境的调查与研究》①、《解放思想和对外开放中的法律环境问题》②、《扩大对外开放和加强法制建设》③ 等文，阐明了他的基本观点。他指出，良好的法制环境对一国对外开放有着重要的作用，这主要表现在："良好的法制环境能够保

---

① 该文是韩先生与姚梅镇、李双元、刘丰名合作发表的，原载《武汉大学学报》（社会科学版）1989 年第 1 期，转见《韩德培文选》，武汉大学出版社 1996 年版，第 569~582 页。

② 原载《法制与经济》1992 年创刊号，转见《韩德培文选》，武汉大学出版社 1996 年版，第 590~598 页。

③ 原载《法报》1993 年试刊号，转见《韩德培文选》，武汉大学出版社 1996 年版，第 599~580 页。

障对外开放政策的连续性、稳定性，并增强其透明度；良好的法制环境能够促进市场的发育和民主政治的发展；良好的法制环境能够保证依平等互利原则给外资、外商提供的各种优惠和保护措施的真正实现。一国对外的开放度，主要都是通过一定的法律体制与法律规定来体现。"在我国现有的对外开放法制环境中，既有积极的一面，也有消极的一面。从积极的方面看，我国已形成一个使外国投资者受到国内法和国际法双重保护的法制环境，这主要表现在：（1）国内立法有了长足进展，从宪法到涉外经济贸易法规，已初步形成一个多层次、多门类的立法体系；（2）国际条约与国际协定的签订也取得了可喜的成果。但从消极的方面看，存在的问题仍然比较严重，这包括：（1）有法不依、执法不严；（2）内部规定多，办事效率低；（3）宏观管理体制和微观管理机制很不健全；（4）涉外税收法规透明度不高、税收法规执行不严、税收管理和监督不力；（5）外汇平衡与产品返销的规定挫伤了外商的积极性；（6）出口贸易的配额管制和许可证制度对对外开放法制环境的不利影响。针对以上对外开放法制环境存在的消极因素，他进一步提出了优化对外开放法制环境的建设性意见，具体包括：（1）增强对外开放、参与国际经济大循环的竞争意识，提高依法治国、依法办事、违法必究的法律意识，充分认识对外开放与富国强民的关系，充分认识法制环境对保障对外开放政策的重大意义；（2）加强对外开放的立法修订工作，尽快制定外贸法、投资法、银行法、票据法、海商法、公司法、版权法、证券法、仲裁法等新法，修改和废除过时的法规，清理涉外经济贸易法规并分类汇编，以便查询适用，将有关外资外贸政策的内部文件法律化并公诸于众，以提高对外开放环境的透明度；（3）充分发挥各级人大及其常委会监督涉外法律实施的作用；（4）加强对外开放环境的综合治理；（5）重视法制教育，重视法制人才的培养。

韩先生的这些思想不仅从法学的角度丰富了我国对外开放的理论，也为我国外贸立法和实践提供了极富价值的理论根据。

（三）论法学学科体系

合理、科学地划分法学体系，不仅是法律实践和法学教育的需要，对法学学科的发展也具有重要的意义。韩先生作为一名法学家，特别关心我国法学事业的发展，并对我国法学学科体系的划分提出了科学的构想。

国家"学位办"曾在1996年发出一个《通知》和关于《授予博士、硕士学位和培养研究生的学科、专业目录》及新旧专业目录对照表的《征求意见稿》，主要是对学科、专业要进行修订，特别是对二级学科要进行合并。针对《授予博士、硕士学位和培养研究生的学科、专业目录》和《征求意见稿》中的不合理之处，韩先生于1996年在《法学评论》第6期上发表了《谈合并学科和设立博士点问题》，又于1998年在《国际经济法论丛》第1卷上发表了《论国际公法、国际私法与国际经济法的合并问题——兼评新颁〈授予博士、硕士学位和培养研究生的学科、专业目录〉中有关法学部分的修订问题》，阐明了自己关于学科体系建设的主张，并大胆地提出了不同意见。

1. 关于"学科门类"问题。《目录》中共列出11个门类，即哲学、经济学、法学、教育学、文学、历史学、管理学、理学、工学、农学、医学。韩先生认为前面7个门类，即从哲学到管理学，都可以作为一级学科，怎么能和理学、工学、农学、医学平行并列在一起呢？这就显得很不平衡，很不相称。因此，他认为应将这7个学科分别列入两大类中，即人文科学类和社会科学类。还有，在所谓法学门类中，共列出4个一级学科，即法学、政治学、社会学、民族学。韩先生认为法学就是法学，怎么能将政治学、社会学和民族学都包括在内呢？这样显得杂乱无章、不伦不类。连一点科学性、规范性都没有。因此，他建议将所谓门类和学科作如下排列：（1）人文科学类（一级学科包括哲学、文学、历史学、教育学、新闻学、图书馆学、管理学）；（2）社会科学类（一级学科包括经济学、法学、政治学、社会学、民族学）；（3）理学类；（4）工学类；（5）农学类；（6）医学类。

2. 关于拓宽二级学科问题。《目录》原稿本想拓宽经济法学，内含经济法学、劳动法学、环境法学、社会保障法学。韩先生认为这是搞"拉郎配"，很不妥当。在对经济法学和环境法学进行了分析之后，建议将这两门学科都作为独立的二级学科。以后的征求意见稿就这样修改了，这不能不说是一件幸事。只是修改时将"环境法学"改称为"环境与资源保护法学"。其实，这种修改是不必要的，因为

"环境法学"当然要研究自然资源保护问题。在外文中，"环境法"的英文表达就是 Environmental Law，德文表达就是 Umweltrecht。韩先生觉得这倒无关紧要，可不置论。

另外，《目录》仍有"法律史"这门学科。韩先生曾建议将"法律史"改为"法制史"，因为法律史的内容应该包括各个部门法的历史，其内容是非常庞杂的，最好分别放在各个部门法中去讲授和研究。法制史向来是一门二级学科，有它自己的学科体系，不必将它取消。但新颁《目录》仍然保持"法律史"，不但未加修改，还标明将法律思想史与法制史都包括在内。这就更加令人感到费解了。韩先生认为法律思想史和法制史是两个独立的研究领域，分别有各自确定的研究对象，它们应该是两个独立的二级学科，怎么能将它们合并在一起呢？要把法律史、法律思想史和法制史这三门内容都非常庞大复杂的学科合并成一个学科，这在中外法学界似乎还没有先例，韩先生当然持反对态度。后来，教育部规定高等院校法学教育 14 门核心课程，其中之一就是"中国法制史"，没有采用"法律史"这个名称，这样做是完全合理、正确的。

3. 关于国际法学科的划分问题。学位办在《征求意见稿》中计划将"国际公法"、"国际私法"与"国际经济法"三个学科合并成一个学科，即"国际法"。韩先生明确提出了反对意见。尽管学位办在正式颁发的《目录》中，不顾这种反对意见，依然将这三门学科合并为一个学科，甚至还有极少数学者赞成这种做法，韩先生不畏权势，又一次发表文章，表示坚决反对。

韩先生认为，国际上通常所谓"国际法"专指"国际公法"而言，不包括"国际私法"和"国际经济法"。如果要将国际公法、国际私法和国际经济法统称为"国际法"是可以的，但这是从最广泛意义上来理解"国际法"的，这个"国际法"是相对于"国内法"而言。我们不妨将法学学科归纳为两大类型，即国内法学和国际法学。从总体上讲，国内法学是研究如何调整从国内生活中产生的社会关系的法律的，国际法学是研究如何调整从国际生活中产生的社会关系的法律的。国内法学包括宪法学、民商法学、刑法学、经济法学等；国际法学包括国际公法学、国际私法学、国际经济法学等。打一个最粗浅的比方，国际公法学就相对于宪法学，国际私法学相对于民商法学，国际经济法学相对于经济法学。既然不能将宪法学、民商法学、经济法学合并为一个二级学科，怎么可能将国际公法学、国际私法学和国际经济法学合并为一个二级学科呢？如果说它们都有"国际"二字，就非合并不可，这只能说是一种望文生义的皮相之说，是根本不值得一驳的。

韩先生认为，国际公法与国际私法是两门比较古老的学科，早已成为两个独立的二级学科，无论中外各国，直至今日，都仍然是如此。国际经济法是第二次世界大战以后才发展起来的一个新兴学科。这三个学科虽然都冠以"国际"二字，但它们所调整的社会关系及其主体是不相同的。国际公法主要调整国家之间的政治、外交方面的关系，国际私法主要调整具有国际因素的私人间的民商事关系，国际经济法则是调整国家与国家之间以及不同国家的自然人和法人之间的经济关系。从学科体系来说，这三个学科都有自己的学科体系，它们都是各自独立的不相隶属的专门学科。怎么能"眉毛胡子一把抓"，把它们硬拼成一个二级学科呢？现在，学位办已经坚持将这三个学科合并为一个二级学科，这不但与世界各国通行的做法背道而驰，还会使我们在教学和研究生培养工作中产生极大的困难，对发展这三个学科也是极为不利的。因为世界上还没有哪一位教授能开出一门包括这三个学科的课程，也没有哪一位学者能写一本包括这三个学科的专著或教材。我们在培养研究生时，也只能要求他们主攻其中一门学科，而不能要求他们同时主攻这三门学科。当然，他们在主攻一门学科时，也需要选修其他相关学科的学位课程。这样的培养方法，也不会口径过窄，使研究生不能适应未来工作的需要。不然的话，按照硬拼凑起来的学科培养研究生，不但不能提高研究生的培养质量，反而会适得其反，降低其质量，因为他们不能专攻一门学科，也就不能使他们的研究成果达到一定的专精程度。在这样的情况下，学科的建设和发展也就会受到不利的影响。韩先生认为，坚持将国际公法学、国际私法学与国际经济法学合并成一个所谓"国际法学"的二级学科，其结果必然是有害无益的。这种做法也是行不通的。他坚信这三个学科作为独立的二级学科是客观现实的，是谁也无法抹杀或否定的。尽管有人想这样做，其结果必然是徒劳的。他还引用辛弃疾的有名词句："青山遮不住，毕竟东流去。"韩先生这种高瞻远瞩的见解，被后来的事实证明是完全正确的。教育部后来在规定高等院校法学教育的 14 门核心课程时，这三个学科都是核心课程，并没有把它们合并成一个课程。国际私法核心课程的教材，还是委托韩先生主编的，这部教材还获得过教育部优秀教材一等奖。

四、国际公法研究

韩先生在国际公法领域也有相当深入的研究，他曾主编《现代国际法》① 一书，还陆续发表了不少相关学术论文。纵观韩先生在国际公法领域的论著，范围虽然不广，论述却很精辟，这主要体现在他关于关贸总协定的论述之中。

1986 年，中华人民共和国向关贸总协定正式提出了恢复缔约国地位的要求，对此，国内法学界开展了理论上的积极探讨。作为一名国际法学家，韩先生先后撰文，一方面对关贸总协定的历史、组织机构、基本原则与规则等进行了全面的介绍，② 另一方面还就关贸总协定的改革、中国的"复关"等问题进行了深入探讨。

（一）论关贸总协定的改革③

韩先生认为，关贸总协定发展到 20 世纪 80 年代，已经到了必须改革的地步。这是因为：（1）总协定是为适应 20 世纪 40 年代的国际经济关系而制定的，虽经几次修订和补充，但仍然不能体现当今世界经济关系和贸易结构，其决策权主要操纵在美国、日本、欧洲共同体等发达国家手中，有关事物的谈判主要也是在它们之间进行。（2）由于《关税及贸易总协定》主要是规律和处理发达国家间的事务，且发达国家甚至以牺牲中小国家的利益来维持自己的发展和繁荣，因而导致发展中国家在资金技术、生产、贸易等方面对发达国家的依附地位，而要改变发展中国家的命运，除了发展中国家应主动进行经济结构调整外，发达国家关于进出口的态度也很重要。（3）20

---

① 韩德培主编：《现代国际法》，武汉大学出版社 1992 年版。

② 韩德培：《关贸总协定及其基本原则与规则》，原载《法学评论》1993 年第 3 期，转见《韩德培文选》，武汉大学出版社 1996 年版，第 197 ~ 206 页

③ 参见韩德培：《论改革与加强关税及贸易总协定多边贸易体系》，原载《武汉大学学报》（社会科学版）1991 年第 2 期，转见《韩德培文选》，武汉大学出版社 1996 年版，第 161 ~ 174 页。

世纪 70 年代末期以来，随着世界性贸易保护主义的抬头，非关税壁垒措施猖獗：如进口数量限制，征收反补贴税与反倾销税，技术、卫生、安全标准以及生态环境保护要求，海关估价及税目，政府采购和政府专营等。由于贸易保护主义的盛行，导致大部分国家都奖出限入，补贴出口，甚至牺牲他国以获利，世界贸易的发展受到了严重打击。正是基于这些原因，导致关贸总协定倡导多边贸易体系面临两个方面的问题：一是世界贸易增长缓慢，对发达国家不利，对发展中国家更是灾难性的。二是世界贸易体系的开放性、秩序性受到严重侵害。这就使得关贸总协定的改革势在必行。

那么，关贸总协定应如何进行改革呢？韩先生认为其目标应当是改革多边贸易体系，提供开放的贸易机会，恪守共同接受的贸易规则，使普遍的经济增长充满希望，最终建立新的国际贸易组织和国际经济新秩序。就其具体措施而言，就要求从六个方面努力：（1）加强非歧视和最惠国待遇原则的效力，增加总协定及各国贸易政策的透明度和可预见性，建立有效的限制规则和保障、监督机制，从最大程度上抑制贸易保护主义；（2）制定农产品与纺织品贸易规则，以公平原则为基础进行贸易；（3）修订、补充或重订保障条款、出口补贴条款、数量限制条款等，改进东京回合非关税壁垒守则，增补"国营贸易企业条款"，以鼓励发展中国家和社会主义国家签署加入；（4）注重对发展中国家的发展援助，执行优惠决议，并进一步向它们提供关税减让；（5）强化争端解决的程序与职能，改变总协定无专门职能机构处理贸易纠纷和解决纠纷不利的缺陷；（6）健全组织机构，加强其国际贸易"法典"和论坛的地位和作用。

（二）论中国与关贸总协定①

关于中国与关贸总协定，韩先生不仅阐述了中国与关贸总协定的历史关系和中国恢复关贸总协定地位的进程，而且还重点论述了重返关贸总协定对中国的机遇和挑战，并为中国迎接其带来的挑战提出了极富价值的建议。

---

① 韩德培：《关贸总协定与中国》，原载《武汉大学学报》（社会科学版），1993 年百年校庆特刊，转见《韩德培文选》，武汉大学出版社 1996 年版，第 207～218 页。

韩先生认为中国重返关贸总协定，将获得八个方面的发展机遇：（1）有利于加强我国在世界经济生活中的作用，使总协定的普遍性原则得以进一步体现；（2）有利于扩大我国的对外经贸事业；（3）有利于我国享受多边、稳定和无条件的最惠国待遇；（4）有利于我国利用总协定的多边贸易体制解决国际贸易争端；（5）有利于实现我国的祖国统一大业；（6）使我国可以享受到总协定为发展中国家规定的一切特殊优惠待遇；（7）有助于我国更广泛地开展对外经济合作；（8）有助于我国深化经济体制改革和扩大对外开放。但另一方面，重返关贸总协定，使我国在获得利益享受权利的同时，也将承担相应义务，这些义务包括：在享受最惠国待遇的同时也向其他成员国提供最惠国待遇；降低关税税率；不得任意实行进口限制或其他贸易限制措施；增加国家外贸政策和法规的统一性和透明性等。所有这些义务都将给我国带来巨大的挑战，这主要包括：（1）随着大量进口商品关税的降低和进口调节税的取消以及其他方面的关税减让，我国外贸体制，特别是进口贸易体制将面临巨大的冲击和不适应；（2）我国长期依赖高关税和许可证保护的国内产业和国内市场也将面临巨大的冲击；（3）国内社会经济的综合承受能力也将面临考验。

面对这些机遇和挑战，中国应如何应对呢？韩先生提出了六点建议，这包括：（1）要加快外贸体制乃至整个经济体制的改革进程为民族工业的发展创造一个良好的环境；（2）有效地运用灵活关税制或差别关税保护民族工业；（3）推动企业在新的竞争环境中培育出自我生存和发展的能力；（4）建立健全有助于保护国内工业发展的法规体系；（5）大力培养相关人才；（6）大力研究和宣传关贸总协定的制度与规则。

韩先生关于关贸总协定的论述可谓深入精辟，对中国法学界当时正确认识关贸总协定起了很好的作用。后来世界贸易组织（WTO）就是在关贸总协定的基础上改革建立起来的。韩先生当年提出改革关贸总协定的一些建议，已基本实现，他所提出的如何应对加入关贸总协定后的挑战，在今天我国已加入 WTO 后，对我国如何实施 WTO 协议，也是很有参考价值的。

五、法学教育思想

自 1945 年来到珞珈山，韩先生已度过了近 60 个春秋的法学教育生涯。作为一名杰出的法学教育家，韩先生既是一位亲临教学第一线的资深教授，也是一名优秀的教学管理者。他不仅在实践工作中积累了丰富的教学和管理经验，还通过理论研究对教育理论进行了有益的探讨。

（一）注重教师队伍的建设和学术薪火的传递

韩先生历来重视教师队伍的建设。早在 20 世纪 40 年代，韩先生在担任武汉大学教授、法律系主任和副教务长时，就特别强调，"办好一所大学，从文科来讲，最重要的就是一要有人，二要有书"①。新中国成立以后，韩先生先后出任武汉大学校务委员会副秘书长、武汉大学副教务长、法律系主任等职，作为一名教育行政工作人员，他一方面非常注重优秀教师的引进工作，借高校院系调整之机，不遗余力地从各个高校"挖掘"人才，另一方面，在各种场合还注意对教师的培养、重用和提拔。

"文化大革命"以后，韩先生再度担任武汉大学法律系主任，后来又担任法学院名誉院长、国际法研究所所长、环境法研究所所长等职，在他任职初期，他就通过各种途径将一大批优秀教师汇集在武汉大学法律系，包括姚梅镇、何华辉、马克昌、张泉林、黄炳坤、杨鸿年、李双元、梁西、余能斌等如今全国知名的法学教授。韩先生不仅重视优秀教师的引进，还特别注重优秀教师的培养和扶持工作，突出表现在他大胆起用年轻教师，并打破常规提拔青年教师。由于韩先生开明的用人方略，武汉大学法学院的许多青年教师都得以破格晋升为副教授、教授，如今已成为全国知名的学者和博士生导师。今天，武汉大学法学院人才济济，堪称全国一流，这与韩先生对教师队伍建设的注重是密不可分的。

韩先生特别注重学术薪火的传递工作。作为中国国际私法的一代宗师和中国国际私法学会的会长以及武汉大学的终身教授，他不仅以

---

① 韩铁著：《风雨伴鸡鸣——我的父亲韩德培传记》，中国方正出版社 2000年版，第 33 页。

他广博深邃的思想理论影响了他周围的同行学者，还以他严谨的治学态度和宽厚仁慈的悉心关怀，培育了一大批国际私法学的硕士、博士，使得他的学术思想得以传播、远扬。如今，谓韩先生是"桃李满天下"已经不是恭维的话了。

（二）重视法学理论的研究和法学研究机构的组建

韩先生一向主张教学与科研必须齐头并进，因此，他十分重视法学理论的研究和研究机构的组建。20世纪80年代初，武汉大学法律系重建伊始，韩先生就开始着手国际法研究所和环境法研究所的组建工作。武汉大学开全国综合大学之首例，先后于1980年、1981年成立了国际法研究所和环境法研究所。这两个研究所自成立以来，不仅培养了大批硕士和博士，为我国外交事业、对外开放事业、环保事业培养和输送了大批人才，还主持完成了大量的科研课题，向国家有关部门提供了大量的咨询报告。如今，国际法研究所和环境法研究所已经成为我国法学领域6个重点研究基地中的2个。

（三）注重学生综合素质的培养和完美人格的养成

在学生培养方面，韩先生认为，一个合格的法学学生不仅要有全面的素质，还必须具备完美的人格。他提出学生要做四有新人，这就是：一、要有远大的理想。他指出："一个人有了崇高的理想，就像站在最高的地方，眼界就开阔了，就可以看得远，想得深，精神境界就大不一样，他的思想就不像没有理想的人那么猥琐，那么有局限性。……有崇高理想的人，能够拒腐蚀，永不沾。"① 而在现实生活中，有理想就是要求我们将眼前的学习和当前的社会主义建设事业紧密结合起来。二、要有高尚的道德。这就要求我们正确处理个人、集体和国家之间的关系，要求我们在这三者之间的利益发生冲突时牺牲个人利益，服从集体和国家利益。韩先生认为这一点对一个学习法学的人尤其重要。三、要有文化。这就要求必须有广阔的社会科学知识和必要的自然科学知识以及深厚的专门业务知识。他还特别提出学习法学要懂得外语，并大量阅读外文资料。他说："一个人懂一门外语，等于在面孔上多长了一只眼睛，如果连一门外语都不懂，那么知

① 《做一个合格的环境法研究生》，转见《韩德培文选》，武汉大学出版社1996年版，第474页。

识的领域和范围就会受到很大的局限。"① 四、要有纪律。这就要求大家必须正确认识社会主义民主和法制，做到在法律允许的范围内讲民主。甚至对于高等学校的教师，他一贯也要求全面发展。他经常说："高等学校中真正的人才应该是不仅会搞教学，还会搞科研，同时还要善于做管理工作。"他的这种教育思想对其学生的全面发展起了很大的作用。

（四）重视法学理论与司法实践的紧密结合

韩先生历来注重法学理论研究与法律实践的紧密结合。他自己就曾多次以专家的身份为国家有关部门的决策提供咨询意见，关注涉外案件的审判实践，为我国挽回了巨大的经济损失。作为教授，他对学生也提出了这样的要求。他特别强调学生要研究我国当前经济建设中出现的新情况、新问题，使法学研究工作更好地为经济建设服务。基于这样的主张，他提出学生必须在学好理论知识的同时，努力做到：（1）进行必要的社会调查；（2）积极参加各种学术研讨会；（3）积极从学术的角度参与立法讨论；（4）积极参与司法实践。

1957 年，韩先生就在《光明日报》上发表文章②，主张法学教育必须理论联系实际，除讲理论外，还要联系审判实践。他举例说："如果教民刑法的教师，只是根据几个政策性的文件和有关法律的条文，一条一条十足'教条主义式'地来讲课，那一定是空洞洞干巴巴的，令人感觉枯燥无味，听而生厌。但是，如果能够将这些文件和法律条文与法院的审判实践很好地结合起来讲，我相信讲课的内容就一定会有血有肉，显得丰富多彩，活泼生动了。"因此，他建议我国各级法院，特别是高级和中级法院，应该定期将一些重大的或具有代表性的判例公布出来，以供法律教学和研究参考。这可说是我国最早提出的法律教学可以采取与判例结合的一种倡议。

（五）注重中外学术合作和交流

韩先生一直致力于推进中外学术合作和中外法律文化的交流。

---

① 《做一个合格的环境法研究生》，《韩德培文选》，武汉大学出版社 1996 年版，第 480 页。

② 韩德培：《要为法学上的"争鸣"创造条件》，原载《光明日报》1957 年 6 月 12 日第 3 版，转见《韩德培文选》，武汉大学出版社 1996 年版，第 451～454 页。

1980年9月，韩先生就率领我国法学代表团参加了在荷兰阿姆斯特丹举行的第2届国际法律科学大会，并作了《中华人民共和国正在加强社会主义法制建设》的学术报告。1982年3月，他又应美国埃德加·斯诺基金会的邀请，以埃德加·斯诺法学会客座教授和富布莱特基金会亚洲住留学者的身份，前往美国堪萨斯市密苏里大学讲学，并先后应邀赴11个州、19所大学的法学院和法学团体访问和讲学，受到热烈欢迎和高度评价，并获堪萨斯市"荣誉市民"称号。在这期间，韩先生还在纽约接触了负责联系与中国进行法学交流的美国富布莱特基金会代表、哥伦比亚大学的爱德华教授，为后来福特基金会大量资助中国法学教研人员访美进修铺平了道路。如今，中国法学界有名的中青年法学家大都是这个项目的受益者。回国后，他又组织国际法研究所的老师到国外进修、访问、留学，先后达几十人次，同时邀请或接受了美国、瑞士、德国、加拿大、澳大利亚等国的学者来武汉大学法学院访问、讲学。此外，韩先生还于1984年在东京出席了亚太地区环境与发展专家会议，介绍了中国的环境立法状况，后又于1985年8月在中国、美国、加拿大三国关于国际贸易与投资问题学术讨论会上作总结发言。1990年9月则参加了于加拿大蒙特利尔举行的第十三届国际比较法大会，并就中国的比较法研究状况进行了介绍。通过这些活动，韩先生不仅推动了中外法学学术研究的合作，也促进了中外法律文化的交流。

1987年，韩先生组织成立了我国全国性的学术团体——中国国际私法研究会（后改称"中国国际私法学会"），连续担任4届16年的会长。他积极倡导民主、开放、自由的学术研究风气，每年组织1次以上的全国性学术研讨会，从1998年开始主编出版了《中国国际私法与比较法年刊》，极大地推动了我国国际私法的发展。中国国际私法学会成为我国法学领域中最活跃、最有影响的学术团体之一。

学术精神

韩先生自1945年来到武汉大学，就一直扎根在珞珈山上，如今已有近60个春秋。虽然北京大学多次想调他前往，但武大没有答应，韩先生就没有前去。在这半个多世纪的岁月里，韩先生虽然蒙冤20

余载，却一直没有放弃对人生和学术理想的追求。他一生赤胆忠心、爱国敬业，守志善道、穷究学理，严谨求实、勇于开拓，求真务实、学以致用，为武汉大学乃至中国的法学教育事业做出了巨大贡献。他以他完美的人格和无私的奉献，铸就了一个学者的崇高学术精神和一代宗师的学术典范。从1990年开始，他作为有突出贡献的专家学者，第一批享受国务院政府特殊津贴。2003年按教育部规定，他在武汉大学又以人文社会科学"资深教授"的身份，第一批享受与"院士"同等的待遇。

（一）赤胆忠心、爱国敬业，守志善道、穷究学理

韩先生的一生是爱国的一生，也是"守志善道"的一生。和许多从旧社会走过来的知识分子一样，他的人生是坎坷不平的，虽然历经磨难，却无怨无悔，始终没有放弃心中的信仰和希望。他敢于伸张正义，不畏权势，不向邪恶低头，表现了刚正不阿的为人品格；他热心于学理探究，敢于坚持真理，捍卫学术的尊严，表现了他对法学的执着追求；他从不计较个人得失，一生献身法学教育事业，表现了对祖国的一片赤诚。正所谓"守志不移"，爱国敬业。

（二）严谨求实、勇于开拓，求真务实、学以致用

韩先生历来关注社会现实，重视理论联系实际、讲求实效，主张学以致用。他曾针对我国的法律现状，撰写过许多实践性较强的文章：如关于《涉外经济合同法》、《多边投资担保机构公约》、《海洋法公约》、《宪法》、《行政法》等部门法的文章，关于法律与改革开放的文章，关于涉外审判实践的文章等。他还以召集人的身份，组织和领导了《中国国际私法示范法》的起草，供国家立法机关参考。此外，他还亲自参与政府部门的法律咨询，曾为国家避免了巨大的经济损失。韩先生不仅治学严谨，而且敢于开拓，这既可以从他提出"一机两翼"的国际私法理论和创建中国国际私法立法体系中看出，也可以从他创建国际法研究所和环境法研究所的实践中得到说明。